普通高等教育规划教材

应用文写作
（第四版）

杨金忠　倪筱荣　**主　编**
袁　妍　戴晓丹　唐　羽　焦馨熠　**副主编**

中国轻工业出版社

图书在版编目（CIP）数据

应用文写作/杨金忠，倪筱荣主编．—4版．—北京：中国轻工业出版社，2020.1

普通高等教育规划教材

ISBN 978-7-5019-9306-2

Ⅰ.①应… Ⅱ.①杨…②倪… Ⅲ.①汉语–应用文–写作–高等学校–教材 Ⅳ.①H152.3

中国版本图书馆CIP数据核字（2013）第118162号

责任编辑：王 淳　　责任终审：劳国强　　封面设计：锋尚设计
版式设计：王超男　　责任校对：吴大鹏　　责任监印：张 可

出版发行：中国轻工业出版社（北京东长安街6号，邮编：100740）
印　　刷：北京君升印刷有限公司
经　　销：各地新华书店
版　　次：2020年1月第4版第9次印刷
开　　本：787×1092　1/16　印张：20.25
字　　数：448千字
书　　号：ISBN 978-7-5019-9306-2　定价：38.00元
邮购电话：010-65241695
发行电话：010-85119835　传真：85113293
网　　址：http://www.chlip.com.cn
Email：club@chlip.com.cn
如发现图书残缺请与我社邮购联系调换

191432J1C409ZBW

第四版出版说明

改革开放之后，国家行政机关公文处理办法前后经过多次修订发布：1981年国务院办公厅发布《国家行政机关公文处理暂行办法》；1987年国务院办公厅发布《国家行政机关公文处理办法》；1993年国办经过修订后再次发布《国家行政机关公文处理办法》；2000年8月24日，发布单位由国务院办公厅上升为国务院，国务院以国发〔2000〕23号文件发布了《国家行政机关公文处理办法》（以下简称老《办法》或原《办法》）；在此过程中，1996年5月3日中共中央办公厅还专门发布了《中国共产党机关公文处理条例》。尽管一次次的修订使公文的种类、含义以及处理办法日臻完善，但由于很多人并未认真系统地研究前后的几个办法（条例）在文种规定、写法等方面的区别，以致于造成了很多混乱。尤其严重的是，一些公文、应用文写作教材的编写者、教学者都不清楚前后几个办法（条例）的区别，加之公文写作在文种辨析和写作中的复杂性，结果以讹传讹，误人子弟，造成了不良影响。为了避免此类现象的发生，本教材第二、第三版特别注意将2000年的公文处理办法与1993年的公文处理办法进行对比讲解以正视听。

2012年4月6日，中共中央办公厅、国务院办公厅联合印发了《党政机关公文处理工作条例》，同时宣布之前的《中国共产党机关公文处理条例》和《国家行政机关公文处理办法》停止执行。这是新中国成立后首次统一党政机关公文处理规范标准。为与时俱进，更好地为读者服务，我们根据2012年发布的《党政机关公文处理工作条例》（以下简称新《条例》）和国家质量监督检验检疫总局、中国国家标准化管理委员会2012年6月29日发布的《党政机关公文格式》对本教材进行再次修订为第四版。现从写作角度将新《条例》的特点及其与老《办法》的区别说明如下：

第一，新《条例》将原《办法》中的"行政机关公文"概念改为"党政机关公文"，并从其功能角度进行定义："党政机关公文是党政机关实施领导、履行职能、处理公务的具有特定效力和规范体式的文书，是传达贯彻党和国家的方针政策，公布法规和规章，指导、布置和商洽工作，请示和答复问题，报告、通报和交流情况等的重要工具。"

第二，公文的种类更加丰富。老《办法》中规定公文种类为13种，新《条例》规定公文种类为15种，增加了"决议"（适用于会议讨论通过的重大决策事项）和"公报"（适用于公布重要决定或者重大事项），同时将"会议纪要"改为"纪要"。

第三，公文要素作了调整。新《条例》第三章第九条规定"公文一般由份号、密级和保密期限、紧急程度、发文机关标志、发文字号、签发人、标题、主送机关、正文、附件说明、发文机关署名、成文日期、印章、附注、附件、抄送机关、印发机关和印发日期、页码等组成"，新《条例》增加了"份号"、"发文机关署名"、"页码"，删除了"主题词"。同时，对涉密文件、紧急公文、联合行文、公文标题等有了明确的规定：涉密文件要标注份号，紧急公文标注"特急""加急"，联合发文可以单独用主办机关名称，公文标题应标明发文机关，有特定发文机关标志的普发性公文可以不加盖公章等。

第四，行文规则上做了具体规定。新《条例》中规定向上级机关行文"原则上主送一个上级机关"；"党委、政府的部门向上级主管部门请示、报告重大事项，应当经本级党委、政府同意或者授权"；"请示"除继续强调一文一事外，还强调要提出倾向性意见；

明确不仅是"请示",所有向上级机关的行文都只主送一个上级机关;"除上级机关负责人直接交办事项外,不得以本机关名义向上级机关负责人报送公文,不得以本机关负责人名义向上级机关报送公文";向下级机关行文也有明确的规定,"党委、政府的办公厅(室)根据本级党委、政府授权,可以向下级党委、政府行文,其他部门和单位不得向下级党委、政府发布指令性公文或者在公文中向下级党委、政府提出指令性要求。需经政府审批的具体事项,经政府同意后可以由政府职能部门行文,文中须注明已经政府同意"、"党委、政府的部门在各自职权范围内可以向下级党委、政府的相关部门行文"。

第五,新《条例》要求规范发文标志。新《条例》中规定发文标志"由发文机关全称或者规范化简称加'文件'二字组成,也可以使用发文机关全称或者规范化简称。联合行文时,发文机关标志可以并用联合发文机关名称,也可以单独用主办机关名称"。一个部门一个单位应有统一规定,是用发文机关全称,还是用规范化简称加"文件"两字,必须统一。

第六,新《条例》要求公文标题必须三要素俱全:其标题"由发文机关名称、事由和文种组成";而原《办法》对于是否写发文机关名称其表述是"一般应当标明发文机关",因此一些公文常常省略发文机关名称。新《条例》发布后,中华人民共和国主席令和国务院令还是沿用原来的"发文单位+文种",因为命令这一文种比较特殊;其余文种的标题还是应该按照新《条例》规定拟写。

第七,新《条例》第三章对文件格式的规定增加了"发文机关署名"("署发文机关全称或者规范化简称"),而之前按照老《办法》制作的公文因为要加盖单位公章,或文件头上已有发文标志,往往只署发文日期,不署发文机关,这种情况必须纠正。

第八,新《条例》规定成文日期一律用阿拉伯数字标注,而原《办法》要求使用中文数字。

第九,新《条例》规定公文不再使用主题词。

第十,严格上行文的报送程序:党委、政府的部门向上级主管部门请示、报告重大事项,应当经本级党委、政府同意或者授权;属于部门职权范围内的事项应当直接报送上级主管部门。

第十一,关于标题中的标点符号问题。原《办法》规定:"公文标题中除法规、规章名称加书名号外,一般不用标点符号。"其含义有二:一是公文标题中法规、规章名称要加书名号,不能用引号;二是公文标题中尽量避免使用标点符号,但也并不是都不能用标点符号,必要时可用引号、括号和连接号等,如《国务院关于印发工业转型升级规划(2011–2015年)的通知》。新《条例》没有对公文标题使用标点符号作出规定,但是,为避免公文标题中滥用标点符号,我们认为沿用老《办法》中对公文标题中标点符号的使用规定,是切合实际的做法。

在研究了新《条例》的特点、与原《办法》的区别之后,我们从公文概念、公文文种、公文案例、公文写法、公文格式以及训练题设计等多个方面对教材进行了系统而全面的修订。

第二章"决议"和"公报"为第四版新增文种,由常州轻工职业技术学院赵展春编写。

我们还将进一步跟踪新《条例》的实施情况,吸收学术界的研究成果,不断完善教材。

杨金忠　倪筱荣
2013年5月20日

第三版出版说明

在第二版出版说明中我们有过这样的表述："不断修改使之日臻完善，是我们教材编审者的长期任务。"社会实践给我们的教材提出了新的要求，教学实践尤其是教学改革也提示我们教材还需要进一步完善，为此我们出版《应用文写作》的第三版。

第三版除替换了部分例文并增加了适合时代要求的文种外，特别强调写作题的设计。

经过长期的教学实践我们感到，担任应用文教学的老师如果只是抓住教材中现成格式、固定用语进行教学，只告诉同学应该怎样写，其收效甚微，结果只能是教师教得无味，同学学得无趣。我们必须让同学尝试错误，在对应用文写作中各种错误的尝试和反省中去认识应用文固定格式和固定用语的价值，从而掌握正确的写法。设计科学实用的写作题，既是让同学充分尝试错误的最有效的途径，也是提高师生双方教与学积极性最有效的方法。

第三版中的大部分写作题都是提供某个充满繁杂信息的情景（文字资料），以便让同学完整经历这样的过程：拟写标题—筛选信息（排除无效信息，抓住有效信息—对初学应用文写作的同学来说，这一点难度很大）—构思结构—选择（修改）语体（包括语词的推敲选择，单句的结构、复句的前后关系等）—签署作者及成文时间。同学在进行这样的训练时，各种问题都会暴露出来，教师一边组织同学研讨、纠错，一边引导同学研读教材，从而掌握应用文写作的规范。建议任课教师将组织同学进行写作训练作为抓手，以训练、纠错带动写作知识的学习。参与本教材编写的老师在这方面已经作了多年的尝试，积累了很多成功的经验，这使得我们对第三版的出版更加充满信心。

第三版的编写修订工作中常州轻工职业技术学院的倪筱荣老师经过教学实践，又编进部分实际工作情景模拟训练题，增加了第三章第十一节启事。

我们真诚感谢多年来一直关心、使用本教材的师生，同时真诚期盼大家进一步提出修改意见。

沈阳理工大学应用技术学院　杨金忠
2010 年 1 月 15 日

第二版出版说明

本教材出版之后,以其内容翔实且资料齐全而受到了大家的欢迎,多次重印。但使用过程中也发现了不少问题,很多教学第一线的教师提出了不少宝贵意见,在此一并表示感谢。

在广大教师和读者的要求下,作者对原书做了认真的修订,现出版第二版。第二版在内容上对第一版做了如下增删和修改:

(1) 为满足参加国家职业秘书资格证考试者的需要,补全了五级至二级秘书资格考试的所有文种,同时,一些术语也尽可能与国家职业秘书资格证考试相一致。

(2) 为培养学生的信息采集和信息取舍能力,帮助学生尽早适应实际工作需要,积累实际工作经验,第二版增加了实际工作情景模拟训练题。

(3) 删除了第一版中司法文书的内容。

(4) 修正了原书中一些不适当的提法,对一些存在问题、容易产生误导作用的范例进行了删改和规范。

(5) 文种的辨析和选用一直是应用文写作中的难点,第二版在文种辨析方面有所加强。

第二版的主审和增删修改工作都由常州轻工职业技术学院文秘专业的倪筱荣老师(电子信箱 nxr@czili.edu.cn)负责完成,情景模拟训练题也由倪筱荣老师设计并编入相关章节。

尽管我们做了许多工作,离大家的要求肯定还有很大距离。不断修改使之日臻完善,是我们教材编审者的长期任务,竭诚期待大家多提宝贵意见。

杨金忠

2006 年 5 月 3 日

编写说明（第一版）

以"应用文写作"为题材的书籍，在图书市场上已有多种版本。在编写此教材时，我们主要根据新时期社会对大学生的要求及大学生应具备的写作水平来编写有关内容。参加编写的教师在多年应用文写作教学经验、探索与思考的基础上，进行全新的改革，形成新的《应用文写作》课程体系。本教材主要在"实用"和"有用"上下功夫，从自学能力、分析问题能力、动手写作能力出发，运用各文种基础理论与写作指导、范文示例相结合的多种形式，力求各文种定义、理论与写作格式规范化。

本教材共八章，涉及内容广泛，实用性强，通俗易懂，便于读者自学。本教材还注重习作练习，便于读者掌握基础理论，提高读者的写作水平和写作技巧。

参加本教材编写的有杨金忠、刘敏、郭上玲、韦红宁、庄小彤、袁妍、刘利、李翠萍、倪筱荣、李弘历、马科、李秉军、李新宇、聂荣娜、周琳辉、赖健男、杨菁。在此教材编写中得到了沈阳理工大学、沈阳师范大学、广西工业职业技术学院、鲁迅美术学院、常州轻工职业技术学院、南京邮电学院、广东顺德职业技术学院、北京印刷学院职业技术学院、天津职业技术大学的大力支持和帮助，在此我们表示感谢。

本教材在编写时，参考了很多专家学者的著述、有关刊物和文献，引用了大量的优秀的范例，在此，我们对各位专家学者和范例的作者表示深深的感谢。

本教材如有不足之处，请各位读者给予批评指正，以便我们不断修改完善。

此教材配有教学课件，需要者请与中国轻工业出版社或沈阳理工大学联系，电子信箱 wchun1z@163.com

杨金忠
2004 年 5 月 28 日

目 录

第一章 绪论 ... 1
- 第一节 应用文的概念和特点 ... 1
- 第二节 应用文的作用和种类 ... 3
- 第三节 应用文的写作要求 ... 5
- 思考与练习 ... 12

第二章 党政公文 ... 13
- 第一节 公文概述 ... 13
- 第二节 决议 ... 31
- 第三节 决定 ... 35
- 第四节 命令(令) ... 39
- 第五节 公报 ... 44
- 第六节 公告 ... 49
- 第七节 通告 ... 51
- 第八节 通知 ... 53
- 第九节 通报 ... 65
- 第十节 议案 ... 70
- 第十一节 报告 ... 72
- 第十二节 请示 ... 76
- 第十三节 批复 ... 81
- 第十四节 意见 ... 85
- 第十五节 函 ... 90
- 第十六节 纪要 ... 93
- 思考与练习 ... 98

第三章 事务文书 ... 105
- 第一节 规章制度 ... 105
- 第二节 计划 ... 117
- 第三节 总结 ... 125
- 第四节 述职报告 ... 134
- 第五节 简报 ... 137
- 第六节 调查报告 ... 145
- 第七节 求职信与应聘信 ... 159
- 第八节 演讲稿 ... 163
- 第九节 会议记录 ... 175
- 第十节 传真与备忘录 ... 177

第十一节　启事 ·· 179
第四章　经济文书 ·· 184
　　第一节　合同 ·· 184
　　第二节　意向书、订货单 ·· 199
　　第三节　市场调查报告 ·· 201
　　第四节　经济活动分析报告 ··· 206
　　第五节　经济预测报告 ·· 213
　　第六节　招标书与投标书 ·· 219
　　第七节　商业广告 ·· 229
　　第八节　商品说明书 ·· 238
第五章　礼仪文书 ·· 246
　　第一节　礼仪文书概述 ·· 246
　　第二节　祝辞、贺信、贺电、请柬、邀请信、感谢信 ····················· 248
　　第三节　欢迎词、欢送词、答谢词 ·· 259
　　第四节　唁电、讣告、悼词 ··· 262
　　思考与练习 ··· 264
第六章　学业文书 ·· 266
　　第一节　科技论文 ·· 266
　　第二节　毕业论文 ·· 274
　　第三节　毕业设计说明书 ·· 277
　　思考与练习 ··· 282
第七章　新闻 ·· 283
　　第一节　概述 ·· 283
　　第二节　消息 ·· 287
　　第三节　通讯 ·· 293
　　思考与练习 ··· 296
附录 ·· 298
　　附录一　党政机关公文处理工作条例 ··· 298
　　附录二　党政机关公文格式 ··· 303
　　附录三　应用文常用特定用语简表 ·· 307
参考文献 ··· 308

第一章 绪 论

第一节 应用文的概念和特点

一、应用文的概念

应用文是一种源于社会实践的实用文体,重在"应用"二字上。它是国家机关、企事业单位、社会团体以及个人用以办理公、私事务、传递信息、解决实际问题时常用的一种具有惯用格式的文体的总称。

应用文与人们日常的工作、学习与生活紧密联系,在社会生活的各个领域中发挥着巨大的作用。比如:联系工作时要开介绍信,读书学习时要写读书笔记,生活起居往往事先要有计划、打算,如果把这些行为、思路加以文字表述,这就是应用文。

应用文从产生发展至今,经历了漫长的历史时期,3500年前出现的殷墟甲骨文字,已经是完整的初级阶段的应用文了。《尚书》是我国最早的应用文写作专集,主要记载了虞、夏、商、周的政治公文和法令,类似我们今天行政公文当中的指示、命令、公告和通告。秦代的制诏谕奏;汉代的表疏律令;唐、宋以来的条文律令等,也都是应用文的例证。应用文在我国虽然出现得比较早,但把这类体式冠之以"应用文"名称,却为时较晚。宋代张侃在《拙轩集·跋陈后出再任校官谢启》中首次提到"应用文"一词。清末刘熙载在《艺概·文概》中指出:"辞命体,推之即可为一切应用之文。应用文有上行、有平行、有下行。重其辞乃所以重其实也。"从此,应用文的名称一直沿用至今。当然应用文在运用过程中,是随着社会的变迁而变迁,随着社会的发展而发展的。我国的三国两晋南北朝,对包括应用文在内的各类文体已经有了研究。曹丕的《典论·论文》、刘勰的《文心雕龙》等都是颇有见地的写作专论。唐、宋的经济进步,推动了应用文的发展,韩愈、柳宗元、刘禹锡、欧阳修、曾巩、王安石、苏轼等古文大师都有应用文名篇传世。鸦片战争后,中国沦为半封建半殖民地社会,一方面以封建反动势力鱼肉百姓、卖国求荣为主要内容的各种刑法、条约、和约等应用文书大量出笼,另一方面主张社会变革、开通民智的应用型文章也大批涌现。以康有为、梁启超为代表的改良派,为"开通民智",写了许多推进变法的应用文。以孙中山为代表的资产阶级民主革命派,撰写了许多传播、宣传革命思想的宣言、演说、章程等应用文。应用文的崛起是在新中国成立以后,因为社会的发展迫切需要有与之相适应的应用文种,应用文从内容到形式都发生了质的变化,新时期的应用文已经形成一个门类齐全的大家族。

二、应用文的特点

(一)实用性

实用性是应用文的基本特点。与文学作品相比较,应用文与日常实际工作、学习、生活的联系更直接、紧密。比如,文学作品取材于生活,反映生活,而又高于生活。是通过具体形象来表现生活，阐发作者的观点、主张，起到宣传教育的作用。应用文体就不同了，它一般是作者直陈其事，以事论事，提出自己的观点、看法和主张，有的就直接指令下级贯彻执行，其实用性非常强。实用性是应用文产生和发展的基础，也是应用文的本质特征。脱离实际的文章就不是应用文，至少不是合格的应用文。比如：一个条据、一件公函都是为了传递信息解决问题；一份协议书、一份合同规定了双方能够享有的权利及应当承担的义务，如果没有这些实用性，应用文也就失去了存在的价值。

（二）针对性

应用文的针对性突出地体现在它具有明确的写作目的、动机和受文对象上。一般的文章或文学作品，往往是面向全社会，并无十分具体、特定的目的和受文对象。而应用文则不同，撰写应用文的动机、目的非常明确、具体，常常是为了解决某个具体问题而撰写的。如协议书和合同就指向签定协议及合同的各方，行政公文是针对特定的机关而发的。如毛泽东同志在延安干部会上的讲话《反对党八股》，是针对当时存在的"党八股"文风而言的。又如《节能型灯泡为啥竞争不过老产品》这类市场调查报告，就是针对标题所提的问题进行市场调查、寻求答案的。所以说，撰写应用文的目的明确，且针对性强。从受文对象看，我们常用的书信、函电，受文对象都非常明确，给什么组织、给什么人也非常具体。国家行政机关的公文，多数文种标有主送、抄送单位。像公告、通告等虽然没有明确标出主、抄送单位或个人，但受文对象一般也很明确，就是让人民群众周知，或让某一范围内群众周知。订计划、写总结也一样，受文对象不像其他文体作品那样广泛，就是广告，虽"广而告之"，但其受文对象却非常明确——消费者。因此，受文对象明确，是应用文针对性强的又一个表现。

（三）程式性

所谓程式性特点主要表现在它具有固定文体格式和惯用的语言，以及办文、行文的程式化上。应用文固定的格式是在长期的写作实践中，长期的使用过程中逐渐为大家所接受，约定俗成的。国家有关党政部门还以法规形式予以规定，成为行文的规范。如：公文在行文书写、排印、行款式样、纸张尺寸等方面都有明确规定。有了比较固定的格式，便于阅读、领会和撰写，也给问题的处理带来了方便。应用文写作中特定的习惯用语，是应用文程式性的又一表现。它含有两层意思：一是因为各种应用文都是为处理和解决实际问题而撰写的，所以在语言的驾驭上一般是采用直叙，极少运用描写、抒情及不必要的修辞手段。语言总要求是准确、朴实、简练，不求词藻华丽，只求把事情说清即可，让人一看就懂，避免歧义与误解。程式性的另一表现是习惯用语的运用。相同文种的应用文，其习惯用语基本相对固定。如：一般书信函电，一般都用祝颂语。同一文种的公文，结尾时常用基本相同或相近的习惯用语等。

办文、行文的程式化，是应用文程式性特点的又一表现。它是说许多应用文在写作、行文、办文的程序上都有自己的严格规定。例如：起草、签订经济合同，要依据经济合同法；发布商品广告，要遵循广告法；党政机关的公文，应分别遵循《中国共产党机关公文处理条例》和《国家行政机关公文处理办法》。这也都是应用文程式性的又一表现。

（四）时效性

一般说来，应用文所涉及的问题多是一些亟待解决的问题。这就要求应用文行文迅速、及时，这是应用文时效性总的要求。从另一方面看，许多应用文都有一定的执行时效，比如，公文所发布的各项法规都有严格的实施时间，因此写明时间作为一种固定的格式。各种合同、协议书就是按期执行，过期作废。有的应用文的内容虽没有明确规定执行时间，但一旦延误了，就毫无意义。比如：一个会议通知，必须在会议前提前一些时日行文，一旦会议开过再行文或受文对象才接到，那就毫无意义。就是广告，也有时效性。因为广告的目的是唤起消费者的购买欲，所以一般应在该商品尚未普及或市场尚有消费潜力的情况下"广而告之"才有效果。

（五）简明性

简明性是指应用文在内容上、语言上应尽量简单、明确，这也是由实用性决定的。因为要办事，文章越简明，对方就越容易把握，就不容易出差错，就可以提高办事效率。古代有个笑话，说有个秀才替别人写一个卖驴的契约，写了三张纸，还没有出现驴字。试问，如果这样办事，还有什么效率可言？

内容简明，主要指材料要典型、叙事要概括、观点要鲜明，要尽量去掉一切重复的、次要的、可有可无的东西。

语言简明，就是文字既要通俗易懂，又要信息量大，力戒啰嗦重复、含糊不清、艰涩难懂。

第二节　应用文的作用和种类

一、应用文的作用

应用文体的出现至今已有数千年的历史。在这历史长河中，尽管我国社会发生了多次重大变化，但作为应用文体，它不但没有消亡，反而随着历史的变迁而不断丰富和发展。应用文体为什么有如此经久不衰的生命力？这与其使用范围之广、频率之高、作用之大是息息相关的。应用文的作用突出地体现在如下几个方面。

（一）宣传教育作用

在我国社会主义现代化建设事业中，国家的领导，主要是通过路线、方针、政策来实施的。一方面，党和政府通过应用文下达各种文件、法规制度，向广大干部群众宣传党和国家的方针政策，另一方面，广泛宣传、贯彻路线、方针、政策也需要靠应用文这个载体。与方针、政策相关的各种法律、法令、条例，以及各种命令、决定、决议、制度等同样也要通过应用文来制定、发布。党和国家行政机关，上下级之间的领导与沟通也少不了应用文。企事业单位和群众团体也需要运用应用文实施指导和制约。党和国家行政机关经过长期实践，已形成一整套公文制度，分别对公文的处理原则、行文规则以及公文的种类、格式、起草、校核、签发、办理和传递、管理等问题都做了明确的规定，且具法规性质，这都有力地保证了党和国家路线、方针、政策的贯彻执行。当然，起宣传、贯彻作用的不只是公文这种载体，人们的普通书信往来、广告、计划、总结、简报等也同样能够起到宣传和贯彻的作用。

（二）沟通协调作用

在平常的工作、学习、生活中，单位与单位，单位与个人，个人与个人之间，每天都有许多事情需要联系、处理，作为存在于现实社会之中的人和组织，只有通过不断联系与沟通才能工作与生存，而应用文正是人们联系、沟通的重要媒介与载体。正确使用应用文，可以密切上下左右组织之间和个人之间的联系，交流思想信息，协调各方利益，促进了解和团结，从而推动各项工作的开展。

具有联系沟通功能的应用文门类很多，最常见的有各种函电、传真、书信等。早在唐代安史之乱时，杜甫在过着颠沛流离的生活时，就有"家书抵万金"的感慨。今天是信息社会，科技高度发达，通过各种函电、书信联系沟通，增强情感、协调关系、推动工作是十分必要的事。还有一类应用文，专门用以协调国家、集体与个人的种种利益关系，合理地解决单位或个人之间的权利、义务、职责和利益分配。如各种经济合同、协议书、契约等就属于这一类。这有利于促进社会的安定团结，有利于社会主义现代化建设的顺利进行。再一类应用文，专门用于合法地解决人民内部的争议和纠纷，如各种诉讼文书、民事调解书等。党和国家行政机关、人民团体、企事业单位的大量公文也具有联系沟通、协调关系的功能。

（三）传播信息作用

现代社会应用文已成为传递信息的重要工具。社会主义现代化建设是一项系统工程，它必须依靠全体人民群众脚踏实地的工作，不断总结经验教训才能实现，而大量的新鲜可靠的信息又是完成这一系统工程的必不可少的前提条件。许多应用文在客观上起了这种信息的传播、交流的作用。如广告、产品说明书，一方面向人们提供商品消费信息，另一方面又向人们传播了该商品、产品的有关知识或使用技能。应用文中的报告、通报、简报、总结、市场调查、经济预测等实际上就是传递信息，既让人们了解工作的新情况、新经验，又让人们了解存在的问题以及应汲取的经验教训。还有一类应用文，专门用以记载、传播、交流科技知识，揭示事物发展的客观规律，总结科研成果，这就是我们通常说的科技文书、学术论文等，它们是推广科技成果的有效载体，有利于劳动者掌握先进的科学技术，推动社会生产力的发展。

（四）史实凭证作用

应用文的提供凭证、积累资料作用体现在如下两个方面：一是为现实工作、生活提供凭证和依据；二是为历史提供存档资料。因为应用文是为现实的工作、生产、生活服务的，大到党和国家的路线、方针、政策，小到日常工作生活中的各种条据，它们无一不是运用应用文制定、颁发与传递的，所以应用文在现实中的凭证、依据作用非常突出。比如：你借个东西，留借据为凭；领办公用品要有领条为据；参加会议应有会议通知；处理问题也要有相应的政策、法规作依据；由此可见，历史存证作用不能少。从宏观上看，应用文记载着党和国家发布的方针、政令、法规，反映各个历史时期的政治、经济、文化等各方面的情况与成果；从微观上说，党和政府机关、企事业单位的各种会议记录、会议纪要、报表、会议凭证等都是宝贵的原始资料，对现实工作具有借鉴作用，确实有保存参考的价值。

二、应用文的种类

应用文涵盖面广，种类繁多，从不同角度有不同的分法。这里按内容及使用范围分为以下六个基本种类。

（一）党政公文

党政公文又称党政机关公文或公文，是党政机关实施领导、履行职能、处理公务的具有特定效力和规范体式的文书。党政公文规范性强，行文严谨，书写格式完整，管理制度严密。

主要有：决议、决定、命令（令）、公报、公告、通告、通知、通报、议案、报告、请示、批复、意见、函、纪要。

（二）事务文书

主要有：规章制度、计划、总结、调查报告、简报、述职报告、会议记录、各类信函、会议材料、演讲稿。

（三）经济文书

主要有：合同、市场调查与预测报告、经济活动分析报告、意向书、招标书与投标书、商品介绍与说明、广告等。

（四）礼仪文书

主要有：祝辞、贺信、贺电、请柬、欢迎词、欢送词、答谢词、唁电、讣告、悼词等。

（五）司法文书

主要有：起诉状、上诉状、申诉状、答辩状等。

（六）学业文书

主要有：学术论文、毕业论文、实验报告、毕业设计说明书等。

第三节　应用文的写作要求

一、选准文种，因事成文

一般撰写应用文，首先应考虑写什么，是什么性质的问题，该使用哪个文种合适，这是应用文的特点所决定的，也是它与其他文体之区别所在。尤其是公文，什么事、是什么性质的问题、该使用何种体式等，都有严格的规定。

比如：关于维护学校秩序的问题，需要社会各有关方面知道，那么就应选用公文的"通告"文种。如：《关于维护学校秩序的通告》，是一份行政公文，适用于公布到社会各方面遵守和周知，具有法律效力。在商务活动中，下级组织有重要事情以书面形式向上级组织汇报，以让上级组织了解具体情况，这就得选用"报告"。如果下级组织有重要事情请求上级组织指示、批准，则应该选用"请示"，而不宜用"报告"。撰文机关的目的要求不同，选择的文种也应不同。另外，从公文的传递对象说，该上行的上行，该下行的下行，该平行的平行。一般情况下该选用上行文的，就不能用下行文或平行文；该用下行文的，就不能用上行文或平行文。例如：向上级组织汇报工作不能用"公告"、"通告"。向下级组织传达指示，不能用"报告"、"请示"等体式。文种选择不当，容易引起曲解、误解，甚至贻误工作，产生不良效果。

一切作品都来源于现实生活，应用文也不例外。人类的社会实践，首先是劳动实践，需要书面写作，并为书面写作提供了基本条件，应用文就是在这种大环境下产生的。与其他文体比较，应用文与现实生活的联系更加密切，更加具体。撰写应用文往往是因事引起的，依事成文，它并非无缘无故或全凭作者"灵感"下笔的。春秋战国时期，百家争鸣，为表达自己的政治抱负和主张，《论语》、《墨子》、《孟子》、《庄子》、《荀子》、《韩非子》等应用文名篇纷纷出现。在秦统一中国后的2000多年封建社会里，封建统治者为维护自己的统治地位，非常重视公文的写作，也出现了许多善写应用文的大家。如李斯写了不少仿雅颂的刻石文，贾谊善写疏牍文，蔡邕以碑志文著称，还有司马迁的《史记》、刘勰的《文心雕龙》、韩愈的《祭十二郎文》等。鸦片战争后以康有为、梁启超为首的资产阶级改良派，辛亥革命以孙中山为首的资产阶级民主革命派，都分别发表了不少推进变法和宣传民主思想的应用文。我国老一辈革命家毛泽东、周恩来、邓小平等同志一生中发表了大量的演说词和应用性文章。所有这些都有力地说明了应用文因事成文、因事撰文的道理。在今天社会主义现代化建设的新时期，商业贸易得到空前的发展，特别是我国加入WTO后，商贸工作既迎来了发展的机遇，又面临着激烈的竞争，所有这些都为应用文的运用和发展提供了广阔的天地。

二、熟悉业务，掌握党和国家政策

作为一个应用文写作者，必须了解党在不同历史时期的方针政策，必须熟悉与自己工作有关的法律、法规、制度，才能写出好的应用文。文学作品来源于现实生活，而作家要创作，就必须深入现实生活，熟悉、体验生活，只有这样才能写出有分量的好作品。应用文的写作也一样，要写出好的应用文，就必须深入生活，熟悉业务，把准工作的脉络，这是写好应用文的基础。而要做到深入生活、熟悉业务、把握脉络，主要有两条途径：第一条是亲身深入生活、工作实际，"到惟一的最广大最丰富的源泉中去"，只有这样才能熟谙业务、有所体会，才能解决"写什么"和"怎样写"的问题。为什么有的人撰写应用文能够得心应手，一挥而就；为什么另一些人撰写同样的应用文时就感到束手无策，即使硬写，也显得肤浅，甚至脱离实际，其主要原因是不熟悉相关业务和相关工作。撰写学术论文，为什么要根据作者自己的业务特长来选题？就因为熟悉业务，能够掌握材料，把握脉络，悟出许多道理，从而写出有分量的文章来。

因此，写作应用文一要掌握党和国家的有关方针政策和相关法规，二是熟谙业务。

三、中心突出，材料充分，典型

文章做到主题突出、鲜明，必须围绕一个中心，把问题说深说透。态度要明确，赞成什么，反对什么，揭示什么都要明白无误，旗帜鲜明，这是应用文的灵魂所在，一篇应用文只能有一个中心，不允许有两个或两个以上的中心，这是由应用文的性质、作用所决定的。

一篇应用文有了明确的主题，有没有丰富的材料就成为关键了。应用文的中心与材料关系密切。如果说观点是文章的灵魂，那么材料则是文章的躯体。没有灵魂不行，没有躯体同样也不行。所以说要做到中心突出，必须从大量占有的材料中把那些与主题直接有关的并能有力表现和支撑主题的材料精心筛选出来，发挥"以一当十"的作用。材料是说明观点的，是观点的基础，如果有观点而无材料，那么观点也是空洞、苍白无力的。当然，如果光有材料而无中心观点，那材料也无所适从。材料从性质上可分为事实性材料和理论性材料。凡现实生活中客观存在的事物，如商务工作的基本情况、信息、典型事例等都可称为事实性材料。而理论性材料一般指经过实践证明检验正确的原理、观点、定律、格言以及路线、方针、政策和相关法规等。应用文对材料的基本要求是：真实、可靠、典型、新鲜。如果材料不真实、不可靠，观点就缺乏基础，因此材料的真实、可靠是观点科学性的重要依据。材料除了真实、可靠外，还要求典型，因为典型材料能够准确地反映事物的本质。材料不典型，即使是真实的，但有的却不能反映事物的本质特征，而只是一种现象。材料还要求新鲜，尽可能地反映现实生活中的新生事物、最新信息。这好比商务工作总结中使用的统计数字，当然应该选择最新的为好。

四、结构严谨、完整、层次清楚

如果说主题是应用文的灵魂，材料是应用文的血肉，那么结构就是应用文的骨架。有了材料，有了中心，还只解决了文章的内容问题，而要把文章写好，首先得考虑文章的结构。

（一）结构

结构是对文章内部进行组织安排，构建出观点与材料、内容与形式有机组合的骨架。也就是说为表现主旨而把各种材料组织起来构成篇章形成的一种手段。有如建房先打地基搭屋架一样，文章也要有间架。全文分作几部分，怎样开头，怎样结尾，分几个层次，哪些先写，哪些后写，如何过渡、照应等，事先都得有个组织安排。应用文对结构的基本要求是自然、严谨、层次分明。这里的"自然"说的是材料组织安排要自然顺畅，顺理成章，转接自然而不造作。"严谨"说的是文章结构要严密谨慎，文章的结构也是为表现中心思想服务的，所以首先应考虑结构有利于表现中心，同时也有利于发挥、突出材料的作用，总体要完整统一，各部分之间要保持有机联系，密不可分，逻辑性强。

（二）层次

所谓层次，指的是文章内容的先后次序，也就是内容展开的脉络和步骤。它是客观事物发展在文章中的反映，也是人的思维对客观事物发展进程的体现。划分层次应按照事物本身的发展逻辑划分，因为在布局谋篇时总是先考虑安排层次、划分段落，然后再考虑开头、结尾、过渡和照应，它直接关系到结构的成败。安排层次首先要着眼于事物的内部联系，较常见的层次结构形式有：

（1）以事件的时间、地点为序。即依事件发生的时间或地点来划分层次。工作报告、通报、调查报告等应用文多用此形式。

（2）以管理活动的发展阶段为序。即依一项工作或工程、一个事件、一次会议、一个人物的发展阶段为序划分层次。综合工作报告、专题工作报告、调查报告等常用这种形式。

（3）以逐层论证为序。即应用文中各个层次的意思一层进一层，是逐层深入的关系，一般是首先提出一个中心论点，而后逐层由浅入深地论述。这种层层深入的结构形式反映了人们的认识由浅入深、由表及里的发展过程。这种结构又被称为递进式，适用于工作报告，讲话稿等文种。

（4）以问题为序。即按应用文中所反映的问题来安排层次，这些层次可以反映主次、并列、因果关系或正反对照的关系。适用于工作报告、总结报告、调查报告、会议纪要等文种。

（5）综合式。也称纵横式，即由于应用文内容复杂，可以综合运用几种形式来安排层次结构，如先以时间为序划分大的层次，再以其中的问题为序划分第二级层次。

（三）段落

所谓段落，指文章的自然段，即应用文中能够表达一个完整意思而又相对独立的基本构成单位。如果一个层次的内容比较单一，一段就可以表现出来，如果一个层次的内容比较复杂就需要几个段落来表现。

划分层次之后，需要安排好段落。构段要注意八个字：统一、完整、联系、适度。"统一"，即：一个段落要相对完整的表达一个中心思想。"完整"，即：一个意思要在一段里说清说透。"联系"，即：各段之间在内容和逻辑上要紧密联系。"适度"，即：每段的长短要适度，大致相同。

（四）衔接与照应

所谓衔接，是指在两层意思或两段之间做到承上启下，前后过渡。通常用上下连贯的关联词语、转折词语来连接文意，使文章脉络畅通、结构紧凑。如："综上所述"、"总之"、"为此"、"故此"等，在应用文中起衔接的作用。安排好应用文各层次、段落之间的衔接与照应，其目的是使层次、段落之间前后连接、转折自然。

所谓照应，是指上下文之间相互关照、呼应。即前面提示的内容，后面要有着落、回应，后面表述的内容，在前面应有提示。内容与标题、结尾与开头以及行文各层次之间都要有相互呼应，以使全文前后连贯、自然。

（五）开头与结尾

应用文，尤其是较长的应用文，一般要在开头处书写导语。所谓导语，即采用开门见山的方法，提出要点，在开端处用极简要文句，说明全文的目的或结论。应用文的开头，一般常用的形式有如下几种：

（1）以揭示主题的方式开头。即在文章开头，以简要的文字揭示应用文的主题，唤起读者注意，引导读者继续阅读。

（2）以撰文的缘由或目的开头。即对撰写应用文的理由、目的和根据作简明的交代，以帮助读者理解应用文的内容。一般来讲，请示、报告以写明理由为开头；指示、决定、批复以说明根据为开头；规章制度以说明目的为开头。

（3）以陈述概况的方式开头。即在开头概述有关的一般情况。如：总结报告、综合报告，一般要在开头处先概述某一时期、某一方面工作的基本情况；会议纪要、调查报告，首先要介绍有关的时间、地点、范围、规模等。

（4）以阐明论点（结论）的方式开头。即在开头处亮明观点。

（5）以提问的方式开头。即将应用文要回答的问题，在开头处以提问的方式一针见血地提出来，可以收到提起注意、开门见山的效果。

（6）以致意的方式开头。贺信、感谢信和讲话稿多以这种方式开头，目的是给人以亲切感。

应用文的结尾一般要与开头相呼应，表述形式如下：

（1）以专用词语结束全文。适用于部分公文，如："特此报告"、"此布"、"此复"等。

（2）以强调行文目的结束全文。即以简要文字表示行文的具体要求，适用于部分公文。

"上述报告，如无不妥，请批转……"，"上述要求，请予批准"，"请尽快函复为盼"等。

（3）以点题的形式结束全文。在结尾点明主题或深化全文主题，可使读者加深对文章的理解。适用于讲话稿、论文等大量使用议论手法的文章。

（4）以号召、希望结束全文。在结尾发出号召，寄托希望，适用于公文中的部分下行文、某些重要会议上的讲话等。

总之，应用文的开头与结尾，要根据应用文内容和文种的特点采取不同的表述方式，要适合表述的需要和文体的需要。

五、语言准确、简练、严谨、庄重、通俗

应用文在语言表达上具有一般文章的共性要求，如遣词造句要遵循语法，使用语言讲究逻辑修辞等。作为应用文体的写作，除了上述共性要求外，应当特别注意语言的准确、简练和通俗易懂。

准确，是说词应达意，语应达意，一就是一，二就是二，即运用准确的语言，表达所要表达的内容。这是应用文的作用所决定的，因为应用文既是宣传贯彻党和国家路线、方针、政策的载体，又是人们交流信息的工具，不论从哪方面说，都要求"准确"。"据说"、"也许"、"大约"、"基本"一类尽量不用或少用。如：说明某项工作已基本完成就不准确，不如说已完成了80％，在文件中使用更准确。

简练，即语言应简要精练，求精当，戒冗长。运用精当的语言表达较为完整的内容，不用可有可无的词语。刘勰在《文心雕龙》中提出："文以辨洁为能，不以繁缛为巧。"毛泽东同志把空而长的文章比做"懒婆娘的裹脚布，又长又臭"，主张文章要写得短些，写得精粹些。当然，简练与准确关系密切，语言使用准确了，便也简练了。三国时，诸葛亮北伐失利自责写了《街亭自贬疏》，对照了自己的职责，分析了所犯错误及其原因，并请求处分，总共才71个字。由此可见，语言简要精练，是应用文的又一特色。

严谨，应用文中的公文代表着机关发言，具有法定效力，用语应当严谨、庄重，以体现公文的严肃性。因此，要使用规范化的书面语言，特别是专用词语。如：在文件用语中，使用"当否，请批示"、"特此通告"、"商榷"等书面用语。

应用文体的语言除了准确、简练、严谨之外，通俗易懂，文风朴实也是非常重要的。因为文章是写给人看的，最广泛的读者是广大群众，所以，更应通俗易懂，朴实。毛泽东同志在党的八届七中全会上的讲话中就提出："凡是看不懂的文件，一律不准拿出来，拿出来也要顶回去。写文件要通俗，要有目的性，观点要明朗，讲话要看对象。"那么如何才能做到通俗易懂呢？首先，应当运用人民群众熟悉的喜闻乐见的语言，语言实在，不追求华丽的辞藻，也不搞抒情、描写、含蓄、虚构的写作技巧。

六、应用文特定用语

颁布：庄严地发布。如：颁布命令。　　颁发：隆重地发给。如：颁发证书。
查收：清点收下。如：货已查收。　　　查复：了解后回复。如：当即查复。

查询：了解问询。如：经多方查询。　　查对：清查核对。如：业经查对无误。
查照：查看。如：希查照办理。　　　　查处：调查处理。如：进行了查处。
查实：调查证实。如：经我方查实。　　大有：很有。如：大有可为。
大力：十分尽力。如：大力支援。　　　大肆：十分放纵。如：大肆宣传。
可否：可不可以。如：可否参加。　　　能否：能不能。如：能否前来。
当否：是不是恰当。如：当否，请批示。再次：再一次。如：再次协商。
一再：多次。如：一再说明。　　　　　一度：一段时间。如：曾一度中断。
基于：根据。如：基于上述原因。　　　鉴于：由于考虑到。这一词语前一般不用
　　　　　　　　　　　　　　　　　　　　　主语。如：鉴于身体状况。
鉴戒：教训。如：引为鉴戒。　　　　　借鉴：参考。如：可作借鉴。
台鉴：您审阅。如：××先生台鉴。　　台览：您阅。如：请经理台览。
惠鉴：劳驾您审阅。如：××先生惠鉴。雅鉴：请您审阅并指教。如：××先生雅鉴。
台安：您安好。如：敬祝台安。　　　　台祺：您吉祥。如：顺祝台祺。
径向：直接向。如：可径向上级报告。　径与：直接与。如：请径与××先生联系。
与会：参加会议。如：与会代表50人。　参与：参加进去共同工作。如：参与管理。
拟于：打算在。如：拟于明天动身。　　拟订：打算制订。如：拟订计划。
以期：以此希望。如：以期在京举办。　如期：按照预定的日期。如：已经如期
　　　　　　　　　　　　　　　　　　　　　到达。
切勿：千万不要。如：切勿上当。　　　切切：千万注意。如：安全至紧，切切。
顷闻：刚才听到。如：顷闻××病逝。　顷接：刚才接到。如：顷接来函。
顷奉：刚才接到。如：顷奉上级指示。　顷据：根据刚才。如：顷据中央气象台
　　　　　　　　　　　　　　　　　　　　　预报。
莅临：到来。如：敬请莅临指导。　　　事宜：事情的安排处理。如：有关具体
　　　　　　　　　　　　　　　　　　　　　事宜。
为此：为了这个。如：为此，要尽快　　为要：是重要的。如：要速办为要。
　　　办理。
为宜：是适当的。如：以自愿为宜。　　为妥：是合适的。如：以自愿为妥。
为盼：是所盼望的。如：请速回复为盼。为荷：感谢您的帮助。请协助解决为荷。
是荷：感谢您的帮助。如：请大力协助　届时：到时候。如：请届时出席。
　　　是荷。
就绪：已经安排好。如：已全部就绪。　以资：用来作为。如：以资鼓励。
以此：用这个。如：以此推算。　　　　以利：有利于。如：以利发动群众。
以其：用它的。如：以其特长取胜。　　均为：都是。如：均为责任事故。
亦须：也必须。如：亦须妥善安排。　　务须：必定要。如：务须做好准备。
务请：务必请。如：务请于15日前答复。务期：一定要。如：月底前务期完成。
报请：报告请示。如：特报请董事会批准。恳请：恳切请求。如：恳请予以审批。
提请：提出请求。如：提请领导批准。　恭请：恭敬地邀请您。如：恭请光临。
敬请：恭敬地邀请您。如：敬请光临。　敬悉：恭敬地知道。如：来函敬悉。

奉悉：尊重地知道。如：大札奉悉。　　谨悉：恭敬而慎重地了解到。如：来函谨悉。

得悉：了解到。如：得悉喜讯。　　收悉：收到后知道了。如：来函收悉。
已悉：已经知道了。如：来文已悉。　　谨致：郑重地给予。如：谨致热烈的敬礼。
谨启：恭敬地陈述。如：××公司谨启。　　函达：写信告知。如：特此函达。
函告：通过信件相告。如：特此函告。　　函复：通过信件答复。如：请速函复。
见复：请答复。如：望见复。　　见教：请指教。如：望见教。
见示：请指示。如：望见示。　　见谅：请原谅。如：尚祈见谅。
尚祈：还请求。如：尚祈见谅。　　商榷：商量讨论。如：尚待商榷。
商酌：商量斟酌。如：请与××商酌。　　当即：当时立刻就。如：当即进行研究。
即日：当天。如：即日来音。　　即席：当场。如：即席发表谈话。
即可：立刻就可以。如：即可动工。　　即行：立刻行动。如：一经查明，即行办理。

据此：根据这个。如：据此。　　特此：特地这样。如：特此通知。
接洽：联系商量。如：请接洽。　　接办：接过来办。如：由我公司接办。
业经：已经经过。如：业经领导批准。　　未经：没有经过。如：未经领导批准。
后经：后来经过。如：后经改进。　　均经：都已经过。如：以上数据均经核实。
拟经：打算经过。如：拟经上级批准后动工。　　一经：一旦经过。如：方案一经批准，立即行动。
悉心：用尽心思。如：一定悉心办理。　　悉力：尽一切力量。如：望予悉力协助。
承诺：答应承办。如：已经承诺，就必须完成。　　纯系：纯粹是。如：所谈纯系实情。

均应：都应该。如：均应按规定办理。　　本应：本来应该。如：本应严格处置。
限于：限定在。如：限于月底完成。　　希于：希望在。如：希于月初做好。
业于：已经在。如：业于上周竣工。　　应予：应该给予。如：应予鼓励。
希予：希望给予。如：希予大力协助。　　准予：准许给予。如：准予补发。
特予：特地给予。如：特予通报表扬。　　不予：不给予。如：不予登记。
不力：不得力。如：××办事不力。　　兹聘：现在聘请。如：兹聘××为我所顾问。

兹有：现在有。如：兹有××等人。　　兹派：现在派。如：兹派工程师三人。
兹将：现在把。如：兹将报表送上。　　兹因：现在因为。如：兹因无力偿还。
兹就：现在对。如：兹就生产做了安排。　　显系：显然是。如：显系装运责任。
竭诚：竭尽全力，真心诚意。如：感谢贵公司竭诚合作。　　复希：还希望。如：查照结果复希告。
歉难：抱歉，难以。如：歉难承担经济损失。

思考与练习

一、填空

1. 应用文的特点是_____、_____、_____、_____、_____。
2. 应用文的作用是_____、_____、_____、_____。
3. _____就内容和体式看，已经是较为完整的初级阶段的应用文了。
4. 《尚书》是我国最早的_____。
5. 秦代的_____，汉代的_____，唐宋以来的_____等，都是应用文的例证。

二、简答题

1. 简述应用文的概念。
2. 党政公文有哪十五类？
3. 应用文写作的基本要求有哪些？

三、写作练习

1. 想一想你在日常生活、学习中所接触到的应用文，试分析其写作特点。
2. 按照应用文写作的要求，写一篇介绍自己的文章。

四、朗读

1. 将党政公文十三类名称齐声朗读两遍。
2. 将应用文特定用语齐声朗读两遍。

第二章 党政公文

第一节 公文概述

一、公文的概念、特征、作用

(一) 公文的概念

所谓公文即公务文书的简称。2012年中共中央办公厅和国务院办公厅联合发布的《党政机关公文处理工作条例》这样定义："党政机关是党政机关实施领导、履行职能、处理公务的具有特定效力和规范体式的文书,是传达贯彻党和国家的方针政策公布法规和规章、指导、布置和商洽工作,请示和答复问题、报告、通报和交流情况等的重要工具。"

对这一概念的内涵,我们可从以下几方面理解:

(1) 党政公文是党政机关使用的文书。所谓党政机关,主要指各级党群部门和各级国家行政机关、政府部门,也包括依法成立的各种社会团体、企事业单位的行政管理部门等。

(2) 党政公文是在党政管理过程中形成和使用的文书。党政管理是一种公务活动,党政公文只能办理公事,用于公务活动,有别于出于个人主观感受和纯属私人交往的文书。

(3) 党政公文是一种具有法定效力和规范体式的文书。所谓法定效力,即一旦发布,有关单位和人员必须遵守执行。所谓规范体式,即党政公文的内在结构和外在格式都具有特定的要求和规定。

国家行政机关习惯把公务文书称"公文",有时也称"文件"。如"中共中央文件"、"国务院文件"、"辽宁省人民政府文件"、"沈阳市人民政府文件"等。

公文有广义和狭义之分。广义的公文包括中共中央办公厅和国务院办公厅2012年联合发布的《党政机关公文处理工作条例》中所确定的15种公文文种,还包括司法、外交、军事、财经、科技等部门的专用公文以及机关事务文书和日用类文书,诸如开幕词、闭幕词、倡议书、领导人讲话等。狭义的公文专指新《条例》中确定的15个公文种类。本章主要介绍党政机关公文。

(二) 公文的特征

公文是在公务活动中形成并使用的一种实用性很强的文体,离开了公务活动,就不称其为公文。但是,在公务活动中产生的文字材料并不都是公文,和其他实用文体比较,公文必须具备下面五个方面的特征:

1. 使用上的实效性和工具性

撰写公文是为了解决在公务活动中的实际问题,每一份公文都有明确的制发意图和实际效用,它要针对公务活动中的具体实际,提出解决问题的意见、方案、办法或明确的规定，以使公务活动能沿着正确的轨道顺利进行。无论是指导工作、布置任务，还是反映情况、报告工作、请求批准、联系事务，每一种公文的制作都是工作的需要，大到命令，小到函，都有其现实的效用。公文的这种实际效用有一定的时间性，有的时间较长，如法规性公文，新的法规实施了，旧的法规才能废止；有的时间较短，如进行某项具体工作的通知，事项知晓了或工作结束了，也就失去时效了。公文在失去时效后，就要立卷归档，成为档案。

公文是机关工作的工具，而且是具有行政效力的工具。各级党政机关要传达贯彻党和国家的路线、方针、政策，发布规章制度，指导、布置和商洽工作，请示和答复问题，报告和交流情况等，在一般情况下，都要用公文来完成。公文这一工具掌握得越好，就越能发挥其应有的效用。

2. 行文的法定性和规范性

一是作者的法定性。一般的文章谁都可以写，但公文体现着国家的管理职能，制发公文是为了处理公务，因此必须由法定的作者在法定范围内行使职权时制定和颁发。所谓法定的作者，是指依据法律、法令、法规成立的并能以自己的名义行使权力和承担义务的组织及其负责人。根据《中华人民共和国宪法》和《中华人民共和国地方各级人民代表大会和地方各级政府组织法》规定的国家机关的职能以及制定和发布公文的权限，全国人民代表大会有权制定、修改宪法和法律；全国人大常委会有权制定法令；国务院有权根据宪法、法律和法令规定行政法规，发布决定和命令；地方人民代表大会可以制定和颁布地方性的法规；地方各级人民政府可以依据法律规定的权限发布决定和命令。国家领导人和一些机关首长有时也可以制发公文，但必须是在代表国家或机关行使职权的情况下才行。各个企事业单位的权限也都有所规定，必须在自己的职权范围内发布和使用公文。这就是公文作者的法定性。

二是内容的法定性和权威性。公文是特殊的精神产品。它的制发不是出于个人的主观感受，而是出于领导意图和工作需要，是集体意志的表现，因此往往是集体创作，它代表机关发言，具有法定的强制力和行政约束力。公文一旦发布生效，任何单位和个人必须遵守执行。上级机关下发的公文，对下级机关具有行政约束力。例如：一个命令发出，有关下级必须执行；一项决定做出，有关下级必须贯彻；一个通知下来，有关下级必须照办。下级的请示，上级机关必须给予批复；下级的报告，上级机关必须予以审阅，而且这类公文往往是上级机关做出正确决策的依据。

作为一个法规性文件，2012年新《条例》规定党政公文的文种是法定的15种，行文关系有法定的规则，发文、收文、归档、管理有法定的程序，公文的格式必须以新《条例》和2012年6月29日国家质量监督检验检疫总局和中国国家标准化管理委员会发布的《党政机关公文格式》（GB/T 9704—2012以下简称《格式》）为标准。

公文是国家发挥管理职能的书面工具，《条例》和《格式》中规定了统一的公文格式和严格的行文规范。公文有多少种类，向什么机关发布什么内容，用什么文种，都有明确的规定。

行文有特定的格式，新《条例》也有专章说明。从公文的份号、密级和保密期限、紧急程度、发文机关标识、发文字号、签发人、标题、主送机关、正文、附加说明、发文机关署名、成文日期、印章、附注、附件、抄送机关、印发机关和印发日期等都做了具体细致的规定，以保证公文的准确、完整、统一，提高公文处理的效率。《格式》对用纸幅面及版面尺寸、排版规格与印制装订要求、各要素标识规则、页码、公文中表格、特定格式、样式等都做了具体详细的规定，各级行政机关必须以此为标准，不能任意变动。

3. 发文、收文的程序性

为了体现公文的性质，维护公文的权威，确保公文的严肃性和便于处理公文，充分发挥公文的作用，中央办公厅和国务院办公厅专为公文规定了发文办理程序和收文办理程序。发文的办理，从拟稿到归卷，要经过草拟、审核、签发、复核、缮印、用印、登记、分发等程序；收文的办理，从签收到归卷，要经过签收、登记、拟办、批办、承办、催办等程序。各机关制发公文时，必须严格遵循公文办理程序，保证公文体式的完整性和统一性，确保公文及时、准确地处理。任何机关不得违背统一规定的原则和要求，不得自搞一套，各行其是。

4. 读者的明确性

公文与其他文章的最大区别在于它有具体明确的读者对象。其他文章的读者对象总是相对的，作者可以根据人的年龄、性别、文化素养、职业、民族或国别，办各种类型的报刊，刊登各式各样的文章，以供各种各样的读者阅读。而公文的读者是明确的、具体的。公文以主送机关、抄送机关的形式，具体规定了它的特定的读者对象。有些公文还规定了阅读范围和传达范围，以及可否翻印或在报刊上登载。尽管有些周知性和普发性的公文面比较宽，但在一定程度上也具有确定性。公文不仅读者对象具体明确，而且它还要求读者认真阅读、研究、参照或按照公文的规定贯彻执行。

5. 重要公文的保密性

一般行政公文都有特定的读者，有些涉及国家秘密的公文，皆标有密级和保密期限，读者只是规定的少数人，这都是保密的需要。在对公文的处理上，也要做好保密工作。《条例》规定：公文处理必须严格执行国家保密法律、法规和其他有关规定，确保国家秘密的安全。对于上级机关的公文，绝密级和注明不准翻印的公文，不能翻印；一般公文需翻印时，须经上级机关负责人或者办公厅（室）主任批准。翻印时，应当注明翻印的机关、日期、份数和印发范围；销毁秘密公文应当到指定场所由二人以上监销，保证不丢失、不漏销，销毁绝密公文（含密码电报）应当进行登记。

在公务活动中，有些文字材料，可能具备公文的一两个特点，但它们不具备全部特征，因此不能称其为公文。如计划、总结、调查报告、规章制度等，只有按照公文规定的要求撰写和处理时才是公文，否则只是机关内部的一般文件。

（三）公文的作用

公文的作用和公文的种类有关，不同的公文有不同的作用。一份公文有时仅起一种作用，有时也可以同时起几种作用。具体地说，公文主要有以下几种作用。

1. 法规约束作用

我国的各种法律，都是以公文的形式发布的。我国的各种条例、规定，也是以公文的形式制定和发布的。这些法律、条例、规定等，都具有法律的规范和约束作用。党和国家领导机关以及各级权力机关发布的命令、决议、公报、通告等，对各项工作和活动都起着规范和约束作用。在它有效的范围内，任何人不得违反。因此公文具有法规性和约束力。

2. 领导指导作用

公文是上级领导机关对下级机关进行领导与指导的一种工具。上级机关通过公文传达领导意图，贯彻党和国家的方针、政策，使下级机关能够领会上级指示精神并认真贯彻执行，把工作做好。这就体现了公文所起的领导与指导的作用。

3. 知照联系作用

公文是在上下级机关之间、平行机关和不相隶属机关之间联系与协商工作、沟通情况、交流思想、互通信息、处理公务的需要中产生的。上级机关的通知、批复；下级机关的请示、报告；平级机关或不相隶属机关间的函以及会议纪要等都起到知照联系作用。公文中的通告、公告、通报等也是一种起晓谕、启示、动员的知照作用。公文的抄送单位主要就是起知照联系作用。

4. 凭证依据作用

公文在公务活动中，是开展各项工作、处理问题、联系事物的重要依据和指针。公文是为阐明、传达制发机关的意图，使收受机关有据可依而制发的。下行文是下级工作的重要依据，很多下行文要求"请认真贯彻执行"，"贯彻执行"的凭据就是公文。有句话叫"照红头文件办事"，就是指按上级的文件规定工作。上行文是上级批复、决策的重要依据。

公文又是党政机关档案的主要来源。公文在完成了现行效用使命后，要立卷归档，以备日后查考某一时期、某一事件、工作或问题的历史资料，成为后人研究的凭证和依据。

5. 宣传教育作用

公文在传达党和国家某一方针政策时，往往说明要做什么，为什么要做，怎样去做，让人们明白事理，知道做法，以统一思想认识，统一行动，使各级党政机关的意图变为人们的自觉行动，保证党和国家的路线、方针、政策的贯彻落实。这一系列过程公文都在发挥其宣传教育作用。

二、党政机关公文的种类

根据2012年中央办公厅和国务院办公厅联合发布的《党政机关公文处理工作条例》的规定，党政发文共15种，即决议、决定、命令（令）、公告、通告、通知、通报、议案、报告、请示、批复、意见、函、纪要。

根据公文的行文方向，即发文机关和受文机关的行文走向，公文可分为上行文、平行文、下行文三大类。

下行文是指上级机关向所属的下级机关所发的公文，如命令、决议、决定、意见、公报、公告、通告、通知、通报、批复、会议纪要，有时也用函。

平行文是指平级机关或不相隶属机关之间发送的公文，包括函、意见和纪要。

上行文是指下级机关向隶属的上级机关发送的公文，包括报告、请示，有时也可用函和意见。

三种行文在语气使用上各有不同：下行文的语气要亲切、关爱；上行文语气要尊重、谦虚；平行文语气要尊重、谦让。不同的语气用不同的词语、句式来表述，因此用词要准确，语气表述要合体。

按公文作者的性质分，有党内公文、行政公文、群众团体公文三种。

按公文办理时间的要求分，有特急公文、加急公文、常规公文三类。

按公文的保密程度分，有绝密公文、机密公文、秘密公文和普通公文四个等级，简称为绝密件、机密件、秘密件和平件。

按公文的收发分，有收文和发文两种。

三、公文的格式

公文格式是指公文规范化的外部形式，包括公文的组成部分和项目、排列的顺序和位置、书写和打印的要求、用纸及装订的规格等。这些内容反映到页面上，即为如何进行分布和安排，有机、均匀地组织在一起，构成一副字体鲜明、字距疏密相宜、结构严谨、严肃活泼、美观大方、亲切清新的良好外貌。这也是一份公文的"文面"。

行政公文的格式不仅可以区别于其他的文种，便于管理、存档和使用，而且也体现了国家机关行政公文的合法性和权威性，使公文能更好地发挥应有的作用。

《条例》对公文格式有具体规定："公文一般由份号、密级和保密期限、紧急程度、发文机关标志、发文字号、签发人、标题、主送机关、正文、附件说明、发文机关署文、成文日期、印章、附注、附件、抄送机关、印发机关和印发日期、页码等组成。"我们在处理公文时，一定要一丝不苟地执行。

（一）公文的书面格式

公文的书面格式是指公文的各个组成部分在公文文面上所处的位置和书写的形式。这些组成部分按照各自的位置，我们把它分为眉首、主体和版记三大部分。置于公文首页红色反线（宽度同版心，即156mm）以上的各要素统称为眉首；置于红色反线（不含红色反线）以下至成文日期（含成文日期）统称主体；置于成文日期以下（含主题词）的各要素统称版记。下面结合《条例》和《格式》依次介绍公文的各个组成部分。

1. 眉首（版头）

公文的眉首包括份号、秘密等级、紧急程度、发文机关标识、发文字号、签发人等内容，位于公文首页上端。上行文的眉首约占首页篇幅的1/2，下行文的眉首约占首页篇幅的1/3。

（1）份号　即公文份数序号，又称印数编号。是指将同一文稿印制若干份时每份公文的顺序编号。一般文件不印份号，"绝密"、"机密"级公文应当标明份数序号，并要求按编号登记分发给收件人。如需标识公文份数序号，用阿拉伯数码顶格标识在版心左上角第一行用6位3号阿拉伯数字。新《条例》要求涉密公文标注份号。

（2）秘密等级和保密期限　涉及国家秘密的公文应当标明密级和保密期限，密级分"绝密"、"机密"、"秘密"三级。如需标识秘密等级，用3号黑体字，顶格标识在版心左上角第一行，两字之间空1个字；如同时标注秘密等级和保密期限，顶格标识在版心左上角第二行，秘密等级和保密期限之间用"★"隔开。保密期限用文字表述，无密不标。

（3）紧急程度　紧急公文应当根据紧急程度分别标明"特急"、"加急"（其中电报应当分别标明"特提"、"特急"、"加急"、"平急"）。如只需标识紧急程度的，用3号黑体字，顶格标识在版心左上角第一行，两字之间空1个字；如需同时标识秘密等级与紧急程度的，秘密等级顶格标识在版心左上角第二行，紧急程度顶格标识在版心左上角第三行。

份号、秘密等级和保密期限、紧急程度三项内容分别居于左上角第一、二、三行，如若前两项省略，则顺次上移。

（4）发文机关标志　一般由发文机关全称或者规范化简称加"文件"组成。如"辽宁省人民政府文件"、"沈阳市工商行政管理局文件"、"沈阳理工大学文件"等。对一些特定的公文可只标志发文机关或者规范化简称。发文机关标志一般用红色印刷（经有关领导机关批准复印、印制具有同等效力的文件则不用套红），一般来说，机关级别高的，字体大一些，机关级别低的，字体要小一些。推荐使用小标宋体字，字号由发文机关以醒目美观为原则酌定，但一般应小于22mm×15mm（高×宽）。上边缘至版心上边缘为25mm；对于上报的公文，发文机关标识上边缘至版心上边缘为80mm。如需标识公文份数序号、秘密等级和保密期限以及紧急程度，可在发文机关上空二行向下依次标志。

联合行文时应使主办机关名称在前，"文件"二字置于发文机关名称右侧，上下居中排布；如联合行文机关过多，必须保证公文首页显示正文。

（5）发文字号　发文字号又称发文号、文号、文件字号，是由发文机关代字、年份和该年度的发文顺序号构成。如"国办发〔2001〕1号"，"国办"是发文机关"国务院办公厅"的代字，"2001"是发文年份，"1号"是发文序号，合在一起表明这是国务院办公厅在2001年发的第1个文件。如"国办发〔2001〕16号"，"国办"是发文机关"国务院办公厅"的代字，"2001"是发文年份，"16号"是发文序号，合在一起表明这是国务院办公厅在2001年发的第16个文件。这是为了便于发文、收文机关的登记、分类、保存和检索而设置出来的编号方法。

发文机关代字一般由两个层次组成，第一个层次是发文机关代字，第二个层次是发文机关主办文件部门的代字。例如，辽宁省人民政府发文，其发文字号的机关代字便是"辽府"，这是一个层次。而"辽府办"则代表了发文机关和发文机关主办文件的部门，是"辽宁省人民政府办公厅"的代字，它便是由两个层次组成。

发文字号的位置，因眉首不同而位置不同。下行文文件格式，写在机关标识正中间的下面空2行，用3号仿宋体字，年份、序号用阿拉伯数码标识，年份应标全称，用六角括号"〔　〕"括入，序号不编虚位号（即1不编为001），不加"第"字；上行文文件格式，发文字号在红色反线之上的左侧，与签发人成平排并列之势。函件格式，在红色反线之下、标题之上的右上方。白头文件，置标题之上的左上方，使用的字体型号与正文相同。

发文字号之下4mm处印一条与版心等宽的红色反线。

（6）签发人　签发人是指审批、签发公文文稿的主要负责人。"请示"以及特别重要的公文等应当标志签发人姓名。平行排列于发文字号右侧。发文字号居左空1个字，签发人姓名居右空1个字。签发人用3号仿宋体字，签发人后标全角冒号，冒号后面用3号楷体字标识签发人姓名。

如有多个签发人，主办单位签发人姓名置于第一行，其他签发人姓名从第二行起在主办单位签发人姓名之下按发文机关顺序依次顺排，下移红色反线，应使发文字号与最后一个签发人姓名处在同一行，并使红色反线与之的距离为4mm。

在公文成文日期之后下一行，写上联系人姓名和电话号码，便于上级领导找人联系。

（7）红色反线　公文的眉首与主体部分用一条较粗的红色横线分开，这条横线称为红色反线，也称为"间隔线"。印在发文字号之下4mm处，其长度为156mm，与版心等宽。党内文件的红色反线正中印一颗红色五角星"★"作标志，而行政机关公文则不印。这是党政公文的识别标志，不要误认为是装饰。

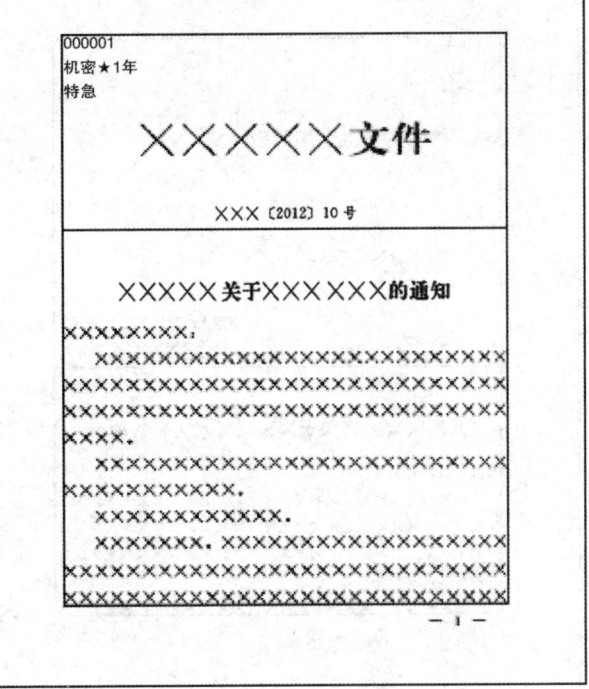

图 1　公文首页版式

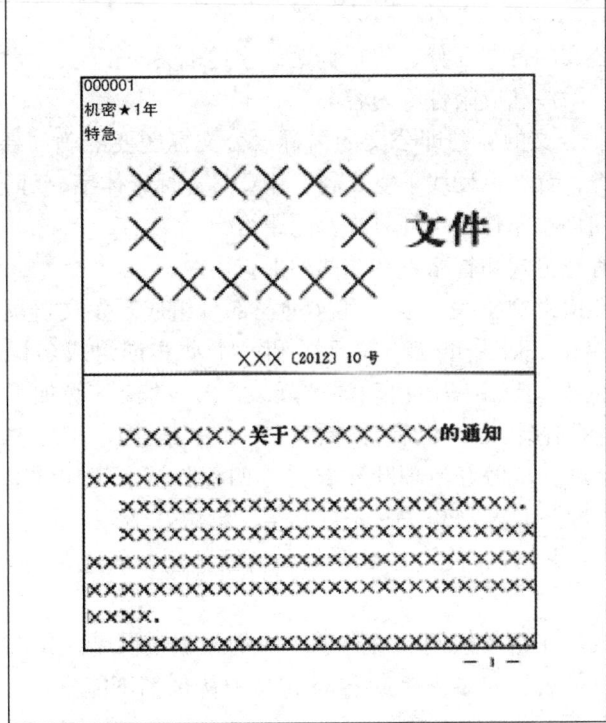

图 2　联合行文公文首页版式 1

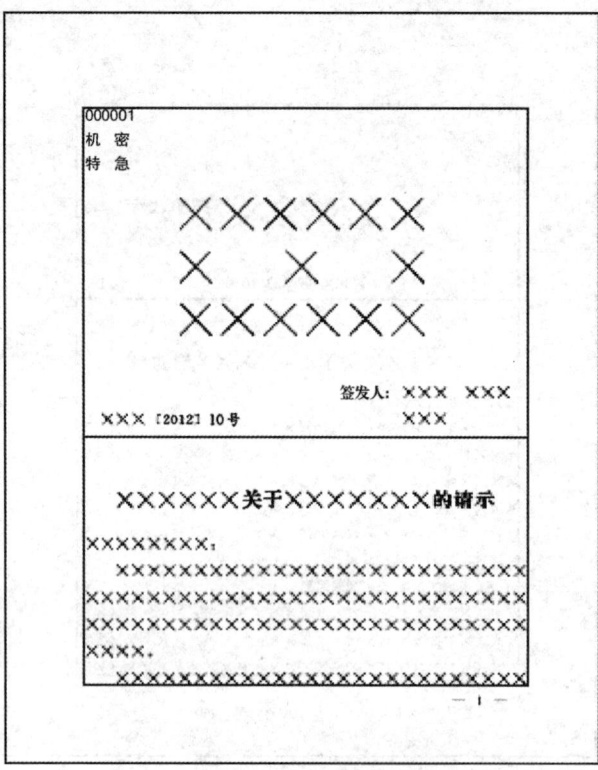

图 3　联合行文公文首页版式 2

2. 主体

公文的主体指公文的行文部分，包括标题、主送机关、正文、附件说明、发文机关署名、成文日期印章、附注和成附件等内容。

（1）公文标题　公文的标题即公文的名称。公文标题要准确简要地概括公文的主要内容并标明公文种类，置红色反线下空二行，用 2 号小标宋体字，可分一行或多行居中排布；回行时，要做到词意完整，排列对称，间距恰当。

公文标题一般有完整式和省略事由式两种形式。

一是完整式。即由发文机关、事由和文种三部分组成。发文机关要写全称或规范化简称、统称；发文事由一般由介词"关于"和一个动宾词组或名词词组构成一个介词短语，转发类公文的发文事由一般由动词"转发"、"批转"等加上被转发文件的标题构成；文种前一般不加修饰语，也有特殊情况，如"紧急通知"、"指导意见"等。如《国务院办公厅关于进一步做好治理开发农村"四荒"资源工作的通知》是一个完整式标题。"国务院办公厅"是发文机关；"关于进一步做好治理开发农村'四荒'资源工作"是发文事由，要用准确、简要、鲜明的语言概括公文的主要内容；"通知"是所用的公文文种。

二是省略事由式。在新《条例》发布前，人们根据实际情况或省略文机关名称，或省略事由，或发文机关名称和事由一起省略（文种从来都不能省略，一旦省略会造成公文的混乱）；新《条例》强调公文标题必须具备三个部分。像《中华人民共和国主席令》、《中华人民共和国国务院令》）属于特殊文种，仍沿用原来写法省略事由。

在公文标题的写作中，我们还应注意一个问题，那就是批转、转发、印发、颁发等种类的公文，标题中的事由是要批转、转发、印发、颁发公文的标题，对这样的标题怎么处理？新《条例》没有明确规定，但公文研究者认为为防公文标题标点符号出现乱象，还是应按老《办法》执行。老《办法》中规定："公文标题中除法规、规章名称加书名号外，一般不用标点符号。"

例1：国务院办公厅转发审计署关于公路建设资金审计情况报告的通知

例2：国务院关于贯彻实施《中华人民共和国立法法》的通知

这两个标题，例1这个通知被转发的文件是一个"报告"，而不是法规或规章，所以不用书名号。例2标题中被贯彻实施的是一个法规性文件——《中华人民共和国立法法》，所以就必须用书名号。

撰写标题，首先必须选准文种。要根据发文的目的、内容、发文机关的权限以及发文机关与主送机关之间的行文关系来决定文种。

(2) 主送机关　主送机关是指公文的主要受理机关，俗称"抬头"，应当使用全称或规范化简称、统称。在正文之前，标题之下空一行，在左侧顶格写，用3号仿宋体字标识，回行时仍顶格。最后一个主送机关后加全角冒号（：）。如果主送机关名称过多而使公文首页不能显示正文时，应将主送机关名称移至版记中的下反切线之下、抄送之上，标志方法同抄送。

如果主送机关不止一个时，应按其性质、级别或惯例依次排列，中间用顿号（类间用逗号）断开。

主送机关的表现形式，主要有以下几种：

一是单称。指公文的主送机关只有一个。不相隶属的机关之间行文，应写机关的全称，如"辽宁省财政局："；如果是向下级机关行文，可省去省、市、县名称，如"省教育厅："。

二是泛称。是上级机关对下级同类各机关的行文。如国务院对各省、自治区、直辖市及直属单位行文的主送机关是："各省、自治区、直辖市人民政府，国务院各部委、各直属机构："。

三是递降称。递降称多用于对垂直几个下级行文，如省府向市、县行文："各市、县人民政府："；又如省教委向全省教育系统行文："各市、县教育局："。

(3) 正文　公文的正文写在主送机关下一行，每自然段第一行左空2个字，回行顶格，但数字、年份不能回行。

公文的正文一般由开头（又称引据）、主体、结尾三部分组成，是公文的核心部分，用来表述公文的具体内容。

开头。公文正文的开头一般写发文的目的、原因、依据、意义等，具体写法依据公文的内容和行文目的来确定，常用的有以下几种方法：一是根据上级的指示所发出的通知等，用"遵照"、"按照"、"根据"等语言，交代行文依据；二是在开头用"为"、"为了"等介词标引，说明行文的目的或意图；三是开头引用文件等，点明公文的主旨，如"现将《××××××》印发给你们……"；四是开头扼要介绍事件或情况，给人以清晰印象，如"经中央批准，今年县、乡两级选举的日常工作由民政部门负责……"直叙情况，开门见山；五是为了批复或答复问题，先引叙对方来文，如"你县×年×月×日关于××××× 的请示收悉"、"××〔2003〕×号函悉",使对方清楚回答的是关于什么的问题。

主体。主体写发文事项,如果事项较多,可分条列项写,具体撰写要求将在后面各文种的章节中介绍。

结尾。结尾是公文正文的最后部分。公文的结尾通常根据不同的文种使用常用语作结。不同的常用语显示出不同文种的特征。"令",结尾的常用语一般用"此令"、"特令";请示结尾的常用语通常用"当否,请批示","如无不当,请批准","如无不妥,请批转各地贯彻执行"等;批复结尾的常用语是"此复","特此批复"等;"通知"结尾的常用语一般是"特此通知"等;"报告"结尾的常用语用"特此报告"等;发函结尾的常用语是"请函复",复函的结尾常用语常用"特此函复"等。有的在文尾提出希望或要求,或是简短的表态;有的公文主体已将意思表达完整,就不再写结束语。

（4）附件说明　是指公文附件的顺序号和说明。

（5）发文机关署名　靠右侧署发文机关的全称或规范化简称。因为此处要盖发文机关印章,原《办法》对是否要署发文机关名称没有具体要求,新《条例》则明确要求署名。

（6）成文日期　公文的成文日期应以负责人签发的日期为准,联合行文以最后签发机关负责人的签发日期为准,凡属会议通过的文件应以会议通过日期为准。原办法要求成文日期用汉字书写,新《条例》要求一律用阿拉伯数字。不编虚位,如"2013年5月4日"不写成"2013年05月04日",成文日期右空4个字。

（7）印章　是指发文机关印章（用红色）或签署人姓名。单一机关制发的公文在落款处不置发文机关名称,只标志成文时间。成文时间右空4个字。然后加盖印章,盖印章时应端正、居中,印章应上距正文2~4mm,做到上不压正文,下压成文日期。

当印章下弧无文字时,采用下套方式,即仅以下弧压在成文时间上;当印章下弧有文字时,采用中套方式,即印章中心线压在成文时间上。

当联合行文需加盖两个印章时,应将成文时间拉开,左右各空7个字;主办机关印章在前;两个印张均压成文时间,印章用红色。只能采用同种加盖印章方式,以保证印章排列整齐。两印章间互不相交或相切,相距不超过3mm（见图4）。

当联合行文需加盖3个以上印章时,为防止出现空白印章,应将各发文机关名称（可用简称）排在发文时间和正文之间。主办机关印章在前,每排最多排3个印章,两端不得超出版心;最后一排如余一个或两个印章,均居中排布;印章之间互不相交或相切;在最后一排印章之下右空2个字标志成文时间（见图5）。

当公文排版后所剩空白处不能容下印章位置时,应采取调整行距、字距的措施加以解决,务使印章与正文同处一面,不得采取标志"此页无正文"的方法解决。

公文除"会议纪要"和以电报形式发出的以外,应当加盖印章。

（8）附注　附注指公文如有需要说明的其他事项。如"请示"应当在附注处注明联系人的姓名和电话等。公文如有附注,用3号仿宋体字,居左空2个字加圆括号标志在成文日期下一行。

（9）附件　常见的附件有两种:一种是公文的正文内容很短,只起批准、发布、印

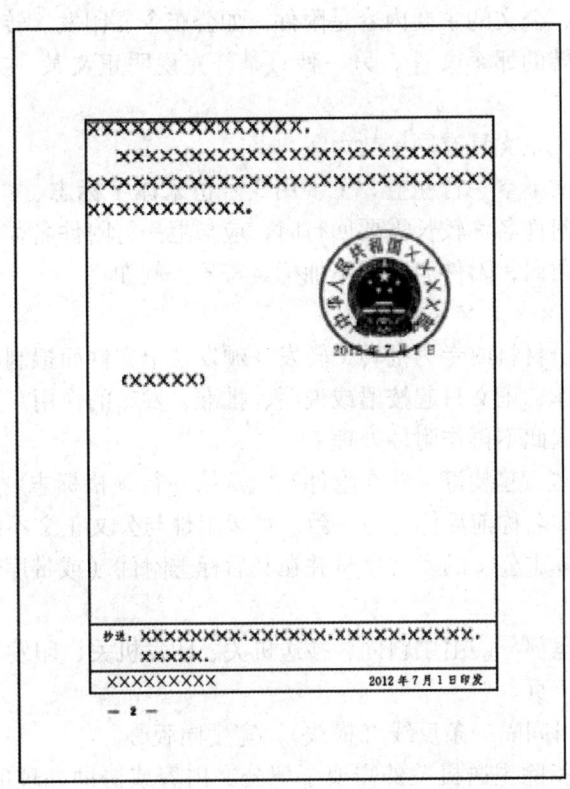

图4 公文末页版式1（印发日期的左侧写印发机关全称）

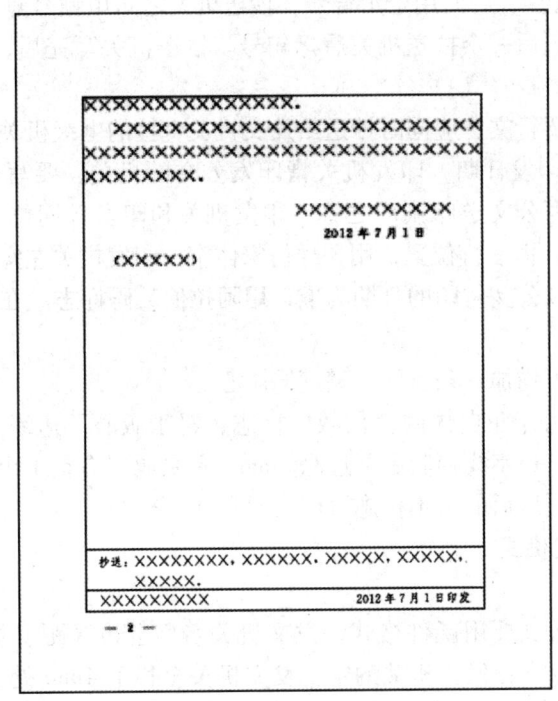

图5 公文末页版式2

发、转发、批转作用，公文的主要内容是附件。如公布令、印发、转发、批转性通知所公布、印发、转发、批转的那个文件。另一种只是补充说明正文某一方面内容的事件、图表、统计数字等材料。

公文的附件和公文正文具有同等效力。

公文的附件在正文下空一行左空2个字用3号仿宋体字标志、"附件"，在附件后标上全角冒号和名称。附件名称较长需要回行时，应与上一行附件名称的首字对齐。附件如有序号应使用阿拉伯数码，附件名称后不加标点符号。例如：

附件：1. ××××××××××

如果专为报送一份材料或专为批转、转发、颁发某个文件而拟制的公文，被批转、转发的文件是公文的主体，正文只起按语或说明、批准、发布的作用。正文内业已写明这些文件或材料的名称，因此不再作附件处理。

附件应与公文正文一起装订，并在附件左上角第一行顶格标志"附件"，有序号时标志序号，附件的序号和名称前后标志应一致。如果附件与公文正文不能一起装订，应在附件左上角第一行顶格标志公文的发文字号并在其后标志附件（或带序号）。

3. 版记

版记指公文的文尾部分，由主题词、抄送机关、印发机关、印发日期、页码等内容组成，置于公文的最后一页。

主题词和抄送项目间隔一条反线（横线），宽度同版心。

（1）抄送 抄送指除主送机关外需要了解公文内容或协助办理的其他机关。公文如果有抄送，应当使用全称或者规范化简称、统称，在反线（横线）下一行左空1个字用3号仿宋体字标志"抄送"，后面用全角冒号；抄送机关之间用顿号隔开，回行时与冒号后的抄送机关对齐，在最后一个抄送机关后标句号。抄送机关写完后，在下面加一条反线，宽度同版心。

向下级机关的重要行文，应同时抄送给发文机关直接的上级机关。

（2）印发机关和印发日期 印发机关指印发公文的机关，要写全称。印发日期指印发公文的日期，一般写公文送印刷厂之日。印发机关和印发日期位于抄送机关之下（无抄送机关在主题词下）占一行位置，用3号仿宋体字。印发机关左空1个字，印发日期右空1个字。印发日期以公文付印的日期为准，用阿拉伯数码标志。在下面加一条反线，宽度同版心。

版记中各要素之下均加一条反线，宽度同版心。

（3）页码 用4号半角白体阿拉伯数码标志，置于版心下边缘之下一行，数码左右各放一条4号一字线，一字线距版心下边缘7mm；单页码居右空1个字，双页码居左空1个字。空白页和空白页以后的页不标志页码（见图4～图9）。

（二）公文的特定格式

1. 函件格式

用函的形式发的公文要用函件格式，发文机关名称上边缘距上页边的距离为30mm，推荐用小标宋体字，字号由发文机关酌定；发文机关全称下4mm处为一条武文线（上粗下细），距页下边20mm处为一条文武线（上细下粗），两条线长均为170mm。每行居中排28个字。首页不显示页码。发文机关名称及双线均印红色。发文字号置于武文线下一

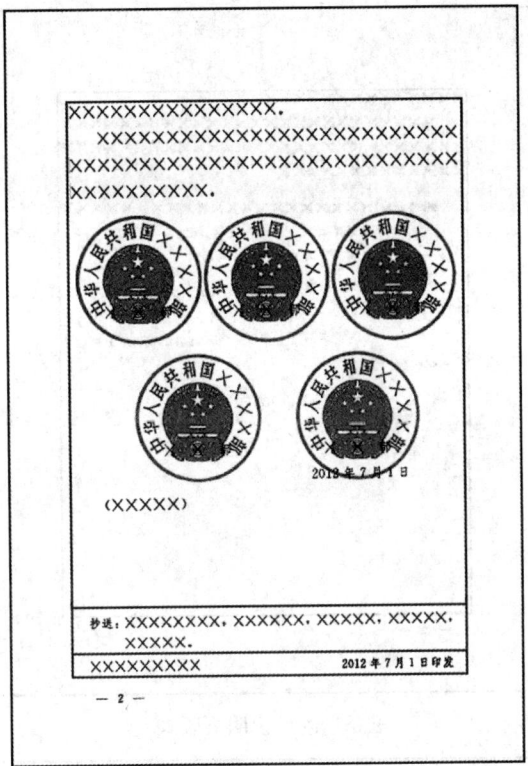

图 6　联合行文末页版式 1

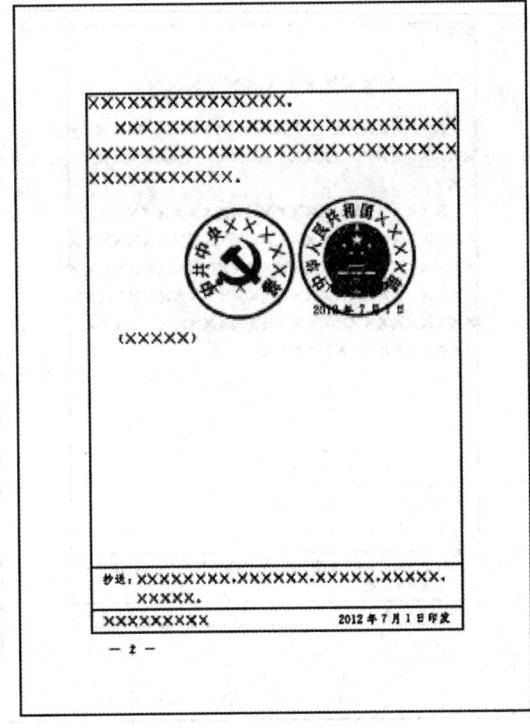

图 7　联合行文末页版式 2

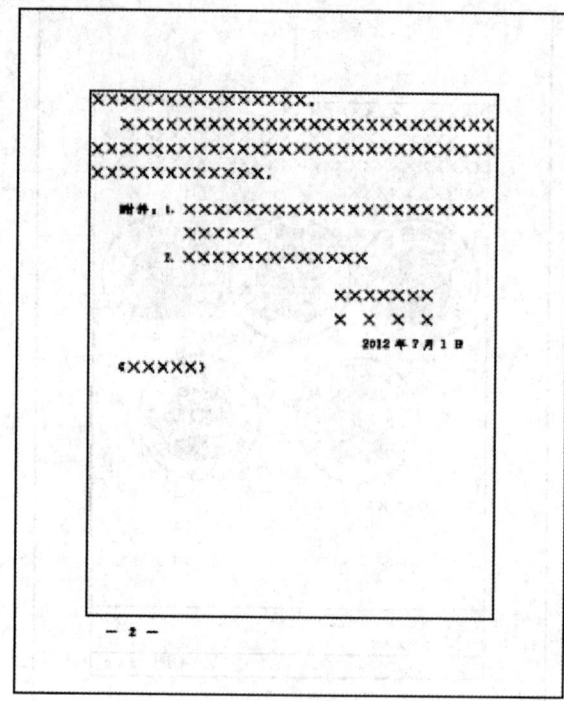

图 8 附件说明页版式

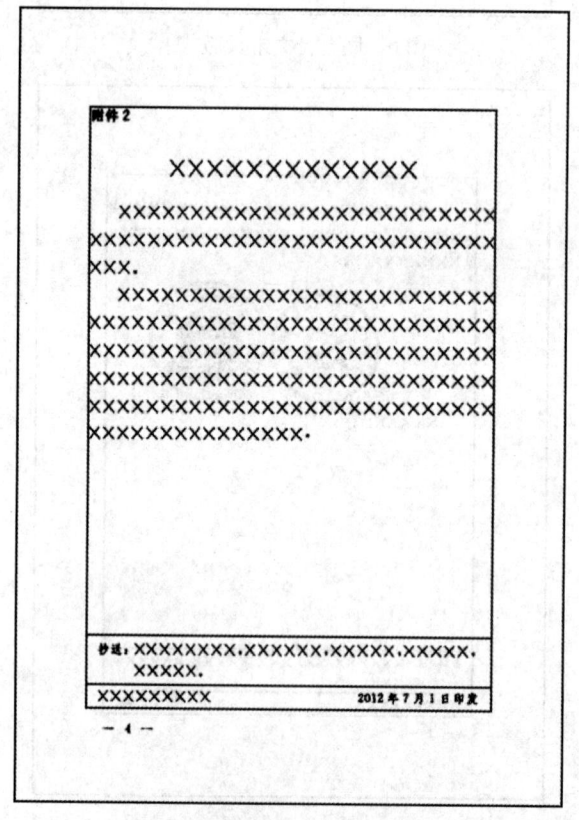

图 9 附件页及附件末页版式

行版心右边缘顶格标识。发文字号下空一行标识公文标题。如需标识秘密等级或紧急程度，可置于武文线下一行版心左边缘顶格标识（见图10）。

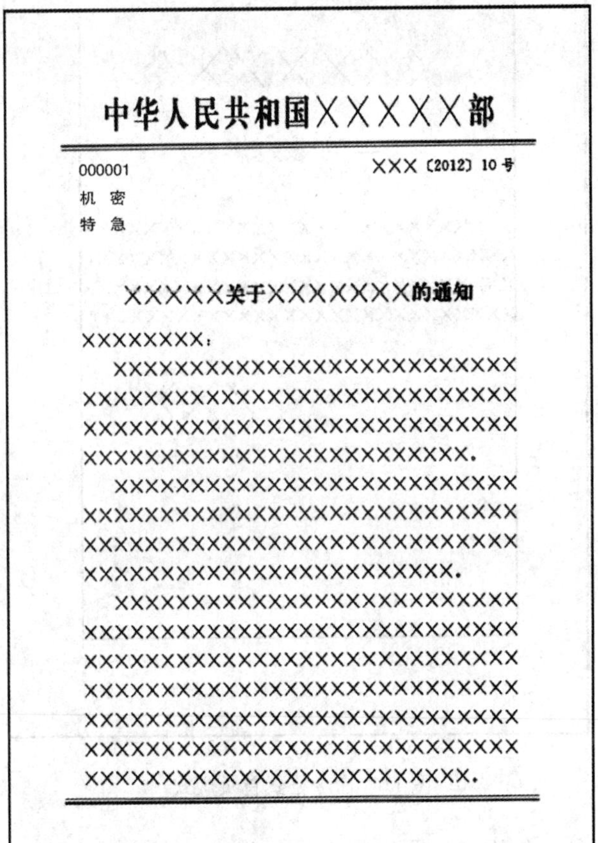

图 10　信函格式首页版式

2. 命令格式

用命令形式发的公文要用命令格式行文。命令标志由发文机关名称加"命令"或"令"组成，用红色小标宋体字，字号由发文机关酌定。命令标志上边缘距版心上边缘20mm，下边缘空二行居中编排令号；令号下空二行编排正文；正文空二行右空4字加盖签发人签名章，签名章左空2字注签发人职务；联合发布的命令或令的签发人职务应标全称，在签发人签名章下一行右空4字编排成文时间。（见图11）。

3. 纪要格式（又称简报式）

纪要标志由"×××××纪要"组成，居中排布，上边缘至版心上边缘为35mm，推荐使用红色小标宋体字。眉首发文时间的左侧写纪要拟写部门名称，一般是"××会议秘书处"；末页最后一行内容与眉首的最后一行内容相仿，也可省略。

标注出席人员名单，一般用3号黑体字，在正文或附件说明下空一行左空2个字编排"出席"二字，后标全角冒号，冒号后用3号仿宋体字标注出席人单位、姓名，回行时与冒号后的首字对齐。标注请假和列席人员名单，除依次另起一行并将"出席"二字改为

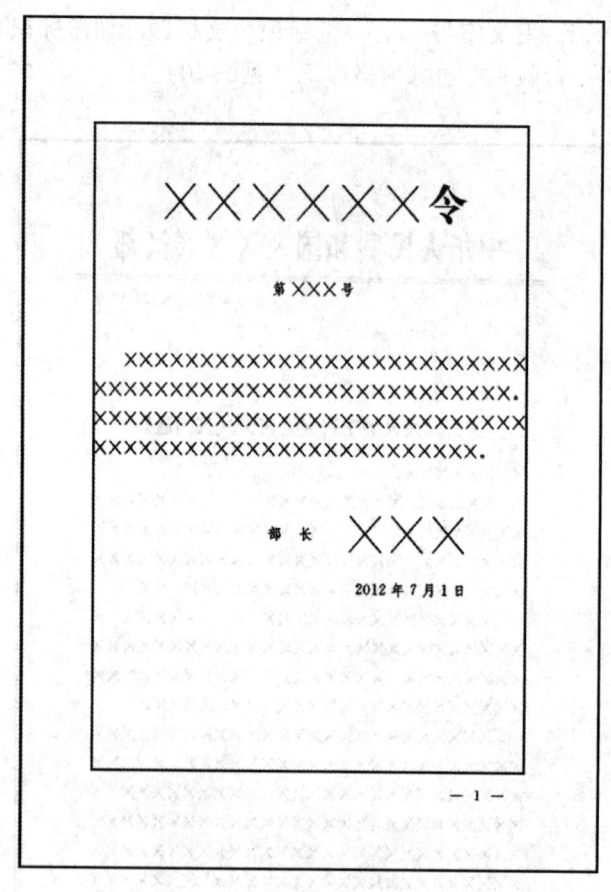

图11 命令格式首页版式

"请假"或"列席"外,编排方法同出席人员名单。

纪要格式可以根据实际制定(见图12、图13)。

（三）**公文用纸、排版及印制装订**

（1）公文的用纸规格　公文的用纸一般采用 GB/T 148 中规定的 A4 型纸,即 210mm×297mm,左侧装订。公告、通告等张贴性的公文用纸大小,根据实际需要确定。

（2）公文页边与版心尺寸　公文用纸天头（上白边）为：37mm±1mm；公文用纸订口（左白边）为：28mm±1mm；版心尺寸为：156mm×225mm（不含页码）。

正文用3号仿宋体字,文中如有小标题,可用3号小标宋体字或黑体字,一般每面排22行,每行排28个字。

（3）公文的排印　公文的排印,一律从左向右横排、横写。在民族自治地方,可以并用汉字和通用的少数民族文字（按其习惯书写、排版）。

（4）装订要求　公文规定在左侧装订,要求封面与书心不脱落,后背平整、不空；两页页码之间误差不超过4mm。骑马订或平订的订位为两钉钉距,外订眼距书心上下各1/4处,允许误差±4mm。平订钉距与书脊间的距离为3~5mm；无坏钉、漏钉、重钉,钉脚平伏牢固；公文四角成90°,无毛茬或缺损。

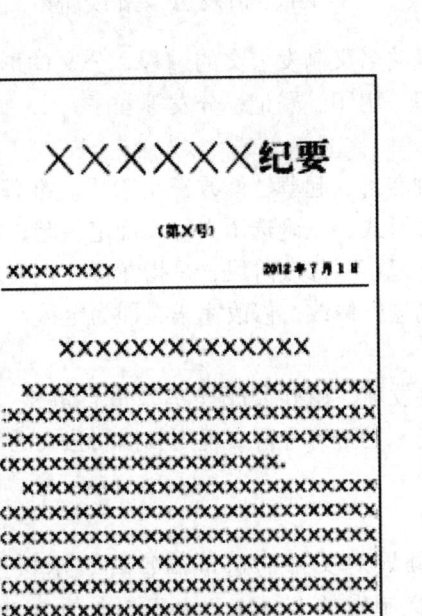

图 12　纪要格式首页

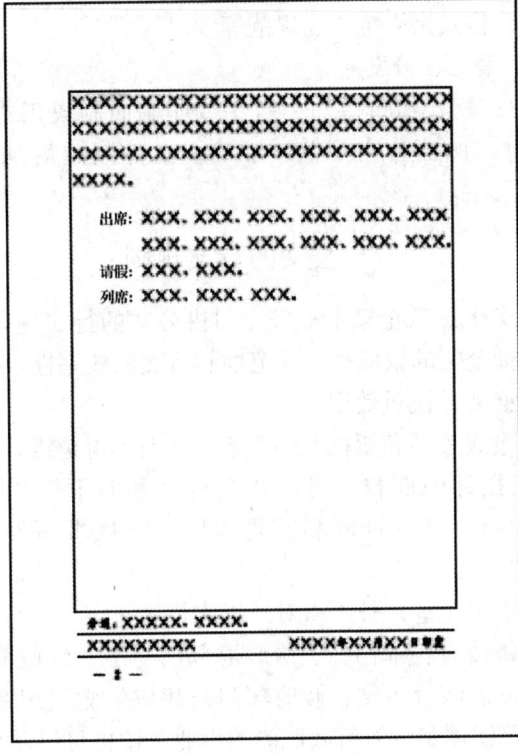

图 13　纪要格式末页

四、制发公文的过程

公文办理是指以本机关名义制发公文的过程。公文的形成有法定的程序，包括起草、审核、签发、复核、缮印、用印、登记、分发等程序。

（一）草拟

草拟公文一般要经过准备、起草、修改三个阶段。准备阶段，主要是领会领导意图，明确行文目的，弄清行文形式，正确选用文种，确定主题，准备材料。起草阶段，包括拟订提纲，安排结构，落笔起草。修改阶段，是指在拟好正文之后，再依据领导意图、行文目的，对自己所写的文稿进行修改，修改完毕，即为定稿。

（二）审核

公文送主管负责人签发前，由办公厅（室）进行审核。审核的重点是：是否需要行文，行文的方式是否妥当，是否符合行文规则和拟制公文的有关要求，公文的格式是否符合本办法的规定等。

（三）签发

签发是指发文机关领导对文件的送审稿签署表示核准的意见，是最后的核准签字。按规定，以机关名义制发的上行文，由主要负责人或者主持工作的负责人签发；以机关名义制发的下行文或平行文，由主要负责人或者由主要负责人授权的其他负责人签发。

（四）复核

在公文正式印制前，文秘部门对其进行复核，复核的内容是：审批、签发手续是否完备，附件材料是否齐全，格式是否统一、规范等。

（五）缮印、用印、登记、分发

是根据领导签发的定稿，经过缮写、打字或印刷而制成正式文本。打字或印刷都要按照规格并仔细校对，保证公文规范、准确。文件制成后加盖印章，由文书部门登记、分发。

五、公文的行文规则

新《条例》第四章第十三条至第十七条专门讲公文的行文规则，我们必须按新《条例》的要求去做，以保证公文的权威性、规范性和行文的效率性。

（1）行文应当确有必要，注重效用。

（2）行文关系根据隶属关系和职权范围确定，一般不得越级请示和报告。

（3）政府各部门依据部门职权，可以相互行文和向下一级政府的相关业务部门行文，除以函的形式商洽工作、询问和答复问题、审批事项外，一般不得向下一级政府正式行文。

部门内设机构除办公厅（室）外不得对外正式行文。

（4）同级政府、同级政府各部门，上级政府部门与下一级政府可以联合行文；政府与同级党委和军队机关可以联合行文；政府部门与相应的党组织和军队机关可以联合行文；政府部门与同级人民团体和具有行政职能的事业单位也可以联合行文。

（5）属于部门职权范围内的事务，应当由部门自行行文或联合行文。联合行文应当明确主办部门。须经政府审批的事项，经政府同意也可以由部门行文，文中应当注明经政府同意。

（6）属于主管部门职权范围内的具体问题，应当直接报送主管部门处理。

（7）部门之间对有关问题未经协商一致，不得各自向下行文。如擅自行文，上级机关应当责令纠正或撤销。

（8）向下级机关或者本系统的重要行文，应当同时抄送直接上级机关。

（9）"请示"应当一文一事，一般只写一个主送机关，需要同时送其他机关的，应当用抄送形式，但不得抄送其下级机关。下级机关的请示事项，如需以本机关名义向上级机关请示，应提出倾向性意见后上报，不得原文转报上级机关。下议机关的请示事项，如需以本机关名义向上级机关请示，应提出倾向性意见后上报，不得原文转报上级机关。

（10）"报告"等非请示性公文中不得夹带请示事项。

（11）除上级机关负责人直接交办的事项外，不得以机关名义向上级机关负责人报送"请示"、"意见"和"报告"。

（12）受双重领导的机关向上级机关行文，应当写明主送机关和抄送机关。上级机关向受双重领导的下级机关行文，必要时应当抄送其另一上级机关。

六、公文的写作要求

新《条例》和《党政机关公文格式》对草拟公文提出了要求，要认真领会遵守。

（1）符合国家法律、法规及其他有关规定。如提出新的政策、规定等，要切实可行并加以说明。

（2）情况确实，观点明确，表达准确，结构严谨，条理清楚，直述不曲，字词规范，标点正确，篇幅力求简短。

（3）公文的文种应当根据行文目的、发文机关的职权和与主送机关的行文关系确定。

（4）拟制紧急公文，应当体现紧急的原因，并根据实际需要确定紧急程度。

（5）人名、地名、数字、引文准确。引用公文应当先引标题，后引发文字号。引用外文应当注明中文含义。日期应当写明具体的年、月、日。

（6）结构层次序数，第一层为"一、"，第二层为"（一）"，第三层为"1."第四层为"（1）"。

（7）应当使用国家法定计量单位。

（8）文内使用非规范化简称，应当先用全称并注明简称。使用国际组织外文名称或其缩写形式，应当在第一次出现时注明准确的中文译名。

（9）公文中的数字，除部分结构层次序数和在词、词组、惯用语、缩略语、具有修辞色彩语句中作为词素的数字必须使用汉字外，应当使用阿拉伯数字。

第二节 决 议

一、决议的概念和特点

（一）决议的概念

决议是党政机关对某个问题或重要事项，经过一定的会议讨论研究并表决通过，要求贯彻执行的指令性文件,适用于经会议讨论通过的重大决策事项。

（二）决议的特点

1. 严肃性和权威性

决议的内容必须经过会议严肃认真的讨论,并集体表决通过,虽讨论但没有通过的事项不能下决议;作为指令性文件,决议批准和阐述的事项,下级机关必须认真贯彻执行。

2. 指导性

决议通过的观点和对事物的评价,具有指导意义。关于历史问题、个人功过的决议,其结论应成为党和国家工作的指导思想,作为决策、立法和编撰教科书的依据。

二、决议的种类

（一）批准文件的决议

一般来说,公布较高级别代表大会所讨论通过的文件,如重要的工作报告、国民经济与社会发展计划、国家预决算报告等,都应同时发布批准这些文件、并经大会讨论通过的决议。如第八届全国人民代表大会第一次会议《关于1992年国家预算执行情况和1993年国家预算的决议》(1993年3月31日第八届全国人民代表大会第一次会议通过)、八届人大一次会议《关于第七届全国人民代表大会常务委员会工作报告的决议》、《关于1992年国民经济和社会发展计划的决议》等。

（二）重大问题决议

重大问题决议是指经会议讨论通过的全面总结历史或现实的重要经验教训,阐明重要理论观点的文件。其特点是方针政策性强,有重大的理论指导意义和重要的历史文献价值。如1981年6月27日中国共产党十一届六中全会通过的《关于建国以来若干历史问题的决议》、1996年10月10日中国共产党第十四届中央委员会第六次全体会议通过的《关于加强社会主义精神文明建设若干重要问题的决议》等。

（三）事项性决议。

事项性决议是对会议讨论通过的具体事项的决议。

三、决议的写法

（一）标题

决议的标题有三种形式：

（1）由发文机关、事由和文种构成,如《中共四川省委关于认真学习、坚决贯彻＜中共中央关于加强党同人民群众联系的决定＞的决议》。

（2）由会议名称、事由和文种构成,如《中国共产党第十一届中央委员会第五次全体会议关于为刘少奇同志平反的决议》。

（3）事由和文种构成,如《关于确认十一届三中、四中全会增补中央委员的决定的决议》。

（二）成文时间

即决议正式通过的日期。一般写在标题下,在小括号内注明会议名称及通过时间,也可只写年月日。具体写法有两种情况：

如果公文标题中已包含会议名称,括号内只需写明"××年×月×日通过"即可。

如果公文标题中没有会议名称，括号内要写明"××年×月×日××××代表大会常务委员会第次×会议通过"。

（三）正文

由决议根据、决议事项和结语三部分组成。

1. 决议根据

一般简要说明有关会议审议决议涉及事项的情况，陈述作出决议的原因、根据、背景、目的或意义。具体来说，一般写明会议听取了什么、学习讨论了什么、审议了什么、批准或通过了什么、自何时生效等。

2. 决议事项

其写法有两种形式：一种适用于内容单一的决议，把?议定的事项直接叙写出来；另一种适用于内容比较复杂的决议，将决议事项分条列项表述出来。

3. 结语

一般紧扣决议事项有针对性地提出希望、号召和执行要求。有的决议可不单列这部分，主体结束，全文也就自然结束，不必再专门撰写结尾。

决议无落款、无印章、无发送单位，决议在产生会议的范围、辖区、行业、系统内有效。

四、决定与决议的异同

决定与决议具有以下的相同点和不同点：

（1）决定与决议同属于对重大问题作出决策时使用的公文文种。所不同的是决定的制发主体一般是机关，也可以是会议，决议的制发主体只能是一定组织的会议。

（2）从内容上讲，决定事项一般涉及某一方面的问题，内容比较单一、具体，有较强的针对性和指令性。决议则内容广泛，有时与决定特性一致，有的则只作认定性、认可性的结论。在用语上决议多用概括性、结论性的语言，而决定则多使用陈述性、批示性用语。

（3）决定单独行文时格式上与其他通用规范性公文一样，有编号，有发送单位。决议除见报、张贴外，单独行文时无编号，无发送单位，不鉴印。在实践中，往往由其常设机构以印发的形式行文。

五、写作注意事项

（1）决议作为规范性公文文种与其他公文显著的不同点是，必须是经过一定会议决议的事项才能使用"决议"，不经会议不可能产生决议。同时，从公文处理工作的实践来看，并不是所有会议决定的事项都可以形成决议，原则上讲只有经过法定程序选举或经过其他组织原则按照一定程序形成的会议、委员会会议才能形成决议。工作会议、专题会议或其他临时性会议决定的事项一般不应使用"决议"的形式行文，而采取纪要的形式。

（2）在写作手法上，决议的内容一般是针对重大问题，通过一定组织形式的会议讨论通过郑重作出的决定，事关重大，如全国人大及其常委会通过的一些决议本身就是法律。因此，在行文表述上应十分慎重，要求逻辑严密，用语精确，条例分明，具体明确，严谨、简练、准确。以正面阐述为主，阐述清楚，说理透彻，少做解释，对议而未决的事项，应避而不提。经常用"会议一致认为"作段首语。

（3）称谓的特殊性。决议（这里主要是指批准文件的决议）一般都采用第三人称写法，其称谓具有特殊性。由于决议反映的是与会人员的集体意志和意向，常以"会议"作为表述主体，"会议认为"、"会议指出"、"会议决定"、"会议要求"、"会议强调"、"会议号召"、"会议同意"、"会议高度评价"等作为叙述人称。

【范例一】

第八届全国人民代表大会第一次会议
关于 1992 年国家预算执行情况和 1993 年国家预算的决议
（1993 年 3 月 31 日通过）

第八届全国人民代表大会第一次会议经过审议并根据全国人民代表大会财政经济委员会的审查报告，决定批准国务院提出的 1993 年国家预算，批准财政部长刘仲藜所作的《关于 1992 年国家预算执行情况和 1993 年国家预算草案的报告》。会议授权全国人民代表大会常务委员会审查和批准 1992 年国家决算。

【简析】

这是一篇批准文件的决议。代表大会期间讨论通过了 1992 年国家预算执行情况和 1993 年国家预算文件，会后以决议的形式进行公布。因为标题中有明确的会议名称，所以成文时间中不再出现会议名称。

【范例二】

四川省第七届人大常委会第八次会议关于依靠科技进步振兴农业的决议
（1989 年 3 月 10 日通过）

四川省七届人大常委会第八次会议，听取和审议了省科委主任张廷翰受省政府委托作的《关于省农村科技工作情况的汇报》。会议以为，我省各级政府依靠科技发展农业事业方面做了大量工作，取得了一定成绩，但发展不平衡的，还存在一些亟待解决的问题，特别是粮食生产面临的形势是严峻的，任务是艰巨的。为了进一步依靠农业科技，夺取粮食增产，农业丰收，推动农村经济的全面振兴，特别作出了如下决议：

一、各级政府要在广泛深入开展农业基础地位的再教育中，提高领导在各个方面对科学技术是第一生产力的认识，牢固树立依靠技术进步、振兴我省农业的观念，把发展农业经济转到依靠科学技术和提高劳动者素质的轨道上来。要把农村科技纳入政府工作的重要议事日程，重视农业科学研究和技术推广工作，充分发挥农业科技人员在发展农业中的积极作用。要把这项工作的好坏，作为考核各级政府及其领导成员政绩的主要内容之一。

二、各级政府从今年起逐步增加对农业科技的投入。增加农业科研和推广的事业费，建立农业科技开发基金，多途径开辟农业科技资金来源，尽力增加科技装备和设施，为农业科研和推广服务工作创造条件。主管部门要管好各项农业科技经费，专款专用。农村的集体和个人也要千方百计加强技术开发活动，增加投入。

三、各级政府应从本地区的实际出发，制定依靠科技振兴农业的年度计划和中、长期规划，并认真组织实施，狠抓落实，层层进行检查监督。对在农业科技工作中做出显著成绩的各级领导、农业科技人员、以及农民中推广应用先进技术的积极分子给予表彰奖励，对有突出贡献的给予重奖，并大力宣传他们的先进事迹。

四、各县、(区)、乡应进一步建立建全农业科技推广服务体系,切实加强基层农业科技管理工作。要采取多种形式,搞好培训、试验、示范等农业科技的推广服务工作,传授科技知识,普及先进农业技术,要着重培训本地科技人员,抓好农业科技成果的推广应用,鼓励采用新技术。要发挥各种推广农业技术的民间组织的作用。五、各级政府要采取切实有效的措施,认真落实好中央和省制定的各项有关科技人员的政策。要为农业科技人员创造必要的工作条件,稳定农业科技队伍,动员和组织广大农业科技人员为振兴农业不断作出贡献。

【简析】

这是一篇重大问题决议。依靠科技进步振兴农业这一问题重大、涉及面广、理论阐述多,篇幅宏大,影响也比较深远。首先第一段写明背景和目的,之后分条列项地写出决议的具体内容,文章省去了结语。

第三节 决 定

一、决定的概念和特点

(一) 决定的概念

所谓决定,是适用于党政机关对重要事项或者重大行动做出安排,奖惩有关单位及人员,变更或者撤销下级机关不适当的决定事项的公文。有关事项必须属于发文单位的"重大事项"、"重大行动"。何为"重大",由各发文单位斟酌。它一般以领导机关或团体的名义做出,要下级机关、团体成员知道或执行。

(二) 决定的特点

决定是行政领导机关对职责范围内的重要事项或重大行动做出安排时使用的公文。其特点主要有以下两点:

(1) **内容的具体性** 由于决定对具体事项或行动所做出的安排、规定和结论等要求受文机关和个人必须执行,因此要写得明确和具体,才便于贯彻执行。

(2) **执行的强制性** 决定是由具有法定行政权限的领导机关做出的,它所涉及的事项和问题一般都比较重大,一经决定的事情,在其管辖的范围内必须遵照执行,不得违背。因此语气严肃庄重。

二、决定的种类

根据决定的内容,决定可分为法规性决定、指挥性决定、奖惩性决定、变更性决定四种。

(一) 法规性决定

法规性决定一般由国家立法机构或权力机关如全国人民代表大会、国务院等发布,其内容是法规性文件,有很强的权威性和强制性。如2012年9月23日公布的《国务院关于第六批取消和调整行政审批项目的决定》。

(二) 指挥性决定

指挥性决定用于对重要事项或者重大行动做出安排。如《国务院关于成立国务院西部地区开发领导小组的决定》、《全国人民代表大会关于设立中华人民共和国澳门特别行政区的决定》等。

(三) 奖惩性决定

奖惩性决定用于奖励或惩处有关单位和人员。这种决定从内容上分,有奖励决定和惩戒决定两种。如《国务院关于2012年度国家科学技术奖励的决定》、《广东省韶关市质量技术监督局关于对×××等四名同志违规执法的处分决定》。如果有关奖惩事项不属重大事项，可考虑选用文种"通报"。

（四）变更撤销性决定

用于变更或撤销下级机关不适当的决定事项。如《国务院关于修改〈中华人民共和国外资企业法实施细则〉的决定》、《广东省人民代表大会常务委员会关于宝安县七届人大第一次会议选举县长的结果无效的决定》。

决定是比较严肃、庄重的公文文种，非"重大"不用，凡使用决定这一文种的，不论是事项还是行动，一定都是"重大"的，对国家是这样，对一个单位也是这样。一般事关全局、政策性强、任务艰巨、执行时间长的重要工作，适用该文种。有些决定使用"令"来颁布施行。

三、决定的写法

（一）标题

决定的标题由做决定的机关、决定的事由和文种组成。如《国务院关于成立国务院西部地区开发领导小组的决定》、《中共中央关于接受宋庆龄同志为中国共产党正式党员的决定》等。

（二）主送单位

决定的主送单位是决定的受文单位，其名称要写全称或规范化简称、统称。公布性决定不写受文单位。

（三）日期

决定的日期有两种写法，属于会议通过的决定一般写在标题下面，用括号括起来，要标明是什么会议通过的（见例文二）。属于领导机关的决定，一般写在正文的右下角，右空4个字（见例文一）。

（四）正文

决定的正文一般包括三个层次，一是决定的依据和缘由；二是决定的事项；三是对决定的评价及执行的希望和要求。

（五）生效标识

在正文右下方写明发文机关名称，在发文机关名称下一行写上年月日，再加盖印章。

四、撰写决定应注意的事项

（1）要层次分明、条理清楚。

（2）要文字准确、观点鲜明、语言简洁，便于读者领会和执行。

（3）理由陈述要中肯、扼要，要使人信服。

【范例一】

国务院关于第六批取消和调整
行政审批项目的决定

各省、自治区、直辖市人民政府，国务院各部委、各直属机构：

2011年以来，按照深入推进行政审批制度改革工作电视电话会议的部署和行政审批制度改革的要求,行政审批制度改革工作部际联席会议依据行政许可法等法律法规的规定,对国务院部门的行政审批项目进行了第六轮集中清理。经严格审核论证,国务院决定第六批取消和调整314项行政审批项目。各地区、各部门要加强组织领导,明确工作分工,抓好监督检查,完善规章制度,确保行政审批项目的取消和调整及时落实到位。同时,要强化后续监管,明确监管责任,制定监管措施,做好工作衔接,避免出现监管真空。

深化行政审批制度改革是一项长期任务。各地区、各部门要按照党中央、国务院的部署和要求,在现有工作基础上,积极适应经济社会发展需要,坚定不移地深入推进行政审批制度改革。

一、进一步取消和调整行政审批项目。凡公民、法人或者其他组织能够自主决定,市场竞争机制能够有效调节,行业组织或者中介机构能够自律管理的事项,政府都要退出。凡可以采用事后监管和间接管理方式的事项,一律不设前置审批。以部门规章、文件等形式违反行政许可法规定设定的行政许可,要限期改正。探索建立审批项目动态清理工作机制。

二、积极推进行政审批规范化建设。新设审批项目必须于法有据,并严格按照法定程序进行合法性、必要性、合理性审查论证。没有法律法规依据,任何地方和部门不得以规章、文件等形式设定或变相设定行政审批项目。研究制定非行政许可审批项目设定和管理办法。

三、加快推进事业单位改革和社会组织管理改革。把适合事业单位和社会组织承担的事务性工作和管理服务事项,通过委托、招标、合同外包等方式交给事业单位或社会组织承担。抓紧培育相关行业组织,推动行业组织规范、公开、高效、廉洁办事。

四、进一步健全行政审批服务体系。继续推进政务中心建设,健全省市县乡四级联动的政务服务体系,并逐步向村和社区延伸。加强行政审批绩效管理,推行网上审批、并联审批和服务质量公开承诺等做法,不断提高行政审批服务水平。审批项目较多的部门要建立政务大厅或服务窗口。

五、深入推进行政审批领域防治腐败工作。深化审批公开,推行"阳光审批"。加快推广行政审批电子监察系统。严肃查处利用审批权违纪违法案件。

六、把行政审批制度改革与投资体制、财税金融体制、社会体制和行政管理体制改革紧密结合起来。进一步理顺和规范政府与企业、政府与社会的关系,规范上下级政府的关系。进一步优化政府机构设置和职能配置,提高行政效能和公共管理服务质量。

附件:1. 国务院决定取消的行政审批项目目录(171项)
   2. 国务院决定调整的行政审批项目目录(143项)

国务院

2012年9月23日

【简析】

开头说明行政审批项目第六批取消和调整的总体情况,接着提出六项要求。按照新《条例》,附件名称后面不加标点符号,该附件比较特殊,加了括号。

【范例二】

国务院关于成立国务院西部地区
开发领导小组的决定

各省、自治区、直辖市人民政府,国务院各部委、各直属机构:

为实现西部大开发战略,加快中西部地区发展,决定成立国务院西部地区开发领导小组。

国务院西部地区开发领导小组的主要任务是:组织贯彻落实中共中央国务院关于西部地区开发的方针、政策和指示;审议西部地区的开发战略、发展计划、重大问题和有关法规;研究审议西部地区开发的重大政策建议,协调西部地区经济开发和科教文化事业的全面发展,推进两个文明建设。

国务院西部地区开发领导小组组成人员如下:

    组　　长：朱镕基　国务院总理
    副组长：温家宝　国务院副总理
    成　　员：曾培炎　国家发展计划委员会主任
    　　　　　盛华仁　国家经济贸易委员会主任
    　　　　　陈至立　教育部部长
    　　　　　朱丽兰　科技部部长
    　　　　　刘积斌　国防科学技术工业委员会主任
    　　　　　李德洙　国家民族事务委员会主任
    　　　　　项怀诚　财政部部长
    　　　　　田凤山　国土资源部党组书记
    　　　　　傅志寰　铁道部部长
    　　　　　黄镇东　交通部部长
    　　　　　吴基传　信息产业部部长
    　　　　　汪恕诚　水利部部长
    　　　　　陈耀邦　农业部部长
    　　　　　孙家正　文化部部长
    　　　　　戴相龙　中国人民银行行长
    　　　　　刘云山　中央宣传部常务副部长
    　　　　　田聪明　国家广播电影电视总局局长
    　　　　　万学远　国家外国专家局局长

国务院西部地区开发领导小组下设办公室，在国家计划委员会单设机构，具体承担国务院西部地区开发领导小组的日常工作。曾培炎同志兼任办公室主任，王春正、段应碧同志兼任办公室副主任。

国务院西部地区开发领导小组办公室主要职责是：研究提出西部地区开发战略、发展规划、重大问题和有关政策、法规的建议，推进西部地区经济持续快速健康发展；研究提出西部地区农村经济发展、重点基础设施建设、生态环境保护和建设、结构调整、资源开发以及重大项目布局的建议，组织和协调退耕还林（草）规划的实施和落实；研究提出西部地区深化改革、扩大开放和引进国内外资金；承办领导小组交办的其他事项。

中华人民共和国国务院
二〇〇〇年一月十六日

【简析】

　　这是一则指挥性决定，对重要事项和重大行动做出具体的切实可行的决策性的安排性决定。西部地区开发是党中央国务院的重大决定，而成立开发领导小组是直接为决策服务的，因此用决定告知全国。

　　该决定的正文由决定缘由和决定事项两大部分组成。第一段的缘由写得简单明确，用一个"为"字开头，直述做这一决定的目的；从第二段开始分述决定事项，首先写出领导小组的主要任务，接着在列出领导小组成员名单，公布领导小组的办公机构、主要工作和领导人；最后用三个"研究提出"的排比句式阐述办公的主要职责。整个规定层次清晰，内容明确，给人印象深刻。按新《条例》，成文日期应用阿拉伯数字。

【范例三】

国务院关于2012年度国家科学技术奖励的决定

各省、自治区、直辖市人民政府，国务院各部委、各直属机构：

　　为深入贯彻党的十八大和全国科技创新大会精神，大力实施科教兴国战略和人才强国战略，国务院决定,对为我国科学技术进步、经济社会发展、国防现代化建设作出突出贡献的科学技术人员和组织给予奖励。

根据《国家科学技术奖励条例》的规定,经国家科学技术奖励评审委员会评审、国家科学技术奖励委员会审定和科技部审核,国务院批准并报请国家主席胡锦涛签署,授予郑哲敏院士、王小谟院士2012年度国家最高科学技术奖;国务院批准,授予"水稻复杂数量性状的分子遗传调控机理"等41项成果国家自然科学奖二等奖,授予"飞机钛合金大型复杂整体构件激光成形技术"等3项成果国家技术发明奖一等奖,授予"修复周围神经缺损的新技术及其应用"等74项成果国家技术发明奖二等奖,授予"嫦娥二号工程"等3项成果国家科学技术进步奖特等奖,授予"盾构装备自主设计制造关键技术及产业化"等22项成果国家科学技术进步奖一等奖,授予"特色热带作物种质资源收集评价与创新利用"等187项成果国家科学技术进步奖二等奖,授予美国化学家理查德·杰尔等5名外国专家中华人民共和国国际科学技术合作奖。

全国科学技术工作者要向郑哲敏院士、王小谟院士及全体获奖者学习,自觉弘扬求真务实、勇于创新的科学精神,坚定不移走中国特色自主创新道路,为实现创新驱动发展、全面建成小康社会和中华民族伟大复兴作出新的更大贡献。

国务院

2013年1月8日

【简析】

这是一则奖励性决定。先写作出奖励决定的背景,再写决定的依据、程序,接着明确说明奖项内容,最后号召大家学习。

【范例四】

广东省人民代表大会常务委员会
关于宝安县七届人大第一次会议选举县长的结果无效的决定

(1987年6月17日广东省第六届人民代表大会常务委员会第二十七次会议通过)

宝安县第七届人民代表大会第一次会议于1987年6月12日选举县长时,在县长候选人所得选票未超过全体代表过半数的情况下,宣布其中一名候选人当选,违反了《地方组织法》第二章第十九条关于"地方各级人民代表大会进行选举和通过决议,以全体代表的过半数通过"的规定。特决定:宝安县第七届人民代表大会第一次会议1987年6月12日对县长的选举结果无效。

【简析】

该决定属于撤销下级机关不适当决定事项的决定。因属于会议通过事项,所以成文日期为会议作出决定的日期,写在标题下用括号括出。文章先交待事由和作出这一决定的依据,最后宣布决定事项。

第四节 命 令(令)

一、命令(令)的概念、特点、作用

(一)命令的概念

命令,简称令,是上级机关对下级机关发布的带强制性、规定要执行的一种公文。

命令适用于依照有关法律公布行政法规和规章;宣布施行重大强制性行政措施;嘉奖有关人员。

命令直接体现国家和某些行政领导机关的意志,具有很强的权威性和约束力。根据国家法律规定的国家机关或国家机关领导人才能使用，如中华人民共和国全国人民代表大会常务委员会及其委员长，中华人民共和国主席，国务院，国务院总理，国务院各部、委、局，地方权力机关、行政机关等。命令一旦发出，没有商量的余地，不能随便更改和变通，受令者要无条件地服从，做到令行禁止。群众团体、社会团体及民间机构不得使用。

（二）命令的特点

命令的特点主要体现在三个方面：

（1）发文的严肃性　命令不是任何单位在任何情况下都可以使用的，而是有极严格的法律限制的。是乡镇级以上的人大常委会、政府机关及他们的首脑，才可以在宪法和法律规定的权限范围内发布命令，因此，它必然具有至高无上的领导作用和强制执行的特征。

（2）内容的明确性　命令的内容必须简洁明确，要做什么，禁止做什么，要规定得清清楚楚，明明白白，不能模棱两可，不能产生歧义。

（3）执行的强制性　凡以命令形式发布的公文，都必须不折不扣地执行，不能讨价还价，不能灵活处理。

（三）命令的作用

命令的作用就是通过这一特殊的行政公文，直接行使对于国家和人民的领导与指挥作用，告诉人们应该这样做，不应该怎样做，从而自觉形成一种统一意志之下的统一行动。

二、命令的种类

命令按适用范围可以分为公布令、行政令、嘉奖令三种。其内容比较单一，用法比较固定。

（一）公布令

公布令主要用于依照法律公布国家重要的行政法令、法规和重要规章。例如2000年11月5日国务院总理朱镕基签署的令，发布《广播电视保护条例》，并规定此条例自公布之日起施行。

以命令形式公布的行政法规和规章，都是比较重要的，具有全国性或全局性意义。

（二）行政令

行政令主要用于发布采取重大强制性行政措施，要求有关方面采取重大约束性行动等。例如1999年12月19日发布的《中国人民解放军驻澳部队进驻澳门特别行政区的命令》。就是具有重大约束性的行动，而一般的行政措施不宜用命令。

（三）嘉奖令

嘉奖令一般是省级以上的机构用于嘉奖有突出贡献的单位及人员。例如1991年10月14日国务院总理李鹏和中央军委主席江泽民签署的《关于授予钱学森同志"国家杰出贡献科学家"荣誉称号的命令》就属于嘉奖令。一般性的先进事迹和个人，可以用通报。

三、命令的写法

公文的格式，前面我们已经做了介绍。命令的写法我们只讲主体的写法（以下14个文种的写法也只介绍主体的写法）。

命令并无明显的类别，任何一种命令，都可以用"命令"或"令"。它由标题、编号、正文、签署和成文日期五部分组成。

（一）标题

命令的标题有两种写法：

（1）由发文机关、事由和文种三部分组成　如《国务院、中央军委关于授予钱学森同志"国家杰出贡献科学家"荣誉称号的命令》。

（2）由发文机关和文种两部分组成　如《中华人民共和国主席令》、《中华人民共和国国务院令》、《中华人民共和国国务院、中华人民共和国中央军委主席令》等。命令的标题一般都使用这一写法。

（二）编号

中央人民政府和国家政府颁发的命令不用一般公文的发文字号，而是从他们任职开始，按照他们颁发命令的顺序编号，可跨年度，一直到他们任职期满为止。例如1993年3月，第八届全国人民代表大会选举江泽民为中华人民共和国主席。1993年3月28日颁发第一号主席令，任命李鹏为国务院总理，在1993年3月29日颁发第二号主席令，任命副总理及各部部长。2002年3月，第十届全国人民代表大会选举胡锦涛为中华人民共和国主席。2002年3月16日颁发第一号主席令，任命温家宝为中华人民共和国国务院总理。主席令的编号从他当选国家主席颁发命令开始，而不承接前任主席发布命令的编号。

（三）正文

不同作用的命令写法也不相同。

公布行政法规和规章的命令，主体部分只写发布什么法规、何时开始实行就可以了。发布令多数采用单层次写法，其内容为发布什么法规和施行日期。范例二就是公布行政法规和规章的命令。

任免令正文应写明被任免者的姓名和职务。用命令任免人员，仅限于任免部长级以上的官员，而一般官员不用命令任免，而是用"通知"任免。范例一是任命温家宝为国务院总理，因此要用命令任命。

嘉奖有关人员的命令，其正文多数为三个层次的写法，第一层写嘉奖的缘由，缘由是这类命令的重点，要把它写清楚；第二层写嘉奖的目的和嘉奖的内容；第三层写明对受奖者的勉励与要求，或向有关方面人员提出希望。用命令嘉奖，也仅限于嘉奖具有重大影响的人或事，普通表彰不用嘉奖令，用"通报"。范例三是一则国务院、中央军委关于嘉奖钱学森同志的命令，钱学森同志为我国的科学发展做出了卓越的贡献，是我国爱国知识分子的杰出典范。因此国务院、中央军委用命令行文嘉奖钱学森同志。

宣布施行重大强制性行政措施的命令，措施要写得明确、具体，以便于执行，而陈述理由、原因，要简明扼要。范例四便是这样的命令。

（四）生效标识

命令最后必须签署，署名可以是发文机关，也可以是发文机关的首脑。如果是个人署名，在姓名前应注明职务。例如"中华人民共和国主席　胡锦涛"。

（五）日期

在签署的下一行写上年、月、日，这个日期不是发文的时间，而是签署的时间。

四、撰写命令应注意的事项

① 发命令，必须按法律授予的权限范围使用，不能超越权限。
② 要根据命令的性质和作用，按规定的格式写。
③ 文辞要准确、鲜明、庄重。

【范例一】

中华人民共和国主席令
第一号

根据中华人民共和国第十二届全国人民代表大会第一次会议的决定，任命李克强为中华人民共和国国务院总理。

中华人民共和国主席　习近平
2013 年 3 月 15 日

【简析】

这是一则任命令。正文中写明被任命者的姓名和职务，用"根据……决定，任命……"，语言精炼、庄重。

【范例二】

中华人民共和国国务院令
第 635 号

《国务院关于修改〈中华人民共和国植物新品种保护条例〉的决定》已经 2013 年 1 月 16 日国务院第 231 次常务会议通过，现予公布，自 2013 年 3 月 1 日起施行。

总理　温家宝
2013 年 1 月 31 日

国务院关于修改《中华人民共和国
植物新品种保护条例》的决定

国务院决定对《中华人民共和国植物新品种保护条例》作如下修改：
……

【简析】

这是一则公布令，国家权力机关、行政机关用命令发布法律、法规、规章。公布的法律、法规、规章何时施行，在正文中必须说清楚。发布令一般以机关首长名义发布，发布人要签署姓名和职务。以突出法律、法规、规章权威性和强制性。

《国务院关于修改〈中华人民共和国植物新品种保护条例〉的决定》和这个命令同时发布，直接在成文日期下空一行排版。因为这个决定属于正文的组成部分，所以不必出现"附件说明"和"附件"字样。

【范例三】

国务院、中央军委关于授予
钱学森同志"国家杰出贡献科学家"
荣誉称号的命令

国防科工委：

　　钱学森是我国著名科学家。他早年在空气动力学、航空工程、喷气推进、工程控制论等技术科学领域做出许多开创性的贡献。1955年9月，在毛泽东、周恩来等老一辈无产阶级革命家的关怀下，他冲破重重阻力，离开美国回到社会主义祖国，1959年8月，他光荣地加入了中国共产党。数十年来，他以对祖国、对人民的无限热爱和忠诚，满腔热忱地投身于我国国防科研事业，对我国火箭、导弹和航天事业的创建与发展做出了卓越的贡献。他潜心研究的工程控制论，发展成系统工程理论，并广泛地运用于军事运筹、农业、林业，乃至整个社会经济各个领域的实践活动，在我国现代化建设中发挥了重要作用。在发展系统工程理论与实践方面，是我国科技界公认的倡导人。他一贯努力学习马克思主义、毛泽东思想，坚持运用马克思主义哲学理论指导科学活动。他热爱中国共产党，热爱社会主义祖国，热爱人民，充分体现了新中国知识分子的高尚品德，他是我国爱国知识分子的杰出典范。

　　为了表彰钱学森同志全心全意为人民服务，为祖国科学技术的发展所做出的卓越贡献，国务院、中央军委决定，授予钱学森同志"国家杰出贡献科学家"的荣誉称号。

　　国务院、中央军委号召广大科技工作者向钱学森同志学习，学习他崇高的民族气节、严谨的科学态度、朴实的工作作风。像他那样忠于党、忠于社会主义祖国、忠于人民；像他那样坚持运用辩证唯物主义和历史唯物主义的科学世界观、方法论指导科研工作；像他那样勤勤恳恳，艰苦奋斗，顽强拼搏，无私奉献，为发展和繁荣我国科技事业，推动社会主义现代化建设，做出新的贡献。

　　科学技术是第一生产力，是推动经济和社会发展的强大力量。各级领导干部都要继续认真贯彻落实党的知识分子政策和发展科技的方针，以对党对人民高度负责的精神，关心爱护和大力培养科技队伍，造就更多的世界第一流的科学技术专家，为在全社会进一步形成尊重知识、尊重人才的良好风尚而努力奋斗。

国务院总理　李　鹏
中央军委主席　江泽民
一九九一年十月十四日

【简析】

　　授予荣誉称号的命令是嘉奖令。重点要写清受奖者的先进事迹和值得学习的地方。此命令首先概述了钱学森同志的先进事迹；第二段宣布授予钱学森同志"国家杰出贡献科学家"荣誉称号的决定；第三段用了一组排比句，介绍了钱学森同志值得学习之处，并号召广大科技工作者向钱学森同志学习；第四段对各级领导干部提出要求。综观全文，脉络清晰，层次分明，结构严谨，详略得当，重点突出，用词准确，语言简洁明了。按新《条例》，成文日期要用阿拉伯数字。

【范例四】

广东省人民政府关于清理道路检查站的命令

各市、县、自治县人民政府，省府直属各单位：

　　为制止在公路上随意设卡查车、乱罚乱扣的现象，坚决纠正行业不正之风，促进经济、文化交流，保障人民群众和企业的合法权益，省人民政府决定清理在各地道路上设置的检查站（卡）。特发布命令如下：

　　一、除我省与毗邻省（区）接壤的公路交通要道设立必要的检查站外，省内国道上的所有检查站

(卡)从6月16日起一律撤销。

二、公安、交通、工商、税务、林业、畜牧等部门需要在省道、县道及与毗邻省（区）接壤的交通要道上设置检查站（卡），必须经省人民政府批准，各地、各部门自行设置的检查站（卡）均为非法，群众和车辆驾驶人员可拒绝接受其检查。

三、除公安干警追捕刑事案犯、打击车匪路霸、维护交通秩序及处理交通事故外，其他任何人员不得上路流动检查，不得拦截在公路上正常行驶的车辆，不得对旅客实施人身检查。

四、经批准设立的检查站的执勤人员，在执行检查任务时，应出示省人民政府办公厅统一核发的《公路检查证》，佩戴行业检查标志。无上述证件、标志的为非法检查。

五、各类检查人员执行检查公务时不得超越本职检查范围，不得搞非法扣罚，被检查者应尊重执勤人员执行检查。省各主管部门对本系统的检查人员要实行有效的监督管理，发现问题必须及时处理。

六、本命令责成省人民政府法制局、省监察厅及各级法制、监督部门监督执行，并负责对各类检查站及执法人员进行监督。被检查单位，群众认为检查人员有违反本命令的，可以向监察部门反映、举报。监察部门应及时做出处理。（省监察厅的监督电话专线号码：广州3350244；监督专用信箱号码：广州318信箱）

七、省人民政府过去有关规定与本命令有抵触的，一律以本命令为准。

广东省人民政府（章）

一九九二年六月十五日

【简析】

这是一则由省人民政府宣布强制性行政措施的命令。第一部分缘由写得简单，发文目的很明确，话语虽少，但意思表述得很清楚。第二部分的内容对不同的人员和不同的情况分别提出要求，具有很强的操作性，便于执行。

全文语言严肃、庄重，态度果断明朗，符合命令写作的要求。按新《条例》，成文日期要用阿拉伯数字。

第五节 公 报

一、公报的概念和特点

（一）公报的概念

公报是党政机关用于公开发布重要决定或者重大事件的公文。党的中央机关用于发布重要决策。例如《中国共产党第十一届中央委员会第三次全体会议公报》，向全社会宣布了全党全国的工作重点将转移到以经济建设为中心的社会主义现代化建设上来。国家和政府用以通报外国元首或政府首脑来访时的情况以及双方形成的共识。例如1999年12月10日发布的《江泽民主席与叶利钦总统非正式会晤联合新闻公报》。

公报与公告有类似之处，所涉内容均为党和国家的重要事项，辐射范围均面向国内外。公布党和国家领导人的重要出访活动及人事变动、重要消息、重要事项时一般用公告，而公布重要会议情况，重大事件，人口普查、国家和省级统计部门公布经济发展和国家计划执行情况时一般用公报——后者更具有新闻性。

（二）公报的特点

（1）庄严性 公报是党政领导机关使用的非常庄重的公文，用于公布重要决定或者重大事项一般机关和业务部门不得使用。

（2）重要性　公报的发布机关级别很高，或者是以中央的名义，或者是以国家的名义，或者是以中央政府的名义。公报所涉及的内容，应是党内外、国内外普遍关心和瞩目的重大事件或重要决定。一般事件或一般决定事项不得使用，与公告相比，公报的内容要重大和丰富得多。

（3）公开性　公报是公诸于众的文件，无需保密，一般也没有主送机关、抄送机关，而是普告天下。

（4）新闻性　公报的内容都是新近发生的事件或新近作出的决定，属于人民群众关心、应知而未知的事项，要求制作和发布迅速、及时，因此又具有新闻性特点。

二、公报的种类

（一）会议公报

会议公报是指党政机关在召开重要会议后公开发表的一种文件。会议公报是公报的一种，它的应用范围比较专一。

（二）新闻公报

新闻公报是指就党政机关的某一重大活动、事件或问题所发布的带有新闻性的文件。新闻公报往往由新闻机关在新闻媒体上公之于众，它的阅知范围没有限制，同时要具有新闻的及时性、真实性，所以，有人认为它是一种新闻性公文。

（三）联合公报

这是政党之间、国家之间、政府之间就某些重大事项或问题经过会谈、协商取得一致意见或达成谅解后，双方联合签署发布的文件。这类公报中有一些双方认可、联合签署的条文，比一般的新闻公报有更多的务实性内容。但联合公报和新闻公报之间的界限是很模糊的，有时甚至还可以合为一体。

（四）重要信息公报

重要信息公报一般是指定期或不定期公开发布社会公众普遍关注且需要了解的重要信息、数据等情况的公报。用于国家和政府统计机关发布国民经济、社会发展方面情况的统计公报就是其中一种。

三、公报的写法

公报的内容都是重大的事情，因此，对撰写的要求十分严格。公报一般由标题、正文、落款三部分组成。

（一）标题

（1）发文机关＋事由（有时不用"关于"）＋公报，如《中华人民共和国2000年国民经济和社会发展统计公报》；

（2）会议名称＋文种名称，如《中国共产党第十四届中央委员会第二次会议公报》。

（二）正文

公报正文通常由这几部分组成：一是开头部分，即以简略的文字概要揭示主要内容；二是事件、事项的具体内容，如会议的主要议程、主要决议或发言人的主要观点，反映客观事务性质、状态的各种统计数字等；三是结尾部分发出号召或提出希望等。不同公报的正文写作略有不同。

1. 会议公报

开头部分，写明会议基本情况。包括会议的时间、地点、出席人员、主持人等。主体部分介绍会议议定情况和主要精神。结尾部分提出号召、结尾部分希望和要求等等。

2. 新闻公报

新闻公报写法与新闻中的主要文体消息有些类似。开头部分概括叙述最核心、最重要的新闻事实，接近消息的"导语"部分。接着具体地写明事件的过程以及与此有关的立场、态度、做法、评价等，可以按时间顺序和逻辑顺序来安排层次，类似消息的主体。最后的结语部分也类似消息的结尾，根据情况可写可不写。

3. 联合公报

联合公报也是分为三大部分撰写。开头部分写基本情况，包括时间、地点、人物、事件等。主体部分写双方议定的事项，必要时可分条列项撰写。结尾部分，可补充意义、交代会议气氛或双方对会谈的肯定态度，以及受邀回访的意向等。也可不单独写结尾部分。

4. 重要信息公报

开头部分：简明扼要、直截了当地说明有关信息产生的原因、背景、时间、依据、目的、意义，指出存在的问题等。

主体部分：说明相关信息的具体内容，为便于对比、阅读和理解信息内容，可采用文字、表格、图表等相结合的方式来呈现信息内容。

此外，如有必要，此类公报还需在正文后添加"注释"，注释的主要对象包括：公文正文中出现的一些公众不常用不易理解的专有名词、术语、缩略语词，以及正文中数据的计算公式、方法、数据来源等，以方便公众阅读、理解正文内容。

公报正文的逻辑表达方式，常见的有两种：一是分段式，即每段说明一层意思或一项决定，常用"会议认为"、"会议指出"等词语放在段首，引出一个段落层次；第二种是数字序号式，用"一、……"、"二、……"等标明序号，以使公文层次醒目、内容清晰。

（三）**落款**

可以落款，如果前面已经有发布机关和日期，就无需重复。

四、公报的写作要求

（1）公报带有很强的新闻性，因此公报的写作基本上采用新闻笔法来写，就是要把会议的时间、地点、到会的人员、讨论的议题、决议的事项、会议的意义等等，一一交代清楚。同时，要注意迅速及时，行文简洁。新闻公报要体现出新闻的真实性和准确性；会议公报则要把重点放在对会议基本观点的陈述上。要主次分明，重点突出，用词准确庄重。

（2）会议公报要忠于会议的情况和结果，要突出会议的中心议题，有时要把事关重大的核心内容提到最醒目的段落上。

（3）语言要准确、简练。公报的语言要庄重准确、简练肯定，不得磨棱两可或含糊不清。是什么，不是什么，应该怎么做、不应该怎么做，必须确切无误地传达给读者，用较少的文字涵盖丰富的内容，做到文约意丰。

（4）内容事项的选择要十分严肃。从公报文种的适用范围来看，它所涉及的内容有两项，一是重要决定、重大决策；二是重大事件。由于它的使用者是党和国家高级管理机关，而且内容重大，因此就使得这一文种具有很强的庄重性和严肃性，一经发布，即在国内外引起强烈反响。

【范例一】

中国共产党第十四届中央委员会第二次全体会议公报
（1993年3月7日通过）

中国共产党第十四届中央委员会第二次全体会议，于1993年3月5日至7日在北京举行。

出席这次全会的有，中央委员184人，中央候补委员125人。有关负责同志49人列席了会议。中央政治局主持会议，中央委员会总书记江泽民同志作了重要讲话。

全会审议通过了《关于调整"八五"计划若干指标的建议》；审议通过了《关于党政机构改革的方案》。

全会科学分析了我国当前的经济形势，强调指出，在当前和整个九十年代，抓住国内和国际的有利时机，加快改革开放和现代化建设步伐，这个指导思想要坚定不移。全会认为，"八五"计划若干指标的调整是必要的、符合实际的，调整后的指标经过全党和全国人民的共同努力是能够实现的。要继续保持经济发展的好势头，在提高质量、优化结构、增进效益的基础上求得较快的发展速度，促进社会全面进步。各地情况不同，在速度问题上不搞"一刀切"。在经济工作中，要更好地坚持解放思想、实事求是的思想路线，善于总结经验，及时发现和认真解决前进中的突出矛盾与问题，促进社会主义市场经济体制的建立，促进经济建设又快又好地发展。

全会认为，党政机构改革，是政治体制改革和社会主义政治建设的重要内容，也是深化经济体制改革、加快社会主义现代化建设步伐的重要条件，必须抓紧进行。机构改革应以适应社会主义市场经济发展的要求为目标，转变职能，理顺关系，精兵简政，提高效率。这项改革，直接关系着经济发展和社会稳定，要切实加强领导，统筹规划，精心组织，分步实施。

全会指出，为保证改革开放和经济建设的顺利进行，必须坚决维护安定团结的政治局面，加强新形势下的思想政治工作，加强廉政建设，大力改进领导方法和工作作风。

全会审议通过了中央政治局提出，经过与党内外协商形成的，拟向八届全国人大一次会议推荐的国家机构领导人员人选名单和拟向全国政协八届一次会议推荐的全国政协领导人员人选名单。全会决定，将上述两个名单分别向八届全国人大一次会议主席团和全国政协八届一次会议主席团推荐。

全会号召，全党同志和全国各族人民要在邓小平同志建设有中国特色社会主义理论和党的基本路线的指引下，更紧密地团结在以江泽民同志为核心的党中央周围，抓住时机，深化改革，扩大开放，集中力量把经济搞上去，为全面完成党的十四大确定的各项任务而继续努力奋斗！

【简析】

这是一篇会议公报。第一段和第二段交代了基本情况，包括时间、地点、人物、事件等叙述要素，写得简明扼要、清楚明白。第三自然段写明会议的议定事项。之后概括阐述了会议主要精神，主要包括：加快改革开放和现代化建设的指导思想要坚定不移；党政机构改革必须抓紧进行；加强廉政建设大力改进领导方法和工作作风等。这部分内容的表达层次分明。结尾则提出了号召。

【范例二】

中华人民共和国和斐济群岛共和国新闻公报
（一九九九年十二月十九日）

应中华人民共和国国务院总理朱镕基邀请，斐济群岛共和国总理马亨德拉·乔杜里于1999年12月13日至20日对中华人民共和国进行了正式访问。

访问期间，江泽民主席会见了乔杜里总理，朱镕基总理同乔杜里总理举行了正式会谈，讨论了中斐关系及共同关心的地区和国际问题,达成了广泛的共识。双方签署了《中华人民共和国政府和斐济群岛共和国政府关于经济技术合作的协定》等文件。双方全面回顾了两国自建交以来在政治、经贸等领域业已存在的互利合作关系,对所取得的积极成果表示满意,并愿在和平共处五项原则的基础上进一步扩大和加深两国跨世纪的友好合作关系。

双方表示将继续保持高层互访,扩大政府各部门、议会及军队间的交流,增进相互了解与信任。双方同意建立两国外交部官员不定期磋商制度,就双边关系和共同关心的国际和地区问题交换意见,加强合作。

双方认为,两国经贸合作有着良好的前景。双方强调,愿在平等互利的基础上加强在贸易、经济技术、投资、农业、渔业、文化、教育、军事和旅游等领域的合作,支持和鼓励两国有关部门和企业,不断探索扩大合作的新方式和途径。

双方重申坚持两国建交公报中阐述的互相尊重主权和领土完整、互不干涉内政和平等互利的原则。中方支持斐济政府和人民为维护国家独立、主权和发展致力于和平的自给经济所作的努力。斐方重申奉行一个中国的政策,承认中华人民共和国政府是代表全中国的唯一合法政府。

双方重申遵循联合国宪章的宗旨和公认的国际法准则,积极致力于建立公正、合理的国际政治、经济新秩序。双方表示,在新纪元即将来临之际,两国将加强彼此间的合作,共同促进世界和平与发展的崇高事业。中方重申继续支持南太地区各国谋求本地区和平与稳定、促进经济发展与繁荣的努力。

双方认为,斐济群岛共和国政府总理马亨德拉·乔杜里对中华人民共和国的访问取得了圆满成功,这是中斐双边关系中重要的大事,必将有力地推动两国友好合作关系在二十一世纪取得更大发展。

【简析】

这是一篇新闻公报。开头两个小节叙述了基本情况,主体部分以五个"双方……"领起,分别从五个方面阐述了双方的共识。按照新《条例》,标题下的成文日期要使用阿拉伯数字。

【范例三】

中华人民共和国和黑山共和国建立外交关系联合公报
2006 年 7 月 13 日

一、中华人民共和国和黑山共和国根据两国人民的利益和愿望,决定自 2006 年 7 月 6 日起建立大使级外交关系。

二、中华人民共和国和黑山共和国在相互尊重主权和领土完整、互不侵犯、互不干涉内政、平等互利、和平共处原则的基础上,发展两国之间的友好合作关系。

三、中华人民共和国尊重黑山共和国的独立、主权和领土完整。黑山共和国承认世界上只有一个中国,中华人民共和国政府是代表中国的唯一合法政府,台湾是中国领土不可分割的一部分,反对任何形式的"台湾独立",反对台湾加入任何必须由主权国参加的国际和地区组织。黑山共和国承诺不与台湾建立任何形式的官方关系或进行官方往来。

四、中华人民共和国和黑山共和国将根据平等互利的原则和国际惯例,互相为对方建立使馆和履行公务提供一切必要的协助。

中华人民共和国代表　李肇星
黑山共和国代表 米奥德拉格·弗拉霍维奇
二〇〇六年七月六日于北京

【简析】

这是一篇联合公报。省去了开头和结尾部分,直接写主体部分,即分条列项撰写双方议定的事项。文章简洁明快,具有气势。按照新《条例》,标题下的成文日期要使用阿拉伯数字。

第六节 公 告

一、公告的概念和特点

（一）公告的概念

公告是适用于向国内外宣布重要事项或者法定事项的一种公文。

（二）公告的特点

（1）告知的范围广　公告不仅要让全国人民广泛知晓，而且还要向全世界公开宣布。一般公开在报纸、电台、电视台等媒体发布。

（2）告知的事件重大，有高度的庄严性和权威性　它用以公布党和国家的重大事件。如有关国家领导人的选举结果、国家领导人的重大国事活动或外事活动、颁布重要法规和规章以及其他需要广泛周知的重大事项或法定事项等。如《中华人民共和国宪法》的公布、实行，用的就是公告。一般事项不用公告。

二、公告的写法

（一）标题

公告的标题有四种形式，可以根据实际情况选用一种，四种形式没有原则上的区别。

（1）由发文机关、事由和文种组成　如《中共中央、全国人大常委会关于宋庆龄副委员长病情的公告》、《中国人民银行关于国家货币出入境限额的公告》。

（2）由发文机关和文种组成　如《中华人民共和国全国人民代表大会公告》。

（3）由事由和文种组成　《关于试鸣防空警报的公告》、《房屋拆迁公告》。

（4）标题只用文种名称　如《公告》。

依据新《条例》对公文标题的规范要求，后两种写法要尽可能慎用。

公告是公布性的公文，不需要写主送单位。

（二）正文

公告的正文要力求简短，力求一段到底，直陈其事，不必多做解释。如果内容特殊，相对较复杂的，可把全文分为两大层次，第一层写发布公告的依据或缘由，第二层写公告的具体事项，有时还要提出一些要求。公告的结尾可以自然结尾，也可以加上"现予公告"、"特此公告"等常用语。

（三）生效标识

在正文的右下方写上发布公告机关全称，有的公告在标题中已经写出发文机关的名称，可不再写。

（四）日期

公告的日期有两种写法，一是写在标题下面，用括号括起来，一是在落款的下面，右边空4字。

三、撰写公告应注意的事项

（1）公告是将重要的事情公之于众的文字，因此语言要庄重、准确、简洁、质朴，使公众读后既能理解其重要性，又能把握其具体内容。

（2）在使用范围上，公告的发布者一般是国家的立法机关或行政领导机关，具有较强的权威性，有些还有强制性。因此一般的基层单位，特别是企事业单位不能用公告形式公布事项。

【范例一】

中华人民共和国工业和信息化部

公　告

2013 年第 24 号

依据《钢铁行业规范条件（2012 年修订）》，经钢铁企业申报，地方工业主管部门预审，我部组织专家评审以及网上公示，现将第一批符合《钢铁行业规范条件（2012 年修订）》的钢铁企业予以公告。

附件：符合《钢铁行业规范条件（2012 年修订）》钢铁企业名单（第一批）

工业和信息化部

2013 年 4 月 28 日

【简析】

中央一级机关发布的公告，标题多半用发文机关加文种这种形式，较少写出事由。如果有连续公告发表，还可以编号，如全国人民代表大会开会期间一般会发表若干公告，这时就按顺序编为第一号、第二号、第三号……

【范例二】

中华人民共和国全国人民代表大会公告

中华人民共和国宪法修正案已由中华人民共和国第十届全国人民代表大会第二次会议于 2004 年 3 月 14 日通过，现予公布施行。

中华人民共和国第十届全国人民代表大会第二次会议主席团

二〇〇四年三月十四日于北京

【简析】

本公告直接写明宪法修正案通过和施行的时间，这是人们所关心的一件重大的事项，因此公告国内外。用词准确，庄重。按新《条例》规定，成文日期应改为阿拉伯数字。

【范例三】

全国人民代表大会常务委员会
关于撤销成克杰第九届全国人民代表大会
常务委员会副委员长职务的公告

鉴于成克杰无视国家法律，滥用职权，收受巨额贿赂，谋取非法利益，其违法情节特别严重，已丧失了作为全国人民代表大会代表的基本条件，广西壮族自治区人民代表大会于 2000 年 4 月 21 日通过决定，罢免成克杰的第九届全国人民代表大会代表职务。根据《中华人民共和国全国人民代表大会和地方各级人民代表大会选举法》第 48 条的规定，"县级以上的各级人民代表大会常务委员会组成人员，全国人民代表大会和省、自治区、直辖市、设区的市、自治州的人民代表大会专门委员会成员的代表职务被罢免的，其常务委员会组成人员或者专门委员会成员的职务相应撤销，由主席团或者常务委员会予以公告"，全国人大常委会决定撤销成克杰的第九届全国人民代表大会常务委员会副委员长职务。

特此公告。

第九届全国人民代表大会常务委员会（印章）
二〇〇〇年四月二十五日

【简析】

这是一则向国内外宣布法定事项的公告。撤销成克杰第九届全国人民代表大会常务委员会副委员长职务，依法应予以公布。

此公告开门见山写罢免成克杰的第九届全国人民代表大会代表职务的缘由，然后写公告的依据，最后写全国人大常委会的决定。

按新《条例》规定，成文日期应改为阿拉伯数字。

第七节 通 告

一、通告的概念和特点

（一）通告的概念

通告是党政机关、社会团体或企事业单位在一定范围内公布社会各有关方面应当遵守或者周知事项时使用的周知性文件。

通告的适用范围主要在两个方面：一是公布应当遵守的事项，其内容带有明显的法制性、规定性，有关范围和个人都必须严格执行；二是公布应知的事项，其内容只有告晓性。

（二）通告的特点

（1）公布范围的限定性　通告是向有关范围和个人公布的，因而只在该范围内有行政的约束作用。

（2）行文内容的针对性　通告的内容往往是某一部门与当时某一方面的工作或某一专项业务紧密结合而发的，所以有很强的针对性。

（3）使用上的广泛性　通告除了党政军及公安、司法等机关使用之外，团体、企事业单位也可以使用。

二、通告的种类

按照内容，通告可分为以下两种。

（一）法规性通告

其内容是社会各有关方面应遵守的带有法规性质的事项。有强制性和行政约束力，一旦公布，社会各有关方面应当切实遵守和执行。如《陕西省人民政府关于整治机动车超载违章的通告》就是一个法规性通告。

（二）周知性通告

其内容主要是社会各有关方面应当周知的事项。如调整电信资费标准、调整存贷款利率等。

三、通告与公告的区别

通告与公告相比，二者都有告知性，但又有区别，其区别如下。

（一）宣布的范围不同

公告是向国内外宣告，范围大，可通过《人民日报》、中央人民广播电台、中央电视台等新闻媒体公布；通告是向国内或局部地区、某一系统内与某项事情有关的公众宣布，其范围小，可登地方报纸，在地方广播电台、电视台公布或张贴。

（二）发文机关级别不同

公告发布的事情，在国内外产生影响，其重要性十分明显，因此发文机关的级别高，通常是国家领导机关。地方机关、基层单位、群众团体不制发公告，因此公告使用面窄；通告是在一定范围内公布有关事项，各级政府及其职能机关、社会团体或企事业单位都可以使用，通告的使用面宽。

四、通告的写法

通告的结构由标题、正文、生效标识组成。

（一）标题

通告的标题与公告标题形式基本相同，有四种形式，可以根据实际情况选用一种，四种形式没有原则上的区别。

（1）由发文机关、事由和文种组成。如《民航总局、公安部关于民航安全问题的通告》。

（2）由发文机关和文种组成。如《中华人民共和国公安部通告》。

（3）由事由和文种组成。如《关于维护校园秩序的通告》。

（4）只用文种名称。如《通告》。

按照新《条例》的规范要求，后两种写法宜慎用。

通告与公告都是公布性的公文，不需要写主送单位。

（二）正文

通告的正文一般由三个层次组成：即通告的依据或缘由、通告的事项和通告的结尾。

第一部分写通告的依据或缘由，然后用"现通告如下"、"特通告如下"等过渡语导入下文。第二部分写通告的具体事项，为使通告的条理清晰，可采用分条列项的写法。第三部分是正文的结尾，可提出要求，或使用常用语"特此通告"等来作结。

（三）生效标识

在正文的右下方写上发文机关的全称，加盖印章。有的通告在标题中已经写出发文机关的名称，可不再写。

（四）日期

在落款的下面写清发文的年月日，右边空4字。

五、撰写通告应注意的事项

（1）通告的内容要一文一事，主旨明确。

（2）语言要准确、通俗、简明。

（3）通告的事项要表述得清楚明白，便于群众理解和实施。

【范例】

通　告

尊敬的广大客户：

　　为了更好地给广大客户提供优质服务，我行将从 2004 年 5 月 22 日早 6：00 至 5 月 23 日早 8：00，进行计算机主机系统升级。在此期间，我行各营业网点将暂停对外办理一切业务（包括自助银行、网上银行、电话银行、商户 POS 消费及自助设备跨行交易等），由此给您带来的不便，请广大客户谅解。

　　望广大客户周知。

　　特此通告

招商银行沈阳分行
2004 年 5 月 21 日

【简析】

　　这是一则知照性通告。范围只是招商银行沈阳分行的有关客户。全文文字不多，但把发文的缘由、目的、时间、事项交代得清清楚楚。结尾使用常用语"特此通告"作结。

　　此通告语言谦和，体现了客户至上的精神。因为面对的是客户，所以使用了带有敬意的抬头。一般说来，公布性文种不写主送单位（抬头）。

第八节　通　知

一、通知的概念和特点

（一）通知的概念

通知是适用于批转下级机关的公文，转发上级机关和不相隶属机关的公文，传达要求下级机关办理和需要有关单位周知或者执行的事项，任免人员的一种公务文件。

（二）通知的特点

（1）适用范围广　各级各类国家机关、社会团体、企事业单位均可使用，既可传达事项，也可转发和批转公文，还可任免人员；内容可以是国家活动、政府工作和社会生活的各个方面；行文方向以下行为主，即发给下级单位或个人，但有时也可平行，即发给不相隶属的单位和个人。

（2）使用频率高　因为通知的适用范围特别广泛，上至高级机关，下至基层单位，大到知照全国性的事情，小到要求某些人参加某些会议，都可以用通知来发，因此在行政公文中通知使用频率也最高。各级机关的发文，通知占绝大部分。

二、通知的种类

以往通知的分类不一，现根据通知的性质和使用范围，将通知分为批转通知、转发通知、传达通知和任免通知四类（日常工作中通知使用率很高，但很多通知并不属于公文范围，写法灵活，只要把事情说清即可）。

（一）批转性通知

批转性通知用于批转下级机关的公文，即上级机关对下级机关的来文加以批示后，再转给下属各单位参考执行的发文。如【范例一】《国务院批转关于行政审批制度改革工作实施意见的通知》就是国务院将下级机关监察部、国务院法制办、国务院体改办、中央编办上报的意见批转给其下属单位贯彻执行的。

（二）转发性通知

转发性通知用于转发上级机关和不相隶属机关的公文，即下级机关将上级机关和不相隶属机关的来文再转发给自己的下属机关贯彻执行的发文。需要转发的公文，不论是上级机关还是不相隶属机关的，必须是对本机关、本地区、本部门或本系统有指导和借鉴意义。如【范例二】《国务院办公厅转发国土资源部、农业部关于依法保护国有农场土地合法权益意见的通知》。

（三）传达性通知

传达性通知用于传达要求下级机关办理和需要有关单位周知或者执行的事项。通常有以下三种情况。

（1）印发或颁发规章制度　如《中共中央关于印发中国共产党党内监督条例（试行）的通知》。

（2）要求下级机关办理或知晓事项　根据不同的形式和任务，对下级机关提出不同要求；部署工作，要求贯彻执行；更名换章、机构变动等须有关部门和人员知晓。例如【范例四】《国务院关于发布国家行政机关公文处理办法的通知》。

（3）会议通知　各级机关和部门需要召开各种会议，用会议通知使与会人员按规定出席会议。如《海南省人民政府办公厅关于召开全省物价专业会议的通知》。

（四）任免性通知

任免性通知是各级行政机关用于任命或者免去有关人员职务时使用的。用通知把人员任免情况传达给有关部门和群众，也可用通知形式告知本人。例如《×××大学关于×××等同志职务任免的通知》。

如果这一任免对发文机关来说属于"重要事项"或"重大行动"，则选用决定文种。

三、通知的写法

通知，按国家行政机关公文下行文格式撰写，其结构一般由标题、主送单位、正文、生效标识几个部分组成。

（一）标题

通知的标题的写法有两种形式，一是全要素，即三要素；二是两要素。

（1）由发文机关、事由和文种组成全要素标题　如《国务院办公厅转发教育部等部门关于进一步加快高等学校后勤社会化改革意见的通知》。

（2）由事由和文种组成　如《关于建立有形建筑市场的通知》。标题的事由要准确简要地概括出通知的主要内容，然后标明公文文种。

通知标题要尽可能三要素俱全，不可直接用文种为标题。

通知的种类较多，在拟标题时要正确使用"发"、"批转"、"转发"。"发"，有印发、颁发、发布三个不同概念。"印发"，指本机关制定的非规章类文书以及计划、总结、领导讲话等的发文；"颁发"，指省人大、省政府制定的重要法规或规章，发给下级机关执行的发文；"发布"，指领导机关制定的法规、规章公布，要下级执行的发文。如《教育部办公厅关于印发〈国家精品课程建设工作实施办法〉的通知》、《国务院关于发布〈国家行政机关公文处理办法〉的通知》、《国务院批转关于行政审批制度改革工作实施意见的通知》、《国务院办公厅转发教育部等部门关于进一步深化高等学校毕业生就业制度改革有关问题意见的通知》在这些标题中相应地被冠以"印发""发布"、"批转"、"转发"等给通知定性的词语。

通知标题写作要根据通知的种类，认真写好事由部分。

第一，批转和转发类通知的标题

批转、转发通知的标题中的事由是所批转和转发公文的名称，如《国务院办公厅转发教育部等部门关于进一步加快高等学校后勤社会化改革意见的通知》，这个标题的事由部分是："教育部等部门关于进一步加快高等学校后勤社会化改革意见"，这是所批转公文的名称，这个名称是一个"三要素"齐全的公文标题。由此可见，批转、转发性通知的标题内又含有一个被批转或被转发公文的标题，是大标题里包含着一个小标题，这个小标题是作为大标题的事由出现的。因此，写作批转和转发性通知时要看批转和转发的是什么文件，如果批转或转发的文件是"通知"，要省略去第一个"关于"和最后一个"的通知"；如果批转或转发的文件不是"通知"，要省略去第一个"关于"。

例如：《广东省人民政府转发国务院关于调整机关、事业单位工作人员工龄津贴的通知》省略前应是《广东省人民政府关于转发国务院关于调整机关、事业单位工作人员工龄津贴的通知的通知》，由于这个通知转发的也是"通知"，因此要省略去第一个"关于"和最后一个"的通知"，在标题的发文机关后面直接写上"转发……的通知"即可。不影响对标题的领会，如果把该省略的成分都写上了，反而显得重复、多余。

又如：《国务院办公厅转发教育部等部门关于进一步加快高等学校后勤社会化改革意见的通知》省略前应是《国务院办公厅关于转发教育部等部门关于进一步加快高等学校后勤社会化改革意见的通知》，由于这个通知转发的不是"通知"，而是"意见"，因此要省略去"转发"前面的"关于"，在标题的发文机关后直接写上"转发……"即可。

如果被转发、批转的公文是法规性文件，则须在法规性文件名称上加上书名号。

第二，会议通知标题要概括会议的名称。例如：《关于召开广东省第九届人民代表大会第三次会议的通知》。

第三，任免通知的标题用关于领导职务任免人员的姓名。例如：《××市人民政府关于×××等同志职务任免的通知》。

（二）主送单位

通知的主送单位是发文机关的下属机关，是通知的受文对象，其名称要写全称或规范化简称、统称。

（三）正文

通知的正文一般由通知缘由、通知事项、执行要求或结束语三部分组成。具体写法因文种的内容而定。

1. 批转通知

其正文一般有三个部分：一是表明对被批转文件的态度；二是写明通知事项的意义；三是提出执行希望和要求，但要注意批的内容不能超出权限。

2. 转发通知

其结构和批转性通知基本相同。但在"转"中要直叙本机关的意见，也可以加上批示性意见，具体告知下级机关如何贯彻执行。

3. 传达通知

这类通知包含印发性通知、部署性通知、周知性通知以及会议通知三种。

印发通知，也称公布性通知，写法上与转发通知相似。

部署性通知。用于向下级布置工作，要求下级必须贯彻执行。具有指示性和权威性的特点。正文开头交代通知的缘由，即发通知的原因、目的、依据、背景等，表明发文的必要性；主体是通知事项，要分条列项具体写工作任务、措施和注意事项，结尾提出要求和希望，如果主体已写出具体要求，则可以自然结尾，这类通知用语要体现出指挥性、权威性的文体特色。

周知性通知也称知照性通知，主要用于告知有关事项或办理有关事务，如更名换章、机构变动、节假日放假、更改作息时间等。这类通知其正文写清楚通知的事项即可。

会议通知，会议通知开头写明会议的名称、目的和依据，主体根据实际需要具体写明会议内容、会议要求、与会人员、备用材料、报到时间、开会时间、开会地点、行车路线、会议费用、联系方法、注意事项等。结尾可以用常用语"特此通知"，也可自然收尾。

4. 任免通知

专门用于任免人员，主要写清被任免人员的姓名、职务、期限等。

通知的结尾一般使用常用语"特此通知"、"希周知"、"请按此执行"、"请贯彻执行"等，如果前言和主体之间使用了"特做如下通知"等过渡语，则不宜在收尾处再用常用语，自然收尾即可。

（四）生效标识与成文日期

按规定，单一机关制发的公文在落款处不置发文机关名称，只在落款处标识成文时间，用阿拉伯数字写上年月日，右边空4字。然后盖上印章。

四、撰写通知应注意的事项

（1）通知要有的放矢，事项要写得具体明确。

（2）语言表述要准确简明，把通知的事项表述清楚即可。

【范例一】

国务院关于批转交通运输部等部门重大节假日
免收小型客车通行费实施方案的通知
国发〔2012〕37号

各省、自治区、直辖市人民政府，国务院各部委、各直属机构：

国务院同意交通运输部、发展改革委、财政部、监察部、国务院纠风办制定的《重大节假日免收小型客车通行费实施方案》，现转发给你们，请认真贯彻执行。

国务院
2012年7月24日

重大节假日免收小型客车通行费实施方案
交通运输部　发展改革委　财政部
监察部 国务院纠风办

为进一步提升收费公路通行效率和服务水平，方便群众快捷出行，现就重大节假日期间免收 7 座及以下小型客车通行费有关问题制定如下实施方案：

一、实施范围

（一）免费通行的时间范围为春节、清明节、劳动节、国庆节等四个国家法定节假日，以及当年国务院办公厅文件确定的上述法定节假日连休日。免费时段从节假日第一天 00：00 开始，节假日最后一天 24：00 结束（普通公路以车辆通过收费站收费车道的时间为准，高速公路以车辆驶离出口收费车道的时间为准）。

（二）免费通行的车辆范围为行驶收费公路的 7 座以下（含 7 座）载客车辆，包括允许在普通收费公路行驶的摩托车。

（三）免费通行的收费公路范围为符合《中华人民共和国公路法》和《收费公路管理条例》规定，经依法批准设置的收费公路（含收费桥梁和隧道）。各地机场高速公路是否实行免费通行，由各省（区、市）人民政府决定。

二、工作要求

（一）加强收费站免费通行管理。

为确保免费政策实施后车辆有序通行，各地区要对公路收费站现有车道进行全面调查，结合重大节假日期间 7 座及以下小型客车免费通行的要求，合理规划和利用现有收费车道和免费专用通道，确保过往车辆分类分车道有序通行。

（二）完善收费站应急处置预案。

地方各级交通运输主管部门和收费公路经营管理单位要全面分析本辖区公路收费站的运营管理状况，特别是交通拥堵等有关情况，督促收费站制定并完善重大节假日期间应对突发事件的应急预案。一旦出现突发事件，要迅速启动应急响应，及时采取有针对性的应对措施，确保收费站正常运行和车辆有序通行。

三、保障措施

在重大节假日期间免收 7 座及以下小型客车通行费是调整和完善收费公路政策的重要举措，对于提高重大节假日公路通行能力和服务水平，降低公众假日出行成本具有重要意义，各省（区、市）人民政府和国务院有关部门要高度重视，切实抓好贯彻落实。

（一）加强领导，明确责任。

重大节假日免收 7 座及以下小型客车通行费的具体工作，由各省（区、市）人民政府负责统一组织实施。各省级交通运输、发展改革（价格）、财政、监察、纠风等部门要在省级人民政府统一领导下，制定方案，落实责任，明确分工，密切配合，共同做好实施工作。交通运输部、发展改革委、财政部、监察部、国务院纠风办要成立联合工作小组，加强对各地区的指导、协调和督查，及时帮助解决出现的问题。

（二）深化研究，完善政策。

各省（区、市）人民政府及国务院各有关部门要深入研究分析、科学评估该政策实施效果及影响，不断完善相关措施，妥善解决实施过程中出现的问题；要切实做好与收费公路经营者的沟通，争取其理解和支持，确保各项工作顺利开展。同时，要加快研究完善收费公路管理、提高公路服务水平、促进收费公路健康发展的长效机制和政策措施，更好地服务经济社会发展。

（三）注重宣传，正面引导。

各地区要通过政府及部门网站、新闻媒体等多种渠道，加强舆论引导和政策宣传，及时发布相关信息，使社会公众及时、全面了解本方案的重大意义及具体内容，为公路交通健康持续发展创造良好的舆论氛围。

【简析】

"国务院同意……"说明国务院已经批准,联系后文"现转发给你们",说明这是一则批转型公文;最后提出执行要求。批转性通知一般使用"……《……》经……批准,现转发……,请……"这一特殊格式。

成文日期下空一行写被批转文件的标题"重大节假日免收小型客车通行费实施方案"。

【范例二】

国务院办公厅转发国土资源部、农业部
关于依法保护国有农场土地合法权益意见的通知

各省、自治区、直辖市人民政府,国务院各部委、各直属机构:

　　国土资源部、农业部《关于依法保护国有农场土地合法权益的意见》已经国务院同意,现转发给你们,请遵照执行。

国务院办公厅(印章)
二〇〇一年二月二日

关于依法保护国有农场土地合法权益的意见

　　国有农场的土地是国有农场经济发展的基本生产资料,是国有资产的重要组成部分。经过几十年的发展,国有农场为国民经济和社会发展提供了大量的农副产品和战略性物资,对繁荣边疆和少数民族地区的经济、文化,增进民族团结,巩固边防做出了重要贡献。随着社会主义市场经济的快速发展,国有农场还将继续发挥重要作用。但是,近年来,由于各种原因,农场使用的国有土地被周边乡村集体、农民个人以及非农垦单位挤占的现象严重,一些国有农场的土地权属争议也非常突出,个别地区甚至引发纠纷或械斗,造成人员伤亡和重大财产损失。为依法保护国有农场土地合法权益,促进农村经济发展、民族团结和社会稳定,特提出以下意见:

　　一、妥善处理土地权属争议,依法确认国有农场土地使用权

　　地方各级人民政府及有关部门要以党中央、国务院有关指示精神为指导,从有利于国有农场和农村经济发展出发,本着尊重历史和现实的原则,依照国家有关土地管理的法律、法规和政策以及原国家土地局1995年发布的《确定土地所有权和使用权的若干规定》的有关规定,准确把握政策界限,妥善解决土地权属争议,依法、公平、公正、合理地确认国有农场土地使用权。

　　(一)县级以上人民政府及有关部门关于组建国有农场的批文和国有农场与周边农民集体签订的用地协议书,原则上应作为确认国有农场的国有土地使用权的依据。但是,下列情况按以下原则处理:(略)

　　(二)……(略)

　　(三)……(略)

　　(四)……(略)

　　(五)……(略)

　　(六)……(略)

　　(七)……(略)

　　(八)……(略)

　　二、加快国有农场土地登记发证的工作步伐

　　(一)各地应按照土地管理法律法规的规定,严格遵循法定程序和技术要求,加快国有农场土地登记发证的工作步伐。凡权属来源清楚、无争议的土地,要抓紧登记发证;对有争议的土地,调处一宗,

登记一宗。为减少工作重复，维护土地确权登记结果的统一性，各地应加快开展农村特别是国有农场周边农村集体土地所有权的登记发证工作。

（二）国有农场土地权属登记发证的费用原则上由农场承担，由农垦部门在业务经费中予以安排。（略）

三、坚决制止非法侵权行为，依法保护国有农场土地使用权

（一）制止非法侵占国有农场土地行为，加强对土地违法行为的监督检查。要依照国家有关法律规定严格控制建设占用国有农场土地，确需占用农场土地搞建设的，要依法办理审批手续，并依法给予补偿和安置，不得随意强行划转国有农场土地。对少数侵占国有农场土地的不法分子，要坚决依法查处；对非法占用国有农场土地的，要坚决退还；对破坏国家农场财产、挑起事端的，必须坚决予以打击；对违反法律规定程序将国有农场所属土地确定给其他单位或个人的，除宣布其批准文件和证书无效外，还要按照《中华人民共和国土地管理法》等有关规定对直接责任人进行严肃处理。

（二）加大执法力度，保证行政裁决的有效执行。（略）

（三）做好宣传教育，提高依法用地的自觉性。（略）

四、加强领导和管理，切实解决国有农场土地问题

依法保护国有农场土地合法权益，不仅关系到农垦系统自身的发展，而且对当地的经济发展和社会稳定具有十分重要的意义。地方各级人民政府和基层组织要高度重视，切实加强领导，把这项工作列入重要议事日程，切实解决国有农场土地问题。土地行政主管部门要加大工作力度，积极履行职责，依法调处土地权属争议，切实做好土地确权、登记工作；农垦部门和国有农场要主动配合土地行政主管部门工作，并加强对国有农场土地的使用管理，提高土地使用率和产出率。

请各省、自治区、直辖市人民政府土地行政主管部门和农业部门于2001年12月底前将本意见的贯彻落实情况向国土资源部和农业部做出报告。

【简析】

这是一则转发性通知。国土资源部、农业部就如何依法保护国有农场土地合法权益提出了具体意见，报请国务院指示和批准，国务院同意国土资源部、农业部意见，委托国务院办公厅将此意见转发给下级机关认真贯彻执行。

本通知的写作形式同范例一的批转通知一样，开门见山地写道："……《……》经……同意，现转发……，请……。"语言简洁明了。

批转、转发类通知的主要内容是附件，国土资源部、农业部《关于依法保护国有农场土地合法权益的意见》这个附件和公文正文具有同等效力。这时它已不是以通知的附件存在，而是与通知的正文一起装订，是遵照执行的主要内容。

按新《条例》规定，结尾要署名，成文日期要用阿拉伯数字。

【范例三】

中共中央办公厅　国务院办公厅关于
印发《党政机关公文处理工作条例》的通知

中办发〔2012〕14号

各省、自治区、直辖市党委和人民政府，中央和国家机关各部委，解放军各总部、各大单位，各人民团体：

《党政机关公文处理工作条例》已经党中央、国务院同意，现印发给你们，请遵照执行。

中央中央办公厅　国务院办公厅
2012年4月16日

党政机关公文处理工作条例

第一章 总 则

第一条 为了适应中国共产党机关和国家行政机关（以下简称党政机关）工作需要，推进党政机关公文处理工作科学化、制度化……

【简析】

行政法规制定后必须用某种形式告知大家让大家贯彻执行，此时就需要使用发布性通知。发布性通知的常用句式是："现发布（印发）……，请遵照执行"。

【范例四】

教育部办公厅关于印发《国家精品课程
建设工作实施办法》的通知

各省、自治区、直辖市教育厅（教委），新疆生产建设兵团教委，有关部门（单位）教育司（局），教育部直属各高等学校：

根据《教育部关于启动高等学校教学质量与教学改革工程精品课程建设工作的通知》（教高〔2003〕1号）精神，为保证国家精品课程建设的顺利实施，特制定《国家精品课程建设工作实施办法》，现印发给你们，请遵照执行。

附件：国家精品课程建设工作实施办法

（公章）
二〇〇三年五月十二日

【简析】

这是一则印发通知，《国家精品课程建设工作实施办法》是教育部对高校精品课程建设工作的具体规定，印发给各高校执行。通知的正文只有一段，却包含了三个层次：第一层说明印发该通知的依据，第二层表明印发该通知的目的，第三层提出要求。全文采用了"根据……，为……，特制定……，现印发……，请……"的句式，使通知语言简洁明了。

根据新《条例》规定，结尾要署"教育部办公厅"，成文日期用阿拉伯数字。

【范例五】

辽宁省人民政府关于贯彻落实下岗失业人员
就业和再就业收费优惠政策的通知

各市人民政府，省政府各厅委、各直属机构：

根据《国务院办公厅关于下岗失业人员从事个体经营有关收费优惠政策的通知》（国办发〔2002〕57号）和《财政部关于贯彻落实下岗失业人员从事个体经营有关收费优惠政策的通知》（财综〔2002〕72号）精神，为进一步改善就业环境，支持下岗失业人员实现就业和再就业，鼓励企业更多吸纳下岗失业人员，经省政府同意，现就我省贯彻落实下岗失业人员就业和再就业收费优惠政策的有关问题通知如下：

一、统一思想，高度重视，明确工作目标和原则

当前和今后一个较长时期，我省就业形势仍十分严峻。实施下岗失业人员就业和再就业收费优惠政策，是"三个代表"重要思想在实际工作中的具体体现，是推进就业和再就业工作的重要手段。各级政府和有关收费管理部门，要站在促进改革发展、确保社会稳定的高度，着眼长远，立足当前，认真处理好发展经济与扩大就业的关系、壮大财源与实行收费优惠政策的关系，坚决按照党中央、国务院和省

委、省政府的有关要求,将下岗失业人员就业和再就业收费优惠政策落到实处。

我省促进下岗失业人员就业和再就业收费优惠政策的工作目标是:以"三个代表"重要思想为指针,全面贯彻落实党中央、国务院和省委、省政府的指示精神,充分发挥收费政策的宏观调控作用,改善就业环境,广开就业渠道,推动和促进全省下岗失业人员就业和再就业工作的顺利进行。实现上述工作目标,应遵循以下基本工作原则:

1. 鼓励自谋职业的原则。对涉及下岗失业人员自谋职业、从事个体经营的登记类、证照类和管理类等行政事业性收费项目(国家限制的行业除外),要予以免收;对不合理、不合法的收费项目,要坚决予以取消。

2. 鼓励吸纳就业的原则。对部分类型企业和国有大型企业通过主辅分离和辅业改制分流安置本企业富余人员兴办的经济实体(国家限制的行业除外),凡吸纳下岗失业人员和原企业富余人员达到规定比例并符合有关要求的,在收费政策上要给予优惠。

3. 全方位服务的原则。无论是政府部门的行政事业收费,还是中介机构的经营服务性收费,无论是宏观收费,政策的制定,还是日常收费管理工作,都要对下岗失业人员就业和再就业给予大力的支持和鼓励,全面提供服务。

4. 确保落实的原则。对有关规定和要求,各级党委、政府及有关部门要层层分解,逐级落实,明确责任,确保各项政策的贯彻执行。

二、实行收费优惠政策,鼓励自主创业和吸纳就业

下岗失业人员自谋职业和企业增加就业岗位,是实现就业和再就业的两个主要途径。要通过实施以下收费优惠政策,对其给予积极的引导和鼓励。

(一)减免下岗失业人员就业费用(略)

(二)减免吸纳下岗失业人员企业部分收费(略)

三、严格审批,规范管理,改善就业环境

(一)从严控制收费项目和标准(略)

(二)认真清理收费项目(略)

(三)减少就业服务收费(略)

(四)规范中介收费行为(略)

(五)完善收费服务体系(略)

四、加强舆论宣传,明确分工责任

为使全社会及时了解和掌握有关收费优惠政策,各级财政、物价部门应逐项列出本行政区域内免征、减征的各项具体收费项目,经本级政府批准后,通过广播、电视、报刊等新闻媒体,在本行政区域内公布,确保优惠政策真正落实到基层单位和下岗失业人员本身。

各级政府对本地区促进下岗失业人员就业和再就业收费政策的落实工作负主要责任。各级有关管理部门要切实履行职责,加强协调配合,共同做好有关工作。各级财政和物价部门作为收费管理的职能部门,在本级党委和政府的领导下,担负起本地区就业和再就业收费优惠政策的制定工作,并负责政策落实的监督检查,建立健全就业和再就业收费优惠政策检查制度。工商、税务、卫生、民政、劳动保障、公安、教育、建设、国土资源、水利、计划生育、交通、信息产业、烟草等部门要加强内部监督制约机制,每年要对本系统有关收费单位的政策落实情况进行定期和不定期的专项检查,督促其切实落实各项收费优惠政策,简化工作手续,促进就业和再就业工作的顺利开展。同时,要严格《再就业优惠证》的发放,对因把关不严或违反规定滥发《再就业优惠证》造成税费流失的,要追究单位和有关人员责任;对冒充下岗人员骗取税费优惠政策的个体经营者,移交司法机关处理。要充分发挥社会监督和群众监督作用,推动收费优惠政策的落实。任何部门和单位不得以任何理由拒绝执行和变相执行收费优惠政策。凡不按规定执行的,要予以严肃处理。

附件:1. 涉及下岗失业人员就业收费减免项目表

2. 涉及吸纳下岗失业人员企业收费减免项目表

（公章）
二〇〇三年二月二十八日
（正文有省略）

【简析】

  这是一则部署性通知。用于向下级布置工作，要求下级必须贯彻执行。

  本通知是为贯彻落实下岗失业人员就业和再就业收费优惠政策的有关问题而发。全文共三部分，第一部分交代通知的缘由，即发通知的原因、目的、依据、背景等。用"现就我省贯彻落实下岗失业人员就业和再就业收费优惠政策的有关问题通知如下"导入通知的具体事项。第二部分从四个方面阐述通知的事项。首先在分析本省形式的基础上，提出要统一思想，高度重视这一工作，明确规定了工作目标和工作原则。然后具体介绍了下岗失业人员就业和再就业收费有哪些优惠政策，怎样鼓励下岗失业人员就业、自主创业和吸纳就业。接着阐明严格审批、规范管理、改善就业环境的办法和措施。最后指出要加强舆论宣传，明确分工责任。第三部分提出具体要求。

  本通知中心突出，层次清楚，工作目标明确，措施可行，语言严肃，态度明朗，具有指示性和权威性的文体特色。

  按新《条例》规定，结尾处要署名，成文日期用阿拉伯数字。

【范例六】

共青团中央　教育部　人事部
关于实施大学生志愿服务西部计划的通知

各省、自治区、直辖市团委、教育厅（教委）、人事厅（局）：

  根据国务院常务会议、《国务院办公厅关于做好2003年普通高等学校毕业生就业工作的通知》（国办发〔2003〕49号）和2003年全国高校毕业生就业工作电视电话会议精神，共青团中央、教育部决定从2003年开始共同实施大学生志愿服务西部计划，财政部、人事部给予相关政策、资金支持。现将有关事项通知如下。

  一、指导思想

  鼓励青年知识分子到实践中去、到基层和艰苦地区去，经受磨炼，健康成长，是我们党和政府的一贯方针，在新的形势下，站在执政兴国和人才强国的战略高度，需要长期坚持和不断完善并逐步形成制度。实施大学生志愿服务西部计划要以邓小平理论和"三个代表"重要思想为指导，引导大学生到西部去、到基层去、到祖国和人民最需要的地方去建功立业；促进西部贫困地区教育、卫生、农技、扶贫等社会事业的发展；拓展大学生就业、创业的渠道；培养造就一大批既有现代科学文化知识、又有基层工作经验和强烈社会责任感的优秀青年人才；弘扬"奉献、友爱、互助、进步"的志愿精神，推动经济社会的全面发展。

  二、工作内容

  大学生志愿服务西部计划从2003年开始．按照公开招募、自愿报名、组织选拔、集中派遣的方式，每年招募一定数量的普通高等学校（以下简称"高校"）应届毕业生，到西部贫困县的乡镇从事为期1～2年的教育、卫生、农技、扶贫以及青年中心建设和管理等方面的志愿服务工作。志愿者服务期满后，鼓励其扎根基层，或者自主择业和流动就业。

  三、政策支持

  参加大学生志愿服务西部计划的志愿者除享受国家规定的高校毕业生就业优惠政策外，给予以下政策支持：

  1. 服务期间，中央财政给予必要的生活补贴（含交通补贴和人身意外伤害、住院医疗保险）。

2. 服务期间，计算工龄。党团关系转到服务单位，本人要求户口和档案保留在学校的，按规定保留两年。在此期间，档案管理机构对保管其档案免收服务费用；本人要求将户口转回入学前户籍所在地的，公安机关按照规定为其办理落户手续，人事、教育部门所属人才交流机构负责办理相关手续，人事部门所属人才交流服务机构免费提供人事代理服务。服务期满落实工作单位后，公安机关按有关规定办理户口迁移手续。

3. 服务期间，可兼职或专职担任所在乡镇团委副书记、学校及其他服务单位的管理职务。

4. 服务期满考核合格的，报考研究生给予加分，在同等条件下，优先录取，具体规定在当年的研究生招生政策中予以明确。

5. 服务期满考核合格报考党政机关公务员的，可适当加分，同等条件下，应优先录用，具体规定由省级公务员考试录用主管机关在当年招考中予以明确。

6. 服务期满，对志愿者做出鉴定，存入本人档案；考核合格的，颁发证书，作为志愿者服务经历和就业、创业的证明。

7. 服务单位应向志愿者提供住宿等必要的生活条件；在录用党政机关公务员和新增国有企事业单位专业技术人员、管理人员时优先录用、招聘志愿者。

8. 服务期为1年、服务期满考核合格的，授予中国青年志愿服务铜奖奖章。服务期为2年、服务期满考核合格的，授予中国青年志愿服务银奖奖章，表现优秀的授予中国青年志愿服务金奖奖章，表现特别优秀的推荐参加中国青年五四奖章、中国十大杰出青年、中国十大杰出青年志愿者、国际青少年消除贫困奖等评选。

鼓励各高校和社会各方面对高校毕业生的工作、生活、学习、就业和创业提供帮助和支持。

四、组织机构

1. 共青团中央、教育部联合成立全国大学生志愿服务西部计划领导小组和项目管理办公室，负责这项工作的总体规划、协调和指导。

2. 各省、区、市团委、教育厅（教委）要相应联合成立省、区、市领导小组和项目管理办公室，负责本省这项工作的协调组织；服务省项目管理办公室同时要负责志愿者的培训及协调指导服务县项目管理办公室的工作。

3. 各高校要加强领导。高校团委和毕业生就业指导中心要联合成立学校项目管理办公室，主要负责志愿者招募的具体工作。高校毕业生参加这项计划，可列入学校该年度就业率统计。

4. 各服务县要成立县领导小组，县团委、教育局及有关部门要联合成立县项目管理办公室，主要负责协调指导服务单位工作和对志愿者进行日常管理。服务单位负责落实工作岗位，提供免费住宿等相关保障，并对志愿者的工作进行业务管理。

各级项目管理办公室设在团组织，具体负责日常工作。

五、工作要求

各级团组织、教育部门要密切配合、形成合力，精心组织、狠抓落实。以项目运作的方式扎实推进这项工作。各级财政、人事部门要给予积极支持。

1. 加强领导。加强项目领导机构和项目管理机制的建设：明晰职责、相互支持，加强沟通、紧密合作，保障计划的顺利实施。

2. 广泛动员。要唱响"到西部去"的时代强音，以报效祖国、服务人民的崇高理想感召和动员大学毕业生自觉选择到基层、到艰苦环境中锻炼成才，同人民紧密结合、为祖国奉献青春。

3. 按需选择。要在面向全国公开招募、自愿报名的基础上，根据西部贫困地区的需求，选拔思想过硬、品学兼优、具有较强奉献精神的毕业生参加这项计划，尤其鼓励西部高校和农业、林业、水利、医学、师范类专业的毕业生参与，对入学前户籍所在地在西部地区的毕业生要优先选拔。

4. 搞好服务。要为志愿者安排好服务岗位。提供必要的工作和生活条件；积极协调有关部门、有关单位，落实相关保障政策，努力为志愿者服务期满后升学、就业以及创业等创造有利条件。

5. 严格管理。各服务地区，服务单位要切实负起责任，加强对志愿者培训和日常管理，关心大学生志愿者的生活和安全。确保这项计划规范、有序地实施。同时，要加强项目资金管理，严格做到专款专用，提高资金使用效率。

有条件的省、区、市可实施地方性项目，纳入全国项目的表彰范围，志愿者享受同等政策待遇。

附件：全国大学生志愿服务西部计划领导机构名单

二○○三年六月六日

【简析】

这是一则团中央、教育部、人事部三个同级部门联合发文部署工作的通知。实施大学生志愿者服务西部计划，需要有关部门的政策、资金支持，需要大学毕业生们知晓，因此要知照全国有关部门。

通知正文可分三部分，第一部分说明发此通知的依据和目的，然后用"现将有关事项通知如下"导入下文。第二部分阐述通知的有关事项。从"指导思想"、"工作内容"、"政策支持"、"组织机构"、"工作要求"五个方面一一说明，对"政策支持"、"组织机构"、"工作要求"又分别从几个方面进行详细阐述，使有关部门和大学生志愿者对这一工作都有明确的认识，以使这一工作顺利实施。最后一部分对有条件的省、区、市提出要求。

全文层次分明，中心突出，语言得当，通知的事项说得清楚明白。

按新《条例》规定，结尾要署名，成文日期要用阿拉伯数字。

【范例七】

海南省人民政府办公厅关于召开
全省物价专业会议的通知

各市、县（自治县）人民政府，各有关单位：

为了传达贯彻中央有关会议精神，省政府决定于×月×日至×日召开全省物价专业会议。现将会议的有关事项通知如下：

一、参加会议人员

各市、县分管物价的副市、县长、物价局长、糖烟酒公司经理、烟草公司经理、省经济监督厅、贸工厅、海南烟草总公司、糖烟酒公司、一轻总公司、省委宣传部各1名负责同志，海南军区、南航部队、榆林海军基地、武警部队海南总队、海军快艇第十一支队各1名分管后勤的领导同志。

省直机关各部、委、厅和海南农垦总公司的主要负责人，以及海南日报社、海南电视台、海南广播电台、新华社海南分社派出的记者，只参加×日上午的会议总结。

二、时间、地点

参加会议全程的人员×月×日下午到海口琼苑宾馆总服务台报到；会议总结定于×月×日上午×时在琼苑宾馆餐厅三楼会议室举行。

三、海口地区参加会议人员不安排住宿

海南省人民政府办公厅
××××年×月×日

【简析】

这是一则传达通知中的会议通知。本通知的标题交代了会议的名称。正文部分的开头，说明召开会议的目的、时间和会议的内容，接着用"现将会议的有关事项通知如下"的过渡语导入通知的具体事项。通知事项分三条列出，把参加会议的人员、时间、地点、住宿安排等交代得清楚明白，使读者一目了然。

【范例八】

××××大学关于李××等同志职务任免的通知

各××单位：

根据工作需要，经基层推荐，组织考核，学校决定聘任：

李××同志为×××××管理科科长。

于×同志为×××××分院办公室主任（正科级）。

免去李××同志×××××管理科科长职务。

免去张××同志××馆长职务。

××××大学
2003年×月××日

【简析】

这是一则任免通知。首先写任免的依据，从通知的任免程序看，文中从"根据……，经……，决定"表明任免的有效性、严肃性。接着列出任职和免职人员姓名、单位和职务。

有任职有免职的通知，标题的事由要写上"关于……任免的通知"；如果只有任职的，标题的事由要写"关于……任职的通知"；如果只有免职的，标题的事由要写"关于……免职的通知"。如果是两个以上任免人员，标题中只写一个人的姓名，然后在这个人的姓名后边加上一个"等"字即可。

第九节 通 报

一、通报的概念和特点

（一）通报的概念

通报是一种用于表彰先进，批评错误，传达重要精神或者情况的下行公文。

（二）通报的特点

1. 知照性

不论哪种类型的通报，都是要将有关情况告诉有关范围内的有关人员，让他们首先了解事实，然后进一步认识事实。

2. 指导性

表彰型的通报，通过先进事迹的宣传，可指导人们学习先进个人或群体哪些思想品质；批评错误的通报，可指导人们哪些教训引以为戒；重要精神和情况的通报可指导人们统一认识，做好工作。

二、通报的种类

根据通报所承担的任务，我们将其分为三种类型：

（一）表彰先进型

用于表彰个体或群体的先进人物，介绍他们的先进事迹，宣传他们的先进思想，号召大家向先进人物或先进群体学习，完善自己。例如，中国女子足球队在第三届世界杯赛中荣获亚军，为祖国赢得了荣誉，受到了全国人民的赞誉。国务院办公厅发出了《国务院办公厅关于表彰奖励中国女子足球队的通报》，起到了鼓舞先进、激励人心的作用。如果通报的事项属于重大事项，可选用文种"决定"。

（二）批评错误型

用于批评犯了错误的个人或群体，公布他们所犯的错误事实，分析错误的原因，指出应吸取的教训。这类通报既教育了犯错误者，又为他人提供了前车之鉴。【范例三】就是一则批评通报。

（三）传达事项型

用于传达领导掌握的重要精神，公布工作情况，使有关方面和有关人员了解情况，统一认识，做好工作。【范例二】就是这样一则通报。

三、通报的写法

（一）标题

通报的标题由发文机关名称、事由和文种三部分组成。如《国务院办公厅关于表彰奖励中国女子足球队的通报》。

（二）主送机关写法与其他公文写法相同

（三）正文

通报正文要根据具体类型进行写作。

（1）表彰通报　正文一般有三个层次：第一层概括先进事迹，表明表彰缘由，包括人物、时间、事迹、地点、结果，对先进事迹进行简要分析，揭示其精神实质和意义。第二层提出表彰决定和对被表彰者的希望，包括表彰方式即进行物质、精神奖励或授予荣誉称号等。第三层表明本机关的希望和要求，号召大家向先进人物学习，如何学习等内容。《国务院办公厅关于表彰奖励中国女子足球队的通报》是一个表彰先进集体的通报。

（2）批评通报　一般由四项内容组成。开头介绍事故（或错误）发生的经过，交代清人物、时间、地点、事故（或错误）及其后果；然后对事故（错误）原因进行分析，指出危害性以及处理办法；最后提出具体措施或要求，以告诫其他单位或人员如何引以为戒，防患于未然。

（3）情况通报　首先是介绍工作基本情况，接着介绍做法、进展和经验或存在的问题等，最后提出希望和要求。《国务院关于江西省上栗县"3·11"特大爆炸事故情况的通报》体现了事故通报的一般写法。

（四）生效标识

在标题中注明发文单位名称，在落款处，用汉字写上年月日加盖印章。

四、撰写通报应注意的事项

（1）行文要及时。通报的时间性较强，时间久了，就失去了指导当前工作的意义。

（2）事例要真实、典型。不论是表彰性的、批评性的还是情况通报，必须是真人真事，事实都应让人们感到值得学习，或引以为戒，或应该知晓。突出其教育性，切忌小题大做。

（3）表扬或批评的通报，用词要准确，要讲究分寸，评价要恰如其分，对事例不能随意夸大或缩小。

【范例一】

国务院办公厅关于表彰奖励
中国女子足球队的通报

各省、自治区、直辖市人民政府，国务院各部委、各直属机构：

　　中国女子足球队是我国体育战线上的一支优秀队伍，长期以来，刻苦训练，锐意进取，在历次重大比赛中都获得了好的成绩，为我国体育事业的发展做出了贡献。中国女子足球队在第三届世界杯女子足球赛中，发扬为国争光、不畏强手、团结协作、顽强拼搏的精神，荣获亚军，为祖国赢得了荣誉，受到全国人民的称赞。为此，国务院决定对中国女子足球队给予表彰并予奖励。

　　各地区、各部门要认真学习中国女子足球队热爱祖国、无私奉献、坚韧不拔、团结拼搏的优秀品质和高尚情操，更紧密地团结在以江泽民同志为核心的党中央周围，高举邓小平理论伟大旗帜，振奋精神、开拓进取、立足本职、扎实工作，为把建设有中国特色社会主义伟大事业全面推向 21 世纪而努力奋斗。

中华人民共和国国务院办公厅
一九九九年七月十二日

【简析】

　　这是一则表彰性通报。中国女子足球队在第三届世界杯女子足球赛中荣获亚军，为祖国赢得了荣誉，受到了全国人民的称赞，国务院决定给予通报表彰并予奖励。

　　通报正文分两个段落，第一段直叙中国女子足球队取得的成绩和国务院的决定。第二段向各地区、各部门发出号召。

　　全文虽短，但评价十分恰当，用词恰如其分。写法上开门见山，叙事干练，能抓住根本，富有鼓动性，起到了表彰先进、弘扬正气、树立典型的积极作用。并能激励各地区、各部门广大干部群众见贤思齐，做好本职工作。

　　按新《条例》规范要求，成文日期使用阿拉伯数字。

【范例二】

国务院办公厅关于江西省上栗县"3·11"
特大爆炸事故情况的通报

各省、自治区、直辖市人民政府，国务院各部委、各直属机构：

　　今年 3 月 11 日，江西省萍乡市上栗县东源乡石岭花炮厂发生特大爆竹爆炸事故（以下简称"3·11"事故），死亡 33 人，其中在校中小学生 13 人，未在校的未成年人 2 人；受伤 12 人。这是一起重大责任事故。为认真吸取事故教训，进一步加强安全生产工作，防止同类事故的发生，现将"3·11"事故情况通报如下：

一、事故的直接起因和深层次原因

　　江西省萍乡市上栗县东源乡石岭花炮厂是不具备安全生产条件的企业。该企业违反国家有关法律、法规和花炮用药标准，未建立安全生产责任制，未对从业人员进行安全教育和培训，违章指挥，以及工人违章操作是造成这起重大事故的直接原因。

　　萍乡市及上栗县政府对安全生产工作领导不力，对社会主义市场经济条件下烟花爆竹行业出现的新情况，未能及时结合实际制定有效的安全生产管理办法，有关职能部门监督管理工作严重失职，使事故隐患严重的石岭花炮厂得以长期违章生产，是造成这起重大事故的重要原因。如上栗县公安局明知石岭花炮厂存在重大事故隐患，仍为其发放了 25 张《爆炸物品运输证》；上栗县工商行政管理局违反规定，在石岭花炮厂未领取爆炸物品安全生产许可证的情况下，对其营业执照进行了年审；上栗县花炮局和乡镇企业管理局管理松弛，未能履行行业管理职责；上栗县东源乡党委、政府疏于管理，虽然对石岭花炮厂进行了安全检查，但对事故隐患的整改工作未落到实处；东源乡石岭村党支部、村委会对石岭花炮厂存在的事故隐患视而不见、放任自流等等。

二、对有关责任人员的处理情况

对事故直接责任人、石岭花炮厂法人代表沈志明和非法订立产品购销合同的伟丽花炮厂负责人黄伟等4人移交司法机关，依法追究刑事责任；对负有领导责任的萍乡市副市长肖伏芝、桑吉华，上栗县县委副书记、县长王龙章和上栗县政府党组成员、副县长何平基，以及有关行政管理部门的责任人员等28人分别给予行政记过、行政记大过、撤职、降职和党内警告、开除党内职务等处分。

三、认真吸取教训，进一步加强安全生产工作

各地区、各部门要认真学习、贯彻落实江泽民总书记和朱镕基总理对安全生产工作的重要批示，认真吸取"3·11"事故教训，不能允许只要有钱赚，就可以危及人民生命安全的做法，要以对国家和人民高度负责的精神，切实加强安全生产工作。

（一）充分认识安全生产工作的重要性。认真学习江泽民总书记关于"三个代表"的重要论述，从讲政治、促发展、保稳定的高度，处理好安全与生产、安全与效益、安全与发展的关系，时刻把党和人民群众的利益放在首位，把安全生产工作摆上各级领导的重要议事日程，切实保护劳动者的生命安全。

（二）完善和落实各项安全生产责任制。要建立健全安全生产规章制度，并通过组织落实和制度落实来保证工作落实。特别是在地方政府机构改革和企业改革、改组、改制过程中，要层层明确安全生产责任人，安全监督管理工作不能断档。

（三）加大事故隐患整改工作力度，防止重大事故的发生。对重点行业、重点部位要加强安全生产监督检查，加大事故隐患治理的力度，制定切实可行的整改计划，并认真做好落实工作。对新开办的各类企业，要严格审查其安全生产设施情况，对不具备安全生产条件的，有关职能部门不得发放生产经营证照。

（四）大力开展安全生产宣传教育工作。积极宣传安全生产法律、法规方针政策，普及安全生产知识，引导广大职工依法安全生产。要高度重视和切实加强中小学生的安全教育，努力提高其安全自我保护意识和防范事故的能力。

（五）依法行政，严肃事故处理工作。对事故处理上要做到：事故原因没有查清不放过，事故责任者没有严肃处理不放过，广大职工没有受到教育不放过，防范措施没有落实不放过。对因漠视人民生命安全和徇私舞弊、贪赃枉法、权钱交易等腐败行为酿成重大事故的责任人，要依法从严惩处。

中华人民共和国国务院办公厅
二〇〇〇年六月十三日

【简析】

这是一则情况通报。本通报的正文由通报缘由和通报事项两部分组成。第一部分写了发此通报的缘由。交代了事故发生的时间、地点、事件、伤亡的情况、事故的性质和通报的目的。然后用一个过渡句"现将'3·11'事故情况通报如下"领起下文的通报事项。

第二部分写了通报的事项。在这一部分中，采用分条列项法，从三个方面将事故产生的原因、对责任人的处理和应吸取的教训等交代得清清楚楚。

情况通报的写作要通过调查占有充分材料，要让事实说话，用数字说明问题，对所反映的情况要分析出原因，还要提出相应的对策与措施。

按新《条例》规定，成文日期要使用阿拉伯数字。

【范例三】

新闻出版总署关于中国新闻网等媒体虚假失实报道
查处情况的通报

新出厅字〔2013〕121号

各省、自治区、直辖市新闻出版局,新疆生产建设兵团新闻出版局,解放军总政治部宣传部新闻出版局,中央和国家机关各部委、各民主党派、各人民团体报刊主管单位,中央主要新闻单位:

  近年来,新闻战线深入开展"走基层、转作风、改文风"活动,新闻单位不断规范新闻采编活动,取得了良好的效果,但是仍有少数媒体和记者对新闻线索和网络信息不深入核实,刊发虚假失实报道,造成不良社会影响。现对近期社会广泛关注的几起媒体虚假失实报道的调查及处理情况通报如下:

  1. 中国新闻网关于深圳女孩当街给残疾乞丐喂饭的报道核查处理情况。2013年3月25日,中国新闻网刊发中国新闻社广东分社记者的报道《深圳90后女孩当街给残疾乞丐喂饭感动路人》。报道称,在深圳打工的90后某女孩单膝跪地给残疾乞丐喂饭,并配发了新闻图片。经查,该报道与事实严重不符。中国新闻社记者收到"深圳90后女孩喂乞丐"的社会来稿后,未深入采访核实就将稿件和图片编发后上传至中国新闻网,并署名记者采写、摄影,加上编辑审核和把关不严,致使虚假报道在网站刊发,造成不良社会影响。近日,中国新闻社已对当事记者、网站当日值班责任人等做出处理,同时进一步加强社会来稿审核等内部采编流程管理。

  2.《中华工商时报》关于天然气将大幅涨价的报道核查处理情况。2013年3月25日,《中华工商时报》刊登该报记者的报道《天然气市场化改革踏上"最后一公里"》。报道称,"从4月起,我国天然气价格将进行大幅度上涨,其各地零售终端价格将达到3元~3.5元/立方米区位,进而逼向4元大关。"3月27日,有关部门公开辟谣。经查,记者仅采访了有关机构及专家,未向国家权威部门核实,报社把关不严,致使报道关键信息失实,造成了不良社会影响。近日,《中华工商时报》主管单位中华全国工商业联合会已对该报总编辑、值班编委、当事记者等相关责任人作出处理。中华工商时报社已开展内部整顿,查堵漏洞,进一步完善管理流程,加强从业人员教育,规范采编行为。

  3.《信息日报》关于流浪汉因拆迁变富翁的报道核查处理情况。2013年4月7日,江西《信息日报》刊发该报记者的报道《流浪9年回家瞬间变"富翁"》。报道称,温州某男子在外乞讨流浪9年染病被江西萍乡救助站人员救助并送回家乡后被告知,因搞城中村开发,他已获得700余万元的土地补偿金。经核查,该报道中当事人获得"700余万元的土地补偿金"等关键信息系救助站人员转述他人的说法,记者未做深入核实,信息日报社把关不严,导致报道失实。近日,江西省新闻出版局已责成信息日报社严肃处理相关责任人,并要求进一步完善制度,严防刊载不实新闻。信息日报社已对当事记者、当班编辑、值班主任、值班总编等相关责任人作出了处理。

  以上虚假失实报道刊发后,造成不良的社会影响,损害了媒体的公信力和新闻工作者的良好社会形象。全国各新闻单位要引以为戒,举一反三,要按照中央宣传部等五部门联合下发的《关于进一步规范新闻采编工作的意见》、新闻出版总署《关于严防虚假新闻报道的若干规定》、国家新闻出版广电总局《关于加强新闻采编人员网络活动管理的通知》等要求,进一步建立健全采访、编辑、审核、刊发等内部管理制度,严格执行"三审"制度,强化终审责任,不得刊发、转载未经核实的社会自由来稿和网络信息,除出于国家安全、保密等特殊原因外不得使用权威人士、有关人士、消息人士等概念模糊新闻消息来源。新闻采编人员要坚持真实、全面、客观、公正的原则,深入新闻现场调查研究,充分了解事实真相,确保新闻报道真实、客观、准确。各地新闻出版行政部门和各新闻单位主管主办单位要切实履行属地管理、主管主办单位管理职责,及时严肃处理严重虚假失实报道并公开通报,进一步在全社会提升新闻媒体和新闻记者的公信力。

新闻出版总署办公厅
2013年5月2日

【简析】
这是一则批评性通报。主送机关较多,分成五类,类间用逗号隔开。开头第一节为总括引言部分,先肯定成绩,然后话锋一转,转入通报的正题,之后的三个部分分别通报三件事情。每个部分第一句话为段旨撮要,概括本段内容;然后交代事情的来龙去脉以及处理情况。最后一段分析了事件的危害,重申了有关规定,强调新闻要核实,除出于国家安全、保密等特殊原因外不得使用权威人士、有关人士、消息人士等概念模糊新闻消息来源,最后进一步明确责任。整个通报语言洗练,结构层次分明。

第十节 议 案
一、议案的概念和特点

(一)议案的概念

议案是各级人民政府按照法律程序向同级人民代表大会或人民代表大会常务委员会提请审议事项的文件。

议案只适用于各级人民政府按照法律程序向同级人大或人大常委会提请审议事项。它不仅是行政公文,也是人大公文。

从《条例》对议案的适用情况看,议案的作者是各级人民政府,议案的收文单位是同级的人民代表大会或人民代表大会常务委员会。由此可见,《条例》中规定的公文文种"议案",与各级人民代表大会代表向大会提请审议并立案的事项议案是不同的,与国家机关或团体召开会议时,会议代表提出的建议或意见的提案也是不同的。《条例》中的议案是国家行政机关行使职权的工具。

议案是一种特殊的公文,它只有在各级人民代表大会或它的常务委员会开会期间才使用,它的效能也只局限于会议期间。

(二)议案的特点

议案主要有三个特点:

(1)使用的法定性 议案的法定制发者是"各级人民政府",议案提请审议时必须按照法律程序。

(2)收文同级性 议案的收文者是"同级人民代表大会或代表大会常务委员会",不能用于上下级之间。

(3)内容的重要性 一般的问题可以由国家的权力机构的执行机关去解决,只有特别重要的问题才需要提交到人民代表大会讨论决定。

二、议案的写法

(一)标题

议案的标题由发文机关、事由和文种三要素组成。如《国务院关于提请审议〈中华人民共和国国际标准化法(草案)〉的议案》、《××××关于提请任命×××为××市副市长的议案》。

议案的标题一般由"关于提请"、"关于请求"、"关于审议"等词语引出事由。

(二)主送机关

议案的主送机关是固定的,用全称或规范化的简称明确标出同级人民代表大会或者人民代表大会常务委员会的名称。如"第×届全国人民代表大会第×次会议主席团"、"×× 省人大"、"××市第×届第×次人大常委会"。

（三）正文

议案的正文首先写明该议案的理由、经过和事实；接着要写明所提问题的解决办法和途径；议案的结尾使用常用语作结。常用语可根据议案正文的内容，选用"请审议"、"请审议决定"、"现提请审议"、"请予审议"、"现提请审议，并请做出批准的决定"等结语。

（四）签署和日期

根据《中华人民共和国国务院组织法》第5条规定，国务院向全国人民代表大会或其常务委员会提出的议案由国务院总理签署。地方各级人民政府向同级人民代表大会或其常务委员会提出议案时都应由行政首长签署，如中央军委主席、国务院总理、省长、市长、区长、县长等，一般不落政府机关名称。首长署名前应冠以职务，如"国务院总理×××"、"市长 ×××"等。首长职务与姓名之间空1字空格。如果使用的是首长签名章，则可不盖政府机关印章。如果无首长签名章，那么除了要盖首长一般名章外，还要加盖政府机关印章。签署的日期应是提出议案的日期。

三、撰写议案应注意的事项

（1）提的议案要符合职权，不能超越负责审议议案的国家权力机关的职权，也不能超越提出议案的行政机关的职权。

（2）议案应具有可行性，经过有关部门努力有可能做到。

（3）议案的撰写目的是为了提请审议，内容要一事一案，不得一事几案，或几事一案，以免给审议带来困难。

（4）需要审议的法规草案或重大事项草案，都要将草案列为附件，以供审议。

（5）议案要言之有理，论证有力，语言要庄重、准确、规范。

【范例一】

国务院关于提请审议
《中华人民共和国反不正当竞争法》的议案

全国人民代表大会常务委员会：

为了维护社会主义市场经济秩序，鼓励和保护公平竞争，制止不正当竞争行为，保障经营者的合法权益，国家工商行政管理局经过调查研究，广泛征求意见，草拟了《中华人民共和国反不正当竞争法（草案）》。这个草案业经国务院常务会议讨论通过，现提请审议。

附件：中华人民共和国反不正当竞争法（章案）

国务院总理　李鹏
一九九三年六月十日

【简析】

这是一份提请审议法规的议案。标题由提议案的机关、事由、文种三部分组成。主送单位是同级人民代表大会常务委员会——全国人民代表大会常务委员会。正文只有一段，首先写了提交议案的缘由，用介词"为了"领出了一组复句，使理由充分；接着写提请审议的事项——《中华人民共和国反不正当竞争法（草案）》。全文写得简洁明了。按新《条例》，成文日期使用阿拉伯数字。

【范例二】

国务院关于提请审议批准
《中华人民共和国政府和老挝人民民主
共和国政府边界制度条约》的议案

全国人民代表大会常务委员会：

  《中华人民共和国政府和老挝人民民主共和国政府边界制度条约》（以下简称《中老边界制度条约》）已由国务院总理李鹏和老挝总理坎代·西潘敦于1993年12月3日分别代表本国政府在北京签署。

  《中老边界制度条约》是在1989年《中华人民共和国政府和老挝人民民主共和国政府关于处理两国边境事务的临时协定》的基础上，本着友好协商、相互谅解和合作的精神，经过谈判达成一致的。经审核，《中老边界制度条约》符合我国的基本利益和中老边界的实际情况。该条约的签订，有利于中老边界的稳定和两国友好关系的正常发展。

  国务院同意《中老边界制度条约》。现提请审议并请做出批准的决定。

国务院总理　李鹏
一九九四年五月十三日

【简析】

  这是一个提请审议批准的议案。本议案在标题中就表明"提请审议批准"的观点。正文分三个段落，阐明为什么要提请审议批准的缘由。第一段写出《中老边界制度条约》签订的时间、地点和签署人。第二段写了签订《中老边界制度条约》的过程和益处。第三段首先说明国务院对该条约的态度，然后提出提请审议和要求。按新《条例》，成文日期使用阿拉伯数字。

第十一节　报　　告

一、报告的概念和特点

（一）报告的概念

  报告是适用于向上级机关汇报工作，反映情况，答复上级机关询问的文件。

  报告是下级机关向上级机关报告情况的公文，用于下情上达，为上级机关了解下情、决策和指导工作提供依据。因此主送机关是有隶属关系的直接上级，一般不越级报告，特殊情况下越级报告，必须同时或事后向直接上级报告。

（二）报告的特点

（1）陈述性　报告无论是汇报工作还是反映情况，均应以陈述事实为主，即把有关事实，包括取得的主要成绩、做法或经验、存在问题和今后打算等如实地报告给上级机关，使上级机关能根据报告情况做出判断。因此报告中应将事实梳理归纳，分清主次，将主要的、重要的事实陈述清楚。

（2）汇报性　向上级机关汇报工作、反映情况，不能只摆事实，也要看到汇报者的意见，以便上级机关及时了解下级情况，为正确决策提供依据。

二、报告的种类

  根据报告内容可分为三种：

（一）情况性报告

这类报告行文目的单纯，即将有关情况报告上级，让上级了解。一般报告工作、反映情况、答复上级询问等都属于此类报告。上级规定必须报告的事项，向上报告也属于此类报告。

（二）答复性报告

用于答复上级询问或交办事项的报告。

（三）呈送性报告

呈送性报告用于下级向上级报送文件、物件。下级机关非法定的公文如计划、统计报表、调查报告以及一些法规性文件要向上级呈送时一般要用报告，被呈送的文件和物件则作为该报告的附件。

1993年的《办法》中还有一类呈转性报告，此类报告不仅限于汇报情况，它还要求上级机关在同意报告的情况下，将报告批转给有关单位执行。这类报告既汇报工作，又对今后的工作提出意见和建议。2000年的《办法》将之归入意见一类。新《条例》沿用2000年《办法》中的规定。

三、报告的写法

报告按照机关行政公文上行文格式撰写，要在发文字号位置的右侧书写签发人、会签人的姓名。其结构由标题、主送机关、正文和生效标识四个部分。

（一）标题

报告的标题　一般由发文机关、事由和文种三部分组成。事由用介词"关于"领出，用最简练的语言将报告的主要内容概括出来，使读者一目了然。如《沈阳理工大学关于报送二〇〇四年上半年工作总结的报告》。

（二）主送机关

在标题的下面左起顶格写上受文单位名称。报告要送给有直接隶属关系的上级机关，主送机关一般只写一个。如果报告的内容需要其他领导部门阅知，可用抄送的形式。

（三）正文

报告正文，由于内容不同，写法也不一样，但一般是分为引据、主体、结尾三部分来写。

（1）引据　即写报告的缘由或依据、目的。用简洁的语言交代为什么要写报告，然后用过渡语"现将……情况报告如下"、"现将情况汇报如下"或"现将……处理情况汇报如下"等导入下文。

（2）主体　写报告的内容。在过渡句的冒号之后，另起一段写，左边空2字。撰写时要围绕报告的目的和主旨进行陈述。

① 工作报告。首先要写明工作的基本情况；然后介绍主要做法和成绩，包括采取的措施、积累的经验，以及所产生的效果等；最后说明存在的问题和今后的工作设想及打算等。要重点突出，点面结合。不要把工作报告写成面面俱到的流水账，要重点撰写本机关或本部门的中心工作情况，举出有代表性的典型事例说明工作的深度，从而使报告收到全面、具体的表述效果。

② 情况报告。首先对所反映的问题或情况做一下概述，然后分析产生问题的原因，

最后提出解决问题的意见和办法。

答复上级的询问和要求的报告。首先要简要说明上级机关询问的事项或交办的任务，然后介绍处理的办法（措施）及过程，最后阐述处理结果，同时征求上级机关对处理结果的意见。

呈报文件或物品的报告。这类写法很简单，只要写明报送什么文件、物品请查收即可。

（3）结尾　报告的结尾一般要在正文末尾写上"特此报告"、"现报上，请查收"、"以上报告，请审阅"等常用语。常用语要另起一段，单列一行，左边空2字。

（四）发文机关名称生效标志与成文日期

四、撰写报告应注意的事项

（1）报告的材料应真实、可靠。汇报工作、反映情况和问题的目的是让上级机关正确掌握全面情况，以便制定相应的方针政策。所以，报告中所写的成绩或问题要实事求是，既不夸大，也不缩小，能从中揭示出一定的规律。

（2）报告主要运用记叙方式。按时间顺序、工作发展过程或逻辑关系分设几个小标题，有层次地概括叙述。

（3）报告观点要正确，重点突出，主次分明，点面结合，详略得当。

（4）报告中不可以写请示事项。

（5）报告要不失时机，一般一事一报。

【范例一】

××省人民政府关于工业生产情况的报告

国务院：

今年上半年，我省工业出现了经济效益与发展速度同步增长，经济效益增长高于产值增长的好势头。到6月末，工业总产值完成81.2亿元，比去年同期增长55.2%，完成年计划的54.2%。工业企业利润比去年同期增长52.5%，是近10年来实现利润最高的一年。上缴利润和工业税收分别比去年同期增长20.4%和10.1%。利润率逐月上升，流动资金占用减少，产品成本下降，全员劳动生产率提高。

上半年工业形势好，主要是贯彻全国工交工作会议精神，进一步端正办工业的指导思想，使各级领导的思想和行动转到以提高经济效益为中心的轨道上来。我省财政困难，关键是工业效益不好。从去年以来，我们召开两次工业会议，深入分析我省工业生产、经济效益和财政收入的现状，认真总结经验教训。经过一年多的努力，从工业领导部门到企业干部，较好地解决了以下几个问题：

一是努力实现速度和效益的统一，宁可效益好速度低一些，也不搞没有效益的高速度，不干得不偿失的蠢事。

二是批发工作的重点放在挖掘现有企业的潜力上，坚持不懈地抓紧抓好企业整顿。在机构改革中，组织专门班子抓企业整顿，全省有两千多名干部经常在基层抓整顿。

三是下苦功夫抓扭亏增盈。我省去年企业亏损面居全国首位，严重影响财政收入。为了尽快改变这种状况，对亏损企业逐户分析解剖，落实扭亏计划，明确扭亏目标，限期完成。凡完不成扭亏计划的企业，不准提取减亏分成，不发奖金；对到期不能扭亏的企业，坚决关停并转，不再给亏损补贴，职工不得调资，书记、厂长要自动辞职或就地免职；在限期内提前扭亏为盈的企业，原定亏损补贴照给，并免征当年所得税。对实行亏损递减包干的企业，多减亏不少补，少减亏不多补；对实行按产品定额补贴的企业，多销多补，少销少补，减亏留用，鼓励多产多销，建立扭亏责任制，实行分级分口负责，对亏损大户确定专人负责包户。实行这样一些措施，收到了良好的效果，上半年亏损企业减少32.1%，亏损额下降48.4%，扭亏5197万元。

四是初步进行了企业管理的体制的改革。全省已有762户企业（占应实行利改税企业的99.8%）实行利改税，28个县取消了各工业局，成立大经委，直接领导企业。

我省工业当前的突出问题仍然是经济效益差。去年以来，我省工业增长幅度较大，效益有提高，但这在很大程度上是由于过去的基数较低。如按水平，我们是比较落后的。这除了经营管理不善外，还由于我们对企业的技术改造抓得不够。从1980年到1982年3年间，我省利用各种贷款和集中折旧基金、更改资金，共71600万元，安排了大、中、小项目1400多个。但由于我们对依靠技术进步提高经济效益的重要性认识不足，技术改造工作没有完全走上轨道，不少项目花钱不少，效益不大。今年以来，我们开始注意抓这项工作，编制了技术改造规划，制定了促进技术进步的政策，集中一部分资金，上了一批急需的技术改造项目，拿出一些外汇，引进新技术和关键设备，改造中小企业。我们还准备对现有的项目进行一次分类排队，凡是属于名为技术改造，实则盲目建设、重复建设的，坚决停下来，集中财力物力一方面保国家重点项目，一方面保重点企业的技术改造，力争在改造老产品，提高产品竞争能力方面有新的突破。我们痛切感到，我省的工业旧设备多，技术水平低，产品外形粗笨，缺乏竞争能力。如不下决心进行技术改造，工业不仅不能发展，许多企业还有在竞争中被淘汰的危险。下半年我们要以提高经济效益为中心，一手抓企业整顿，一手抓技术改造和技术进步，把功夫用在提高企业素质和产品竞争能力上。

××省人民政府
一九八三年七月二十六日

【简析】

这是一则工作报告。全文可分为三部分，第一部分（第一段）用具体数据叙述本省上半年工业生产情况取得的成就；第二部分（中间的段落）从四个反面总结和分析取得好的成绩的原因及具体做法；第三部分（最后一段）分析了当前存在的问题和解决问题的设想。报告层次清晰，并使用了大量数据说明工作情况，使报告没了空洞的说教，令人信服，增强了说服力。

按新《条例》规定，成文日期使用阿拉伯数字。

【范例二】

××××大学关于报送二〇〇三年上半年工作总结的报告

××省教育厅：

现报送《××××大学二〇〇三年上半年工作总结》，请审阅。

××××大学
二〇〇三年七月××日

【简析】

这是一个呈报性报告。向上级机关报送文件或物品用这类报告。这类报告写法简单，只要写清楚上报的文件或物品的名称、数量即可。结尾一般写上常用词"请查收"、"请审阅"。

按新《条例》规定，成文日期使用阿拉伯数字。

第十二节 请 示

一、请示的概念和特点

（一）请示的概念

请示是适用于向上级机关请求指示、批准的文件，属于上行公文。

从字面上看，"请"是请求，"示"即指示、明示。请示是下级机关主动征求上级机关意见的一种手段，请求上级机关对下级机关请示的事情明确表态：同不同意？该不该办？怎么办？

下级机关在职权范围内的工作一般不需要请示，而在权限不够、能力不足、认识不清的情况下才需要请示。主要表现在以下几个方面：

（1）超出本机关职权范围的工作，如果要做，一定要先请求批准，不能自作主张，越权办事。

（2）对上级文件精神没领会透，或者有不同看法，在贯彻前，要请求上级给予明确指示，不能凭想当然办事。

（3）超出自己能力范围的工作，竭尽全力也不可能完成，要请求上级给予指导与帮助。

（4）超出自己认识范围，过去又没有接触过的工作，又无章可循，要请示上级机关给予指示或帮助。

（5）上级机关规定必须请示获准后才能开展的工作，必须按要求请示。

（二）请示的特点

（1）时间的超前性　凡需要上级指示、批准、帮助的，都应该在还没有付诸实行时，等上级批复后才能实施。不能边干边请示，先干后请示，这种"先斩后奏"的做法是违反办事原则的。

（2）内容的单一性　请示必须"一事一请"，"一事一文"，不能一文写几件事情。

（3）行文的规定性　请示一般只写一个主送机关，需要同时送其他机关的，应当用抄送形式，但不得抄送其下级机关，报告中不得夹带请示事项。除上级机关负责人直接交办的事项外，不得以机关名义向上级机关负责人报送请示。

（4）语言的祈请性　请示是请求上级给予指示或批准的，行文语气带有诚恳的祈请性。

二、请示的分类

根据请示的内容可分为以下两种类型。

（一）请求指示型

下级机关在工作中遇到疑难问题、新问题、新情况，或对上级机关的政策法规领会不准确，难以决断，需请求上级机关给予解释、指示、裁决时可用这种请示。

（二）请求批准型

即请求批准办某件事。这一请示又有三种类型：

（1）多半是在下级机关认为要办的事条件已经成熟而批准权在上级手中情况下，向上级请求批准办这件事。

（2）某些事情光自己办不行，还需要有关部门了解、支持或执行。在这种情况下，不仅要请求上级批准，而且还要请求上级把"请示"批转给有关部门，并要求有关部门了解、支持或执行。这类请示重点还是请求批准，主要执行者还是发文单位，但由于很多工作牵涉其他部门，如果没有上级机关出面，执行起来会有困难。这类请求批准并转发的请示，使用率很高。

（3）请求帮助型。即请求给予思想上或物资上的帮助。下级机关因权限关系遇到经济、物资或人员编制等问题，需要上级机关给予指点或帮助解决，以便最终把那件事办成、办好。

三、请示与报告的区别

请示与报告，都是陈述性上行文，稍有不慎，容易混淆。但它们毕竟是两个不同的文种，应注意区分，不能用错。其不同之处可从以下几个方面区别：

（一）**文种的性质不同**

请示是请批性公文，侧重说明理由和要求；报告是陈述性公文，侧重陈述情况与意见。

（二）**行文目的不同**

请示是发文机关有求于上级机关，请求上级机关给予指示、批准或批转，要求上级机关给予答复；报告是为了让上级机关了解情况，不需要上级机关答复。

（三）**行文时间不同**

请示是在工作之前行文，是向上级请示怎么做。在上级机关批复之前不得擅自决定或处理，不允许先斩后奏；报告是在工作后行文，是向上级汇报工作结果或情况。所谓"事前请示，事后汇报"，说的就是请示和报告的行文时间。

（四）**写法不同**

请示的内容单一，就一件事进行请示，侧重陈述理由，讲明原因；报告的内容量可多可少，侧重于陈述情况，形式多样，表述灵活。

（五）**结尾用语不同**

请示结尾常用语是"以上请示当否，请指示"、"以上请示如无不当，请批准"之类，而且凡是请示结尾必写常用语；报告的结尾常用语一般是"特此报告"、"以上报告，请审阅"等，也可省略不写。

四、请示的写法

请示按行政机关公文上行文格式撰写，其结构由标题、主送机关、正文、生效标识和日期组成。

（一）标题

请示的标题要写明请示的事由。以个人名义写的请示，不能在标题中写请示者的姓名，应在发文机关的位置署名；以机关名义写的请示，要在发文字号位置的右侧书写签发人和会签人姓名，并在附注处写上联系人姓名和电话。请示的标题由发文机关、事由加文种三要素组成。如《×××商业集团关于增设地下消火栓需用资金的请示》。

（二）主送机关

请示的主送机关只能写有直接隶属关系的一个上级机关。如是受双重领导的机关向上级请示，用抄送的方式将请示件抄送一份给另一个上级机关，由主送机关负责答复。请示不能越级，特殊情况需越级的，应抄送给被越过的上级机关。

（三）正文

请示的正文，一般由请示缘由、请示事项和结语三部分组成。

（1）请示缘由　即请示的理由和依据。写请示一般是先陈述理由，理由多是说明有关情况，讲要做某事的目的、依据。上级机关不了解的情况应详细讲，上级机关已了解的要略讲。说完理由之后，用一个过渡语句"请示如下"、"请示事项如下"或"特请示如下"，后面加冒号，以领出请示事项。

（2）请示事项　即请示的内容，是请示的主体。要将请示事项清楚、明白、具体地叙述出来，让上级领导一看便明白请示什么事情。如内容较多，可采用分条列项的方法，使内容清晰，有条理。如是请求指示的，请示事项要明确具体写请求上级解释或指示的事项；如是请求批准的，在请示事项中要写明本机关对问题的解决方案或建议，供上级机关裁决时参考。

（3）结束语　请示的结束语要根据请示的类型谦和得体、恰当地使用。一般情况下，请求指示的请示，结尾常使用"请指示"、"请批复"、"当否，请批复"、"以上请示当否，请批示"等用语；请求批准的请示，结尾常使用"以上请示如无不当，请批准"等用语；如果是请求批转的请示，结尾常使用"以上请示如无不妥，请批转有关单位执行"等用语。

（四）生效标志

在落款处写上发文单位名称、成文年月日，加盖公章。

五、撰写请示应注意的事项

（1）请示要向有隶属关系的上级机关请示，一般不得越级请示，特殊情况下越级请示时，事后也要告知被越过的上级机关。对平行和不相隶属机关不用请示行文。

（2）写请示要一文一事，一事一请；不能一文多事，更不能把不同类型的事情写在一篇请示里，否则，上级机关无法批复。

（3）主送给一个隶属的上级领导机关，不送领导者个人。

（4）提出请示事项时，应根据本地区、本机关的实际情况，对所请示的问题提出解决的意见与方案，供领导批复时参考。

（5）请示与报告不能混用，不能将请示写成报告，也不能写成"请示报告"。

（6）写要求时，应从实际出发，理由要充分，要求要合理。

（7）请示的语言要得体，语气要委婉，得体，不能使用指示性的语言。

【范例一】

××省分行关于解决救灾贷款规模和救灾资金的紧急请示

中国农业银行总行：

今年入汛以来，我省连续遭受大暴雨、飚线风、冰雹袭击，造成了严重的洪涝灾害。4月1日至6月

27日，全省平均降雨量981毫米，有36个县（市）降雨量超过1000毫米，最高的达1736毫米。仅6月1日至27日，全省平均降雨量461毫米，比历年同期增加1倍，接近新中国成立以来雨量最多的1954年，部分地区超过1954年同期雨量的122毫米。这次降雨来势凶猛，突发性强，持续时间长，暴雨过程多，降雨集中，强度大，致使山洪暴发，江河水位多次猛涨，大幅度超过警戒水位。信江、乐安河、修河水位超过历史最高水平，其中袁河宜春站超过历史最高水位0.99米，赣州站水位也达新中国成立以来第二位。因长江洪水来得早，水位高，致使鄱阳湖水位已超过历史同期最高水位，许多地区多次受淹遭灾。

严重的洪涝灾害，给我省工农业生产和人民生命财产造成了巨大损失。据不完全统计，截止6月28日，全省有85个县（市）、1696个乡（镇）1519.13万人不同程度受灾；有29个县（市）城区进水受淹，2915个自然村、114.27万人被洪水围困；冲毁自然村22个、1184户；因灾死亡202人，伤4835人；受灾农作物面积103.58万公顷，成灾面积72万公顷，其中绝收面积32.65万公顷，毁坏农田41043公顷，倒塌房屋12.46万间，8.18万人无家可归；死亡大牲畜33万头；毁坏公路路基面3217.26公里，105、316、320、206、318、283等六条国道通讯线路1091公里、广播线路1928公里；2.3万家企业（含乡镇企业）受灾，其中：4221家因灾停产，5167家部分停产。据初步统计，全省因灾直接经济损失97.33亿元。

近日，我行已尽最大努力紧急调剂3000万元贷款规模投入重灾区。由于信贷资金十分紧张，6月中旬，我行备付率仅5.54%，扣除"汇出汇款"须在人民银行存入保证金（特种存款）的因素，实际备付率仅5.02%。本月下旬归还总行借款0.3亿元；尚需清算占用农行资金0.84亿元；以及由于灾民一方面支取存款增多，另一方面农行发放救灾贷款，预计本月下旬将出贷差0.6亿元，仅此三项6月下旬就要运用资金1.74亿元，月末备付率将继续下降。因此，救灾资金确实无力解决。

为了尽快支持灾区灾民和企业尽快恢复生产、生活，恳请总行解决我省年度救灾贷款规模6亿元、救灾资金3亿元，其中：银行救灾规模2亿元；信用社救灾规模4亿元。

专此请示，恳请批复。

中国农业银行××省分行（印章）
××××年×月×日

【简析】

这是一则请求批准的请示。因情况紧急，因此在标题中写上了"紧急请示"。主送机关只有"中国农业银行总行"。在正文中前三段详细地陈述了请示的理由，首先介绍了受灾情况，然后写出严重的洪涝灾害给工农业生产和人民生命财产造成的巨大损失，接着写本行现在救灾资金确实无力解决的原因。大量的数字运用使请示有理有据，理由充分。在前三段申述的基础上，第四段提出了请示的事项，用"为了……恳请……"句式，把所需资金及项目说得清楚明白。最后使用常用语"专此请示，恳请批复"。

全文叙事从实际出发，理由充分，要求合理，语言得体。

【范例二】

**关于以新的机制和模式申办
××××学院应用技术学院的请示**

××省教育厅：

××××学院应用技术学院是经省教育厅批准设立的国有民营二级学院。今年四月，教育部下发了《关于规范并加强普通高校以新的机制和模式试办独立学院管理的若干意见》（以下简称"教育部8号文件"）。接到该文件后，我院进行认真学习，并按文件要求逐条进行了检查与落实。经过前一阶段的努力，我们认为，我院应用技术学院目前基本符合教育部8号文件提出的设立独立学院的办学要求，决定重新申办××××学院应用技术学院，并认真执行国家教育部和××省教育厅关于对试办独立学院的各项办学要求。

当否，请批示。

附：××××学院关于以新的机制和模式申办××××学院应用技术学院的报告

××××学院
二〇〇三年十月二十日

【简析】

这是一则请求批准的请示。标题由事由和文种两部分组成，事由高度概括了请示的主要内容。正文首先说明××××学院应用技术学院的性质，接着阐述请示的缘由、依据及请示的事项，最后表明该校的工作态度；结尾使用请示的常用语"当否，请批示"作结。

全文写得简洁、清楚。对于以新的机制和模式申办××××学院应用技术学院的具体内容在附件《××××学院关于以新的机制和模式申办××××学院应用技术学院的报告》中叙述得非常清楚，正文中不用具体叙述。

按新《条例》，成文日期使用阿拉伯数字，标题要有发文机关名称。

【范例三】

关于一九九三年国债发行工作的请示

国务院：

1993年将发行×××亿元国债。其中财政债券××亿元，国库券×××亿元，整个发行工作从3月1日开始。为保证这项工作顺利进行，现提出以下意见：

一、发行国债是平衡财政预算，加强国家重点建设的重要措施，各级人民政府要加强领导，采取多样化的发行方式，保证完成今年国债的发行任务。

二、继续贯彻国债优先的原则。在国库券发行期间，除国家投资债券外，其他各种债券一律不得发行。国债以外各种债券的利率不得高于同期国库券的利率。

三、各级人民政府和国务院有关部门要严格做好国库券以外的各种债券发行的审批工作。凡未按上述规定发行债券，各类证券中介机构不得代理发行，各证券交易所也不得批准上市。

以上意见如无不妥，请批转各地区、各部门执行。

财政部　国家计委　中国人民银行
一九九三年二月二十日

【简析】

这是一则由财政部等三个机关共同写的请求批转的请示。

发行国债是保证财政预算平衡、加强宏观调控的一项重要措施，事关大局，需要各地区、各部门了解，以便上下统一组织实施。写此请示涉及财政部、国家计委和中国人民银行三家同级部门，因此该请示由这三个部门进行会商，达成一致意见后，各单位领导共同签发该文。

该请示主送单位只写一个——国务院。正文的第一部分写请示的缘由，为保证"国债发行"工作的顺利进行而写此请示。接着用一个过渡句"现提出以下意见"导入请示的事项。第二部分写请示的事项，共分三条，第一条写发行国债的重大意义和对各级人民政府的要求。第二段、第三段从不同方面提出要求，要求中原则性很强，写得清楚、明白。

行文用词得体，用了四个"不得……"的规定性、指令性语句，符合批转的需要。

结尾使用请示的常用语"以上意见如无不妥，请批转各地区、各部门执行"作结。

按新《条例》，成文日期使用阿拉伯数字，标题要有发文单位名称。

【范例四】

××省财政厅
关于《会计人员职权条例》中"总会计师
是行政职务或是技术职称"的请示

财政部：

国务院 1987 年国发〔1978〕××号通知颁发的《会计人员职权条例》规定，会计人员技术职称分为总会计师、会计师、助理会计师、会计员四种；其中"总会计师"既是行政职务，又作为技术职称。在执行中，工厂总会计师按《条例》规定，负责全厂的财务会计事宜。可是每个工厂，尤其大工厂，授予总会计师职称的人有四五人，究竟由哪一位负责全厂的财务会计事宜，执行总会计师的职责与权限呢？我们认为宜将行政职务与技术职称分开。总会计师为行政职务，不再作为技术职称；比照最近国务院颁发的《工程技术干部技术职称暂行规定》，将《条例》第五章规定的会计人员职称中的"总会计师"改为"高级会计师"。

以上认识是否妥当，请指示。

××省财政厅
一九八八年×月×日

【简析】

这是一则请求指示的请示。

在执行上级有关政策、法令及实施有关政策的过程中，如果遇到不太清楚的地方或者有不同看法，须请示上级机关给予明确的指示和答复，在得到上级机关认可后再根据实际情况施行，不能自作主张，越权办事。

本请示的正文由请示缘由、请示事项、请示结语三部分组成。在陈述缘由时，首先引据国务院通知的发文字号和通知颁发的《会计人员职权条例》对会计职称的规定，接着指出"总会计师"这一职务（又是职称）在按规定执行中出现的问题，提出了本机关的不同看法，"将行政职务与技术职称分开"，提议"总会计师"为行政职务，职称改为"高级会计师"。结尾用请示的常用语"以上认识是否妥当，请指示"作结。

全文层次分明，理由充分，建议明确，语言得体，行文简洁。

按新《条例》，成文日期使用阿拉伯数字，标题要有发文单位名称。

第十三节 批 复

一、批复的概念和特点

（一）批复的概念

批复是适用于答复下级机关请求事项的一种文件，属于下行公文。

（二）批复的特点

（1）内容的针对性　批复是针对下级机关的请示而做的答复，批复回答的问题是请示中的具体事项，不涉及请示以外的其他事项。有请示才有批复，批复的直接对象就是请示单位。请示是"有请必复"、"一请一复"、"不请不复"。

（2）态度的鲜明性　批复是对下级的请示的答复，同意的，要明确表态，不能同意时，也要说明理由，不能含糊其辞。

（3）答复的权威性　批复是上级对下级的指示，可以视为被动的指示，指令性强，代表着上级的意志和权威。批复一旦下发，受文机关必须按照上级的批复执行；如对上级的批复有不同意见，也不能随意改变；如果请示的事项上级没有批准，就不能去做。决不能自作主张蛮干。

二、批复的种类

根据批复内容的不同，可分为请求指示的批复和请求批准的批复两种。

（一）请求指示型

这种批复是上级机关对下级机关工作中遇到疑难问题、新问题、新情况，或对上级机关的政策法规领会不准确，又难以决断，请求上级机关给予解释、指示而来的请示的答复。

（二）请求批准型

这一批复是上级机关对下级机关请求批准办某件事而来的请示的答复。

批复这一公文形式，省、市以上领导机关使用较多，但也不是对所有的请示都用批复，一般事务性的请示或是只涉及局部的请示，也可以用"函"答复，而比较重要或是涉及面较宽、影响较大的事情才用"批复"。业务主管机关回答平级机关或不相隶属机关的问题，或是领导机关转来处理的请示件，一般都用"复函"。

三、批复的写法

批复，按照国家行政机关公文下行文格式撰写。上级机关给直接下级机关的批复使用文件格式眉首；给非直接下级的批复、函复用函件格式眉首。批复的结构由标题、主送机关、正文和生效标识组成。

（一）标题

批复的标题由发文机关、事由和文种三要素组成　如《国务院关于同意设立科技活动周的批复》、《国务院办公厅对国家工商行政管理局关于贯彻〈食盐加碘消除碘缺乏危害管理条例〉有关问题请示的复函》。

从批复的事由大致上我们看到：一种是用介词"关于"加上请示或批复的事项来表述；另一种是在"关于"的后面插入一个表态动词"同意"来表述。

（二）主送机关

批复的主送机关即来请示的下级机关。哪个下级机关来的请示，主送机关就写哪个下级机关，不能写给别的下级机关。

（三）正文

批复的正文由批复依据、批复内容和结尾三部分组成。

1. 批复依据

批复的开头通常要引据来文作为批复的依据，引据的方法有四种：第一种是引据请示的日期，如"×年×月×日来文收悉"；第二种是引据来文的日期和发文字号，如"×年×月×日×号文收悉"；第三种是引据来文日期和来文名称，如"×年×月×日《关于……的请示》收悉"，第四种是引述来文日期和请示事项，如"×年×月×日关于……问题的请示收悉"。引据之后一般写上"经研究"、"经×××同意"、"经×××会议决定"、"现批复如下"、"现答复如下"或"现就有关问题批复如下"导入下文。

2. 批复内容

即批复的事项。批复内容简单的，可以一气呵成，如果内容较多，可分条列项逐一写明。如果是请求指示的批复，要针对下级机关请求指示的问题给予明确表态、具体答复；如果是请求批准的批复，要针对下级机关请求批准的事项具体答复。如果同意下级机关的意见，应明确表态；如果不同意，应说明理由或原因；如果原则上同意，应提出补充或修改意见。《国务院关于同意设立科技活动周的批复》是一个明确表态同意下级意见的批复。

3. 结尾

批复的结尾有三种写法：一是用批复的常用语"特此批复"、"此复"等作结，常用语应独占一段。二是提出希望和要求，给下级机关执行请求的事项指明方向。三是对请示事项答复完毕就结束，此种结尾方法使用率越来越高。

（四）生效标志与成文日期

批复是下级机关执行的依据，因此在正文的右下方写上发文机关的全称，在其下一行用阿拉伯数字写上年月日，然后盖上印章。

四、撰写批复应注意的事项

（1）要核实请示事项的真实性，研究请示所提意见或建议的可行性。

（2）批复要针对下级机关的请示表明意见，即请示什么回答什么。答复要明确、具体、可行，以便下级机关按照批复办理。

（3）对下级机关的请示，上级主管部门要及时批复，以免贻误下级机关的工作。

【范例一】

国务院关于同意设立科技活动周的批复

科技部：

你部《关于拟由国务院决定设立科技活动周的请示》（国科发〔2000〕514号）收悉。同意自2001年起，每年5月的第三周为科技活动周，在全国开展群众性科学技术活动。具体工作由你部协商有关部门组织实施。

国务院

二〇〇一年三月二十二日

【简析】

这是一则针对下级机关请求批准请示的批复。标题中明确表明上级领导机关的态度"同意"。科技部是国务院隶属的下级机关，因此要用批复来回复。正文开始引据请示的标题和发文字号，接着表明态度，提出意见，结尾对请示事项答复完毕就结束。语言简洁，意尽言止。

按新《条例》，成文日期使用阿拉伯数字。

【范例二】

国务院办公厅对国家工商行政管理局
关于贯彻《食盐加碘消除碘缺乏危害管理条例》
有关问题请示的复函

国家工商行政管理局：

你局《关于贯彻〈食盐加碘消除碘缺乏危害管理条例〉有关问题的请示》收悉，经与国务院法制局研究，并报经国务院领导同意，现答复如下：

《食盐加碘消除碘缺乏危害管理条例》（以下简称《条例》）主要是保证食盐加碘和消除碘缺乏危害的问题，所以对碘盐市场中的无照经营、牟取暴利、投机倒把等违反工商行政管理法律、法规的行为及对这类行为的监督处罚未做具体规定。依照该《条例》第五条第二款关于"县级以上人民政府有关部门应当按照职责分工，密切配合，共同做好食盐加碘消除碘缺乏危害工作"的规定，工商行政管理部门应当依照有关工商行政管理的法律、法规，包括1990年国务院发布的《盐业管理条例》，对碘盐市场进行监督管理，对在碘盐市场中的违法行为依法进行查处。

国务院办公厅
一九九四年十一月十日

【简析】

这是一则回答请示的复函。对于请示一般用批复行文，但由领导机关的办公部门答复或者是领导授权或转给业务部门答复的宜用函复而不用批复。此请示，是由领导机关的办公部门答复，因此用函复。开头引据请示的标题，接着交代研究及授权情况，接着用过渡句"现答复如下"导入批复的内容。第二段针对请示中有关问题进行答复。答复有依据，说理性强，重点突出，表意清晰，对下级运作起到了指导作用。

按新《条例》，成文日期使用阿拉伯数字。

【范例三】

关于重建何香凝故居问题的批复

中共广东省委、省人民政府：

1990年3月5日《关于重建何香凝故居的请示》收悉。鉴于广州市已有一座廖仲恺、何香凝纪念馆，根据中央、国务院有关规定，按原貌重建何香凝故居一事缓办，可在芳村故居建立一简易纪念标志。

此复

中共中央办公厅　国务院办公厅
一九九〇年四月十七日

【简析】

这是一则不同意请示内容的批复。批复一开始引据请示的时间和标题，接着写出不同意请示内容的原因，最后一句写出上级领导机关的建议。全文简短精炼，表意清楚明白。

对不同意请示的批复，一定要把不同意的理由说清楚，为什么不同意，让下级机关理解、明白、信服。

按新《条例》，成文日期使用阿拉伯数字。

【范例四】

××××关于××××学院引进社会资金
创办应用技术学院××校区的批复

××××学院：

你校《关于引进社会资金创办应用技术学院××校区的请示》（××院〔2003〕6号）收悉，经研究同意你校请示，并做出如下具体要求：

一、同意你校应用技术学院（民办二级学院）、高等职业技术学院合并为应用技术学院，兼办国有民营教育和高等职业教育，以举办多层次、多类型的职业技术教育为主，充分发挥学院专业特色和办学优势，为××地区培养装备制造业人才。

二、你校应用技术学院规模暂定为××××人，200×年达到规模。

三、鉴于你校办学条件紧张，而且目前办学资金紧张，同意你校与××××××有限公司合作，在××市开发区创办新型教学区。并由××××××有限公司按你校报告所述提供办学条件，你校负责管理和全部的教学工作。从200×年起招生，试办三年，规模暂定为××××人。

四、你校要加强对该校区的教学管理工作，我厅将对你校的办学情况进行监督和检查，由此评估双方合作办学情况和教学质量，决定今后合作办学工作。

以上意见，请遵照执行。

×××××
××××年×月××日

【简析】

这是一则用函件形式答复下级请示的批复。正文开始引据请示的标题和发文字号，然后表明态度，在批复的内容部分提出四点要求。结尾用"以上意见，请遵照执行"作结。

第十四节　意　　见

一、意见的概念和特点

（一）意见的概念

意见是对重要问题提出见解和处理办法的文件。

以前，"意见"不是公文的文种，但"意见"在公务活动中使用率很高，因此2000年8月24日国务院发布的《国家行政机关公文处理办法》把它纳入公文中来，作为一种新的公文文种。

（二）意见的特点

意见是国家行政机关颁布政策的一种形式。它有三个特点：

1. 行文的针对性

意见是针对工作中出现的问题、或是对现实中存在的较为重要和普遍的问题、或是对未来需要重视的工作发表指导性的意见，这些意见发表的目的性都很明确，对现实工作具有推动作用。

2. 使用的灵活性

意见既可以用于上级机关向下级机关下发指导性意见，也可以用于下级机关向上级机关提出建设性意见，还可以向同级机关提出参考性意见。

3. 内容的政策性

意见对工作具有指导作用，它的内容从大处着眼，多是从国家某一方面的方针、政策、原则等方面做出规定，经国家机关下发或转发后，下级部门和人员都应遵照执行。

二、意见的种类

意见根据行文方向，可分为三种：

（一）下发性意见

下发性意见是上级机关向下级机关提出规定性、部署性的工作意见，这一意见对下级机关工作具有指导性。一经下发，即产生一定的权威性和法定效力，如果对贯彻执行有明确的要求，下级机关应遵照执行；如果无明确要求，下级机关可参照执行。例如，中共中央、国务院于2001年1月11日联合发布的《关于做好2001年农业和农村工作的意见》，就是对各地 2001 年农业和农村工作的指导性政策,下发后必须认真贯彻执行。

(二) 上报性意见

上报性意见是下级机关向上级机关就某项工作提出的建议性意见或请求上级机关批转执行的意见。其中请求上级机关批转执行的意见相当于原《办法》中的呈转性报告。上级机关应对下级机关报送的"意见"做出处理或者给予答复,经上级机关批转后代表上级的意志。例如,《关于依法保护国有农场土地合法权益的意见》是国土资源部和农业部向国务院联合上报的意见,国务院同意后,由国务院办公厅以"通知"的形式转发给有关机关。

(三) 平行性意见

平行性意见用来向平行机关或不相隶属机关提出看法、主张或征求意见的意见。

三、意见的写法

意见,应按照行文的方向使用公文格式。下发性意见,要用下行文格式撰写;上报性意见,要用上行文格式撰写;平行性意见,要用平行文格式撰写。

意见的结构大致有两种:一种是由标题、主送机关、正文和生效标识组成;一种是由标题(标题中不出现发文机关名称,而把发文机关名称放在题注中)、题注、日期和正文组成,与法规性的决定的结构相同。

(一) 标题

由发文机关、事由和文种三要素组成。如《国务院关于进一步推进西部大开发的若干意见》、《国务院关于推进资本市场改革开放和稳定发展的若干意见》。

(二) 主送机关

意见的主送机关是意见的受文机关,写法与其他公文文种的主送机关一样。也有的意见不写主送机关。

(三) 正文

意见正文由缘由、主体和结尾三部分组成。

(1) 缘由 缘由要写明行文目的、意义或根据,包括理论根据、科学根据、现实根据等。要从工作的性质出发,主要说明当前存在的问题和解决这些问题的必要性。这部分文字应简明扼要。

(2) 主体 这是意见的主要部分,要围绕核心问题提出见解、解决的办法和要求。把需要解决的问题和需要做的工作及要求分条列项作具体说明,以求眉目清楚,观点突出。还要注意内容的具体性和可操作性。

(3) 结尾 意见的结尾要注意切合行文身份来结束。上行意见的结尾如果还希望上级机关批转下发,则要体现出祈请的态度;平行意见的结尾要体现出供其选用、参考的态度。

四、撰写意见应注意的事项

(1) 语言要得体,根据不同的行文,使用不同的语气。上行文的"意见"多是建议性的,如果还希望上级机关批转下发,结尾则要体现出祈请的态度。平行文的"意见",语气要肯定、确切、不含糊,结尾要体现出供其选用、参考的态度;下行文的"意见",语言上要弱化指令性、强制性的表述,从上至下要体现出旨在指导的态度。

(2) 结构安排要规范,要条理清楚。

【范例一】

<h3 style="text-align:center">国务院关于进一步推进西部大开发的若干意见</h3>

各省、自治区、直辖市人民政府,国务院各部委、各直属机构:

实施西部大开发,是关系国家经济社会发展大局,关系民族团结和边疆稳定的重大战略部署。四年来,在党中央、国务院的正确领导下,以邓小平理论和"三个代表"重要思想为指导,各地区、各部门特别是西部地区广大干部群众奋发努力,西部大开发取得重要进展。基础设施建设迈出实质性步伐,生态建设和环境保护明显加强,科技教育加快发展,人才开发力度加大,特色产业发展步伐加快,改革开放取得新的突破,推动了西部地区经济社会发展和精神文明建设。对扩大国内需求,调整经济结构,促进东西互动,保持国民经济持续快速健康增长,巩固全国改革发展稳定的大局,做出了重要贡献。实践充分证明,党中央、国务院关于实施西部大开发的战略决策是完全正确的,关于西部大开发的政策措施和重点任务是符合实际的。

实施西部大开发是一项长期艰巨的历史任务。进一步推进西部大开发还面临许多矛盾和问题。基础设施落后仍然是制约西部地区发展的薄弱环节,生态环境局部有所改善、总体恶化的趋势尚未扭转,水资源短缺矛盾突出,教育、卫生等社会事业严重滞后,人才不足、流失严重等。解决这些矛盾和问题,既要有紧迫感,又要做好长期艰苦奋斗的准备,进行持续不懈的努力。

党的十六大和十六届三中全会明确指出,积极推进西部大开发,有效发挥中部地区综合优势,支持中西部地区加快改革发展振兴东北地区等老工业基地,鼓励东部有条件地区率先基本实现现代化,促进区域经济协调发展,是全面建设小康社会和完善社会主义市场经济体制的重大举措。统筹区域发展,加快西部地区发展至关重要。没有西部地区的小康,就没有全国的小康。没有西部地区的现代化,就不能说实现了全国的现代化。因此,要进一步提高对西部大开发重大战略意义的认识,认真研究并深刻把握西部开发工作的规律性,把实施西部大开发作为一项重大任务列入重要议事日程,不断改进和加强对西部大开发的领导,充分调动各方面积极性,开创西部大开发的新局面。

继续推进西部大开发,要以邓小平理论和"三个代表"重要思想为指导,全面贯彻党的十六大和十六届三中全会精神,认真落实党中央、国务院关于实施西部大开发的战略部署、方针政策和重点任务。坚持解放思想,实事求是,与时俱进,按照完善社会主义市场经济的改革方向,不断探索西部大开发的新路子。坚持以人为本,树立全面、协调、可持续的发展观,按照"五个统筹"的要求,使经济发展与环境保护、社会进步协调推进,促进西部地区经济社会和人的全面发展。坚持一切从实际出发,积极进取,量力而行,有重点,有步骤地解决关系西部开发全局的重大问题。坚持把西部地区自力更生、艰苦奋斗与国家政策支持结合起来,更大程度地发挥市场配置资源的基础性作用,不断增强西部地区的自我发展能力。以更大的决心、更有力的措施、更扎实的工作,推动西部地区经济持续快速协调健康发展和社会全面进步。

进一步推进西部大开发,要总结经验,完善政策措施,抓好以下重点工作。

一、扎实推进生态建设和环境保护,实现生态改善和农民增收

生态建设和环境保护是西部大开发的重要任务和切入点。加强西部地区生态建设和环境保护,关系农民当前生计和长远利益,关系全国能否实现可持续发展。要以统筹实现生态改善、农民增收和地区经济发展为目标,认真搞好退耕还林、退牧还草、天然林保护、京津风沙源治理和已垦草原退耕还草等生态建设工程。

退耕还林要搞好规划,完善政策,突出重点,加强协调,稳步推进,近期要重点做好巩固成果的工作。优先治理25度以上的陡坡耕地和严重沙化耕地,特别是江河源头及两岸、湖泊水库周围的陡坡耕地。重点放在北方干旱半干旱土地沙化区、黄土高原水土流失严重区、南方岩溶石漠化集中区、长江中上游大江大湖周边区、青藏高原江河源头区和京津风沙源区等区域。加强天然草原的恢复、治理和基本草场建设,把退牧还草工程和逐步转变牧民的生产生活方式结合起来。完善配套措施,创造条件,逐步从放牧、游牧转为舍饲和轮牧相结合,大力开发后续加工产业,不断提高广大牧民的生活水平和质量。已垦草原要加快实施退耕还草。继续推进天然林保护等工程,恢复生态系统的自我修复能力。

认真搞好"五个结合",即把退耕还林、退牧还草与加强基本农田建设、农村能源建设、生态移民、后续产业发展、封山禁牧舍饲等配套保障措施结合起来。保持和提高粮食综合生产能力,保证国家粮食安全。继续坚持省级人民政府负总责,统筹安排各项任务,确保各项政策措施真正落实到位,切实解决农民增收和长远生计问题,保证退得下、还得上、能致富、不反弹。建立生态建设和环境保护补偿机制,鼓励各类投资主体投入生态建设和环境保护。

要从规划入手加强环境保护工作,坚持预防为主、保护优先,落实重要生态功能区的保护任务,加强重大建设项目的环境监管,加强工业污染防治,加强城市污水、垃圾、大气等环境综合整治加大矿区环境保护与整治的力度。

二、继续加快基础设施重点工程建设,为西部地区加快发展打好基础
……

三、进一步加强农业和农村基础设施建设,加快改善农民生产生活条件
……

四、大力调整产业结构,积极发展有特色的优势产业
……

五、积极推进重点地带开发,加快培育区域经济增长极
……

六、大力加强科技教育卫生文化等社会事业,促进经济和社会协调发展
……

七、深化经济体制改革,为西部地区发展创造良好环境
……

八、拓宽资金渠道,为西部大开发提供资金保障
……

九、加强西部地区人才队伍建设,为西部大开发提供有力的人才保障
……

十、加快法制建设步伐,加强对西部开发工作的组织领导
……

加强对西部开发工作的组织领导和综合协调。要建立专家咨询制度,提高科学、民主决策水平。各地区、各部门要加强和稳定西部开发工作机构和人员。要进一步增强责任感和使命感,加强对西部开发工作的领导,把实施西部大开发纳入了重要议事日程,放在突出位置,加大贯彻实施西部大开发战略的工作力度,研究制定推进西部开发的具体政策措施。西部地区要认真落实中央关于西部大开发的战略决策、指导方针和各项重点任务,发扬自力更生、艰苦奋斗精神,创造性地开展工作。东部和中部地区要继续积极支持和参与西部大开发。国务院西部地区开发领导小组办公室要加强与各地区、各部门的联系和沟通,健全西部开发工作机制,加强调查研究、综合协调和督促检查,对重大问题提出政策建议,协调解决西部开发中遇到的各种问题。各方面要共同努力,团结奋斗,坚持不懈地把西部大开发扎实向前推进。

国务院
二〇〇四年三月十一日

【简析】

意见适用于对当前工作中的重要问题提出见解和处理办法。既可作下行文,也可作上行文或平行

文。本意见是下行文。实施西部大开发,是国家的重大战略部署。全文由两大部分组成。第一部分交代了西部大开发的目的、依据和意义。第一段通过西部大开发四年取得的成就,说明西部大开发战略决策的正确性;第二段指出西部大开发面临的矛盾和问题,因此要"进行持续不懈的努力"。第三段阐明西部大开发的目的和战略意义;第四段对继续推进西部大开发提出要求和希望。结尾用一个过渡句"……抓好以下重点工作"转入主体。第二部分阐述继续推进西部大开发应抓好的十项重点工作。这篇意见写得态度鲜明,措施得当,用语恰当有分量。

按新《条例》规定,成文日期使用阿拉伯数字。

【范例二】

关于赋予生产企业进出口经营权有关问题的意见

国务院:

为了贯彻落实中央工作会议精神,深化外贸体制改革,增强国营大中型生产企业的活力,使其直接参与国际市场竞争,扩大我国工业产品出口,促进我国工业生产技术尽快赶上国际先进水平,根据《国务院关于进一步增强国营大中型企业活力的通知》(国发〔1991〕25号)、《国务院批转国家体改委、国务院生产办公室关于选择一批大型企业集团进行试点请示的通知》(国发〔1991〕71号)和《国务院关于进一步改革和完善对外贸易体制若干问题的决定》(国发〔1990〕70号)的精神,应本着积极慎重的原则,对具备条件的大中型生产企业赋予自营进出口权。现就有关问题提出以下意见:

一、赋予生产企业自营进出口权的原则

(一)赋予自营进出口权的生产企业(含企业集团,以下简称自营进出口企业),主要应是符合国家规定的国营大中型生产企业。

(二)对产品技术密集、需要在境外进行售后服务的机电产品生产企业和机电产品出口基地企业,优先考虑赋予自营进出口权。

(三)对产品技术密集程度较高、市场变化快的非机电产品生产企业,视其生产产品特性及国内外市场的需求情况,赋予自营进出口权。

(四)对生产资源性、原料性、大宗初级产品的企业,以及产品受配额限制和市场单一的生产企业,赋予自营进出口权从严掌握,原则上不批准其经营一类商品。

(五)已赋予自营进出口权的企业集团,其核心企业及紧密层企业不再赋予自营进出口权。已成立全资进出口贸易子公司的国家大型试点企业集团,其核心企业及紧密层企业也不再赋予自营进出口权。已参加出口联合体、出口联营公司的企业一般也不再赋予自营进出口权。

(六)对非生产性的国家大型试点企业集团,可视其行业特点,赋予相应的自营进出口权。

二、自营进出口企业应具备的条件……(略)

三、生产企业申请进出口经营权需要申报的材料……(略)

四、赋予生产企业自营进出口权的审批程序……(略)

五、自营进出口企业的权利……(略)

六、自营进出口企业的义务……(略)

七、对自营进出口企业的奖罚……(略)

经贸部　国务院生产办
一九九二年三月十六日

【简析】

这是一份上行文意见,是针对工作中的问题有感而撰写的意见,供领导研究决定。第一部分写缘由目的,有理有据,接着用"现就有关问题提出以下意见"引出意见内容。第二部分写七条具体意见,每条写一个意见。上级机关对下级机关报送的"意见"应当做出处理或给予答复。

按新《条例》，标题必须标明发文机关名称，成文日期使用阿拉伯数字。

第十五节　函

一、函的概念、适用范围和特点

（一）函的概念

函是适用于不相隶属机关之间商洽工作，询问和答复问题，请求批准和答复审批事项的一种公文。

（二）函的适用范围

函的适用范围较广，主要适用于：

（1）机关之间商洽工作、询问和答复问题。这里包括两个方面，一是用于不相隶属机关之间商洽工作、询问和答复问题。一是用于有隶属关系的上下级机关之间商洽工作、询问和答复问题。如一些一般性、事务性的询问和答复，使用函件比较灵活。

（2）不相隶属机关之间的请示批准和答复审批。有隶属关系的上下级机关之间请求批准用请示，而没有隶属关系的机关之间处理问题时，有些事情需要别的系统的主管部门批准，这时请求批准的公文用函，不用请示。

（三）函的特点

（1）行文的不相隶属性　函的行文走向主要是平行。所谓不相隶属性，有两种情况：一是机关之间不属于同一组织系统，不存在上下级关系，无管辖与被管辖的关系，例如沈阳理工大学与沈阳师范大学两所学校之间不存在上下级关系；二是同一组织系统下的同层级机关，即同级机关之间，例如国务院下属的各部委之间，某省人民政府下属的各厅之间。

（2）使用的广泛性　凡是不相隶属的单位之间，不论是商洽工作、告知情况、还是询问答复问题、请求批准和答复审批事项，都可用函。有隶属关系的上下级机关之间也可以用函商洽工作、询问和答复问题。

（3）内容的事务性　函主要用于解决具体事务，内容实在。有什么情况、什么意见、什么请求、什么需要、什么问题，开门见山说实话，办实事，一般很少讲大道理。

二、函的种类

根据函的使用范围，主要分为六类：

（1）告知函　把与收函者有关的事项告诉对方。

（2）商洽函　用于机关之间商洽工作，讨论问题。

（3）询问函　向收函者咨询问题，要求对方答复。

（4）答复函　回答对方的询问。

（5）请批函　请求不相隶属的主管部门批准事项。

（6）审批函　批答请批单位请求的事项。

按行文方向，有发函和复函。发函有告知函、商洽函、询问函、请批函。复函有答复函、审批函。

三、函的写法

函,应按照国家行政机关公文平行文的格式撰写,其发文字号是放置在武文线之下、标题之上的右侧。函的结构由标题、主送机关、正文、生效标识四部分组成。

(一)标题

函的标题由单位名称、事由和文种三要素组成。如【范例三】《辽宁省财政厅、辽宁省物价局关于调整普通高校毕业生就业收费项目的复函》。

(二)主送机关

函的主送机关只有一个。

(三)正文

函的正文要根据是发函还是复函来确定其写法。

1. 发函

发函也称去函,开头写发函的原因、目的、依据,表明为什么发函。主体要具体写告知、商洽、询问或请求批准的事项;如果是商洽函,要表明自己的态度和意见;如是询问函,应明确说明要对方答复的问题;如果是请批函,要写明请求批准的事项。结尾要根据函的内容采用"可否,请函复"、"请予支持,并盼复"、"盼予函复"、"特此函达"等常用语。【范例一】的《××技术学院关于申请实验实训基地建设贷款的函》是一则请求批准的发函。

2. 复函

复函也称回函,开头一般引据对方来函的日期和标题或发文字号,使对方收文后清楚明白。主体针对对方来函的内容进行答复,态度鲜明,事项要表述清楚。结尾可根据内容用"特此函复"、"此复"等常用语,也可以自然结尾。【范例三】《辽宁省财政厅、辽宁省物价局关于调整普通高校毕业生就业收费项目的复函》就是一则复函。

(四)生效标志

函也是正式公文,要注意公文生效标识使用上的规范性。在正文的右下方写上发文机关名称,在其下一行写上年月日,然后加盖印章。

四、撰写函件应注意的事项

(1)行文要诚恳实在,要直陈其事。

(2)语言要恳切得体,尊重对方,不要用指示性词语。对一些没有确定的事,要用商量的语气;对已经确定的事,要说得清楚明白;如果意见有分歧,语言也要有礼,切不可盛气凌人,要体现坦诚的精神。

(3)要一函一事,切忌一函多事。

【范例一】

××××技术学院
关于申请实验实训基地建设贷款的函

中国农业银行××区支行:

我院是经教育部批准,××省人民政府直属的一所普通高等院校。目前在校学生7800余名。为了抢抓西部大开发的良好机遇，主动适应经济建设对人才的要求，突出高等职业技术教育特色，改善办学条件，努力培养高素质的技术应用性人才，按照学院发展规划及实验实训基地建设规划，学院拟重点建设设施农业等7个实验实训基地，总投资1500万元。

由于学院目前建设项目较多，投入较大，资金短缺。为保证我院实验实训基地建设资金及时到位，加快基地建设步伐，学院特向贵行申请贷款1500万元，期限为5年，以学生学费收入逐年归还。

妥否，请审批。

××××技术学院
××××年×月×日

【简析】

这是一则请求批准的发函。标题由三要素组成，主送机关只有一个，即要求贷款的银行。正文首先说明学校的性质，接着阐述贷款的目的、意义、用处，最后写明贷款的金额、期限以及还款的来源。结尾使用常用语作结。全文层次清楚，理由充分，态度诚恳。

【范例二】

关于请求安排专业技术人员进修培训的函

××大学校长办公室：

为了提高技术人员专业水平，为振兴东北老工业基地发挥积极作用，特请求贵校帮助解决专业技术人员进修培训问题。

我厂希望从今年秋季开始，选派部分技术人员分期分批到贵校进修学习。第一批先选派8人，他们入学后，一切服从贵校管理，我厂也将积极配合贵校做好一切工作。恳请贵校给予支持与帮助。

特此函达，盼复。

××市××××厂
二〇〇四年五月×日

【简析】

这是一份商洽函。该函第一段能够抓住要点，突出要求解决事宜；第二段开门见山地直陈培训的时间和人数。全文字数不多，但内容交代得清楚明白，在陈述需要帮助的理由时，注意与不相隶属单位的关系，语言得体，使用商量的语气，而且有诚意、有敬意，尊重对方。

按新《条例》规定，标题要有发文机关，名称成文日期用阿拉伯数字。

【范例三】

辽宁省财政厅、辽宁省物价局关于调整
普通高校毕业生就业收费项目的复函

省教育厅：

你单位《关于对普通高校毕业生就业收费项目进行调整的函》（辽教函〔2002〕87号）收悉。根据《国务院办公厅转发教育部等部门关于进一步深化普通高等学校毕业生就业制度改革有关问题意见的通知》（国办发〔2002〕19号）和《国家发展计划委员会、教育部关于对普通高校毕业生收费有关政策问题的通知》（计价费〔1998〕349号）有关规定，经研究，现对调整普通高校毕业生就业收费项目及标准等有关问题函复如下：

一、经省、市毕业生就业指导服务中心办理就业服务手续的普通高校各类毕业生（国家指令性计划分配的毕业生除外），在办理就业手续时，须向省或市毕业生就业指导服务中心缴纳就业服务费100元

（对特困生、烈士子女、残疾生、参军入伍生、省优秀毕业生免收）。

　　二、凡属于国家定向招生和委托培养的毕业生，应按招生时所定向的地区、定向单位和招生协议就业。如因本人原因不到定向、委托培养单位就业的，经省毕业生就业主管部门批准后，毕业生须向省高校毕业生就业指导服务中心缴纳相应培养费，具体收费标准为：毕业研究生6000元，本科毕业生4000元，专科毕业生3000元。

　　三、根据国家有关规定，享受师范、农林、民族、体育、航海等国家专业奖学金及享受艰苦行业、地区或特殊岗位定向奖学金的毕业生，不在系统、行业内就业或自谋职业的，经省毕业生就业主管部门批准后，毕业生应向学校补交在校学习期间普通专业的学费，并向省高校毕业生就业指导服务中心返回定向奖学金、专业奖学金，具体收费标准为：毕业研究生3000元，本科毕业生2000元，专科毕业生1500元。

　　四、根据国家有关规定，计划内毕业研究生应在国家规定的服务范围内（省政府辽政发〔2002〕22号文件规定的服务范围）就业，如超出国家规定的服务范围就业，用人单位应补办委托培养手续，并向省毕业生就业主管部门缴纳教育培养补偿费，收费标准为每生6000元。

　　五、为维护毕业生、学校和用人单位的合法权益，毕业生签订就业协议书后，原则上不得违约。如有违约（签约双方出具解约材料，并签字、盖章），违约方应向省或市毕业生就业指导中心缴纳违约金。具体收费标准为：毕业研究生3000元，本、专科毕业生2000元。

　　六、上述各项收费属于行政事业性收费，收费收入要全额纳入财政专户，实行收支两条线管理；支出按财政部门核定主要用于补充教育经费不足和开展毕业生就业指导服务工作的业务经费开支。

　　七、执收单位要按规定分别到物价部门和财政部门办理《收费许可证》和《辽宁省行政事业性收费和各种基金征收委托书》变更手续，并使用省财政厅统一印制的行政事业性收费票据。

　　八、执收单位收取的各项收费要全额纳入部门综合预算，年初向同级财政部门编报收支预算，年终编报收支决算。

　　九、执收单位要严格按照本复函规定的收费项目和收费标准收费，不得擅自增加和更改收费项目，提高收费标准，自觉接受财政、物价、审计部门的监督检查。

　　十、本规定执行期限暂定两年，即2002年5月1日至2004年4月30日。到期如需延期收费，在收费终止前3个月，按规定程序报省财政厅、物价局审批。

　　十一、本规定自执行之日起，原辽财综字〔1993〕307号、辽财综字〔1997〕190号、辽财规字〔2000〕737号等关于我省高校毕业生就业收费文件停止执行。

（印章）（印章）
二〇〇二年×月××日

【简析】
　　这是一则复函。复函开头引述来函标题与发文字号，便于收函者明白复函的针对性；然后写答复的依据，用"现对调整普通高校毕业生就业收费项目及标准等有关问题函复如下"过渡语导入回答的主要内容。

　　第二部分从十一个方面回答了对方的问题，对毕业生的各项收费做了具体规定。还规定了执行的时间。作为下级机关贯彻执行的依据。

　　按新《条例》，落款要署单位名称，成文日期用阿拉伯数字。

第十六节　纪　　要

一、纪要的概念和特点

（一）纪要的概念

　　纪要即会议纪要，是用于记载、传达会议情况和议定事项的一种公文。"纪"是综合、整理的意思,"要"是要点,会议纪要是把会议的主要情况、重要精神进行综合整理,形成的文字材料。

(二) 纪要的特点

(1) 内容的纪要性　首先,会议纪要是会议的忠实反映,必须如实客观地反映会议的主要议题和与会者的观点,不能歪曲事实、主观臆断;其次,会议纪要又不同于会议记录,不能只堆砌原始材料,写成流水账,而必须围绕会议的主要议题进行分析综合,概括会议的主要精神实质和与会者的主要观点。

(2) 行文的多向性和功能的多样性　会议纪要既可以发给与会单位或下属单位以传达会议精神,也可报送上级以汇报会议情况,对其他有关单位也有交流信息、沟通情况的作用。

(3) 表达的第三人称性　会议纪要主体部分一般以第三人称"会议"的口吻叙述,常用"会议讨论"、"会议决定"、"会议要求"、"会议号召"、"会议建议"、"会议希望"等习惯用语。

二、纪要与会议记录的区别

会议纪要与会议记录不同,二者有较大的区别:

(一) 内容详略不同

会议记录是会议的原始材料,是会议的内容"有闻必录",它要把会议的时间、地点、内容、出席会议的人员、程序、发言、决议等详细记录下来;会议纪要是正式文件,要在会议记录的基础上进行加工整理,只保留主干,删除次要的、枝节的东西。

会议记录记载的是会议过程;会议纪要记载的是会议结论、精神。

(二) "记"与"纪"不同

会议记录是有会必"记";而会议纪要则是比较重要的会议才"纪"。

(三) 用途不同

会议记录不需要上报或下发,它要存档,作为会议的凭证;会议纪要则需要向上级呈报,也需要向下级传达,还可以公开发表,让有关人员都了解情况。

(四) 所属类别不同

会议纪要属于公文,会议记录属于一般事务性文书。

三、纪要的种类

会议纪要的种类较多,常见的主要有两种:

(一) 部署工作型

这类会议多半是解决一些具体问题,整个会议就是围绕具体问题进行讨论,做出决定。而会议纪要的目的就是要把会议的精神和决定传达下去,用以指导今后工作的开展。如工作会议、专业会议等。

(二) 交流研讨型

这类会议要么是交流经验,要么是研究讨论问题,要么是座谈交换看法,各自谈出自己的见解,不一定统一认识,不一定做什么决定。会议纪要的目的是把会议的情况通报给那些没有参加会议的有关人员,让他们了解情况,也来关心、探讨这些问题。如学术会议、协商性会议等。

四、纪要的作用

（一）沟通情况

重要会议主要是为了解决重要问题而召开的，会议纪要将会议的要点整理出来，呈报给上级，传达给下级，或是公开发表，让有关人员都了解情况，这本身就是在进行沟通。

（二）指导工作

这主要是对下级而言，对重要的问题和工作经过会议讨论后，达成共识，统一认识，形成决议，通过会议纪要将会议的要点整理出来，传达给下级机关和广大人民群众，使他们对这一问题或这项工作有了正确的认识，在纪要的指导下，就知道自己该如何去做了。

五、纪要的写法

会议纪要标识由"×××××会议纪要"组成。其位置同文件格式的发文机关位置，距版心上边缘25mm。用红色小标宋体字，字号由发文机关酌定，一般用圆括号写上第×期号。会议纪要不用落款，也不加盖印章。

会议纪要是在会议结束后写，其结构由标题、正文和日期组成。

（一）标题

会议纪要的标题有两种写法：

（1）由会议名称和文种构成　如《全国农学会工作会议纪要》。

（2）由正题和副题构成　正题用精练的语言概括出会议的主要内容或揭示会议的主旨，副题由会议的名称和文种构成。副题写在正题下面，先画一个破折号，在破折号后面写上会议名称和文种。如《科普创作要面向儿童——广东省科普创作座谈会纪要》。

（二）正文

会议纪要的正文一般包括会议概况、会议内容和结尾三个部分。

（1）会议概况　会议纪要的开头部分要介绍会议概况，包括会议的时间、会议名称、会议的议题、出席者、主持人、会议的程序等。详略程度要根据内容而定，一般应简明扼要。一般情况下这部分内容放在正文的开头，但有时也可以把其中的一部分内容放在正文的最后。

（2）会议内容　这是会议纪要主干部分，是全文的重点。侧重"纪"会议的重要发言、达成的共识、作出的决定及提出的任务、要求等等。

这部分常用的写法有三种，即归纳法、概述法、发言记录法。

归纳法就是把会议讨论、研究的内容归纳成几个问题一一写来。这种写法条理清楚，层次分明，一看就能了解会议的中心议题。

概述法就是把会议的内容、讨论情况概括地叙述出来，反映出会议的主要精神和观点。

发言记录式就是按照会上发言的顺序，把每个发言人的主要观点、意见和论据简要概括地写出来，这种写法能如实地反映会上讨论情况和每个发言者的意见。

（3）结尾　会议纪要的结尾有两种写法，一种是对与会单位和人员提出希望和要求，发出号召等。一种是无结尾，正文写完了，全文也就结束了，这种写法用得较多。

六、撰写纪要应注意的问题

（1）要真实、准确地概括会议内容，尤其是会议的决议事项；要突出反映会议的重要内容，即会议明确和解决的问题。

（2）会议纪要，重点将会议所研究的问题和决定事项逐条归纳出来，做到条理清楚，简明扼要。

（3）会议纪要用"会议"作主语，即"会议认为"、"会议决定"、"会议指出"、"会议强调"等等。

（4）会议纪要讲求时效，会后要及时整理，撰写成文，及时送给会议组织者或单位主要负责人审核，审核同意后签发。

【范例】

国务院三峡工程建设委员会第七次全体会议纪要

（一九九八年一月十三日）

1998年1月12日上午，李鹏总理主持召开国务院三峡工程建设委员会第七次全体会议。会议听取了三峡工程建设委员会副主任郭树言关于三峡工程一期回顾和二期任务的汇报，陆佑楣、漆林、张洪祥、蒲海清、陆延昌、甘宇平、李居昌、李黄、解振华、陈耀邦、张宏仁、包叙定等同志做了发言。朱镕基、邹家华、吴邦国副总理做了重要讲话，李鹏总理对会议做了总结。

郭树言同志的汇报，回顾了一期工程的完成情况和积累的经验，介绍了二期任务的总体部署以及需要重点安排的几项工程。

会议认为，1997年11月8日长江三峡大江截流成功，标志着一期工程已顺利完成。枢纽工程质量良好；坝前90米水位线以下的一期移民绝大多数已经完成，保证了大江截流如期实现；部分输变电工程开始建设。

在三峡一期工程建设中还积累了一些经验，主要是：实现了项目法人负责制、招标投标制、项目监理制和合同管理制（简称"四制"），实践证明是适应社会主义市场经济体制的。在移民工作方面，贯彻执行了党中央、国务院制定的关于开发性移民的一系列方针政策，积极地调动了库区广大干部群众的积极性，保证了库区移民工作的顺利进行。左岸14台水轮发电机组的国际招标，满足了三峡工程建设的需要，还引进了先进的设计、制造技术、为右岸12台机组立足国内制造、带动我国民族工业发展创造了条件。国家建立了三峡工程建设基金，使三峡工程有了稳定可靠的资金来源。在资金管理上实行的"静态控制、动态管理"办法，实践证明是行之有效的。三峡工程宣传工作，从开始的多做少说，到适度宣传；对国内的不同意见，不辩论，坚持正面宣传；对外宣传坚持以我为主、以事实为主、以正面宣传为主。全国新闻界为三峡工程创造了良好的舆论环境，赢得了三峡库区干部群众和全国人民的理解和支持。

会议认为，三峡一期工程建设完成了既定任务，几点经验在今后的工程中要继续和发展。会议要求，对党中央、国务院关于三峡工程建设的一系列方针政策必须继续贯彻执行，同时要发挥广大建设者和三峡库区干群的聪明才智，在今后的工作中继续不断总结新的经验。

会议经过审议，议定以下事项：

一、二期工程的主要目标和任务

二期工程的主要目标是：确保2003年水库蓄水至135米，首批机组发电，永久船闸通航。二期主要工程量为：土石方开挖3625万立方米，土石方填筑1594万立方米，混凝土浇筑1978万立方米，金属结构制造安装20万吨，首批机组确保3台争取4台发电。消化吸收国外70万千瓦水轮发电机组设计制造经验，为实现国产化打下基础，移民搬迁安置55万人，其中湖北省8.3万人，重庆市46.7万人。

为配合枢纽工程，输变电工程完成第一条送电华东的直流50万伏线路，完成50万伏交流线路3016

公里，变电容量 825 万千伏安。

1998 年是第二期工程第一年，任务十分艰巨。临时船闸 5 月 1 日要正式通航，二期围堰 7 月份要达到抗御一年一遇洪水的设计高程，确保基坑安全度汛。要建好砂石系统、混凝土拌和系统和冷却系统及部分混凝土运输系统，做好缆机和钢栈桥等准备工作。移民搬迁计划安置 8.6 万人，等于前五年搬迁安置的总和，任务很重，但必须登上这个新的台阶。

二、完成二期工程任务必须做好的几项重点工作

（一）要切实加强管理。在进一步完善一期工程采取的"四制"等现代管理方法的基础上，加强政治思想工作和两个文明建设，发扬社会主义团结协作精神，同时坚持社会主义市场经济原则，进一步明确项目法人、设计、施工和监理单位的责任，在科学管理方面做出新的成绩。

（二）要确保工程质量。质量是三峡工程的生命，必须在确保工程质量的前提下保证进度，降低造价。项目法人、设计、制造、施工和监理单位都必须牢固树立质量第一的思想，在质量与进度、质量与效益的关系上，必须毫不动摇地把质量放在首位，一切服从质量。要加强建立工作，建立完善的监理制度。对造成事故者，要追究责任，严肃处理。要建立索赔制度，对索赔过程中出现的矛盾，要有机构进行公正和仲裁。

（三）既要积极开展国际合作，又要充分发挥我国企业的潜力。用户的制造单位要同心协力、密切配合，积极引进先进技术，结合科研攻关，为提高我国水轮发电机组和输变电设备的设计制造能力，振兴民族工业做出贡献。

（四）要继续贯彻执行开发性移民方针，加强移民资金管理，继续做好对口支援工作。库区各级政府一定要把移民搬迁安置工作摆在经济工作的首位，继续坚持党政一把手是移民工作第一责任人的做法，切实加强对移民工作的领导，严格实行移民工作目标管理责任制。要正确处理好对移民搬迁安置和发展的关系，引导农民合理使用移民补偿和自有资金，既要安排好生活，更要安排好生产。要建设好移民区的公路等基础设施，为移民搬迁安置创造更好的条件。

（五）要搞好二期工程的资金筹措。二期工程静态投资需要 20 亿元，动态投资约需 800 亿元。已有筹资渠道在二期工程建设期间可筹集资金 553 亿元，另外 247 亿元建设资金可通过以下方案筹集：利用国内商业银行贷款 107 亿元，发行企业债券 50 亿元，利用出口信贷及配套商贷 30 亿元，其余 60 亿元资金，可利用国内商业银行贷款或增发企业债券，也可加大向华东送电量和提高葛洲坝电厂上网电价，条件成熟时可进行股份制改造，发行股票并上市，为三峡工程开辟一条在资本市场直接融资的渠道。具体采用哪几个方案，由三峡工程建设委员会办公室会同有关部门协商后提出方案。

（六）要加强三峡库区的中长期气象预报工作，所需经费请国家计委和三峡工程支持解决。库区及长江上游地区的生态与环保工作与三峡工程密不可分，农、林、水和环保等部门要认真制定规划，做好生态与环境保护工作。文物保护规划的重大项目应单独立项。加强移民迁建区的地质勘查工作，避免在施工中引发新的地质问题。树立开发观念，支持发展库区的旅游事业、为移民创造新的就业门路。

三、关于抬高初期运行水位和提前建设右岸地下电厂房问题

前不久，有关单位曾建议，抬高初期水位，提前建设右岸地下电厂房，这样可以增加建设起发电量，避免永久船闸二次改装，减少施工环境的相互干扰。经广泛征求有关部门和专家的意见，认为这个建议有一定的合理性，但也有两个明显的不足：一是二期工程要增加 10 多万移民，将给任务已经很重的移民工作增加新的难度；二是增加投资 80 亿元。会议确定，从现实出发，还是按初步设计集中精力搞好二期工程，不再修改建设方案。

【简析】

这是一则决议性的会议纪要，是国务院三峡工程建设委员会第七次全体会议对二期工程任务进行总体部署的纪要。全文分为前言和主体两部分。前六段是前言部分，简要介绍会议概况，把会议的时间、主持人、会议名称、发言人、讲话人、总结人做了简要的交代，指出 1997 年 11 月 8 日三峡一期工程已顺利完成，并介绍一期工程积累的经验，提出会议要求和审议议定的事项。后面几段是主体部分，从

"二期工程的主要目标和任务、完成二期工程必须做好的几项重点工作和关于抬高初期水位和提前建设右岸地下电厂房问题"三个方面进行分述议定事项。全文重点突出，语言具有指令性，一看便知此会议纪要乃三峡二期工程的行动纲领，必须认真贯彻执行才是。

思考与练习

一、填空

1．党政机关公文是党政机关_____、_____、_____的具有特定效力和_____的文书，是传达贯彻党和国家的_____，公布_____，_____和商洽工作，_____问题，_____情况等的重要工具。

2．《党政机关公文处理工作条例》自 2012 年 7 月 1 日起施行。1996 年 5 月 3 日中共中央办公厅发布的《_____》和 2000 年 8 月 24 日国务院发布的《_____》停止执行。

3．公文的种类共有 15 种，包括：_____。

4．公文的"附件说明"是指_____，附件名称后不加_____。公文的"附件"是指_____。附件名称较长需回行时，应当与上一行附件名称的_____对齐。

5．公文格式主要是指公文文面的安排和文字的排版要求。公文中有三种特殊格式，分别是_____格式、_____格式、_____格式。

6．公文一般不得越级行文，特殊情况需要越级行文的，应当同时抄送_____的机关。

7．下级机关的请示事项，如需以本机关名义向上级机关请示，应当提出_____后上报，不得原文转报上级机关。

8．_____应当一文一事。不得在_____等非请示性公文中夹带请示事项。

9．受_____的机关向一个上级机关行文，必要时抄送另一个上级机关。上级机关向受双重领导的下级机关行文，必要时抄送该下级机关的另一个_____机关。

10．部门内设机构除_____外不得对外正式行文。

11．在实际工作中，很多公文标题中的发文机关名称常常省略；2012 年发布的《_____》要求除命令等特殊文种外，公文标题必须具备三个要素。

12．公文中的所谓"抄送机关"，是指除主送机关外需要执行或者知晓公文内容的其他机关。

13．需要记载会议主要情况和议定事项时应使用_____这一文种；需要在开会的过程中将会议的基本情况和会议报告、讨论发言、决议等内容如实记录下来的文书为_____；专门传达会议讨论通过的重大决策事项的公文为_____。

14．需要对重要事项作出决策和部署、奖惩有关单位和人员、变更或者撤销下级机关不适当的决定事项时应选用文种_____。

15．_____适用于公布行政法规和规章、宣布施行重大强制性措施、批准授予和晋升衔级、嘉奖有关单位和人员。省级以下单位一般不使用这一文种。

16．公报适用于公布_____。

17. 向国内外宣布重要事项或者法定事项时要用文种_____。

18. 通告适用于在_____内公布应当遵守或者周知的事项。

19. 意见适用于对_____提出见解和处理办法，可以向上级、也可以向_____、_____行文。

20. 通知适用于_____、_____要求下级机关执行和有关单位_____或者_____的事项，批转、_____公文。

21. 表彰先进、批评错误、传达重要精神和告知重要情况时使用文种_____。

22. 向上级机关汇报工作、反映情况、回复上级机关的询问时使用_____。

23. 对下级机关的请示必须回复，回复时使用的文种为_____，因为按照《党政机关公文处理工作条例》的说明，这一文种适用于答复_____。

24. 向上级机关_____、_____，以及回复上级机关的询问时使用文种_____，而需要向上级机关请求指示、批准时使用_____。

25. 议案适用于_____按照法律程序向同级人民代表大会或者人民代表大会常务委员会提请审议事项，人大代表、党代会代表向会议秘书处递交的建议称作提案。

26. 函适用于_____机关之间商洽工作、询问和答复问题、请求批准和答复审批事项，这一文种的功能与_____和_____两个文种非常相似，只不过后两个文种是在_____机关之间使用的。

二、判断题

1. 我国现行的行政机关公文种类有14种，党内公文种类有13种。

2. 公文附件和正文有同等效力。

3. 任何公文都必须标志"秘密等级和保密期限"。

4. 公文标题中发文机关名称可省略。

5. "请示"要"一事一请"，不能把几个事情写在一起。

6. 为了提高办事效率，"报告"中也可以夹带请示事项。

7. 批复必须针对下级机关所请示的问题而复。

8. 请示不一定都写结尾的常用语。

三、在下列空白处填上恰当的文种

1. ××省人民政府向其下属机关转发国务院的通知用_____。

2. ×××公司向某银行申请贷款1000万元用_____。

3. 全国人民代表大会向国内外公布国家领导人选举结果用_____。

4. ×××市劳动局请求上级解释有关劳动赔偿的政策用_____。

5. 国家主席依照法律公布行政法规用_____。

6. 国务院奖励做出突出贡献的科学家用_____。

7. ×××大学向省教育厅汇报工作情况用_____。

8. ×××大学向上级申请设备购置经费用_____。

9. ×××会议组织向有关单位和人员传达会议情况用_____。

10. 某省财政厅答复下级申请增拨经费的请示用_____。

11. ××自来水公司答复××机械集团公司申请增加供水量的函用_____。

12. ×××技术学院商请某企业派一名技术人员担任兼职教师用_____。

13. ××部把几起重大火灾事故的情况告诫人们用_____。

四、辨析题

1. ××大学图书馆为办好图书事业，满足学生读书的要求，特向学校请示增加经费，并将该请示抄送该省教育厅、财政厅。
2. ×××县农林局写例行报告，向县政府汇报1995年工作，为了方便在报告中还夹带请示了1996年增建农机站的事项，同时还建议对困难地区减免乡政府提留费用。
3. ×××市×××总公司因市属重点企业××电器厂领导班子个别人贪污犯罪，准备调整该厂领导班子，特向该市政府请示。并将该请示抄送给该厂办公室。
4. ×县纪检委员会将1999年纪检情况通报于县各直属机关和各局。
5. 仔细辨析一下：第59页【范例三】的附件与第79页【范例二】的附件在写法上有何区别。
6. 公文标题中除法规、规章名称加书名号外，一般不用标点符号。

五、选择题

1. 下列是沈阳市人民政府一份公文的发文字号，书写规范的是_____。
   A. 沈政发〔2002〕21号   B. 2002沈政发（第21号）
   C. 沈政发021号〔2002〕   D. 沈政发〔2002〕二十一号
2. 下列应该标志"签发人"的是_____。
   A. 公告   B. 命令   C. 请示   D. 函
3. 下列公文标题中书名号使用正确的是_____。
   A. 国家税务总局关于印发《企业所得税税前扣除办法》的通知
   B. 辽宁省人民政府转发《国务院关于×××的意见》的通知
   C. ××省政府办公厅关于印发《×××同志在×××会议上的讲话》的通知
   D. 国务院办公厅转发《农业部关于×××的意见》的通知
4. "当否，请批复"常用在_____的结尾。
   A. 函   B. 请示   C. 报告   D. 议案
5. 公文如果有附件，"附件说明"应在_____标志附件名称。
   A. 正文之后单位落款之前   B. 成文日期之后
   C. 正文之后   D. 标题之后正文之前
6. 下列是一份公文的成文日期，按新《条例》规定，书写规范的是_____。
   A. 2004年5月10日   B. 二零零四年五月十日
   C. 二〇〇四年五月十日   D. 贰零零四年五月十日
7. 下列可以不加盖发文机关印章的是_____。
   A. 报告   B. 通知   C. 纪要   D. 请示
8. 议案的收文机关是_____。
   A. 同级人民政府   B. 上级人民政府
   C. 上级人民代表大会或人民代表大会常务委员会
   D. 同级人民代表大会或人民代表大会常务委员会
9. 下列既可向上级行文，又可向下级行文的是_____。
   A. 通知   B. 请示   C. 意见   D. 通报

10. 表扬好人好事的通报，正文结构一般是_____。
   A. 概括主要事实—号召大家学习—分析精神实质—提出表彰方式
   B. 概括主要事实—分析精神实质—提出表彰方式—号召大家学习
   C. 提出表彰方式—号召大家学习—概括主要事实—分析精神实质
   D. 概括主要事实—提出表彰方式—号召大家学习—分析精神实质

11. 向国内外宣布重要事项或者法定事项时使用_____。
   A. 公告   B. 通告   C. 通报   D. 决定

12. 向上级机关汇报工作，反映情况，答复上级机关询问时用_____。
   A. 报告   B. 决定   C. 总结   D. 请示

13. 受双重领导的机关向上级机关行文，应当这样处理_____。
   A. 写明主送机关和抄送机关   B. 主送一个上级机关
   C. 报送两个上级机关   D. 主送一个上级机关并抄送另一个上级机关

14. 公文标题中应加书名号的是_____。
   A. 规章   B. 指令   C. 意见   D. 决定

15. 发文字号应当包括机关代字、_____和年度发文序号。
   A. 年份   B. 简称   C. 月份   D. 全称

16. 公文的成文时间应当是_____。
   A. 负责人签发的日期   B. 写公文的日期   C. 分发公文的日期   D. 印公文的日期

六、将下面的公文标上标点符号，然后依照公文格式规定制作成模拟的公文样本

国务院文件国发199648号国务院关于组建国家电力公司的通知各省自治区直辖市人民政府国务院各部委各直属机构根据建立社会主义市场经济体制和中华人民共和国国民经济和社会发展九五计划和2010年远景目标纲要的要求为有利于转变政府职能实行政企职责分开深化电力工业体制改革国务院决定组建国家电力公司国家电力公司按照有关法律法规和政企分开等原则组建该公司由国务院出资设立采取国有独资的形式是国务院界定的国有资产的出资者和国务院授权的投资主体及资产经营主体是经营跨区送电的经济实体和统一管理国家电网的企业法人按企业集团模式经营管理国家电力公司成立后电力工业部继续行使对电力工业的行政管理职能原由该部承担的国有资产经营职能和企业经营管理职能移交给国家电力公司国家电力公司不具有政府行政管理职能接受电力工业部等有关部门的行政管理与监督中国电力企业联合会履行对电力工业的行业管理与服务职能根据政企分开和精兵简政的原则各省自治区直辖市电力局公司按照国务院的部署在条件成熟时将现承担的行政管理职能移交给地方政府综合经济管理部门同时接受地方政府的指导与监督地方各级政府均不再设电力专业管理部门国家电力公司组建方案和国家电力公司章程已经国务院批准现一并印发请认真贯彻执行电力工业部应会同中央机构编制委员会办公室加强对这项工作的指导保证组建工作的顺利进行中华人民共和国国务院一九九六年十二月七日

七、根据材料将下面标题补写完整

1. 国务院办公厅（   ）
各省、自治区、直辖市人民政府，国务院各部委、各直属机构：
　　水利部《关于加强嫩江松花江近期防洪建设的若干意见》已经国务院同意，现转发给你们，请认真贯彻执行。

2. 国家计委关于（   ）

化工部、有色总公司：

化工部《关于调整化工企业自备罐车租赁费额的函》（化财发〔19××〕××号）收悉。鉴于近几年酸碱等罐车购置价格和维修成本上升，并考虑与《铁路货物运价规则》中的有关规定相衔接，经研究，同意调整化工、有色企业自备罐车租用费标准。调整后的租用费标准为：……

3. 沈阳市人民政府关于（   ）

各区、县（市）人民政府，市政府各部门：

为认真贯彻落实省政府《关于进一步做好城市居民最低生活保障工作的通知》（辽政发〔2002〕32 号）精神，进一步推进和完善我市城市居民最低生活保障工作，实施动态管理，真正做到应保尽保，现就有关问题通知如下：（略）

4. ××县人民政府（   ）

××××：

你乡 7 月 20 日《关于增拨抗灾救济费的请示》收悉。经研究同意增拨你乡抗灾救济费××××万元，由县机动财力中拨付，并已通知财政局，希你乡速将指标按受灾面积分配给各村，并抄报县民政局备案。

5. ××省农业厅（   ）

省政府：

我省今年春季严重干旱，自去年秋季至今，大部分地区没有雨雪，经我厅工作组调查和各地区上报，查实受灾面积达××××万公顷。为了挽回损失，补种秧苗，购置农机抗旱，急需救灾款项 5000 万元。

八、阅读材料，按照要求写作

（一）根据材料写通报和事故报告（提示：请注意使用书面语）

（1）二○○三年二月二十日上午九点二十分，××市××百货大楼发生重大火灾事故，当时浓烟滚滚，把顾客和附近居民吓得要命，几公里外都可见烟雾。有五名记者赶到现场采访，其中包括《人民日报》记者肖凌云，这是一位资深记者，有多篇揭露社会阴暗面的长篇报道见报，有些报道惊动中央。

（2）人员倒是没有伤亡，但烧毁三层楼房一幢及大部分商品，直接经济损失 790 多万元。

（3）事故发生后，市消防队出动 15 辆消防车，经 4 个小时扑救，火灾才被扑灭。

（4）原因是电焊工赵××违章作业，在一楼铁窗架电焊，火花溅到易燃货品上引起火灾。

（5）××百货公司管理层及员工安全思想模糊，公司安全制度不落实，许多安全隐患长期得不到解决。

（6）善后处理：市商业局副局长项××带领有关人员赶到现场调查处理，市政府召开紧急防火电话会议，市委、市政府对有关人员视情节轻重，作了相应处理……

（7）早在二○○三年元月二日上午，省商业厅召开安全工作会议，其中重点就是防火问题。

（8）早在二○○二年十月九日下午，××市公安消防系统召开商业、娱乐业、车站等公共场所的消防工作会议，专门部署冬季防火工作，主管生产安全的副市长柏××专门到会讲话（他还特地转达了市长的一句话："安全重于泰山，希望让全市老百姓过一个安稳的冬季。"）

（9）经查，火灾发生的当天，有两个柜组长工作时间偷偷跑到证券所看股票。

（10）火灾发生的前一天，主管百货大楼安全工作的副经理上官云开始休假，假期为一周，事故发生后第三天从云南西双版纳赶回。

1. 根据以上材料，为××省商业厅拟写一份**通报**，发给下属各单位。
2. 根据以上材料，以××市商业局的名义向××省商业厅拟写一份事故**报告**。

（二）**根据材料，分别拟写一份请示和批复**

××市特产公司南门仓库茶叶库房在今夏一场洪灾中被冲坏，屋顶坍塌，地基的一角被冲毁，已无法使用，前几天还发现一些拾荒者把此处当成了临时住所，不仅存在人员伤亡的隐患，还影响了周围的环境卫生。为避免事故发生，特产公司强令拾荒者搬出。另外，为做好今后收购茶叶的储存工作，经特产公司研究，决定修建简易仓库300平方米，所需修建费打算从公司自筹资金中出账。考虑到有关防洪设施已经修复，茶叶仓库修建位置仍然选择在原址。修建简易仓库需要上级批准，之前已经打电话征得上级单位方啸天总经理的同意，方总经理要求写一份正式请示以便讨论批准。请代××市特产公司向上级单位拟写一份请示，不清楚处可用"××"代替。

上级单位研究后认为该仓库只能作为茶叶的临时中转点，没必要那么大，有200平方米足够了。请代上级单位拟写批复。

（三）**根据领导要求，拟写带回执的会议通知、邀请信**

小王在某电机厂办公室工作，常务副厂长兼销售部经理鲍元元留给他一张便条："小王：我厂打算在8月15日～17日召开一个客户咨询联谊会，并组织游览。会议地点及游览内容皆由你定。请拟写一份带回执的会议通知或邀请信，明日交给我。"请代小王完成这一工作。

（四）**根据材料为××省教育厅高教处拟写一份通知**

××省教育厅高教处主管高校教学改革的王副处长打算召开一个全省高等教育教学改革研讨会。时间选定在2009年11月18日至19日，地点选在××大学。为开好这次会议，他们于9月1日就发出了会议通知。会议的主要内容是研究和探讨当前高校教学改革的有关问题，由于××大学在课程改革方面较有成效，会议期间安排该校副校长侯××介绍教改成果，其他发言人由高教处根据各校教改情况选定。各学校主管教学的副校长参加，如果副校长没有空，也可以派教务处长参加。会期为2天，11月17日下午5点前到××大学东苑宾馆报到，第二天8点开会。各学校提前半个月将各校教改情况的文字稿寄高教处刘××。也可以发电子邮件（nuanxi@163.com）。会议有关费用由高教处和××大学解决，所以不收会务费。该会议通知发往全省高校，请注意正确选择发文部门。材料没能说明的事项，请根据你对会议通知的理解补充完整。

（五）**按材料要求拟写通知**

南方集团××机车车辆厂是一家大型国有企业，下设配件分厂、加工厂、木材分厂、锻铸分厂，以及后勤处。2013年5月3日，后勤处向厂部递交了《关于×××收费的意见》（勤字〔2013〕6号），请求厂长批准并转发下去。厂部马上召集各厂级领导开会研究。会议除孙××副厂长因去北京出差外，其余八人准时参加了会议。刚好此时南方集团教育处的章××处长到工厂检查教育工作，交谈中厂长将收费一事跟章处长作了交流，章处长表示这一收费符合有关规定。请代表南方集团××机车车辆厂厂长办公室拟写一份通知，将后勤处的意见发给下属各单位（转发型通知）。

（六）根据材料拟写通告

××市老年大学很受退休职工的欢迎。为进一步为老年人服务，在学员景扶桑（为原××市市委统战部部长）的提议下，老年大学打算举办老年自行车比赛，比赛定名为"青松杯"老年自行车赛，并获得了肯德基店的12000元赞助。将于2013年2月10日上午9时至12时在××市举行。刚开始市公安局不同意，后学员景扶桑直接找到公安局长蒋××（二人为中学同学），局长终于批准。为保证赛事顺利进行，将对东环路、北环路、桐泾北路、桐泾南路、南环西路、南环东路实行交通管制，届时将禁止一切机动车辆通行（当然，警车、救护车、消防车、工程抢险车可以例外）。据此信息，请代该市公安局拟一份**通告**。

（七）根据材料拟写处分决定

凤凰镇新鸣路11号有位青年名叫毛古古，外号"毛光头"，1985年1月生，父母离异，从小缺少家庭温暖，初中毕业后，与一些不三不四游手好闲的社会青年混在一起，热衷于上网、赌博，经常强行勒索在校学生，为此已先后三次被"请"进派出所。巢雨墨，男，××县××镇人（现新州市新北区××镇），1988年5月生，2004年8月考入××学院××系，进入04编剧331班学习。事有凑巧，巢雨墨报到的当天就在公交14路车上结识了毛古古。毛古古第二天就请巢雨墨进一小吃店喝酒。之后，巢雨墨同学三天两头出去找毛古古喝酒聊天、上网，有时通宵不归，经常旷课，上课迟到更是家常便饭。老师于2004年10月5日、12月9日先后两次找他谈话，其父亲也曾专程来校进行教育，但未能使巢雨墨同学回心转意。2005年3月5日夜，巢雨墨与同班方久林同学一同外出，路遇毛古古等一伙五人在勒索初中学生邱国林，巢雨墨与方久林同学（男，1988年3月生，原籍××市××区，毕业于××中学高中部）不仅不上前制止或及时报案，还一同堵住该初中生的去路。该初中生被勒索现金37元6角。当该生离开时，巢雨墨还威胁说如果告诉父母就要他的脑袋。十天之后，当毛古古一伙再次勒索一高中生（名张林，凤凰中学高三学生，每晚八点多回家。3月15日晚途经镇西一小弄堂被毛古古一伙拦下，无奈他只能拿出身上的30元钱）时，被凤凰镇联防队员当场抓住。据查，毛古古一伙先后勒索中学生16名，现金456元7角。××学院决定给予巢雨墨留校察看处分，给予方久林警告处分。请为××学院拟写一份处分决定。

（八）根据材料拟写商洽函以及相应的复函

神龙装潢公司新来的张金三总经理感到专业技术人员的业务水平和科研能力亟待提高，否则公司发展将后劲不足，决定选派王××、李×、章×× 三人去××职业技术学院进修装潢设计和计算机课程，员工进修费用先由进修者个人支付，进修结束时公司再根据进修成绩报销。请你代该公司向××职业技术学院写一份公函联系此事。

××职业技术学院本来就有15名这方面的进修生，该院王副院长考虑将新来的进修生与原来15名进修生合起来单独开班。请你代拟一份复函，将开学时间、报到手续办理及进修费用支付等情况一一告知，不清楚的地方用"××"代替。

（九）召开一次日记写作经验交流会

任课老师或指定一名同学担任主持，请6名同学发言，其余同学做好会议记录，之后根据会议记录整理成会议纪要。

第三章 事务文书

第一节 规章制度

一、规章制度的概念与作用

规章制度是国家行政机关、社会团体、企事业单位，为了管理的需要，依照国家法律、法令和政策，在自己权限范围内制订的、具有法规性或指导性与约束力的公务文书。

规章制度的使用范围十分广泛，上至国家最高权力机关、最高行政机关，下至行政机关基层职能部门、一般的企事业单位，都可以根据实际的需要，在不超出自己权限范围的情况下，制定出各种相应的规章制度。

规章制度或属于法规性文书，或属于规章性文书。法规性文书具有法律强制执行的效力，规章性的文书具有行政纪律效力或道德约束力。各种规章制度在内容上对某方面工作、某项工作或某一事项做出的规定和要求，都对有关方面、有关人员的行为具有规范性、制约性的作用。人们在工作、学习、生产、生活中根据各种规章制度办事，就能有效地保证工作、学习、生产、生活等各个方面正常而有序地进行。

我国政府十分重视规章制度的制定工作。1987年4月21日，国务院办公厅发布了《行政法规制定程序暂行条例》（以下称暂行条例）。此暂行条例对规范政策法规的制定起了积极的作用，但其中有些规定与九届全国人大三次会议2000年3月15日通过的立法精神不完全一致，也不符合WTO规则关于透明度的要求。根据形势的需要，国务院在广泛听取意见之后，于2001年11月16日通过第321号、第322号国务院令公布了《行政法规制定程序条例》和《规章制定程序条例》。两个新条例的公布，必将使我国规章制度的制定工作更为科学规范。

二、规章制度的特点

（一）执行上的约束性

规章制度的制订就是规范人们的行为的。一旦制定并公布，就要求有关部门及人员必须遵守执行，违纪的要给予相应的处罚，因此，它对人们的行为有较强的约束力。

（二）内容上的周密性

它从严肃性和严密性出发，对所涉及对象的方方面面，都有相应的规定，可以说面面俱到，很周密，应该怎样做，不应该怎样做，都要写得清楚明白。

（三）表达上的条款性

规章制度在表达上采用分明的条款式结构。分"章"、"条"、"款"、"目"。把应规定的事项一一列出，用条分缕析的方法一一说明，使内容鲜明，具体；条文准确，规范。

（四）使用上的广泛性

规章制度涉及的对象非常广泛。它关系到国家机关、社会团体、企事业单位、集体、个人，上至国家最高领导机关、管理部门、下至基层单位、科室班组，都用。

三、规章制度的种类

规章制度包括行政法规、章程、制度、公约四大类。

章程一般是政党、社会团体和学术组织使用，用以说明该组织的宗旨、性质、组织原则、机构设置、职责范围等，如：《中华全国同胞联谊会章程》。有的企事业单位也有章程，如：《中国人民保险公司章程》。

公约是人民群众或者社会团体经协商决议而订出的共同遵守的准则，如：《南宁市民文明公约》。

下面着重介绍行政法规和制度两大类。

（一）行政法规

行政法规包括条例、规定和办法等。行政法规对制发机关有严格的限定。根据《行政法规制定程序条例》和《规章制定程序条例》的规定，全国性的行政法规由国务院或全国人大、全国人大常委会负责制订，称"条例"。党的中央领导机关，中央军委可以制定条例。国务院各部门和省、自治区、直辖市以及较大的市的人民政府负责制定部门性、地方性的行政法规，无权使用"条例"这个文种，只能使用"规定"和"办法"。县级和县级以下人民政府不能制定条例，也不能制定规定和办法。

由于行政法规有助于管理，实用性很强，因此，一般的企事业单位在制定单位内部的规章制度时也经常使用条例、规定和办法，但应注意不要超越法定的权限随意制发。

各种行政法规的特点见下表。

种类	内容	表达	法律约束力	举例
条例	对某一方面重要的行政工作作比较全面、系统的规定，涉及范围广，使用期限长	规定是原则性的，写得比较概括	条例是国家法律、法令、政策的具体化或补充，是最高层次的法规，约束力最强。有些条例，在没有有关法令的时候就制定了，具有与基本法同等的法律效力	《中国共产党各级领导机关文件处理条例》《中华人民共和国居民身份证条例》《中国共产党中央军委军队委员会工作条例》《中华人民共和国治安管理条例》
规定	有时为实施、贯彻某一法律、法令、条例而制订，提出局部的具体执行意见和管理措施；有时对特定范围内的工作和事务或专门问题提出局部的要求，没有条例全面和系统。规定所涉及的范围可宽、可窄。规定可以是长期的，也可以是暂时的	比条例具体，但相对于办法来说又比较概括	所涉及的工作或问题不如条例重大，其法规性、约束力不及条例，但又比办法更强，必须照章执行	《云南省劳动合同管理规定》《高等学校校园秩序管理若干规定》（原国家教委制发）《广西高等学校校园管理规定》（桂教[1995]016号文）《郑州市城中村改造规定》《互联网站从事登载新闻业务管理暂行规定》（国务院新闻办公室、信息产业部2000年11月6日发布）

续表

种类	内　　容	表　达	法律约束力	举　例
办法	对有关法令、条例、规定提出具体可行的实施办法,或者对有关工作、某一事项的处理做出具体可行的规定,涉及范围窄 办法在实施过程中不断总结经验,在适当的时候加以修订	对工作中的办理原则、办理方式、承办人员、具体措施、程序步骤、工作标准、执行时限、奖惩规定等内容,都做具体的规定,有可操作性	可结合实际变通贯彻,参照办理	《深圳经济特区实施中华人民共和国未成年人保护法办法》 《国家教育考试违规处理办法》 《学生伤害事故处理办法》(国家教育部制发) 《澳门特别行政区司法机关具体产生办法》(1999年9月3日全国人大代表大会澳门特别行政区筹备委员会第九次全体会议通过)

行政法规的发布形式有两种,一是以国务院令的形式,以总理名义直接发布。二是经国务院批准,以国务院部门令的形式,以部门行政机关首长的名义发布。

(二) 制度类

制度类规章包括两个子类：一类偏重于对工作的要求,如制度、规则、规程等；另一类偏重于工作职守和约束行为、规范道德,如守则、准则、规范等。

(1) 制度　制度是党政机关、社会团体和企事业单位为加强对本部门某项工作的管理、严肃组织纪律而制定的、要求所属人员共同遵守的办事程序和行为准则。制度最大的特点是它的强制性,应该做什么,怎样做,不能做什么,违反了如何处理等,都直接提出,不摆事实,不讲道理,更不拐弯抹角。制度一旦颁布,所属单位和部门的人员必须遵守,若有违反,则要受到相应的处罚（包括行政处罚以至刑事处罚）。

制度的制发者和执行者一般是上下级关系。如：《南京市教委直属单位法定代表离任审计制度》。

(2) 规则　规则广泛应用于党政机关、社会团体和企事业单位。和制度一样,规则的制发目的也是为了规范某项具体工作的程序和行为。与制度不同的是：规则制发者和执行者之间不一定是上下级关系,而是管理者和被管理者关系。凡是与该项工作有关的人员,都必须遵守该规则的规定,否则管理者有权依据有关规则进行处罚。如《交通规则》、《游泳规则》、《深圳市人民币特种股票登记暂行规则》。

(3) 规程　规程是行政机关、生产单位、科研单位、教育单位、医疗部门制定的对某一事项或操作在一定范围内要求人们遵守的统一的要求和程序,其目的是规范人们的行动,以便有一个正常的生产和活动的程序。有些规程是人们实践经验的总结,一旦人们违反了这些"铁"的规程,哪怕只是稍稍偏离它们划定的行事轨道,人们的生命就会受到威胁,财产就会蒙受损失,事业就会受到挫折,因此人们必须严格按规程去做。如：《电工安全操作规程》、《沈阳市发热门诊工作规程》。

(4) 守则（准则、规范）　守则是由上级领导机关或代表大会制定,或由有关群众组织经过有关会议倡导制订,并向所属成员公布,要求他们自觉遵守的道德规范和行为准则。守则、准则、规范针对的都是人们的道德行为,具有约束性和规范性,但不具备直接的法律制约作用。如:《高等学校学生行为准则》、《南宁市民"八不"规范》、《国务院工作人员守则》。

四、规章制度的写作要求

(一) 规定要合理合法,切实可行

任何单位都有权根据本单位的客观实际制定本单位的规章制度,但必须符合宪法和法律,符合党和国家的路线、方针、政策和有关的法规、规章,否则不仅无效,还要承担相应的责任。此外,规章制度还要符合人的正常生理规律,考虑人道和人性的一面,不能无视所属人员作为人的生理需要,侵犯其合法权益。

(二) 结构要严谨规范,条理清楚

规章制度的结构是在长期的运用过程中逐步约定俗成的,显得严谨而规范,便于贯彻执行,便于开展工作和活动。制订规章制度时,应按固定的格式去写作。前后条文的安排,应以主要内容在前,次要内容在后为原则,各条文之间应有一定的逻辑联系。

(三) 条文要具体明确,易于操作

规章制度不是规范性的,就是处罚性的,因此内容必须完备,不能遗漏必要的规定。为了便于执行,应把条文写具体,不能过于笼统。如【范例二】在说明税务票证保管条款时明确规定:"对丢失完税证的,按票证管理办法对当事人每份罚款300元,同时当事人要写明丢失情节,做出书面检查"。这样的处罚条款对于此制度的执行是必不可少的。

(四) 语言要准确严密,通俗易记

各种规章制度对语言运用的要求都很严格。概念要准确,用词要规范,不能前后矛盾,不能模棱两可,更不能产生歧义;行文要通俗易懂,使人看了以后明白"必须这样做,不许那样做";还要容易记忆。如【范例二】"税务票证的使用"这个条款,应该怎么做,不该怎么做,写得清清楚楚,利于操作。

五、规章制度的写法与范例分析

规章制度的结构一般包括标题、正文、尾部三部分。

(一) 标题

1. 公文式标题

国家高级行政机关制定的规章制度,经常采用公文标题的写法如下。

(1) 由制发机关、事由和文种三部分组成 如属"暂行"性的,则在文种前标明。如《国务院学位委员会关于授予成人高等教育本科生学士学位暂行规定》。

(2) 由事由和文种两部分组成 有的规章制度的标题省去发文机关,只保留事由和文种。如《关于党内政治生活的若干准则》。

如果标题中不标明发文机关,必须在正文之后署上。

2. 适用对象(或适用范围)和文种两部分组成

这种标题最为常见,行政机关、企事业单位使用的规章制度大都使用这种写法。前面

所列举的例文和下面的三篇例文，其标题均是这种写法。

(二) 正文

规章制度的写作一般采用条文式。

内容比较全面系统、篇幅比较长的规章制度，其正文可分为总则、分则和附则三部分。总则、附则一般都只有一章。分则部分则按内容的多少分列若干章。每一章又可以分若干节，每一节内又分若干条或者不分节只分条。各条前后相连，即所有条从第一章第一条开始直到最后一章最后一条统一连续编排序号。章、节、条的序号均用中文数字表述。条之下还可分款、项和目，三者都不相连，款的序号用中文数字加括号依次表述，项的序号用阿拉伯数字依次表述，目的序号用阿拉伯数字加括号依次表述。如【范例一】。

内容比较少、篇幅较短的规章制度，一般不分章节，直接分条列项表述，条也前后相连。有的开头概括陈述（总述），然后分条列项按顺序表述（分述）。如【范例二】、【范例三】。

总则或总述：写明制定规章的目的和依据，常用"为了……，根据……，制定本……"或"为了……，制定本……"的句式表达。有的还说明适用范围、执行要求等。如：【范例一】第一章，用三个条款分别说明了制定本暂行规定的目的、依据以及适用范围、执行要求。例文二则用两段文字，明确说明制定本制度的目的、依据和制度的适用范围。

分则或分述：法规内容的主体部分，分章、分节、分条、分款或分条列项，从各个方面提出具体的规定和要求。如【范例一】第二章至第六章共十五个条款，依次从流动人口档案的管理机构、档案的转递、档案的收集整理与利用、档案的保管、监督与处罚六方面分别说明。【范例二】的分述部分不分章，也不分条，而是依次对税收票证的管理、领取、保管、使用、缴销与检查等环节作出具体规定。【范例三】的分述部分则从设置标准和要求、工作流程、防护三个方面依次说明。

附则：说明实施要求、规章生效日期、解释和修改的权属机关以及与之有关的法规条文间的关系等。如【范例一】第七章。【范例二】和【范例三】都没有这部分内容。

(三) 尾部

具名和日期法规性很强的重要的规章制度，为了表明文件的权威性和效力，一般都会在正文之前、标题之下以括号形式标明发文机关名称和发文字号，如【范例一】。有的则标明何时由何机关（会议）通过或批准、发布。

例如：流动人口计划生育工作管理办法

（1998年9月22日国家计划生育委员会第1号令发布）

一般的规章制度不采用在标题下签注的办法，而是在正文后写上发文机关名称和日期。如【范例二】。

【范例一】

流动人员人事档案管理暂行规定

（中共中央组织部人事部文件人发［1996］118号）

第一章　总　　则

第一条　为进一步加强流动人员人事档案的管理，维护人事档案的真实性、严肃性，完善人才流动社会化服务体系，促进人才合理流动，根据《中华人民共和国档案法》、《干部档案工作条例》及有关法律、法规，制定本规定。

第二条　本规定所称流动人员人事档案是指：

（一）辞职或被辞退的机关工作人员、企事业单位专业技术人员和管理人员的人事档案；

（二）与用人单位解除劳动合同或聘用合同的专业技术人员和管理人员的人事档案；

（三）待业的大中专毕业生的人事档案；

（四）自费出国留学人员的人事档案；

（五）外商投资企业、乡镇企业、区街企业、民营科技企业、私营企业等非国有企业聘用的专业技术人员和管理人员的人事档案；

（六）外国企业常驻代表机构的中方雇员的人事档案；

（七）其他流动人员的人事档案。

第三条　流动人员人事档案管理遵循"集中统一，归口管理"的原则，接受同级党委组织部门、政府人事行政部门的监督和指导。

第二章　流动人员人事档案管理机构

第四条　流动人员人事档案管理机构为县以上（含县）党委组织部门和政府人事行政部门所属的人才流动服务机构（以下简称人才流动服务机构），其他任何单位不得擅自管理流动人员人事档案；严禁个人保管他人人事档案。

第五条　跨地区流动的流动人员人事档案，可由其户籍所在地的人才流动服务机构管理，也可由其现工作单位所在地的人才流动服务机构管理。

第六条　尚未建立人才流动服务机构的地区，流动人员人事档案仍由原人事档案管理单位管理。

第七条　人才流动机构应认真做好流动人员人事档案的收集、整理、保管、利用、转递等管理工作，认真做好与流动人员人事档案管理有关的流动人员身份认定、档案工资记载、出国（出境）政审工作，经授权做好相关的职称资格考评、合同鉴证、社会保险等社会化服务工作。

第三章　流动人员人事档案的转递

第八条　人才流动服务机构凭符合国家有关政策规定的人员流动的有效文书，向流动人员原单位开具调档函，原单位接到调档函十五天内，将流动人员人事档案随档案转递通知单转递人才交流服务机构。转递的流动人员人事档案必须完整齐全，不得扣留材料或分批转出。人才流动服务机构经审核无误后，及时将档案转递通知单回执退回原单位。人才流动服务机构发现转来的档案材料不齐全或不清楚的，应要求原单位补齐或查清楚。

第九条　流动人员人事档案转递，应通过机要效能或派专人送取，不得邮寄或交流动人员本人自带。对流动人员本人自带的人事档案，人才流动服务机构不得接收。

第十条　人才流动服务机构接管流动人员人事档案，须由流动人员或其所在单位办理委托存档手续。人才流动服务机构应与流动人员或其现所在单位签订档案管理合同书，合同书须明确双方的权利、义务等内容。

第十一条　人才流动服务机构开具的转档手续，与机关、国有企事业单位开具的转档手续具有相同效力。机关、国有企事业单位必须凭人才流动服务机构开具的转档手续，方可接收流动人员人事档案。

第四章　流动人员人事档案的收集、整理与利用

第十二条　人才流动服务机构应加强与流动人员及其现所在工作单位的联系，做好流动人员档案材料的收集工作，不断充实流动人员人事档案的内容。收集的材料，必须经过认真的鉴别。需经单位盖章或本人签字的，签字盖章后方能归入档案。

第十三条　人才流动服务机构应按照干部档案管理工作的有关规定，认真做好流动人员档案材料的整理工作。在整理档案过程中，要防止丢失档案材料和擅自泄露档案内容，不得擅自涂改、抽取、销毁或伪造流动人员人事档案材料。

第十四条 人才流动服务机构应按照《干部档案工作条例》中的有关规定，建立健全流动人员人事档案查阅、借阅工作制度和注意事项。

（一）查阅流动人员人事档案应办理审批手续。查阅单位应申明查阅理由，管档单位根据规定和需要确定需提供的档案材料。

（二）查问单位应派中共党员到人才流动服务机构查阅流动人员人事档案。对不符合规定条件的，人才流动服务机构可根据实际情况向查阅单位介绍被查阅人的有关情况。

（三）人才流动服务机构对高级专业技术人员和涉及国家秘密的流动人员人事档案要严格保管，严格查阅手续。

（四）任何个人不得查阅或借用本人及其直系亲属的档案。

（五）查阅档案必须严格遵守保密规定和阅档规定，严禁涂改、圈画、抽取、撤换档案材料，查阅者不得泄露或擅自向外公布档案内容。

第五章 流动人员人事档案的保管

第十五条 人才流动服务机构应具备管理流动人员人事档案的物质条件，建立坚固的防火、防潮的专用档案库房，配备铁质的档案柜；经常检查库房的防火、防潮、防蛀、防盗、防光、防高温等设施和安全措施；档案库房、阅档室和档案人员办公室应三室分开。要不断研究和改进档案的保管办法和保护技术，逐步实现档案管理的现代化。

第十六条 建立健全流动人员人事档案管理的内部规章制度，加强流动人员人事档案工作的政策研究和理论研究。实行目标管理，不断提高流动人员人事档案管理的效率和质量。

第十七条 流动人员人事档案管理应由专人负责。档案管理人员必须是党性强、作风正、忠于职守、具有一定的档案管理专业知识的共产党员。

第六章 监督与处罚

第十八条 对违反本规定有下列情形的，由党委组织部门和政府人事行政部门会同有关部门进行处理：

（一）擅自管理流动人员人事档案的单位或个人；

（二）擅自涂改档案内容或伪造档案材料的；

（三）擅自向外公布、泄露档案内容的；

（四）在流动人员人事档案的收集、整理、保管、利用、转递等管理工作中，出现违反本规定行为，造成严重后果的。对前款所列情形负有责任的单位或直接责任者，要视情节轻重，给予批评教育或党纪、政纪处分；触犯法律的，要依法追究责任。

第七章 附则

第十九条 人才流动服务机构管理流动人员人事档案，应本着"服务为主，适当收费"的原则，按照有关规定收取服务费，但不得以赢利为目的。

第二十条 各省、自治区、直辖市可根据规定制定实施办法或工作细则，并报人事部备案。

第二十一条 本规定由人事部负责解释。

第二十二条 本规定自颁布之日起施行。中共中央组织部、人事部《关于加强流动人员人事档案管理工作的通知》（人调发［1988］5号）和《进一步加强流动人员人事档案管理的补充通知》（人调［1989］11号）同时废止。

【范例二】

税收票证管理制度

为了加强票证管理，堵塞征管漏洞，根据《××市国税系统征收管理票证核算管理办法》，结合本县实际制定本制度。

税收票证包括：税收通用缴款书、出口货物税收专用缴款书、税收汇总专用缴款书、税收通用完证、税收罚款收据、税收定额完税证、税务登记证等，不含各类发票。

一、税收票证的管理

税收票证由局计征科负责管理。计征科指派专人负责票证的领取、发放、保管及收缴，并对各分局的票证管理进行监督检查。

二、税收票证的领取

各分局必须由专人到县局领取税收票证，领取时由领、发人员当面共同清点领发票证数量和号码，双方清点无误后开具"票证凭据"，填列领取的品种、数量，领发双方相互签章。

代征单位（人）向分局领取票证时，必须持"票款结报手册"领取，领发的票证清点完毕后，领发双方交换结报手册互为对方登记领发票证种类、数量、字别号码及领发时间，并在手册上双方共同签章。

分局领取票证一般为一个月的使用量，交通不便可适当多领，但一般不超过两个月的用量。

税务人员、代征单位（人）领取视同现金管理的票证要严格控制，领取数量一般不超过一个月的用量。

税收票证领取不得委托他人捎带或代领，视同现金管理的票证领发时，需拆包发放，必须有两人以上在场共同拆包清点。

三、税收票证的保管

对领取的票证实行专人负责，专库、专柜保管，各分局对领取的票证要配备票证保险专用箱柜，实行专人负责保管。分局对税务人员、代征单位（人）领用票证的人员分别设置票证分类台账，票款结报手册，登记领取数量、编号、缴销数量、结存数量，并定期进行核对，对因工作调动调离本岗位的，必须将所保管的票证、账簿等资料交接清楚，造册登记，交接双方共同签章，并经主管领导批准，才能离岗。对丢失完税证的，按票证管理办法对当事人每份罚款300元，同时当事人要写明丢失情节，做出书面检查。

四、税收票证的使用

税收通用完税证在领用时要认真检查封签是否完整，有无缺页或丢号、漏号等情况，发现问题及时说明情况，并办理换领或缴销。票证填开时要按票证填开标准填写，字迹要清楚，计算要正确，项目填写要齐全，不得涂改、空头，更不得单页填开或用铅笔填开，完税证要按字号顺序使用，全份一次复写，出现填写错误，要加盖作废戳记，全份保管，按规定上缴，不准私自销毁。税票填写要一税一票，集贸市场在使用定额完税证时，不得用此征收固定个体工商业户的税收。

五、税款入库及票证缴销

各分局不得积压挪用税款，必须做到当日税款当日入库，遇到特殊情况可推迟到第二天，税收票证实行按月缴销，缴销时要填写《票证缴销报告表》，并随同票证报查联和自收税款汇总缴款书及票款结报手册办理缴销手续。《票证缴销报告表》一式三份，审核无误互相签章，作为缴销入库凭证，分局对税务人员使用完税证情况按月对账，以确保账证相符。

六、税收票证的检查

县局每月必须对库存税收票证进行一次全面盘点，保证账表与账实相符。各分局、分局使用人员、代征单位（人）要结合票证缴销，分别按日、旬、月不同时间进行清点盘清，保证不出差错，如发现丢失应立即报告。

县局每季对个别税务所票证使用情况进行抽查，以便总结经验，发现问题及时改进。每半年对个别税务所进行换票抽查，换票抽查的范围和人数按实际情况拟定。各分局要对票证使用人员就使用情况进行不定期的换票抽查，主要采取报查联与收据联对照的办法，监督征收人员奉公守法，纳税人依法纳税。

××县国家税务局
二○○一年三月十五日

（稿件引自：中国税网 www.ctaxnews.com.cn）

【范例三】
××市发热门诊工作规程

发热门诊是指设在二级（包括二级）以上医院，接诊发热（本地居民38℃以上，有疫区史的体温超过37.2℃）病人，对从疫区来的或者可疑的发热病人开展医学检查并隔离观察、诊疗的场所。

发热门诊经市卫生行政部门验收合格后方可投入使用。

一、设置标准和要求

按照沈防治〔2003〕11号要求标准执行。

（一）发热门诊的设置和布局：

1. 二级以上医疗机构必须设置发热门诊。三级医院发热门诊要设置观察床位30张以上；城市二级医院发热门诊要设置观察床位20张以上；郊区、县（市）、二级医院发热门诊要设置观察床位15张以上。已设置20张以上观察床位的医院不得减少观察床位数量。

2. 布局要求：

（1）达到"两通、三区"。两通：即医务人员通道和病人通道；三区：即清洁区、半污染区、污染区；

（2）设置两个以上诊室轮换消毒使用；

（3）观察室应达到一人一室。

（二）设施：

1. 诊室和隔离观察室均应设置强排风和自然通风系统。

2. 诊室、处置室、观察室、化验室、X射线、药房、挂号室均设感应洗手设施。

3. 设立医用垃圾专用回收箱和污物排放、尸体转运通道。

4. 医用污水处理：按照沈防治〔2003〕5号文件要求执行。

（三）人员：

1. 组织制度：发热门诊应该在本医院预防非典院内感染管理委员会的监督指导下建立并严格执行以下制度：消毒隔离制度、轮班休息制度、隔离观察制度、体检制度、会诊制度、隔离观察室管理制度、隔离观察室消毒方法、转运制度等各项规章制度。

2. 发热门诊除配置正常的诊治医务人员（医生、护士、X射线技师等）外，还应设置专职分诊员，负责24小时分诊。

3. 培训：按照卫生部《传染性非典型肺炎防治管理办法》和辽卫传〔2003〕52号文件要求，发热门诊医务人员均应进行岗前培训，培训合格后上岗。

二、工作流程

（一）发热门诊病人来源：

1. 发热观察点和医学观察点转运的发热病人；

2. 家庭医学观察出现症状的发热病人；

3. 主动就诊的发热病人。

（二）发热门诊诊治流程：

1. 分诊：以上病人到发热门诊分诊室进行预检，进行"六问"（详见沈防治办〔2003〕1号）及测量体温。经过排查，不符合发热门诊就诊条件的到院内相应科室或其他医院就诊。

2. 门诊内诊治：病人本人或由一名陪护人员（戴防护口罩、手套）进入诊室，诊室内实行一出一进制，并进行门诊内的相应辅助检查。

3. 转科治疗或离院：不符合医学观察标准的，转到院内相关科室进行诊治或给予取药等处置后离院。

4. 隔离观察：对暂时诊断不明，符合医学观察标准的隔离观察。

5. 排除医学观察：鉴别诊断后，排除疑似非典患者，病人可以到院内其他科就诊或离院。

6. 转入定点医院：隔离观察病人经本院和区、县（市）非典办专家会诊组会诊确诊为疑似非典病例后，立即按照沈防治〔2003〕15 号文规定由市非典办医疗组救治派 120 专用转运车辆将病人转运至定点医院救治。

三、防护

（一）病人防护：病人均应戴口罩、手套就诊，如病人没有佩戴口罩、手套应由发热门诊提供。

（二）医务人员防护：

1. 医务人员预防投药：必须全程有效地进行预防投药，增强自身免疫力，保障医务人员身体素质。

2. 医务人员防护：必须按照卫生部办公厅关于《传染性非典型肺炎医院感染控制指导原则（试行）》和沈防治（2003）1 号文件要求，根据工作岗位不同进行分级（三级）防护。

四、环境卫生要求

按照卫生部《传染性非典型肺炎医院感染控制指导原则（试行）》和沈防治〔2003〕11 号文件规定重点达到如下要求：

（一）空气消毒、地面和物体表面消毒、其他物品消毒及处理、尸体处理、终末消毒等具体要求均按照上述文件执行。

（二）消毒效果的判定：诊室、隔离观察室按照卫生部《医院消毒卫生标准》中的Ⅲ类环境标准执行。

附：××市发热门诊工作流程图

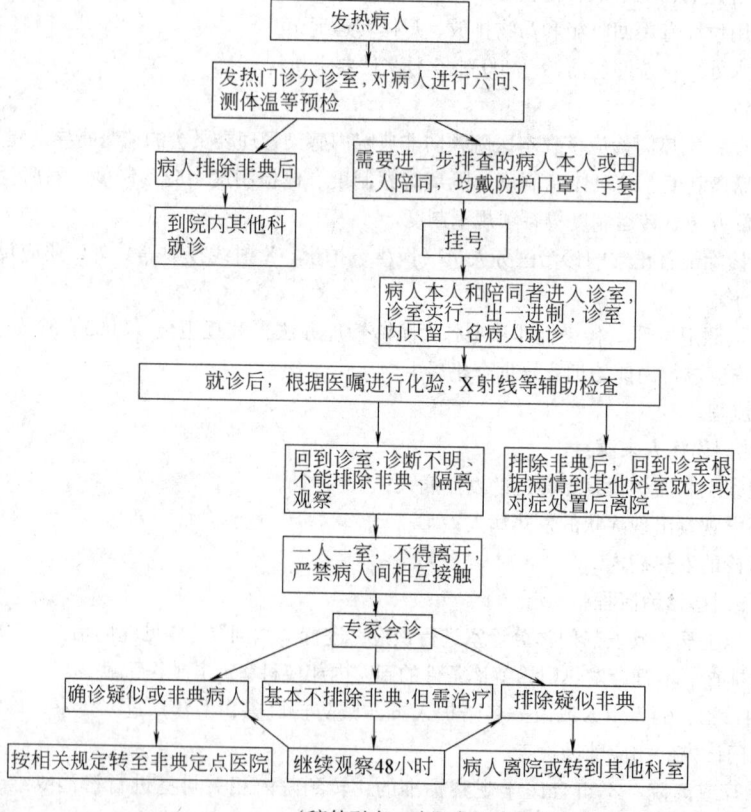

（稿件引自：沈阳市经济信息中心 www.120.shenyang.gov.cn）

练 习

一、填空

1. 规章制度是_____、_____、_____，为了管理的需要，依照_____、_____和_____，在自己的权限范围内制定的、具有_____或_____与_____的公务文书。它包括_____、_____、_____、_____四大类。

2. 规章制度的标题至少要标明_____和_____两部分。

3. 行政法规的内容用条文表达，每条可分为_____、_____和_____。条的序号用中文数字来表述，款的序号用_____表述，项的序号用_____表述，目的序号用_____表述。

4. 条例的使用范围_____，它是_____的具体化，是_____的法规，约束力最强。

5. 规章制度的制定有明确的_____规定，不能_____、_____制定，也要注意不能同上级已制定的有关规章_____。

二、选择题

1. 条例的制发者是_____。

   A. 国务院各部委、各级人民政府及所属机关

   B. 国家最高权力机关，最高行政机关

   C. 政党、社会团体

   D. 机关团体、企事业单位及其部门

2. 属规章制度总则内容的条款是_____。

   A. 为了适当集中各方面的财力，进行社会主义现代化建设，确定发行一九八五年中华人民共和国国库券

   B. 国库券的利率，单位购买的年息为5%，个人购买的年息为9%

   C. 伪造国库券或破坏国库券信用者，依法惩处

   D. 国库券条例的解释，授权财政部办理

3. 规章制度使用的范围是_____。

   A. 国家机关、社会团体

   B. 各个行业、系统

   C. 单位、部门、班组

   D. 企、事业单位

4. 章程的制发者是_____。

   A. 国务院各部门、各级人民政府及所属机关

   B. 政党、社会团体

   C. 企事业单位

   D. 国家最高权力机关，最高行政机关

5. 规章制度的特点是_____。

   A. 具有法规性、指导性、约束力

B. 具有规定性、指导性、预见性
C. 具有指导性、强制性、规范性
D. 具有典型性、指导性、规范性

6. 下列条例中符合规定文种要求的是_____。
A. 《天津市区副食品公司职工考勤条例》
B. 《广西工业职业技术学院学生违纪处分条例》
C. 《中华人民共和国居民身份证条例》
D. 《××市足球俱乐部工作条例》

7. 不属于规章制度作用的是_____。
A. 严格组织纪律，建立和维护正常的秩序
B. 有利于约束行为，规范道德，增强精神文明建设
C. 有利于企业加强经营管理，保证产品质量，提高服务质量
D. 提高思想认识水平，分清是非界限

8. 某单位要制定约束工作人员工作纪律的规范文书，应当用_____文种。
A. 准则　　B. 守则　　C. 规则　　D. 细则

9. 与规章制度写法无关的是_____。
A. 内容要完备规范，切实可行　　B. 篇章要条理清楚，款项分明
C. 写法要灵活，富于变化　　D. 文字要简练准确，明白无误

三、读下面两篇规章制度，比较它们的异同

阅 览 规 则

（一）本室开放时间：
周一至周五：9：30～11：30　　14：30～17：30　　19：30～22：00
周六、周日：9：00～22：00

（二）凡入室阅览者，一律凭本人学生证或身份证领取座位号对号入座，离室时，须交回座位号，如有遗失赔款1元。

（三）本室期刊、报纸分开架和闭架借阅两种方式。

1. 开架期刊读者可自由取阅，每次只准取一册，阅后必须按排架号放回原处，不得乱扔乱放。闭架期刊和合订本期刊一律凭单位介绍信和本人工作证对口借阅。

2. 报纸每月换一次，凡下架散报不再借阅。报纸合订本及内部资料，一律凭单位介绍信借阅，介绍信须写明查阅目的、要查找的报纸及内容。

（四）所有报刊只准在室内阅览，一律不向外借阅；对未经管理人员许可带出本室者，罚款5元。

（五）要爱护报刊资料，不准卷折、圈画、污损、拆撕、剪裁，违者按报刊原价10～20倍赔偿。

（六）注意室内安静和卫生。不准大声喧哗，不准吸烟，不准随地吐痰和乱扔纸屑等杂物。

××市图书馆
××××年×月×日

入馆守则

图书馆是学校的文献信息中心,是教学和科学研究服务的学术性机构,也是展示精神文明风貌的主窗口。读者入馆应遵守下列规定:

(一)衣着整洁大方,严禁穿背心、拖鞋入馆。

(二)保持室内安静,不要在室内追逐打闹、大声喧哗。

(三)爱护文献资料,严禁污损、偷窃(含撕页、开天窗)。

(四)保持环境整洁,严禁抽烟、吐痰、吃零食、乱扔杂物、乱刻乱画。

(五)举止文雅,不得抢占座位,不得在室内谈情说爱。

××学院图书馆
××××年×月×日

四、阅读下文,指出该文在文种的选用、内容的选择及遣词造句方面都有哪些毛病,怎样修改

××市第一人民医院取药守则

为了全面贯彻执行医院药剂工作条例,加强医院药房管理,保证人民用药安全,特对现行的取药办法改革如下:

(一)药房设交方、取药两个窗口,病员在交方口交方后,至同号取药处等候取药。

(二)处方书写字迹要清楚,不得涂改。如有涂改,医师必须在涂改处签字。

(三)处方当日有效,超过期限处方必须经过医师签字,否则药房不与调剂。

(四)对违反规定,乱开处方,滥用药品情况,药房拒绝调配。

(五)非本院医师处方谢绝调配。

五、写作题

1. 联系本校实际,制定食堂卫生管理制度、食堂餐厅就餐规则。

2. 联系本专业实际,为一个实验或一项工作拟写规程。

第二节 计 划

一、计划的概念和作用

(一)计划的概念

人们在一定时期内,为了实现某项目标或更好地完成某项任务而预先做出安排和打算,并形成书面材料,这就是计划。

计划是计划类文书的统称。常见的规划、要点、意见、设想、打算、安排、方案等都属于计划,只是由于时间、内容等方面的不同而使用不同的名称。大体上说,"规划"用于较长期的,具有全面性的,工作目标大轮廓式的计划;"要点"、"意见"是上级部门布置一定时期工作的主要任务,交代政策,提出原则和总体要求的计划;"设想"、"打算"是初步的内容较粗略的草案性的计划;"安排"、"方案"用于短期内,对任务、要求、措施办法具体布置的计划。

（二）计划的作用

（1）计划可以做到心中有数，减少盲目性，提高办事效率　有了计划，可以做到心中有全局，奋斗有目标。在某段时期内做什么，达到什么目标，怎么做，谁去做，什么时候完成，大家心中有数，领导者可据计划去组织人力、物力、财力，安排时间指导工作有条不紊地进行，提高工作效率。

（2）计划是实行科学管理的重要手段之一　有了计划可以统筹安排，平衡协调，以利任务的顺利完成。

（3）计划是检查、总结的重要依据　检查计划的完成情况，以此总结经验教训，推动工作。

二、计划的种类

计划按不同的标准，从不同角度来划分可以分为不同的种类。

（1）按内容分　有工作计划、生产计划、学习计划、科研计划。

（2）按性质分　有综合性计划、专题性计划。

（3）按时间分　有远景计划、年度计划、季度计划、月份计划。

（4）按范围分　有国家计划、地区计划、部门计划、单位计划、班组计划、个人计划。

（5）按表达形式分　有条文式计划、表格式计划、条文兼表格式计划。

三、计划的写作要求

（一）注意科学性

（1）要有明确的指导思想和政策依据。这就要求制订计划要准确理解上级的指示要求及有关精神。

（2）要树立全局观念，正确处理整体与部分的关系，做到统筹兼顾，合理安排。

（3）搞好调查研究，认真听取群众意见。实事求是，留有余地，把计划订得切实可行。

（二）各项内容要具体、明确、周密、完善。使用简明准确的语言，把做什么，怎么做，做到什么程度，什么时候完成等写清楚，便于执行和检查

四、计划的写法

计划没有一种固定不变的写法，应视计划的具体内容和易于表述清楚而定，一般都由标题、正文、落款三部分构成。常见的形式有条文式、表格式和条文表格式。

（一）条文式计划的写法

1. 标题

由制订计划的单位名称、适用时限、计划内容和文种四个要素构成，如【范例二】《××工业职业技术学校2002～2003学年工作计划》。也可根据具体情况忽略其中的某些要素，如【范例一】《上海市环保系统创建文明行业工作计划》，就省去了适用时限。如计划还要经过讨论或上级批准才能执行，则在标题后或标题下一行居中处加"草案"、"讨论稿"等字样加上圆括号。

2. 正文

正文写计划的具体内容，一般由基本情况、目标和任务、措施和步骤等部分构成。

（1）基本情况（也称前言）　主要说明为什么制订这份计划及制订计划的依据或指导思想。回答的是"为什么做"的问题。这是一段概括性文字，不用展开叙述，力求简明扼要。如【范例一】的前言，介绍了为什么制订计划。

（2）目标和任务　提出计划要达到的目标和要求，要完成的工作任务。回答的是"做什么"的问题，是计划的核心内容。写法上多是分条列项地表述，突出重点，分清主次，具体明确。如【范例一】的第二、第三大点。

（3）措施和步骤　措施是达到目标的具体手段，步骤是工作的程序和时间安排。回答的是"怎么做"的问题，要具体明确、切实可行，以保证计划任务的完成。如【范例一】的第四、第五点。

3. 落款

在计划正文的右下方署上制订计划的单位名称和制订日期。日期写在署名下面，若标题中已有单位名称，则可不署名。

条文式计划在写法上，可以将目标、任务（即做什么）与措施、步骤（即怎么做）分成两大部分来写，如【范例一】也可以将"做什么"和"怎么做"融合在一起写，如【范例二】。

（二）表格式计划的写法

表格式计划行文更为简洁，标题与落款跟条文式计划一样写作，表格是计划的正文，在标题下用列表的形式将计划的有关内容表达出来，显得具体明确，一目了然。它适合于内容较简单，时间较短，范围较小的计划，如工作安排、生产计划等。

（三）文表结合式计划的写法

计划分两部分组成，一部分是文字说明计划的依据、事实的方法等内容；一部分是表格。两部分内容谁先写谁后写可视具体情况安排写作。

【范例一】

上海市环保系统创建文明行业工作计划

创建文明行业是党的十四届六中全会《决议》和《中共上海市委关于加强社会主义精神文明建设的意见》中做出的一项重要部署，在环保行业规范服务（管理）达标的基础上，为进一步推进全系统两个文明建设，实现创建环保文明行业的目标，特制定如下计划：

一、指导思想

以邓小平理论和江泽民同志"七一"讲话重要思想为指导，坚持"两个文明一起抓"的方针，紧紧围绕本市环境保护和建设的各项任务，努力实践"三个代表"，切实提高环保人员综合素质、倡导行业新风，树立行业形象，为促进人和自然的协调与和谐，提高城市文明程度做出新的努力。

二、创建目标

努力按照"执法有声威、服务求最佳、管理创一流"的要求，以"五好"（造福人居环境好、依法行政执法好、窗口规范服务好、廉洁务实形象好、公众参与评价好）为内容，交出环境保护系统两个文明建设的合格答卷，在"十五"期间建成市文明行业。

三、创建内容

（一）造福人居环境好

1. 推进"十五"目标，改善环境质量　通过环保系统的共同努力并协调有关单位和部门，实现全市的总体目标，城市污水处理率达到80%，工业废水处理率达到100%，市区主要河道基本消除黑臭，苏州河、黄浦江水质和水生态系统明显改善，郊区全面遏制河道污染；工业废气处理率达到100%处理率，汽车尾气达标率为90%；环境空气质量指数二级以上的天数达到90%；区域环境噪声平均值白天为60分贝，夜间为50分贝，交通干线噪声平均值白天70分贝，夜间55分贝；危险废物综合利用率达到90%，工业固体废物综合利用率达到95%，市区生活垃圾分类收集率为90%，生活垃圾无害化处理率为95%；人均公共绿地面积达到7平方米，城市绿化覆盖率达到28%~30%。努力为把上海建成为布局合理、产业结构优化、生态环境良好、适宜发展创业和生活居住的国际化城市创造条件。

2. 心系人民群众，努力排忧解难　按照信访工作规定，及时办理信访工作。对人大的书面意见和政协提案，办结率达100%，处理满意率达90%，对群众来信来访处理率达100%，重复投诉率明显下降。

3. 弘扬绿色理念，创建绿色机关　市和区、县环保局要全面开展ISO—14000环境管理标准的贯标认证工作，在全市机关率先通过贯标工作的验收，并建立起符合国际标准的环境管理体系。

（二）依法行政执法好

1. 加大执法力度，接受社会监督　进一步完善环保应急热线"绿色110"，"有奖举报制度"，执行执法过错追究制度，认真组织查处违反环保法规的专项行动。

2. 强化执法技能，提高全员素质　结合"四五"普法，认真组织环境保护法律法规、执法技能等培训，开展执法人员学法用法活动，执法人员培训率为100%。已知违法行为查处率达95%以上。行政复议，诉讼败诉率低于5%。

3. 严肃执法纪律，树立良好形象　认真执行《关于对违反环保法规人员追究行政纪律责任的若干规定》，制定并实施环境监察人员违纪处理规定，保持环保执法队伍良好风纪，违纪行为的投诉率在3/1000以下。

（三）窗口规范服务好

1. 遵守行为规范，优化服务环境　按照"接待场所设施齐全，环境整洁，工作人员语言规范，办事高效"的要求。抓好监测、监察、绿色110、信访、建设项目受理接待窗口的建设，为工作对象提供良好的服务环境。

2. 深化政务公开，提高行政效率　推行行政检查、行政强制、行政处罚告知制度，不断完善政务公开内容，社会和人民群众满意率在90%以上。

（四）廉洁务实形象好

1. 改革管理体制，转换政府职能　按照"政企分开"、"政事分开"、"管办分开"的要求，深化行政审批制度和事业单位体制、机制改革。实行建设项目环境影响评价报告书，科研项目招投标和事务公开，注重从源头上抓好廉洁从政。

2. 巩固已有成果，纳入长效管理　在行政执法，公共服务等方面达到市纠风办、文明办组织开展的政风行风及行业达标滚动测评要求。

（五）公众参与评价好

1. 拓展民主渠道，完善公共行政　加强宣传教育，积极探索保障人民群众对环保的知情权、监督权、参与权、议事权、赔偿权的途径，努力形成本市环境保护公众参与机制。

2. 树立先进典型，用好活动载体　运用社会媒体，加强环境警示教育和先进典型的宣传，推进创建"绿色学校"、"绿色小区"工作，不断提高公众的环境意识。

四、实施步骤

（一）宣传发动阶段（2001.3~2001.8）

1. 接受市委和区县文明办的工作指导，组织到先行单位取经，形成创建文明行业工作方案，并制定和细化创建文明行业标准、考核办法。

2. 建立创建文明行业领导小组和工作班子，各区县环保局、市局各直属单位明确工作班子和联络员，建立工作例会制度。

3. 召开市环保系统思想政治工作研讨会议，对创建文明行业进行思想务虚，统一认识，召开环保系统创建文明行业动员大会，进行思想发动，签订创建文明行业目标责任书（承诺书）。

（二）实施推进阶段（2001.9～2002.8）

1. 根据创建内容制定年度创建文明行业工作计划和考核标准；把创建文明行业各项工作内容和节点目标纳入各单位年度工作计划，开展目标责任考核。

2. 认真参加市文明办、纠风办组织的行业达标、政风、行风评议综合考评工作，深入开展行风建设，不断巩固达标成果，及时发现和纠正行业不正之风。

3. 组织环保法律、法规及行政执法技能培训，重点完成大气污染防治实施办法，水污染防治实施细则，以及行政处罚文书听证制度培训，不断提高行政执法能力。

4. 严格依法行政，强化事后监督，改革行政审批项目和程序，实现行政审批改革的目标任务。

5. 完善社会监督机制，不断推出便民利民措施。

6. 定期召开创建文明行业工作会议，按时推进文明行业、文明单位工作的组织、协调和考核检查及日常管理工作。

（三）考核阶段：（2002.9～2002.12）

1. 每年定期组织创建文明行业（单位）自看自查工作；定期组织环保系统精神文明、行风建设特约监督员检查、暗访工作；定期通过城市综合调查队问卷调查工作，广泛征询社会和服务对象意见。

2. 召开环保系统查评工作交流会，总结检查创建文明行业情况，落实整改措施。

3. 迎接市文明办考核验收，适时召开创建文明行业总结表彰大会。

五、实施措施

（一）加强组织领导，形成创建网络

成立上海市环保系统创建文明行业领导小组：

组长：×××　副组长：××　领导小组成员：××、××、××、×××、×××。

市环保局精神文明建设委员会办公室为具体办事机构

主任：××（兼）

副主任：××（兼）、×××、××　成员：×××、×××、××××

区县环保局和直属单位要完善党政主要领导负责的精神文明建设领导小组和办事机构，具体负责创建文明行业工作，并确定一名联络员，负责创建活动、日常事务和组织协调工作。

（二）明确创建责任，强化目标管理

市和区县环保局、各直属单位进行目标分解、责任签约、节点推进、层层建立创建工作责任制，务必使创建工作责任到主要负责人，规范到岗，考核到人。并严格执行"一票否决制"。

（三）突出阶段重点，注意分类指导

创建工作要条块结合，齐抓共管，突出重点，形成合力。市局机关要根据处、室职能分工，发挥专业部门作用，组织业务培训、工作指导，考核检查工作。综合部门加强与文明办、纠风办和新闻媒体沟通，办好《创建文明行业工作简报》，及时交流经验和加强舆论宣传。

（四）强化上下联动，确保行业覆盖

形成巩固的环保行业精神文明建设工作机制，市、区县环保部门加强工作例会制度、定期分析创建活动工作情况，提出推进工作方案，积极创建文明单位，扩大创建市和区县局级文明单位的覆盖面。

（五）争取社会支持，务求创建成效

积极争取市、委文明办、各区县文明办和上级党委的具体工作指导，充分发挥行风监督员、精神文明建设监督员作用，每年组织两次观摩、检查活动，同时，结合人大代表检查和政协委员视察活动，广泛吸取意见。努力实现创建目标，形成环保创建特色。

（六）树立先进典型，弘扬行业精神

注重树立先进典型,搞好行业标兵和示范窗口的评比活动,努力丰富行业文化,弘扬行业精神,形成奋发向上的良好氛围。

上海市环境保护局

××××年××月××日

(稿件引自:上海市环境保护宣传教育中心,有改动)

【简析】

这则工作计划写得非常具体。开头写了前言,简明扼要地说明撰写计划的目的和缘由,然后从五个方面撰写计划。首先明确指导思想、创建目标和创建内容(即工作任务),然后再撰写实施计划的步骤和措施。目标、任务明确,步骤、措施具体,整份计划层次清楚,切实可行。

【范例二】

××工业职业技术学院2002~2003学年工作计划

2003年将是我校具有重大转折意义的一年,我校将提升为职业技术学院,这将是我校在新时期新阶段的新跨越。我们要以邓小平理论和"三个代表"重要思想为指导,深入学习贯彻党的十六大精神,紧紧抓住全面建设小康社会的历史机遇,坚持解放思想、实事求是、与时俱进,根据十六大报告提出的"发展要有新思路,改革要有新突破,开放要有新局面,各项工作要有新举措"的要求,以加快发展为主题,深化教育改革,进一步更新教育观念,大力推进职业教育的创新,增强办学实力,加强多层次多渠道办学力度,扩大办学规模,加大教学管理、人事管理、学生管理和综合治理等工作的管理力度以及尝试性改革,开创我校职业技术教育改革与发展的新局面。

一、以学习贯彻落实党的十六大精神为重点,加强政治理论学习,积极开展德育教育和精神文明建设工作

(一)政治理论学习。以党的十六大精神作为全体师生理论学习的首要内容,组织教职工对十六大精神进行专题学习和讨论,同时加强对学生学习十六大精神的引导工作,把全体师生的思想认识统一到十六大精神上来,积极推进我校的改革、发展和稳定。组织教职工学习中央以及上级领导机关重要文件精神,学习国家新出台的法律法规,掌握好国家的发展态势和政策,尤其是教育改革的新动向新举措,确保我校的工作思想时刻与党中央保持高度一致。

(二)德育教育工作。要充分认识当前我校学生的思想素质,根据实际情况,切实做好德育教育工作。要加强对学生的思想品德教育、法制教育,进一步规范学生的行为习惯,将学生培养成为文明学生。加强对学生的世界观、人生观、价值观的引导以及爱国主义、集体主义教育。做好学生的心理健康教育,促进学生的身心健康和全面发展。

(三)开展表彰先进和学习先进活动。……

(四)组织好师生开展支教、助困以及学习雷锋活动。……

(五)加强警民共建、街区共建活动。……

二、全面更新教育观念,进一步加大教学改革力度,努力提高教学质量

(一)修改、完善教学方面的相关条例,形成一套严格的适应当代职业教育教学管理制度,加强教学环节的管理,全面提高教学质量。在教学中贯彻"能者上,庸者下"的原则,将教师的待遇与教师的教学质量挂钩,继续对教师的教学质量进行测评,充分调动教师的积极性。

(二)因材施教,加强实践教学力度,培养技术性实用型人才。召开不同层次的教师、学生座谈会,充分了解学生的思想状况,根据学生的实际情况来把握教学的难易程度,探索新的教学方法,充分调动学生的学习积极性,消除学生厌学或学不下去的现象。因此必须进一步明确职业教育的办学思想,继续加强实践教学环节,合理调整我校的专业设置,修改教学计划,培养技术性实用型人才。

(三)加强师资力量建设,注重对中青年专业课教师的培养,为中青年教师提供更多的培训、进修

和提高学历的机会,争取培养更多的双师型教师,为提升职业技术学院做好师资准备。

(四)加大教学硬件建设。学校根据实践教学的需要,加大对实验设备的投入和改善,为学生提供更多的实训条件和实训基地。

(五)加强对校办工厂的投入和建设,进一步完善实践条件,满足实训的需要。继续扩大与企业和科研单位的联系,使之与学校各专业实验室结合,多形式、多渠道开办实训基地,为教师的"产、学、研"活动提供场所。

三、制定招生就业新目标,调整招生就业政策,全面开拓招生就业工作新局面

2003年我校将有1500多名学生毕业,在校生人数将会大幅度下降,因此必须做好以下工作:

(一)努力落实2003年的招生目标。2003年学校的三步招生目标是:1. 达到去年相同的招生人数1000人。2. 招到1200人,能够维持我校学生数在3000人。3. 招到1500人,达到今年的毕业生人数,能够保持我校目前的在校生人数。全校教职工要积极配合,加大宣传力度,多途径多渠道争取更多的生源,逐一实现这三个目标。

(二)对招生政策的调整和修改。要改变往年在个人招生奖励和招生组费用方面的不合理性,力争减少招生费用,降低招生成本。本学期将由招就办及有关人员具体负责调整和修改有关招生奖励的政策和招生组费用的规定,使制定出来的招生政策具有较强的严密性、合理性,促进我校的招生就业工作逐步走向一个良性发展的轨道。

(三)今年毕业生就业率要争取达到95%。至2003年3月止今年将毕业的学生目前已就业的有800多人,达60%。要继续以招就办为龙头,做好毕业生就业工作,尤其是要继续加强与区内外企事业单位的联系,大力宣传和推荐我校毕业生。同时要加强对毕业生毕业前的教育和培训工作,提高学生的素质和职业技能,作好跟踪调查和服务工作,使用人单位放心,学生家长放心,学生自己满意。以此努力推动就业进度,突破原有的就业率,实现招生与就业的良性循环,全面开拓我校招生就业工作的新局面。

四、认真分析学生管理工作的新状况、新问题,积极探讨有效的管理措施,狠抓学生管理工作,使这项工作出现新局面

针对上学期我校在学生管理方面出现的一些问题,本学期学校在学生管理方面提出的口号是:"消灭打架斗殴、无故旷课和夜不归宿"现象。

(一)继续加强校风、教风、学风建设,营造良好的校园文化氛围。

(二)校领导要高度重视,继续加强对学生的量化管理工作,主管领导、学生科、班主任、班委会和团支部逐层负责,严格按照《班主任管理条例》来开展工作,要形成一个严谨的学生管理体制,提高学生管理工作的质量。

(三)对学生管理工作中的新现象、新问题进行深入调查和分析,积极探讨管理新举措,及时拿出管理新方案。班主任、任课教师要深入了解学生的思想状况,有针对性的改进教学和教育方法,根据学生的新情况采取新的管理方针和策略。对现行的、已不适应当前学生管理的有关条例进行修改,做到有章可循,严格管理。

(四)要充分调动全校教职工对学生管理工作的积极性,形成积极配合、狠抓共管的团队精神,选择责任心强的教职工担任班主任,树立"校兴我荣,校衰我耻"的观念,争取在新学年的学生管理工作中抓出新成效。

(五)加强对学生第二课堂的正确引导,开展丰富多彩的业余活动,造就一专多能的复合型人才。

五、进行财务审计和规范化管理

请有关审计部门对我校的财务情况进行审计,做好财务进账工作,按照有关财务规定规范学校财务管理,走现代化、规范化道路。

六、尝试人事制度改革,加强行政管理工作

在国家人事制度改革的前提下,对我校的人事管理进行尝试性改革,尤其是在没有实现全员聘任制

的情况下，对我校的教学部门和行政科室实行目标管理，对达到预期目标的科室和人员进行奖励，对达不到目标者实行一定的惩罚，以此调动广大教职工的工作积极性，提高学校工作效率，加强行政管理力度，为即将实行的全员聘任制做好前期准备。

七、加强后勤保障工作，改善办学条件和生活条件

（一）做好学生宿舍楼和教职工集资楼的建设工作，尽快改善师生们的住宿条件。

（二）做好校园规划和美化工作，加大投入力度，创建美丽优幽雅的校园环境。

（三）加强对学校食堂承包工程工作的宏观监督和管理。

八、加大多渠道多层次办学力度，拓宽办学途径

（一）继续做好中专、高职部分的招生就业、教学管理等工作，争取在保持原有水平的基础上有新发展，进一步增强学校的办学实力。

（二）做好函授站的招生和教学工作。对函授站的招生要制定好计划和目标，要加大宣传力度，扩大函授站的知名度，争取获取较大的生源。在教学方面也要做好计划，对于超出我校教师能力范围的专业要做好外请教师的准备，确保函授站的教学工作正常运转。

（三）加强与越南等东南亚国家联合办学的力度。首先是争取实现与越南的一些学校联合办学，做好接收越南留学生到我校就读的各种前期准备工作。其次，尝试与欧美发达国家联合办学或输送毕业生。

九、切实强化我校综合治理工作，抓好离退休人员工作、工会工作、计划生育工作和群众体育工作

（一）继续加强社会治安综合治理工作。切实做好防火、防水、防毒、防爆、防盗、防止恶性事故发生的安全防范工作，加强对全体师生的法制教育、安全教育，加强护校队的建设与管理，维护校园治安环境，维护正常的教学秩序和生活秩序。

（二）加强对离退休人员的管理，安排老同志参加校内文体活动，让老同志老有所乐。对住院的老同志及时看望，关心有困难的教职工。

（三）支持工会工作，开展丰富多彩的职工文化活动，使工会成为联系群众的纽带和桥梁，成为职工信赖的群众组织，提高工会的凝聚力。

（四）抓好计划生育工作。落实"三为主"方针，在上级部门的领导下，开展好我校的计划生育工作，把计划生育的要求和措施落到实处，继续保持计划生育先进单位的光荣称号。

（五）抓好群众性体育卫生工作，增强师生体质。

继续贯彻执行国家教育部颁布的体育卫生工作条例，抓好学校体育卫生工作。学校体育运动委员会制订本学期体育工作计划，有计划的组织全体师生（包括离退休同志）开展健康活泼的群众性体育健身活动；组织有体育特长的师生参加校外体育比赛活动，为学校增添光彩。

××工业职业技术学院
二〇〇三年三月三十日

【简析】

这是一份将目标、任务及措施综合起来写作的综合性计划。本计划将"做什么"和"怎么做"融合在一起写，每一项任务下面都包含着具体措施，有利于本单位各部门具体实施计划。

练　　习

一、填空

1. 计划是计划类文书的统称，常见的规划、_____、意见、设想、_____、安排、_____等都属于计划。

2. 南晓市卫生局2003年第三季度工作_____。
3. 计划中目标、任务，回答的是"_____"的问题；措施、步骤回答的是"_____"的问题。
4. 制定计划要注意科学性，实事求是，_____使计划定得切实可行。

二、下面是一份工作计划，它的次序乱了，请根据制定计划的写作要领，给予调整

东江印刷厂第四季度增产节约计划

为响应厂部关于"创造利润×××万元，增产节约做贡献"的号召，特定本计划：
（一）具体措施
1. 为了促使三班互相衔接，加强各班之间的联系，建立健全会议汇报制度：每星期五开各班车长会议一次，每两天开三班值班长碰头会一次，每半月开全体技工技术研究会一次。
2. 十月中旬前组织讨论，公布岗位职责制。
3. 加强思想教育工作，严格执行操作规程，每周进行一次机车维修检查，防止工伤和停车事故。
4. 合理调整劳动组织，充分利用现有设备，在十月上旬前实行三班制，并将产量落实到机台。
（二）车间全季度增产节约为×××万元
1. 降低原材料消耗指标。油墨单耗较定额降低百分之×。每月节约车油××公斤，煤油××公斤，抹布××公斤。
2. 质量指标。争取全季度甲级品率高于百分之××，报废率低于百分之×。
3. 产量指标。全季度保证完成××印令，较上季度提高百分之××，较上级下达计划提高百分之×。每月完成数：十月××令，十一月××令，十二月××令。

三、根据本校实践教学的情况，制定一份实习计划

第三节 总 结

一、总结的概念与作用

总结就是对前一阶段的实践活动进行回顾检查、分析评价，从中找出经验教训或规律性认识的应用文。

总结的目的是对上阶段的工作或任务加以分析研究，探求事物发展的规律，把它上升到理性认识，以指导下阶段的实践活动。因此，它具有两方面的作用：

① 可以检查上阶段实践活动的成败好坏，在分析研究事实材料的基础上，找出经验教训，以更好地指导下一阶段的实践活动。

② 可以养成理论联系实际的作风，学会观察事物和分析问题，提高思想认识和业务工作能力，自觉贯彻执行党和国家的方针政策。

二、总结的种类

总结是一种实用性很强的应用文。依照不同的分类标准，总结可有不同的划分。如按

照内容的不同、范围的大小、时间的长短等来对它进行分类，一般可分为以下几类：

按性质来分，有综合性总结（全面性总结）、专题总结。

按内容来分，有工作总结、思想总结、学习总结、技术总结等。

按范围来分，有地区总结、单位总结、部门总结、班组总结和个人小结等。

按时间来分，有年度总结、季度总结、月份总结、周总结等。

综合以上不同类型的总结，从方便写作的角度上去考虑，总结可归纳为四大类：

（一）工作汇报性质的全面性工作总结

例如周、月份、季度、年度的工作总结。这种总结，着重对一定时间范围内的工作情况作比较全面的综合汇报，内容侧重于对工作情况和工作成绩的概括，使用的材料多是任务完成情况、数据和做法。表达方式多以概述为主，如【范例一】。

（二）介绍经验的专题总结

专题总结又称单项总结。这种总结，往往用于宣传先进经验，具有典型性和指导性。它主要着眼于典型经验，内容侧重于介绍事实、做法，并从中引出经验教训，上升为理性认识，总结出具有规律性的东西。使用的材料多为典型的具体事例，表达方式多为夹叙夹议。

（三）科学实验、生产技术总结

这是科研或生产部门在完成某一科学实验（生产项目）后，对实验（生产）中得出的数据、结果等进行整理、归纳、分析，据此发现问题、找出规律、得出结论并写作成文的总结。这类总结具有学术性。它着重于总结实验（生产）成败的技术因素，探讨某一实验（生产）项目成败的技术规律。如【范例二】。

（四）个人学习、工作小结

这种小结主要是写个人在学习工作或生活中的体会和认识。内容往往比较单一，范围较小。有具体的事例，有理性的认识，既叙事，又见思想。表达方式主要是叙述与议论相结合。

三、总结的写作要求

写作总结，有以下几点要求：

（一）要有正确的指导思想

总结的写作必须在认真学习和遵循党和国家方针政策及国家的法律法规的基础上去写作。只有这样，才能对工作学习生产劳动科学实验等做出正确的认识和评价，也才能总结经验教训，找出规律性认识以指导下一阶段的实践活动。

（二）要实事求是

在总结的写作中，要尽量避免"浮夸"风，讲求实事求是，真实反映客观实际。切忌好大喜功，只谈成绩却回避问题，要一分为二，实事求是，既写成绩又要写不足或存在问题。

（三）观点和材料统一

总结的材料观点要统一，既要有理论的高度，又要有典型的事例。观点从事实中提炼出来，而事实又能充分地说明观点。力求摸索出一套对别人和自己都有用途的规律性的经验。

（四）语言要准确简练

在总结的写作中，无论是对事实的叙述还是对经验教训或规律的阐述都要准确简练。

四、总结的写法

总结没有固定的格式。总结的写作比较灵活，要根据不同的目的、内容，针对不同的对象来确定写作的重点。一般来说，总结包括标题、正文、落款三部分。

（一）标题

总结的标题常见的有以下三种形式：

1. 公文式标题

由单位名称、时限、事由、文种来构成，如《中共××市委党校教务处2003年工作总结》。这种标题形式，跟公文的标题的构成形式是一样的。这种标题，适用于全面性工作总结。

2. 文章式标题

概括总结的内容或基本观点，突出中心，标题中不出现文种。这种标题一般用于专题总结或个人小结。

3. 混合式标题

这种标题是以双标题形式出现的，正题揭示主题或概括经验体会，副题标明单位、时限、事由和文种等，如《建世界一流大学，我们做了些什么？——清华大学研究生会1998~1999年度工作总结》、《一本书一页纸一句话——自考学习方法浅谈》。

（二）正文

总结的正文一般由开头、主体、结尾三部分构成。

1. 开头

也叫前言，这部分一般是概述情况。前言部分要简明扼要地概括基本情况，包括指导思想、背景、单位（个人）、时间、主要成绩或经验等。如【范例一】《中共××市委党校教务处2003年工作总结》的开头："2003年，我教务处工作始终坚持以十六大精神为指导，全面贯彻《2001年~2005年××市干部教育培训规划》，充分发挥'谋划、组织、服务、协调、管理'的职能，不断加强教学管理、教师管理、学员管理，努力提高教学质量，以崭新的风貌和精神状态，努力为我市干部队伍建设尽职尽责，努力为党校发挥干部培训工作中的主渠道作用做出我们应有的贡献。"这段话就概括地写了教务处工作的指导思想和主要工作成绩。

2. 主体

这是总结的重点部分，主要是分析情况。如果是全面性工作总结，就要包括主要成绩、取得成绩的经验和存在问题的原因教训等；如果是专题总结，那就要把工作过程同经验穿插起来写；如果是个人小结，可以采用以上两种写法，也可着重写自己收获较大或体会较深的问题。这部分内容一般都比较多，凡是内容多的，都要分条列项写，必要时还要分层次写，加上小标题，以突出重点，明晰条理，如【范例一】主体部分的写法。

3. 结尾

这一部分是下结论或提出意见。一般是在总结经验教训的基础上简要提出下一步的打算或今后努力的方向等。如果是科学实验或技术总结，则要在这一部分下结论。

（三）落款

落款包括具名和日期。具名可写在正文的右下方。先具名后写日期，分行写。如单位名称已经在标题出现的可不再具名。具名也可写在标题下。

【范例一】

中共××市委党校教务处2003年工作总结

2003年，我教务处工作始终坚持以十六大精神为指导，全面贯彻《2001～2005年××市干部教育培训规划》，充分发挥"谋划、组织、服务、协调、管理"的职能，不断加强教学管理、教师管理、学员管理，努力提高教学质量，以崭新的风貌和精神状态，努力为我市干部队伍建设尽职尽责，努力为党校发挥干部培训工作中的主渠道作用做出我们应有的贡献。这一年里，我们重点做了以下工作：

一、教务处自身建设力度进一步加大

1. 政治、业务学习坚持常态化　根据校党委的安排，认真学习马列主义、毛泽东思想、邓小平理论、十六大精神以及市场经济知识和WTO知识等，身体力行"三个代表"，利用每周党日活动，坚持政治、业务学习，通过参加机关党委和纪检部门组织的政治考试，不断提高全处同志的政治、业务素质和党性修养，收到了明显成效。

2. 工作职能和任务目标更加明确　去年我处同志经过研究讨论，明确并健全了教务处的工作职能，即：谋划、组织、协调、服务和管理。半年来，我们本着这一职能，认真贯彻落实，充分发挥校委的参谋助手和为教学、教师、学员服务的作用。使得各项工作都能顺利进行并圆满完成。

3. "学、创、促"活动扎实开展　根据学校机关党委的安排，我处认真组织学习开展了"学、创、促"活动和"三争"活动，开展了"艰苦奋斗、廉洁从政"教育活动，通过行政效能检查活动，我们查出了存在的问题，找到了不足，提出了改进意见。特别是两位副处长上任以后，我们明确了分工和各自的职能，使得各项工作都能够有条不紊地进行，全处上下形成了团结一心、同舟共济的局面，凝聚力和战斗力明显加强。

二、主体班干部培训工作成绩显著

根据《××市"十五"干部教育培训规则》，今年，我们与市委组织部联合举办了全市乡镇长干部培训班和县（市、区）直科局长培训班各一期、优秀中青年干部培训班两期、县级干部理论进修班两期、县级领导干部世贸知识培训班一期。虽然"非典"期间，为保证学员的身体健康和预防疫情的传播，经市委批准及时停课影响了上半年教学计划的顺利进行，但"非典"过后，我们及时采取补救措施，从而圆满完成了市委交给的干部培训任务，共培训学员500多人次。为办好这些班次，达到让市委和学员满意的双重目标，我们采取了以下措施：

1. 以十六大精神为核心，全面调整专题设置　为宣传好、贯彻好党的十六大精神，我们对主体班专题进行了调整，重点围绕：十六大的历史地位和理论突破、十三年的不平凡经历和基本经验、全面建设小康社会、政治文明与我国政治体制改革、进一步深化经济体制改革、全面加强和改进党的建设等重大问题安排课程，努力在高度上和深度上下功夫。

2. 以提高教学质量为中心，大力优化师资配备　在师资配备上，在总结原来做法的基础上，采取了竞标、试讲和安排相结合的方式，除根据形势需要和市委要求临时指定教师和外聘教师任课外，其他专题必须竞标，只有一名教师竞标的专题试讲分数必须在80分以上者方能任课。同时加大外聘教师和远程教学力度，全年共外聘教师20多人次、安排远程教育40多次，通过这些工作的开展和深化，增加了学员听取国内、省内知名学者讲座的机会，受到学员的一致欢迎，提高了培训效果。

3. 以提高教学活动的视听效果为目标，积极探索教学方式改革　为活跃课堂气氛、提高教学效果，上半年积极推行教学方法、教学方式改革，加大答疑式教学、讨论式教学、互动式教学力度，要求各教研室必须推出至少一种新的教学方法，并把教法创新作为教师考核的一项重要内容。同时鼓励教师运用课件教学。这些措施的采取使学员耳目一新，收到极好的教学效果。

4. 以竞争机制的引进为契机，加大教师考评力度　随着竞争机制在教学中的引进，在总结去年教师考核经验的基础上，在加强学员对教师进行评估的同时，从今年上半年开始，我们聘请了五名理论水平高、责任心强的退休老教师组成评估组对主体班任课教师进行评估。为组织好此项工作，我们付出了很大努力，从评优方案的制定到评委的组织，从对评优活动的督促到分数的统计和归档，都按照程序有条不紊地进行，为最后的评优和奖励工作提供了前提和保证。

5. 以培养良好学风为重点，加大考察、调研力度　为强化理论与实践的结合，培养学员观察、解决实际问题的能力，除要求学员带着问题学，在学中解决问题外，上半年，我们成功组织乡镇长班的学员到山东潍坊进行了为期一周的异地培训，把农业产业化专题培训与就地考察紧密结合，收到良好效果。同时还成功组织中青班学员到云南考察、调研，开拓了学员视野，增强了理论联系实际的自觉性。下半年，我们先后组织中青班学员和县级班学员到江苏苏州、昆山就小城镇建设和政府职能转换进行异地培训和考察，使得异地培训和考察相结合的工作思路更加明确和规范，受到学员的普遍好评和市委组织部领导的充分肯定。

6. 以考察、答辩的有机结合为切入点，加大对中青年干部培训班学员的考核力度　结合异地培训，我们要求中青年干部培训班的学员根据培训和考察情况写出调研报告，并以调研报告为基础组织结业答辩。为组织好答辩工作，我们经市委组织部同意，制订了《中共××市委党校关于优秀中青年干部培训班学员调研报告答辩安排意见》，组成答辩工作领导小组和答辩委员会，对学员的调研报告和在党校的培训情况进行答辩，以考察学员分析问题的能力、语言表达能力、应变能力以及对所学理论的理解和把握能力。通过答辩活动的组织，有力地促进和提高了学员学习、考察、写作的积极性和主动性，答辩过程中，学员的表现使我们对我市中青年干部队伍的素质充满了信心，市委组织部领导亲临现场观摩答辩，对此给予了肯定，并准备在各班次的结业考核中推广。

三、在职研究生教学管理工作上了新台阶

1. 报名、考试工作顺利进行，录取工作实现目标　去年秋季，工作站的所有人员就全力投入到了今年的招生报名工作，由于今年省委党校研究生部明令不让在新闻媒体做广告，致使此项工作的难度空前加大，工作站全体人员发扬誓争一流的精神，上下齐心，共同努力，利用各种关系，通过多种形式，克服重重困难，跑遍了全市25个县、市、区和市内50多个机关、企、事业单位和部门进行宣传、发动，邮寄信件770多封。通过努力最后报名190人，实际参考161人，（其中县级干部29人，科级以下干部132人）。最后录取105人，实际注册100人，名列全省同级党校第一名。

2. 规章制度日臻完善，管理力度日渐加大　为了加强管理，保障质量，继续保持和提高研究生班良好的社会形象和声誉。今年以来，工作站在规范和落实管理制度上狠下工夫，在认真组织班主任和学员学习省委党校研究生院九项管理制度的同时，结合我站实际情况，制定出了切实可行的、可操作性的学员管理规定、考勤与请假制度、班主任工作规定、班主任工作职责、学员守则及优秀学员评选办法六项规定。与此同时，继续发挥公示栏的作用，除对每次授课中的学员到课情况进行公示便于监督以外，还不定期对学员的表现及遵守制度情况予以通报，全年出通报八期。通过一系列的规章制度和措施，学员的听课率一直保持在80%以上。

3. 教学计划有序进行，教改氛围初步形成　纵观本学年的教学情况，教学改革与创新的氛围已初步形成，效果明显。尤其是省委党校杨××老师在2002级的《比较宪法学》一课中，一改"教师讲学生听"的单一授课方式，尝试互动式启发教学，这种教学手段的创新调动了学员的积极参与热情，活跃了课堂气氛，增强了教学效果。

4. 理论研究水平明显提高，创新能力明显增强　为了加大研究生班学员的研究能力，提高学员的写作和理论创新能力，根据年初的计划安排，在我校校刊《理论与实践》上开辟了在职研究生学习专栏，截至目前，已有9名学员的理论调研文章予以选登，扩大了研究生班的社会声誉和形象。与此同时，为了配合深入学习"三个代表"重要思想，号召所有学员暑假期间撰写一篇"学习三个代表，力行三个代表"的理论文章，于下学期开学时上交。

5. 外出考察坚持经常，理论联系实际更加紧密　我站在第二课堂的开辟上已经走在了前列，为了在深度和广度上下功夫，于去年期末考试时就开始谋划此项工作，各班班主任在广泛征求本班班委会、党支部意见的基础上，确定毕业班论文的写作要与出省考察相结合，以开阔学员的眼光、增强战略思维和理论研究能力；2001级和2002级的考察与所学课程相结合，找到理论与实际的最佳结合点。我们共组织三个年级的学员共计17人到海南进行考察，增强了学员之间的交流与沟通，提高了观察、分析和解决现实问题的能力。

6. 扶贫力度逐渐加大，党性修养和锻炼明显提高　为了在研究生班学员中广泛形成艰苦朴素的良好风气，提高学员的党性修养和党性锻炼能力，配合学校开展的"扶贫、解困、送温暖、献爱心"活动，组织学员积极捐款3000多元，购买了近百套师生备课、学习用具，送到了涞源县涞源镇北台村的所有师生手中，并为该校8名特困生交了一年的学杂费。这项活动不仅扩大了研究生班的社会影响，也是力行"三个代表"的具体体现。此项活动我们将继续坚持下去，不定期到扶贫点慰问。

四、成功举办了"××市党校系统首届主体班教学经验交流暨研讨会"

经过半年多的酝酿和筹备，我们于今年11月召开了"××市党校系统首届主体班教学经验交流暨研讨会"。会议一致认为，自2000年全国党校工作会议召开以来，我市党校系统认真贯彻落实《中共中央关于面向21世纪加强和改进党校工作的决定》，充分发挥"阵地"、"熔炉"和干部教育培训的主渠道作用，在我市的国民经济和社会事业发展，特别是干部队伍建设上发挥了应有的作用，提高了在干部教育培训工作中的社会影响力；在本次交流会上，学校对涿州市委党校等9个优秀培训单位和10名优秀任课教师进行了表彰。会议对两年多来全市党校系统主体班教育培训工作取得的经验进行了总结，对存在的问题进行了广泛深入的讨论，对今后的发展思路和发展趋势达成了共识。

五、圆满完成了学校的"防治非典"工作任务

非典疫情在我市出现以后，根据校委的安排，我处有两名同志参加了学校防非办公室的有关工作，后来由于工作需要，教务处整编制到西院承担防非任务，全处同志认真贯彻落实校委的安排部署，同函授处和办公室的有关同志一道，积极担负起大门值班和防疫消毒工作，在全体同志的共同努力下，圆满完成了防非工作任务，杜绝了非典疫情对我校的入侵，确保了西院全体教职工和家属区居民的身体健康和生命安全。

【简析】

这是一份综合性的年终工作总结。年终工作总结一般是把本单位、本部门全年完成的工作作一番回顾，检查年初所订的工作计划的实施情况，但又不能面面俱到，必须突出重点，反映一年来的主要工作。这篇总结注意了这一点。

【范例二】

信息调研工作的几点体会

从8年前走进人民银行的大门起，我就与信息写作结下了不解之缘。在领导和同志们的鼓励、支持和鞭策下，我先后在《金融参考》、《金融会计》、《金融时报》、《武汉金融》等重要杂志报刊发表论文、调研材料、信息稿件400多篇，其中中央级60多篇、省级100多篇。2000年以来，我每年都在总行内刊上有所收获，有10多篇文章在各级征文比赛中获奖或被上级行推介，3次获得市以上优秀信息员称号。现在，我结合自己的写作实践，谈几点体会。

一、兴趣——成功的源泉

一个人重要的不是他的职业和身份，重要的是能否在人生旅途中找到自己的位置。多年的实践使我深深体会到，信息写作是我进步的阶梯，是我实现人生价值的一条途径。我从事信息写作基于四个方面的原因；第一，丰富知识，陶冶情操；第二，学会思考，寻找快乐；第三，履行职责，传播知识；第四，总结经验，发现问题。由于目的明确，我对信息写作产生了直接而又浓厚的兴趣。在此基础上，我常常给自己制订规划，既有长期目标，又有短期任务；既有高要求，又切合实际。在品尝8年"爬格子"的酸甜苦辣后，也让我品尝到那种灵感被挖掘的快乐。做一个优秀的信息工作者，成为我永恒的追求。

二、勤奋——成功的阶梯

常言道：几分耕耘，几分收获。多年来，我努力做到"四勤，四积累"。

（1）勤于学习，积累知识。博闻强记是提高写作能力的基础，其背后则是艰辛与汗水。我积极参加各种信息写作培训班，自费订阅《新闻与成才》、《应用写作》、《演讲与口才》等杂志，利用内网和互联网广泛搜罗资料，养成摘录、剪贴的习惯，从中吸取养分，博采众长。

（2）勤于思考，积累经验。"留心处处皆学问"。要写成好的信息调研文章，必须对事物全面观察，详细了解，多向思维，把握热点、难点分析，才能从不同方面发现问题，提炼精髓。加入WTO应统一按国际惯例办事，为此我在〈加入WTO后我国企业信用建设初探〉中，敏锐地提出"企业亟待加强信用建设"，文章被《武汉金融会计通讯》采用。〈加强对个人存款账户实名制配套管理的思考〉、〈农信社盘活不良贷款的思考〉等文章，我也用心进行了探讨。

（3）勤于调查，积累素材。无论工作有多忙，学习有多累，任务有多重，我都要挤时间，经常走访金融机构、厂矿企业和农村开展调研，这样写出的调查、信息、建议和总结才能站在一线的角度，从客观的层面洞析事物，为上级决策提供原始资料，而绝非脱离实际的浮夸之词。为写〈对基层农信社代办业务的调查〉，我深入农村走村串户，提出的观点和建议具有很强的针对性和指导意义，文章在《武汉金融调研》发表。〈硬币缘何投放难〉、〈农村反假币：让人欢喜让人忧〉、〈凭证式国债在农村为何'热'不起来〉等文章从采编到发表，也让我受益匪浅。

（4）勤于动笔，积累实力。我所有的文章并非全部成为墨香的铅字，特别在写作之初，由于文章平淡乏味，"货"不对"路"，发出的稿件如泥牛入海，为此，我工作之余下足工夫，多写多磨，多看多改，提炼精品。俗话说，"熟能生巧"，可见，"手勤"有助于练好"笔杆子"，提高自己的写作能力和分析思维能力。印象较深的有"签字了"不等于"廉政了"，我对调研材料几易其稿，对标题反复推敲，最后被《武汉金融纪检监察》全文刊发。

三、技巧——成功的秘诀

老实说，在信息写作方面，我并无"独门秘诀"，只不过通过多年的实践，找到了一些小窍门而已。

（1）高屋建瓴，反馈信息。金融信息写作的立足点，应该提供决策依据，指导业务实践，促进工作发展。2001年，我撰写了〈对基层银行业税费负担情况的调查与思考〉，先后在《金融参考》、《武汉金融会计通讯》发表，还被封面重点推介，为银行营业税下调提供了参考价值。2003年，结合创建"青年文明号"实践，采写《放飞年轻的心 吹响青年的号角》，介绍了我支行创建"青年文明号"、实施"三项工程"、实现"三个标准"的做法。稿件发出后，很快被长沙中支推介，对推动全省创"号"进程发挥了良好的借鉴作用。〈谈谈基层央行岗位轮换〉在《武汉金融调研》发表，对提高央行工作效率，促进行风建设起到了有力的推进作用。2004年初，撰写〈基层推行国库单一账户中存在五大'瓶颈'〉，得到上级有关领导的充分肯定，并被《金融参考》刊发，也被封面重点推介。

（2）立足岗位，以新出奇。从工作中寻觅素材，发现问题，总结经验，力求题材新、角度新、手法新，写下的文章才有新意。2000年11月电子联行业务到县，对这一变革，许多同志提出想法，见诸各类报刊，我重点从科技方面进行探讨，撰写〈电子联行业务到县存在的问题及改进〉在《武汉金融》发表。2002年我从事现金管理，检查中发现，传统的现金使用方式成为当前犯罪分子洗钱、偷税漏税的重要渠道，于是采写了〈对加强基层现金管理工作的调查与思考〉，被《金融会计》和《武汉金融调研》刊发。国库方面的文章往往侧重于国库监督和资金分析，我从内部管理入手撰写〈浅析国库支库管理中存在的难点及对策〉，从工资统发入手拟写〈基层国库统发工资存在的问题及对策〉，分别在《武汉金融会计通讯》、《武汉金融调研》发表。〈银行账户管理亟待加强〉、〈县级人行工会开展思想政治工作的特点、问题及改进建议〉、〈浅析基层金融行政执法的难点及对策〉，这些文章都取材于不同时期的工作重心，结合自己各个阶段的岗位经验，先后被《武汉金融调研》刊发，或在分行论文评选中获奖。

（3）独辟蹊径，寻找突破。对报刊杂志上发表的文章进行研究，找到别人不曾涉足的领域，选准突破点，也有冷门迭出，达到意想不到的效果。〈对基层农村信用社代理乡、镇金库的调查〉、〈目前乡、镇金库存在的问题〉就是顺势而写的。乡、镇金库的设立，在一定程度上完善了乡镇财税体制，促进了农村经济的发展，但随着时间的推移，问题渐渐暴露，只不过当时没有多大反响。2001 年以来，我多次对衡山县 18 家乡镇金库开展调查，全方位、多角度探讨。两篇材料先后在《金融参考》刊发，前者也被封面重点推介。

（4）抓住线索，抢挖新闻。在材料堆里"抓线索"，利用各种会议"挖新闻"，也是我的一个做法。〈人行衡山支行党风廉政建设卓有成效〉、〈人行衡山支行再监管'三步走'成效大〉、〈人行衡山支行规范金融行政执法〉、〈衡山管理支农再贷款严把'三关'〉等文章就是从纪检监察、金融监管等工作报告中提炼炼而来，先后被《金融时报》、《金融经济》采用。〈'板蓝根事件'和'存款挤兑风波'：谁之过〉把存款挤兑风波与 2003 年"非典"疫情进行了对比，有点创意，相继被《中华合作时报》和《湖南经济报》看中。

（5）知己知彼，扬长避短。正确估价自己的写作水平，用熟练的形式，写熟悉的人和事，这样的文章才有真情实感。为报道身边的全国劳模杨新坤，我以〈老杨同志〉为题，描述三件平凡小事，反映了他立足本职、情系金库的高尚情操，在"共和国·人行与我"征文中获二等奖。由于内刊和外刊、杂志和报纸各有不同，发稿则要投其所好。譬如报纸版面有限，投稿不能太长，一般 300 ~ 800 字左右，短小精悍的新闻、开门见山的言论、一针见血的建议，都易于刊登。〈人行衡山支行'三学三比'加强党建〉、〈人行衡山支行新年会计练兵忙〉、〈借据不规范不可轻视〉就得到了《金融时报》的青睐。

四、压力——成功的动力

"宝剑锋从磨砺出，梅花香自苦寒来"。在 8 年信息写作中，我常常处在压力之下。这种压力不仅来自于单位、领导和同行，更多来自于我自身。有压力才会有动力，有动力才会有进步。8 年信息写作，不但开阔了我的视野，增长了见识，丰富了业余生活，还锻炼了我的表达能力，提高了工作水平。8 年中，在我的履历表上记载着一行行喜人的成绩：人总行优秀共青团员、"WTO 与金融监管"青年辩论赛最佳辩手、人行衡山支行第一届中层干部竞争上岗第一名。在享受这些成功乐趣的同时，我更加感受到无形的压力。我愿意跟大家分享这份喜悦，更希望和大家一道变压力为动力，写出更美的文章，写出更靓丽的人生。

（作者邓辉 《应用写作》2004 年第 9 期）

【简析】

这是一篇介绍个人成功经验的总结。

本文开头部分介绍个人在信息写作方面的成功之处，每句话都围绕文章的写作目的（总结开头部分要注意不可东拉西扯说一些与总结内容没有太大联系的内容，也不要使用诸如"日月如梭，光阴似箭"的套话）。最后一句"现在，我结合自己的写作实践，谈几点体会"起到了承上启下的作用。一般小型总结开头部分的最后一句话都要尽可能承上启下，以便使文章结构紧凑，也可约束正文部分内容，防止正文部分内容散乱。

总结的正文部分必须分项列条，每一部分的第一句话都必须概括该部分的中心意思，即段旨撮要。

段旨撮要从其内容来看，可以分为做法句、成绩句、体会句，以及"做法句+成绩句"等。几个部分的段旨撮要为并列关系，其内容必须属于同一思维方向，也就是说如果第一句段旨撮要是成绩句，则其他几个段旨撮要都必须是成绩句，以此类推。作为并列关系的段旨撮要其句式结构也要尽可能相同。该总结正文部分共有四个段旨撮要，分别为"兴趣——成功的源泉"、"勤奋——成功的阶梯"、"技巧——成功的秘诀"、"压力——成功的动力"。四句话都属于体会句。"勤奋——成功的阶梯"这一部分又有四个段旨撮要，全部属于做法句；"技巧——成功的秘诀"部分有五个段旨撮要，也属于做法句。不管是作为整个文章层面的段旨撮要还是作为文章内某个部分的段旨撮要，其句子结构在同一个层面（同一思维方向）上都相同，这就使得本文整饬而严谨。可见，拟写总结必须在段旨撮要的推敲上多下功夫。

一般说来，总结的正文部分都要分成几个部分来写，其每个部分的结构也有规律可循。其结构一般为：段旨撮要+解说+具体的实践性内容（或具体成绩、或具体做法等）。段旨撮要必须概括该部分的主旨，概括不好或缺少段旨撮要，则该部分就显得散乱甚至不知所云；解说主要是针对段旨撮要进行简要说明，此处如果写得好则可增强总结的理性成分或理论深度，反之，如果写得过多，则会使总结变成泛泛而谈的论说文（这是总结的大忌）——假如作者对解说部分感到无话可说，也可省略；如果说段旨撮要是总结的骨架，那么具体的实践性内容则是总结的血肉，具体的实践性内容一定要写得实在，要重视以数据说话。试以本文中的"三、技巧——成功的秘诀"这一部分为例："老实说，在信息写作方面，我并无'独门秘诀'，只不过通过多年的实践，找到了一些小窍门而已"是对段旨撮要的解说，要而不繁；接下来的所有文字都属于具体的实践性内容——如果段旨撮要之后的解说部分用大量的篇幅论说写作技巧的重要性并且介绍各种写作技巧，而后面又把本该作为重点的实践性内容写得过于简单甚至没有具体的实践性内容，则整个总结就变成了论说文。

练　习

一、全面总结要兼顾各部门、各方面的工作，但由于一个单位在一个阶段内所完成的工作有主有次，因而总结就要突出重点，主次分明，才能如实地反映以重点带动一般的工作规律。例文一是如何体现这一要求的？

二、按照段旨撮要主要的几种类别，你认为范例一中的五大段旨撮要属于哪类句子？"二、主体班干部培训工作成绩显著"和"三、在职研究生教学管理工作上了新台阶"两个部分都各自有自己的段旨撮要，这些段旨撮要分别属于哪类句子？

三、请给下列段旨撮要分类，如果某一类只有一句，请再补充一句以组成一组：

1. 巡警工作得到了进一步加强。
2. 派出所规范化建设和勤务制度改革取得了新进展。
3. 妥善处理紧急治安事件，加强大型活动安全保卫工作。
4. 加强场所行业治安管理，净化了社会治安环境。

四、以下句子是否可以作为总结的段旨撮要？为什么？

1. 警民联系方面
2. 巡警工作
3. 户籍管理工作

五、按照总结的写作要求，代表班级写一份班级的工作总结。

第四节 述职报告

一、述职报告的概念、特点和种类

述职报告是各级党政机关、企事业单位、社会团体的各级领导干部及管理工作人员，在本系统、本单位、本部门向上级管理机关以及群众陈述自己在任职期间履行岗位职责情况，根据职务、职责考核标准进行自我总结和评价的陈述性书面报告。

述职报告具有以下特点：

一是个人性。述职报告是以述职者个人的身份写作的，只需要陈述与其个人有关的事项，要求述职者对自身所负责的某一阶段的工作进行全面的回顾，从中总结出成绩和经验，找出不足与教训，对个人履行岗位职责的情况作出正确的自我评价。

二是真实性。述职报告是干部考核、评价、晋升的重要依据，述职者一定要实事求是、真实客观地陈述，力求全面、真实、准确地反映述职者在所在岗位履行职责的情况。

三是通俗性。述职报告通常由述职人在会议上口头陈述，这就要求语言必须通俗易懂，尽量口语化，让所有与会者都能听懂、理解。

按照时间分，述职报告可分为临时述职报告、年度述职报告和任期届满述职报告三种。

二、述职报告与个人总结的区别

从性质上说，述职报告可归类于总结之中，然而相比之下，述职报告与一般的个人总结又有不同之处：

（一）作者的范围不同

总结人人都可以写，而述职报告只有负有一定责任的领导和管理人员才写，其他人则没必要写。

（二）写作的目的不同

个人总结是对自己一定时期思想或工作的回顾，总结出经验教训，找出事物发展规律，以便指导自己今后的工作。撰写述职报告的目的是向领导、群众陈述自己在一定时期履行岗位职责的情况，展示、评估自己的能力水平，便于领导和组织人事部门考察，便于群众监督评议。

（三）写作内容的重点不同

个人总结在内容上没有任何限制，凡是自己所做、所经历的事情都可以纳入写作范围。述职报告则要围绕自己的岗位职责选材，不在个人职责范围内的事情，做得再好也不宜写入。

三、述职报告的结构

述职报告的结构：标题＋称谓＋正文＋落款＋成文日期。

（一）标题

述职报告的标题有四种形式：

1. 述职人＋时限＋文种，如《×××2002年度述职报告》。

2. 述职人＋文种，如《×××述职报告》、《我的述职报告》。

现在很多单位都将述职报告在网上公布，用以上两种形式的标题可方便大家点击。

3. 正副标题，如《解放思想　开拓创新——×××的任职报告》。

4. 直接用文体做标题，如《述职报告》。

（二）称谓

指述职报告要面对的对象或呈送的部门，如"各位领导"、"董事会"、"组织人事部"、"各位同事"等。

（三）正文

1. 开头

介绍述职者所任职务、职责范围，指导思想和目标。最后用过渡句"现按岗位职责要求，将我任职期间（或一年来）的工作情况报告如下"引起下文。

2. 主体

先陈述政绩（业绩），再指出存在问题，最后进行适当的自我评价。

3. 结尾

包括对今后工作的设想和结束语。结束语一般用"以上报告，请领导和同志们指正"、"以上就是我的述职，谢谢各位"等。

（四）落款

包括述职人姓名和成文时间。"述职人：×××"或直接写"×××"。落款和成文时间的格式与其他常用事务文书相同。

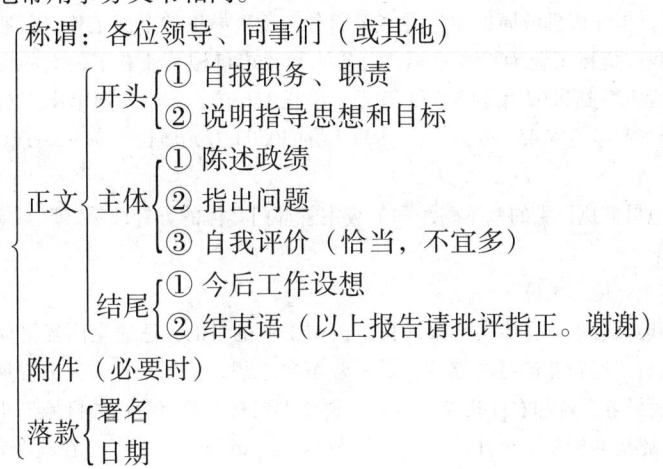

四、述职报告的写作要求

写述职报告必须处理好几个关系：

一是要处理好"述职"与"述绩"的关系——述职报告重在述绩。一般说来，述职报告应包含德、能、勤、绩、廉等几个方面的内容，但却不宜以德、能、勤、绩、廉作为结构提纲，因为德、能、廉属于虚的内容，若作为结构提纲，即使讲得很简洁，全文也会显得空洞，很可能给人留下"只会说，不会做"的印象。最好的做法是以勤、绩这一实的内容为主线，在陈述勤、绩时见机以少而精的笔墨点一下德、能、廉，以起到画龙点睛的作用。这样，便于树立自己干练、务实而又境界高尚的形象。

135

二是要处理好"陈述成绩"与"陈述问题"的关系。内容上要突出成绩，兼顾问题；结构上则要先陈述成绩，再指出问题。

三是要处理好"集体"与"个人"的关系。领导干部述职要特别注意这一点。很多工作都是大家一起努力的结果，要将真正属于自己的那一部分说清楚，要注意区别使用"提出……"、"组织发动……"、"协调……"、"亲自承担……"词语，将自己的成绩和作用说得恰如其分。

四是要处理好"陈述"与"评议"的关系。述职报告总体上要注意少自我评价多陈述事实。在陈述政绩（业绩）时，对自己工作中某些特别有价值的工作可以略作点评，但文字上要少而精；在指出存在问题后进行自我评价时，文字上仍然要少而精；以免给人留下"自我吹嘘"的印象。

五是要处理好"陈述者"与"听众"的关系。述职报告要面对的对象都很具体，要把握分寸，注重效果。既要提上下级和其他同事对自己的支持，又要注意不能因此淹没个人的才干和贡献。整个述职报告都是在陈述自己的情况，但要注意谈"我"不见"我"："我"字出现的频率不宜太高，能省则省，并注意用"本人"、"自己"代替。述职报告中要回避涉及个人隐私、影响人际关系的内容。

【范例】

我的述职报告

领导、同志们：

我自 2000 年起，担任市机械局长和党委书记职务，负责局里的全面工作。任职以来，坚持以改革总览全局，以振兴我市机械工业为根本目标。五年来，我市机械工业有了较大的发展，工业总产值由 1999 年的 20724 万元上升到 2002 年的 54113 万元，增长 1.6 倍，年平均递增率 22%；全市共有机械工业企业 69 家，固定资产净值 47452 万元，比 1999 年的 30503 万元增长 55%……现将我任职期间的工作情况报告如下。

一、坚定不移地贯彻执行党的基本路线和上级主管部门具体的方针政策，联系实际，作出振兴我市机械工业的基本决策。

1. 任职前的客观环境和条件……

2. 更新观念，扬长避短，逐步实现振兴我市机械工业的目的，适应全国经济体制改革的形势。我提出了一个基本构想："坚持党的基本路线，进一步解放思想，依托二汽，大力发展以汽车配件、配套工业为主体，以发展机电产业和农业机械为两翼，逐步形成具有我市特色的机械工业。"

3. 为了实现上述基本构想，五年间，每年以我为主，组织专门班子，在充分调查研究的基础上，经过集体讨论，制定出具体的任务和目标……

二、坚持把改革放在第一位，以改革总览全局，加快机械工业的振兴。

1. 以搞活企业为中心环节，不断深化企业内部改革……

2. 面向市场，依靠科技，依托优势产业，大力调整产品结构和开发新产品……

3. 狠抓技术改造和引进工作，不失时机地为全市机械工业的发展培植后劲……

4. 加强企业领导班子的思想建设和组织建设，推进企业精神文明建设……

三、坚持党的三大作风，全心全意为基层服务，带头进行机关廉政建设……

四、我任职期间存在的主要问题。

1. 我市机械工业长远发展的战略任务和战略目标至今未落实……

2. 在我上任伊始提出的我市机械工业总体构想中，曾经提到"依托二汽，以发展汽车配件、配套工业为主体"。××机械厂拿出了微型汽车样机，××也拿回了农用汽车图片，由于上级主管部门个别领导的冷落，并且市场调查难度大，结果不了了之……

3. 充分发挥具有我市特色的机床调速、仪表元件以及传感器等高技术产品优势，推进机电一体化，这方面的工作抓得不紧，做得不够……

同志们！我的任期已经届满。五年来，我已经竭尽全力来履行自己的职责，尽管存在的问题还很多，但觉得自己还是称职的。恳请领导和同志们严格审查评议我的述职报告。

谢谢大家。

×××
××××年×月×日

【简析】

这是一份任期届满时的述职报告。正文开头部分除介绍述职者所任职务、职责范围、目标外，还概述了任职期间的总体业绩情况。这些业绩皆用具体数据说明，极具说服力。最后用过渡句"现将我任职期间的工作情况报告如下"引起下文。接着陈述政绩，用"作出……基本决策"、"坚持"、"带头进行"等词语准确地说明自己所起的作用主要是决策和领导作用。"一"下面的三小点相互之间属于顺接而非并列关系，既交待了任职前的客观环境条件以说明自己开展工作的不易，又介绍了自己工作的过程，以及方法的科学性、程序的民主性，表现出自己务实的精神。在归纳完存在问题后，作者又以十分简洁的语言进行了自我评价，"觉得"、"还是"两个词语用得十分恰当。

练　　习

一、填空

1. 述职报告的开头应首先介绍述职者的_____、_____、指导思想和目标。

2. 述职报告的主体一般按照先陈述_____、再指出_____、最后_____的顺序来写。

3. 述职报告要多陈述少_____，自我评价的文字要注意_____。

4. 述职报告一定要有结束语，结束语一般为"_____"。

5. 述职报告应包含德、能、勤、绩、廉等几个方面的内容，但却不宜以德、能、勤、绩、廉作为_____。

6. 述职报告具有_____、_____和_____等三大特点。

7. 在选材上不同于个人总结的是：述职报告只能围绕自己的_____选材。

二、写作题

根据第三节总结中范例二提供的材料，为中共××市委党校教务处处长撰写一份800字左右的年度述职报告，要求结构规范，用语得体，不清楚的内容可以用省略号或"×××"代替。

第五节　简　　报

一、简报的概念和作用

简报是党政机关、人民团体和其他企事业单位编发的一种反映情况、汇报工作、交流经验的内部简要书面报告。它是一种最普遍、使用频率很高的实用文体。

简报代机关"立言",但不是公文,不具有公文的效能、不具有法规和准绳的作用。上级的简报,对下级没有正式公文那样的指令作用,不能代替"通知"或"指示"。下级的简报,对上级不能代替正式的"请示"、"报告"。同级的简报,也不能代替正式的公函,收到的机关可以不作任何反映。虽说如此,简报的作用却是不容低估,无可替代的。其功用主要表现为:

(一)上情下达

上级机关通过简报可以向下级机关发布、传达本机关及其所属的重要工作情况,使下级机关了解、掌握和参考。

(二)下情上达

下级机关通过简报可以向上级机关报告工作中的成绩、经验、信息、动态,为领导和上级主管部门进行各项工作决策、推广典型经验、指导工作提供可靠依据。

(三)横向交流

不相隶属的机关之间通过简报可以互通情况,交流信息和经验,以推动工作。

二、简报的种类

简报可以从不同的角度划分出不同的种类。比如以内容范围宽窄为标准,有综合简报和专题简报。以其负载的内容的性质为标准,有工作简报、动态简报、会议简报。以编发的时间为标准,有定期简报和不定期简报。常见的简报大多是以内容的性质为标准来划分的。下面选择几种常见的简报加以介绍。

(一)动态简报

这类简报以报道动态为主,迅速而又及时地反映新近发生的新问题、新情况。以新见长,以动态为主,让人们及时了解新近发生的事实,其新闻性强,材料新鲜,参考价值也大。如《思想动态简报》。

(二)工作简报

这类简报以反映本系统、本部门的日常工作和阶段性工作为主。大体包括以下几个方面:

① 对党的方针政策和上级指示的贯彻执行情况;

② 各项工作的进展状况、经验教训和存在的问题;

③ 反映工作中先进事例和错误。工作简报侧重于通报工作,方便有关部门了解全局,起到控制和监督作用。机关单位编发的各类工作简报属于这一类。

(三)会议简报

这类简报一般在会期较长的大型会议中使用,是会议主持者用来组织和引导会议,并向上级汇报会议情况的。它大体包括以下几方面内容:

① 会议概括报道,如会议筹备情况、议事日程安排、出席会议的人数、会议通过的决议等;

② 会议讨论情况的报道;

③ 典型发言的摘要报道;

④ 与会人员的动态报道,主要是反映与会者的情绪、愿望和要求,以及他们对会议

本身的评价、意见、批评和建议。

三、简报的写作要求

简报的写作要求是由简报功用决定的。简报的主要功用是提供情况、反映问题、交流信息，为决策提供参考。因此，写作简报时，要求做到真实、迅速、新颖、简洁。

（一）真实

真实是简报的生命。简报既然主要是为决策提供参考的，那么它所反映的材料必须是客观存在的，必须是客观事物本来的面目。编写简报如果弄虚作假，会给决策造成失误，甚至造成不堪设想的后果。因此，编写简报时对反映的材料一定要实实在在，包括对其中的人物、事件、时间、地点、数字都要准确无误地反映。总之，要确保材料的真实性，简报才能真正发挥它应具有的作用。

（二）迅速

简报具有很强的时效性。反映情况只有迅速及时，才能使读者了解掌握最新的信息。为此，简报的作者要有很强的时间观念，无论采写还是编辑都必须抢时间，争速度，及时反映，迅速交流。否则错过时机，它的作用会大大削弱，甚至毫无用处。

（三）新颖

新颖是简报的价值所在。编写简报，要反映新情况、新问题、新动向、新见解。主意要新，角度要新，要能给人以启发、借鉴。

（四）简洁

简洁是简报的本质特征。简报的篇幅要力求简短，一般在千字以内，最多不超过两千字。这样可以以最快的速度完成，确保其时效性。在编写简报时，要力求内容集中，语言简约。

四、简报的写法

简报包括编和写两个方面。编，包括结构版式及其印制；写，主要是指内文简报稿的写作。

（一）简报的格式

在长期的写作实践中，简报形成了约定俗成的比较规范的基本格式。它包括报头、报文、报尾三部分。

1. 报头

报头在首页上方，约占三分之一的版面。一般由四部分组成。

（1）简报名称　在报头中央，用大号字标出。它常以"工作简报"、"××动态"、"××简讯"等形式出现。

（2）期号　在简报名称的正下方，一般以年度为单位按顺序编号。

（3）编发单位　在期号的左下方，一般用全称。

（4）印发日期　在期号右下方。

此外，如有保密要求，应在简报名称的左上方写明秘密等级或"内部刊物，注意保存"等字样。写有秘密等级的简报，还应在简报名称右上方标出保密编号。

报头下方用隔离线把报头和报文部分隔开。

2. 报文（报核）

简报中报头隔离线以下，报尾以上的部分。

（1）标题　在报头下面隔离线下的居中位置。

（2）正文　正文格式无特殊要求。

（3）编者按语　如有编者按语，应写在标题之上。

3. 报尾

报尾在末页下端，用隔离线与报文部分隔开。报尾包括两部分：

（1）发送范围　写明发送的单位名称。

发送范围之下用横线上下隔开。

（2）印发份数　印发份数写明共印份数，位置在印制部门右侧。

（二）简报的写作

简报上刊登的文章，一般是一期一篇，也有一期数篇的。简报的文稿结构，一般有标题、正文两部分。

1. 标题

简报的标题要表现简报的主要内容或思想意义，力求做到简洁、确切、醒目、生动。其中，确切是最基本的要求。

简报标题的写法主要有：

（1）概括式　要求准确，简要地概括文章的基本内容。如《集体自学是进行自我教育的好形式》、《广州地铁一号线工程进展顺利》。

（2）提问式　这是以提问的形式引起读者注意的一种写法。它既概括出简报的基本内容，又表现出作者的态度。如《艰苦朴素的作风还要不要?》。

（3）警句式　用含义深刻动人的警句作标题，以引起读者的关心和警觉。如《交通混乱现象再不能继续下去了》。

（4）双题式　采用新闻标题的构成方法，用引题和主题配合，或用主题和副题配合。使标题充分揭示文章的中心内容，让读者从标题中领悟到文章的主旨。如《来自招商一线的报道——区级机关招商引资工作纪实》。《以人兴企，以质取胜——××建设集团实现速度、效益高增长》。

2. 正文

简报的正文一般由开头、主体、结尾三部分组成。

（1）开头　简报的开头类似于消息的导语，因此简报的开头有时也叫简报的导语，这部分要开门见山，用简洁的语句概括出简报的主要内容和基本思想。使读者通过读开头而略知全篇。简报导语写法一般有叙述式、提问式、结论式、描写式等写法。

（2）主体　这部分承接开头，把开头部分的基本内容展开，这部分报道的情况较全面、较详细。

主体部分的结构方式有：

第一、顺叙式。按事物发展的时间顺序安排结构。

第二、并列式。将要反映的内容分为并列的若干方面，分门别类加以介绍。

第三、逻辑式。按事物的因果、主次、递进等逻辑关系安排结构。

这几种结构方式各有各的优点和适用范围，写作时根据内容的不同而选定，一份简报可以采用一种方式，也可以兼用几种方式。

3. 结尾

正文的结尾不一定每篇都要有，有的主体写完了，文章就自然结束了。但有的需要在最后对内容强调一下，阐明一下事实的意义或指出事件的发展趋势。不过要注意做到画龙点睛，不可画蛇添足。

另外，有些内容重要的简报需加按语，按语的位置应在报文部分的标题之上，它的内容包括简报编发的原因、目的、意义，简报主要内容、价值、意义等。按语要求写得简明扼要、概括性强。

附简报格式示意图：

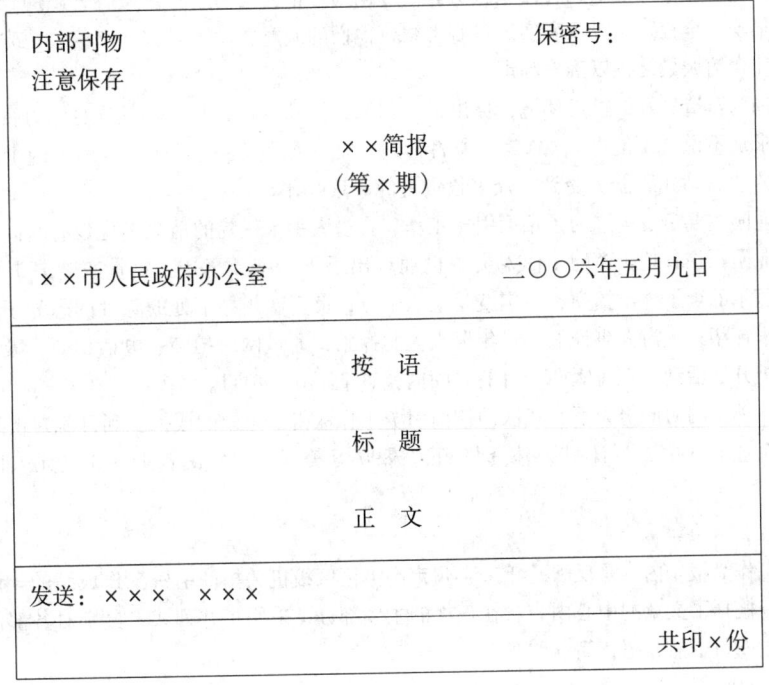

【范例一】

院领导深入施工现场进行设计回访

2002 年 11 月 12 日~13 日，院领导罗宁率领副总工吴建宁等 8 人，对常德临澧至岗市一级公路、安乡大鲸港桥、湘北干线柳叶湖桥及台后路基进行了现场考察。在常德市交通局以座谈会的方式，听取了业主、监理、承包商关于临岗公路设计、服务等方面的评价和反馈意见，业主认为临岗公路的设计是细致的，投资规模控制恰当，后期服务及时、到位，联系、沟通、合作均比较好；也就土石成分判断出入较大和特殊路段处理方面，发表了看法，提出了一些务实的建议。同时对我院积极主动的来访，表示热情欢迎和感谢。

【简析】

这是一篇刊登在某设计院《勘察设计动态》上的动态简报，是一种信息通报的形式。其题目鲜明，写法开门见山，文字简短精炼。

【范例二】

来自招商一线的报道
区级机关招商引资工作纪实

今年以来，区级机关各部门从整治软环境和服务经济中心入手，着力改善工作面貌，努力提高服务效率、服务质量和服务水平，各项工作都取得了显著进展，招商引资工作更是成绩斐然。

区农业局围绕特水养殖、江滩开发、银杏产业等区域资源和传统产业积极开展特色招商，该局派驻广东、福建招商小分队的人员在经费极其紧张的情况下，克服诸多困难，终日骑着租来的摩托车四处奔波，逐家逐户敲门招商。目前，已为区农业科技创业园引进了投资额达4000万元人民币的冷冻食品深加工项目。

区建设局通过多方努力邀请到台湾城投资者——南通广信公司前来我区做客，以局长为首的建设局工作人员不分早晚，全程陪同投资者实地参观考察，他们的诚意感动了对方，广信公司先后放弃了两份意向性协议，使台湾城最终得以落户高港。

区外经贸局为营造良好的投资环境，提出了"保姆式"服务的口号，局领导身体力行，全局工作人员对外商的要求从不说"不能办"，总是千方百计地"尽快办"。他们工作不分白天晚上，出差不分节日假日，该局的"一站式"服务受到了众多投资者的一致好评。

区科技创业园主要负责同志为了招商引资工作，在爱人手术住院的情况下也没有时间陪护，一心扑在工作上。创业园派往各地招商的工作人员中也涌现出了不少感人事迹：负责东莞办事处的邵剑峰同志，撇下新婚燕尔的妻子外出招商，一别就是七八个月；负责温州办事处的陈胜同志为了工作，母亲生病住院也未回家探望；上海办事处的一班年轻人大胆探索，通过网络招商、电话招商、敲门招商、以商引商等形式积极开展活动，在短短两个月的时间内就签下了6个项目。

在各部门、单位的协同努力下，我区的招商引资工作取得了丰硕的成果。到目前为止共引进企业32家，已投产的企业有5家，累计引进外资总额达7890万美元、利用民资近3.3亿元人民币，形势十分喜人。

【简析】

这是一篇工作简报。内容是反映一年来泰州市高港区区级机关招商引资工作成绩的。该简报标题采用双题式，充分概括了文章的中心内容。在正文的主体部分，采用了并列式，分别对各部门的具体情况加以介绍，使人一目了然，语言简洁明了。

【范例三】

"中美科学政策高层论坛——未来15年
基础科学的发展"在北京举行

中国国家自然科学基金委员会和美国国家科学基金会于2004年2月16~17日在京举办了"中美科学政策高层论坛——未来15年基础科学的发展"。参加论坛的中方代表20人，美方代表7人，包括现任美国国家科学基金会副主任Joseph Bordogna博士，前任主任Richard Atkinson博士等科技政策专家。陈至立国务委员在接见会议代表时，对会议的重要作用给予了积极的肯定并希望双方进一步加强合作。

中美双方专家围绕基础研究的战略地位；重大科学问题和重点方向；学科发展布局；促进基础研究发展所需要的机制、人才和政策保障等4个方面，与美方科技政策界资深专家进行深入的对话和交流，广泛听取他们对当今基础科学发展趋势的认识和判断，以及在市场经济条件下制定国家基础科学政策的有关建议和经验等问题进行了充分的交流和研讨。中方专家一致认为，美方代表结合美国基础研究发展的经验提出的一些观点，值得我们借鉴和重视。

一、基础科学至关重要

基础科学的重要性主要体现在先进知识的储备、优秀人才的供给和对社会文明的影响，而最重要功能在于培养出一批能够适应各种需求的创新人才。二战后美国 50 多年来基础科学的持续发展对社会产生了有益的回馈。从经济角度来看，美国近 30 年来经济上的成就依赖于基础研究所培育的智力资本和知识增长，美国企业专利所引的参考文献 70% 来源于由公共资金资助的基础研究。因此，基础研究的投资具有倍数增大效应在美国政府、企业和公众中形成了广泛的共识。

如果中国要在"知识经济"时代取得成功和收益，只有高度重视基础科学研究，才能使国家在人才和知识等方面"时刻准备着"，以迎接各种机遇、面对各种挑战，才能把握瞬息变化的机会，不断增强将最新科学知识转化为实际经济利益的能力，使可能的收益成为现实。这是中国应该支持基础研究最重要的理由。

二、支持基础研究主要经验

要确保对基础研究的投入。美国基础研究资助是多元体系，经费来源也是多种渠道。但是，联邦政府始终是支持基础研究的主体，为基础研究提供长期稳定的支持。同时还通过税收等政策调节，带动社会对基础研究的投入。中国要实现基础研究的发展，应当迅速增加基础研究的经费，将基础研究占 R&D 的比例提高到 OECD 国家的水准，至少应当与韩国和印度的比例相当。

要把优绩评议作为遴选基础研究计划和项目的根本机制。基础研究的资金分配必须要坚持由同行独立进行"优绩评议"，并通过有效组织和管理实现人才、思想和工具（设施、仪器设备等）的有机结合。遴选基础研究项目应当重点考虑：是否有利于智力资本的积累；是否有利于教育和科学的结合；是否有利于建立各种各样的伙伴关系，包括国与国之间、联邦政府和州政府之间、大学及研究机构和企业之间的伙伴关系等。

要充分发挥基础研究培养人才的功能，培养高层次人才的最好方式是通过探索发现的方式来培养。基础研究的每一笔投资必须同时考虑开发和培养未来的人才。科学基金会在支持科研人员的同时，应重视通过设立多种形式的奖学金，积极推进基础研究与教育的紧密结合。要大力提升中国大学作为基础研究中心的能力。

交叉学科领域往往孕育着新的突破。鼓励交叉学科研究主要通过两种方式，一是设立"整合研究与教育的研究生培养计划"，促进交叉学科的人才培养；二是在美国国家科学基金会内部设立由所有科学部参与的交叉优先领域，在管理层面促进各个学科领域的交叉研究。

三、充分发挥科学基金会的平衡功能

为了取得技术上的成功，每个部门都应该发展其基础研究的能力。美国联邦政府各部门都负责支持与其任务相关的基础研究，彼此之间分工明确。美国科学基金会的重要任务是平衡对各领域的支持，特别是对于各部门忽视但很重要的领域适时做出积极的反应。例如，在一段时期植物遗传学研究没有得到农业部的重视，而美国国立卫生研究院强调人类遗传学，美国科学基金会认识到现代遗传学对植物科学发展的作用，就加强了对植物遗传学的支持，从而推进了美国农业科技的进步。

要大力促进形成支持基础研究的伙伴关系。例如，为吸引企业对基础研究的支持，美国科学基金会设立了 300 多个工程研究中心，促进大学和产业之间的合作。从长远考虑，中国也要注意引导工业界广泛参与和支持基础研究。

四、制定计划的过程要比计划本身更重要

美方专家认为，制订基础研究的计划要确定合理的程序和机制。只有在程序正确的情况下，计划才能得到理想的制定。同时，对于科学前沿的规划必须随着科学的进展和变化进行及时地调整。规划的制定要善于把科学家的智慧与社会公众的意愿、政治家和经济学家的智慧结合在一起，才会对整个社会产生好的影响。美国目前还没有面向全国的研究和发展计划，但每个部门的计划是有的，并与预算申请联系在一起，注重动态调整。

科学的前沿难以预测。因此，把研究队伍和基础设施建设好，鼓励科学家自由探索应当是规划中的

一项重要内容。同时，为确保中国的研究人员能够应对将要出现的各种机遇和挑战，必须保持在广泛的领域中支持基础研究。

【简析】

　　这是一篇会议简报。它全面介绍了会议的基本情况，并对会议讨论的问题和提出的观点做了重点介绍。文字简练，条理清晰，便于读者把握。

练　　习

一、选择题

1. 简报的按语写在（　　）
   A. 标题之上　　B. 标题之下　　C. 报头横线之上　　D. 简报名称之上
2. 简报的结尾除写明发送范围外，还要写明（　　）
   A. 日期　　B. 印发份数　　C. 主题词
3. 某单位的整党、选举工作简报，属（　　）
   A. 会议简报　　B. 专题简报　　C. 定期简报　　D. 工作简报

二、判断题

1. 简报与公文具有同等效能。（　　）
2. 真实是简报的生命。（　　）
3. 简报上的文章，必须一期一篇，不可一期多篇。（　　）

三、简答

1. 什么是简报？简报的作用是什么？
2. 简报写作有哪些基本要求？

四、写作练习

　　张友强同学毕业于南京某中学，平时热心环保工作，曾多次带领同学到街头进行环保方面的宣传，参加各种环保知识竞赛和环保方面的义务劳动，曾获得所在学校"优秀环保宣传员"的荣誉称号。

　　2003年考入常州××职业技术学院电子系，进入网络031班学习。事有凑巧，与他同一宿舍的一位同学与他有相同的志趣，而且名字叫"张友朋"。在他们俩的倡议下，该院拟成立环保协会。

　　环保协会为学生组织，首批招收了52名会员，其中还有两名特殊会员：一名是外语系施××老师，另一名是机械系谌××老师。该协会原计划挂靠在院团委，后因经费问题转而挂靠在电子系团委。虽然协会活动经费有保障，为保证会员的稳定性，提高会员质量，院团委建议协会向每位会员征收5元会费（请示院领导，领导也赞成向会员征收会费。两位教师会员各自缴纳了10元会费）。

　　2004年×月×日下午1点20分在教学楼5115大教室举行环保协会成立大会。协会受到院领导的高度重视。主要领导亲自参加成立大会，还以学院的名义邀请环保专家方××来院讲课。

　　5115教室为多媒体教室，可以容纳400人。不过该教室的扩音设备性能不稳定，电子系团委临时借用了机械系团委的一套音响设备，并请机械系一名熟悉这套音响的老师进行现场监控调试,以保证大会顺利进行。有150多人参加了成立大会。教室过大,未免显得空旷,电子系临时通知网络032、网络033和CAD专业两个班共153名同学全部参加(其中网络033班的乒乓球比赛也改期进行)。

由于交通原因,环保专家晚到了一刻钟,大会推迟到2点钟开始。会议开始时,主持人张友朋同学过于紧张,把"各位领导、专家、老师、同学们下午好"说成"各位领导、专家、老师、同学们早上好",使得大家忍俊不禁哄堂大笑,不过并未影响会议正常进行。会议通过了协会章程,选举出了张友强和张友朋等9名理事会成员。会上,院长作了半小时发言。院长说话幽默风趣,不时引来阵阵掌声和笑声(会后大家议论说院长很有幽默细胞)。最后,环保专家方××作了《环保与地球》的专题讲座。讲座结束时,院长特邀方××担任协会顾问。方专家风趣地说:"一般说来,'顾问''顾问'都是'顾'而不'问'的,我这个顾问不仅要经常来'顾',而且要经常用电话'问'。"并当场将自己的一张名片送给了张友强。掌声再次响起。之后,院长让办公室主任刘××陪同专家参观了常州大学城。

协会成立后,以张友强同学为主要负责人的协会理事会组织会员积极开展活动……

请就协会成立一事写一则简报,要求有报头、报核和报尾,并按规定格式划出间隔线。按语、标题、导语、主体、结尾齐全。简报编发单位为常州大学城建设指挥部,简报名称为"大学城信息",400~500字。

第六节 调 查 报 告

一、调查报告的概念、特点与作用

(一)调查报告的概念

调查报告是为解决问题而有目的地对客观事物进行深入细致的调查研究,并将其成果写成的书面材料。它是建立在深入细致的调查,充分的事实材料,科学的分析方法,切合实际的结论,及解决问题的办法等之上的书面报告。

调查报告是一种在现实生活中使用十分广泛的文体,它既是为决策服务的事务文书,也是报刊上常用的新闻文体,在经济领域里的市场调查报告、市场预测报告、经济活动分析报告等也都是调查报告的分支。

调查报告,顾名思义,一是调查研究,二是报告。调查研究是人们认识事物的基本方法。调查就是了解和掌握客观存在的真实情况,搜集和占有事实材料;研究则是对调查所获取的客观情况和事实材料经过"去粗取精,去伪存真,由此及彼,由表及里"的分析,从中找出事物的内部联系和固有规律,引出科学的结论。调查是研究的基础和前提,研究是调查的发展和深化,二者相辅相成,联为一体。调查报告就是把调查研究的成果写成书面报告,从而反映事实真相,为解决问题、做出决策提供可靠依据。因此它在工作和生活中发挥着重要作用。

(二)调查报告特点

1. 针对性强

调查报告是围绕一个时期的中心,从实际需要出发,有针对性地调查某一问题或事件，分析其规律，总结其经验教训，回答群众所关心的问题。这样调查报告才有实际效用。

2. 典型性强

调查报告的对象必须是典型的，是有典型意义的。这是发挥以点带面，指导一般所决定的。如果调查报告不具有典型性，它就不能发挥任何作用。

3. 用事实说明道理

调查报告必须尊重事实，用事实说明道理，并且事实一定要真实。无论是总结新经验，还是研究新问题，或是揭露事实真相，都必须以充分的可靠的事实为依据，用事实证明工作，检验效果，说明问题，讲清产生道理。如果调查报告都是抽象的概念、空洞的理论，就失去了调查报告的特性。

（三）**调查报告的作用**

调查报告是人们对客观实际情况了解与认识的反映，是感性到理性的升华，能揭示出客观事物的规律，因此其作用集中体现在它的指导性上。主要体现在以下几个方面：

① 为有关部门制定政策、方针、决策提供依据。

② 反映情况，总结推广先进经验，指导推动工作。

③ 追踪、反映重大的或人民群众普遍关心的社会问题，以引起有关部门的重视或使有关问题得到解决。

④ 全面完整地反映新生事物的发生、发展过程，揭示它的现实意义或社会价值，促进新生事物的健康成长。

二、调查报告的种类

调查报告使用范围十分广泛，表现形式、涉及内容也多种多样，因此根据划分标准的不同，调查报告的种类也不同。比较常见的划分标准有以下两种：

（一）**从内容所涉及的范围分**

1. 综合性调查报告

即对一个地区（部门、单位）的情况从多方面进行调查，最后形成的具有综合内容的调查报告。这类调查报告的特点是多角度、全方位的反映这个地区（部门、单位）的情况，内容集各方面情况于一身。

2. 专题性调查报告

即对某一方面的问题或经验进行调查之后写成的调查报告。这类调查报告的特点是内容单一，范围小，针对性强，集中一点问题深入剖析，得出结论。

（二）**从调查的性质划分**

1. 社会情况调查报告

这类调查报告是在深入、系统地调查研究社会基本情况后写成的，其内容比较全面、广泛，篇幅也比较长。它反映的是社会的政治、经济、军事、文化、教育和生活等方面的基本情况，其作用是为党和国家制定路线、方针、政策提供参考。

2. 新生事物的调查报告

这类调查报告是围绕党的中心工作、试点工作，及时发现和反映新人、新事、新发明、新创造等新生事物，反映其产生的背景、发展的过程及遇到的问题，揭示其规律，具有方向性的指导作用。

3. 典型经验调查报告

这类调查报告是反映先进单位或先进个人的典型经验的。这些经验，要在面上具有代表性，要经得起实践的检验，要符合党的方针政策，对工作有促进作用。

4. 揭露问题的调查报告

这类调查报告旨在澄清事实，查明真相，判定是非，以引起有关部门的注意，避免今后发生同类问题。

5. 考察历史事实的调查报告

这类调查报告是根据现实的需要，对某些需重新审定的重大历史事件、历史问题进行充分调查，用确凿事实还历史以本来面目。

三、调查的程序与方法

（一）写作前的调查研究

1. 准备工作

（1）明确调查目的　调查报告是针对性极强的文种，因此在调查开始之前，首先要明确目的。确定调查项目，就是选定调查题目和内容。只有目的十分明确，并将调查事项落实限定为具体项目，才可收到良好的效果。

（2）掌握相关知识　调查之前，应该了解与被调查者有关的事项，使自己熟悉调查对象，这样才能使调查顺利的进行。这时应进行的相关准备包括：A. 国家与其相关的理论、政策；B. 与其相关的业务知识；C. 与被调查者有关的历史资料等。

（3）确定范围，选好对象　在调查时要做到"心中有政策，手中有典型，身边有群众"。这个范围既不能太宽，太宽就会劳民伤财；也不能太窄，太窄影响调查的公正性。调查对象应是典型中的典型。调查对象的确定一方面可以调查前预定，另一方面也可以在调查中逐渐形成。

（4）制定计划，拟出调查提纲　制定调查计划可以使自己按计划有步骤地进行调查。调查提纲大致包括以下内容：A. 调查题目及目的要求；B. 调查的具体项目及重点；C. 调查的范围、地区及对象；D. 调查的方式方法；E. 调查的步骤和进程及时间安排；F. 调查力量的组织与分工、工作制度、物资准备；G. 其他。

（5）设计调查问卷或表格　如果选择问卷调查的方式进行调查，则应事先设计好调查问卷或表格。

2. 调查的形式

为了使调查顺利进行，掌握正确的调查方法也很重要，它可以关系到调查研究的成败，在这里我们简要介绍一下实际工作中常用的几种调查方法：

（1）开调查会　又称综合调查，是获取资料的重要方法。这是一种召集知情者开会进行调查的方法，这种方法要求参加会议的人员不宜太多，3～5或7～8人为宜。与会者必须熟知情况，调查人最好事先发调查提纲，主持人一方面要善于引导，能围绕调查中心和与会者展开讨论，另一方面要口问笔写，会后及时整理。这种方法的最大优点是覆盖面较大，便于全面了解情况。

（2）个别调查，重点访问　这是调查者与被调查者面对面交谈的方法，这种方法可以弥补调查会对细节了解不深的缺点，在对重点人物和事件个别访问时，调查者要掌握谈话技巧，因势利导，打消被调查者的种种顾虑，力求交谈融洽，使调查深入透彻。

（3）实地考察，又称现实观察　这就让调查者一方面到实地进行观察，全面精细地观察事物的全貌及其各构成部分之间的关系；二是亲自参加实践，即置身于调查对象及其所处的环境之中，与调查对象打成一片。这是掌握第一手材料的最好方式。

（4）统计调查　这是运用统计原理和方法，收集社会各方面的数据资料，并进行数量分析，研究社会现象的发生和发展规律、趋势，验证说明社会现象的理论假设。统计调查主要用于需要从统计数字上了解其发展变化的事项，通常采用统计报表的方式收集。

（5）问卷调查　这是一种书面调查形式，即把要调查的问题分成若干项，印在表格里，让被调查者用简单的方式回答，再逐项统计。这种方式程序简单，节省时间，调查中广泛使用。注意所提出的问题，必须明确，切忌含糊、冗长。

（6）抽样调查　这是通过调查对象的部分来推断调查对象总体情况的调查方法。这也是目前在调查时经常使用的一种方式，它要求调查者必须遵循一定的科学规则，才能达到省时省力，准确反映实际情况的目的。

（二）材料的选定

对经过深入细致的调查搜集到的材料，要及时进行整理，即进行比较与鉴别工作，做到去粗取精，去伪存真。对不完备的材料或尚未搜集到的材料，要进行补充调查，力争掌握的材料全面、深入、细致。在大量占有调查资料的基础上，我们就要围绕主题选定材料。

（1）认真分析材料，找出规律性认识　调查报告不是现象的记录，也不是材料的堆砌，而是要对调查成果进行认真的分析研究，从中概括出共性，找出规律，提炼出最能说明问题的观点。

（2）精心分析研究，准确地确定主题　通过分析所有材料，能够透过事物的表面现象了解和认识事物的本质特征，从而抓住主流，确定主题思想。

（3）围绕主题确定材料　调查报告中所使用的材料，应是在调查过程中得到的最能说明观点和结论的，无论是点上的、面上的、正面的、反面的、历史的、现实的，都应服从主题的需要，要依据主题进行选材，使材料起着证明和支撑结论的作用。

四、调查报告的写法

调查报告的结构没有固定的格式。不同目的、内容的调查报告，可以有不同的结构形式。总的来说，一篇调查报告基本上由标题、正文、署名和日期三部分构成。

（一）标题

（1）公文式标题　这种调查报告的标题就像公文标题一样，由调查对象、调查内容和文种构成。这种标题比较清晰、直观。如《关于"农村留守儿童生活和思想状况"的调查》。

（2）文章式标题　又称新闻式标题。以简练的语言把调查报告的中心或主要内容直接提示出来，鲜明突出，形式灵活。如《校园畸形消费应引起高度重视》。

(3) 正副式标题　又称双标题，正题提示调查报告的思想意义，副题标明调查的事项和范围。这是在实际中普遍使用的方式。如《旧时王谢堂前燕，飞入寻常百姓家——都市居民小康生活面面观》。

(4) 提问式标题　即用提问的方式总结某一项工作经验，或揭露某一个问题。如《非典后人们改变了什么？》。

(二) 正文

调查报告的正文一般由导语、主体、结尾三个层次组成。

(1) 导语　调查报告的导语，又叫做"前言"或"开头"。一般来说，调查报告常常在正文的前面，写一段不加任何小标题的文字作为开头，类似消息中的导语。导语一般概括说明以下几点内容：

① 有关调查本身的概况，诸如调查的起因或目的、时间、地点、对象或范围、经过与方法等。

② 有关调查对象的概况，如组织规模、有关背景、历史与现状、主要成绩或问题以及事件形成的简单过程等。

③ 有关研究结果的概说，如肯定意义、指出影响、提示结论意见或点出报告的主要内容等。

开头起"提示"全文的作用，必须简明概括，以帮助读者正确、深刻地理解全文。

(2) 主体　是导语的引申和展开、结论的根据所在。是正文的核心部分。包括基本情况、分析结论、建议措施等，要善于用典型材料、对比材料和数字说明观点，做到层次明、条理清、观点准，事实有力。

这部分的结构形式，主要有三种：

① 纵式结构。即按事物发生、发展的先后次序，依时间划分为几个阶段，一个阶段即成为一个层次，有助于读者对其发生、发展作全面而深入的了解。多用于以事物发展作为主线的调查报告，符合人们认识事物的客观规律。

② 横式结构。又称并列式，采用这种方式写作的调查报告的各部分内容是并列的关系，即把说明主题的材料分为相互并列的几部分来叙述。这种方式便于把调查结果分门别类地介绍给读者。

③ 综合式结构。即指在一篇调查报告中纵式和横式交错使用的一种结构方式，对于反映和表述某些头绪繁杂的事物，可起到纲目并举，条理清晰的作用。一般情况下，在叙述事实经过时用纵式结构；写认识和经验教训时采用横式结构。这样就能做到既有一条纵的时间先后的线索，又能按问题分门别类的论述。这种写法灵活、富于变化，适用于反映复杂问题或事件的调查报告。

主体部分无论采取哪种结构方式，都要求写得具体、深刻，主次分明，详略得当，也可根据内容和需要，加上序码或小标题。

(3) 结尾　又叫"结论"，是调查报告的结束语，是在对调查的事实作了科学分析后的结语。不同内容的调查报告，结语的定法也各不相同。有的调查报告不写结语，内容写完就结束全文。有的则在结语中总括全文的主要观点，进一步深化主题。有的提出建议，引起注意。有的在结语中指出方向。这是作者对问题调查后，经过充分分析研究得出的结论性意见，应水到渠成，顺其自然地结束全篇。

（三）具名和日期

具名和日期即是落款，是调查报告的一个组成部分，不容忽略。

具名，就是写作者的名，如是调查组，要写明是什么调查组，体现调查报告的权威性；如是个人，要写上姓名，必要时注明是什么人，以示文责自负。具名的位置一般在正文末尾下一行右侧，或标题之下。日期指调查报告的成文年月日，以示时效。

五、写调查报告的要求

（一）材料要真实、充分

事实是写作调查报告的基础。在调查过程中什么话都要听，什么情况都要了解，不能持个人成见。调查的目的就是要占有全部的材料，无论点面、正反，直接、间接，历史、现实，"不厌其多"。只有这样，才能做到情况明，底数清，为调查报告的写作提供先决条件。

（二）观点、结论要正确、客观

因为调查报告要给人以启示，使人受教育，或传达给人某种知识，或提出建设性意见，所以必须深入挖掘事物的本质，不带任何成见，不先入为主，只有观点、结论正确、客观的调查报告才能为今后的决策服务。

（三）观点和材料要统一

调查报告的任务，不仅在于反映事实，而且要对事实材料分析研究，揭示事物的真相和本质，得出正确的结论。因此，撰写者要运用科学的观点和方法，抓住主要矛盾，提炼出明确、深刻的主题，同时选取能够为主题服务的材料，使观点和材料协调统一。

（四）坚持用事实说话

调查报告同其他新闻体裁一样，要求所写的内容都是真实的。用事实说话，就是用"情况"和"数字"说话。"情况"就是被调查者的真实情况，"数字"就是经过核实、换算好的各种数字。通过具体的情况、数字来说明问题，揭示规律，是调查报告的鲜明特征。

（五）综合运用多种表达方式

调查报告和其他应用文体的区别之一就在于，它可以较灵活地运用叙述、议论、说明等表达方式。叙述是叙述情况、事实；议论是提出问题、分析问题和解决问题；说明可以用于交代有关背景，说明问题提出的原因，介绍调查的情况，点明报告的目的所在等。

（六）语言表达要通俗易懂

调查报告的读者面较为宽泛，同时很多以大众媒体作为载体，因此在写作时要求语言通俗易懂，尽量避免专业性较强的术语，做到深入浅出；同时注意对数字、图表等的使用，语言不仅要求准确、朴实，还要鲜明、生动。

六、调查报告和总结的区别

（一）从应用对象看

总结仅限于本单位工作需要，应用对象有限，范围小；调查报告则要选择有典型意义的事件，探求有规律性东西，以点带面，应用对象广、范围大，有广泛的指导意义。

（二）从人称上看

总结在写作时为第一人称，它是本系统、本单位或个人的自叙体文书；调查报告应使用第三人称叙述方式，而且要求在写作过程中，要注意以叙为主，叙议结合。

（三）从阐述内容的侧重点上看

总结一般反映工作的全貌和实质性问题，而调查报告则突出某一侧面，就某一有代表性的问题进行分析和阐述，侧重于事物性质、规律、趋势的探索，求具体，不求全面。只要能说明某一方面问题就可以了。

（四）从表达方式上看

总结是分析归纳规律的推理论证过程，主要运用议论的表达方式；调查报告重在用事实证明某个观点或真相，主要运用叙述的表达方式。

（五）从写作过程看

调查报告要站在客观立场上，对有关部门采访或调查，找出规律，整理成文；而总结，不论自身是否具备典型条件，都要从本单位、本人角度出发，对所做的工作进行回顾，查找经验教训和不足而成文。

【范例一】

校园畸形消费应引起高度重视

校园消费是广大家长、老师和社会及有关人士十分关注的问题。据湖南省城镇居民生活消费抽样调查资料显示，近年来岳阳市大、中、小学生的消费支出（除去学杂费）正以19.6%的速度上升。针对这一个问题，省城调查队对岳阳市部分大中专院校、中小学校的学生和家长进行了一次专题调查。调查结果表明：校园畸形消费问题严重，应引起社会各界高度重视。

一、请客送礼成了部分学生的"社交方式"

曾几何时，请客送礼之风吹进了校园，并在校园迅速蔓延和发展。请吃宵夜、请跳舞、请洗脚按摩等现象屡见不鲜；生日、节日、入队、入团、入党、分配请客送礼已成常事。据了解，大中专学生（包括由其家长代劳的）有50%以上有过请客送礼史。中小学生中这种风气也正在迅速蔓延和发展。平日里互相请吃、请喝成了校园的家常便饭。市农校一位姓吴的男生，家住汨罗农村，一顿夜宵吃掉六七十元是习以为常的事，没钱了就到叔叔和舅舅家去"借"，最后没处"借"了，就到餐馆赊账，当欠账达到700多元时，人就"消失"得无影无踪了。店老板费了很多周折找到了吴某的家，他的父母无奈之下，东拼西凑只凑了500多元钱，说尽了好话才把店老板打发走。在湘潭师院读书的岳阳籍学生张某，今年即将毕业，为了尽快分个好单位，他不惜耽误功课，三次回家同其父亲请某单位领导吃饭、洗脚和按摩。据该生父亲说："现在竞争太激烈，孩子毕业分配光靠成绩是不行的，必须来点感情投资"。岂不知，这么一投资，却败坏了党风，贻害了后代。

二、谈恋爱成了部分学生追求的"时尚"

时下在各大中专院校校园里流传着这样一句话："是不是有能耐，就看你会不会谈恋爱"。在校学生把追求异性作为提高"情商"的一种"时尚"手段。谈恋爱需要情调，因此校园附近的餐馆、茶楼便成为这些"情侣"光顾之地。据对几个校园附近的大众化餐馆的调查，来这里吃"双人餐"的有近40%是学生，"心怡"是某高校附近的一间甜点室兼茶座，那些学生情侣们最爱光顾这里，到这里吃点心听音乐喝茶成了谈恋爱的象征。某公司总经理的儿子为了追求本校音乐系的一女生，先后共花了三万多元的巨资，甚至还有带女友去海南双飞旅游的罗曼史。岳阳师院一女生两个月内花光了男友2000多元的学杂费，使该男生陷入了"还"债的危机。一岳阳籍姓黄的男生在武汉读大学，他与同系一女生恋爱已近两年。两年来，他送给女友的首饰等礼品价值就达3000多元，平时吃喝玩方面的消费据他自己估计也有 2000 多元。

三、时髦和享乐成了校园里亮丽的"风景"

据对某高校调查，大学男生中抽烟率高达 25% 以上，上网聊天、穿名牌、配手机的也在不断涌现。农校学生吴某平时抽烟喝酒上网还不说，去年年底，他打牌赢了 1000 多元钱，再找有固定收入的亲戚凑了几百块钱买了一部手机，一个月就用掉了 200 多元话费。某学院一名学生花了 800 多元钱买了一套名牌西服，一心想改变自己在同学们特别是女同学心中的"乡巴佬"形象。可寒假回家，看到满身补丁的母亲为他在灶前忙碌，一阵心酸，禁不住跪在母亲跟前。

四、网吧、电游室让青少年开阔了视野，但也培养了一批"顽童"

随着网络科技的迅猛发展，岳阳市的网吧近年来如雨后春笋般地涌现，到目前为止已有各种明的、暗的网吧和电游室 300 多家。为了逃税逃费，很多无牌无证网吧开在居民区的居民宿舍里，或开在临街铺面的里间。即使如此，孩子们仍然是轻车熟路，非常容易找到。在网吧，为抢机子而恶语伤人，甚至打架斗殴的事也时有发生；高年级学生找低年级学生强行要钱的事也时有发生；盗取别人网号谩骂别人网友的事也时有发生；忘记时间，耽误上课的例子更是数不胜数。网吧和游戏厅丰富了青少年的精神生活，开阔了视野，但任其泛滥，也严重地影响了少年儿童的成长，应当加以规范和整治。

五、走出校园畸形消费误区，引导学生健康成长

对待学生的态度，目前社会和家长仍存在许多认识上的误区。其一是认为"再苦也不能苦孩子"。过分满足孩子物质上的需要，而忽视人生观和道德观的培养，忽视对孩子的磨难教育，是导致孩子们只知道享受的重要原因。其二是存在攀比心理。认为人家的孩子什么都有，我的孩子总不能只看着别人玩乐，这样会被别的孩子瞧不起的。再者认为好玩是孩子的天性，如今反正是这样的社会风气，等孩子懂事了再来管教也不迟。其三认为是素质教育的需要。教育者们只注重在素质教育方面有过什么举措、做过多少工作，而较少关注在少年儿童中收到了多少实效。其四是商家们一味地把目光盯在孩子身上，只想借孩子们的手掏出家长的钱。

针对社会和学生家长对待学生认识上存在的误区，全社会应共同努力，加强对青少年的培养和教育。首先是社会和家长应正确认识青少年时期所处的地位和面临的学习任务。其次是引导青少年学生树立正确的人生观和价值观，促使其顺利成长。

蔡月娥　于细文
二〇〇二年五月十日
（摘自"湖南城市调查"网站有删改）

【简析】

这是一篇较典型的反映情况的调查报告。标题采用文章式标题。在导语中，写明了调查报告的概况，交待了调查目的、对象和范围等，语言简明扼要。

文章在正文部分基本上采用的是横式结构，从"请客送礼、谈恋爱追求'时尚'、时髦和享乐、网吧和游戏厅"几个方面对目前校园畸形消费进行了分析、总结，使读者充分意识到校园畸形消费严重性，应当引起家长和各有关部门的重视。

在结语中作者写出对全社会的希望。

本文结构合理、严谨，语言朴实无华。对学生在校期间的写作练习，有较明显的示范作用。

【范例二】

关于北京市民社会公德表现的抽样调查
北京社会心理研究所

北京作为首都，是中国政治、经济和文化中心，北京市民的社会公德的状况不仅反映其个人素质的高低，而且映射出首都的形象，乃至直接影响中国的国际形象和声誉。同时，社会公德的好坏，也直接

影响着市民自身生活环境质量的高低。

随着2008年奥运盛会的临近，奥组委在场馆建设、融资、开发奥运产品、开发商管理等的组织、运营、管理等各项硬件方面下了很大的工夫；与之相应，软环境的建设，即精神文明建设的水平也应逐步提高。那么应当如何衡量北京市精神文明建设和城市居民生活环境是否优良呢？我们认为一方面要看政府职能部门的工作和业绩，这是衡量的客观尺度；另一方面，则是城市居民对精神文明建设和生活环境状况的感受，即他们心中的衡量，这是主观尺度。两把尺子互为参考，用两把尺子来评价同一事物，可以使我们得到更全面的信息。

精神文明是由具体的事件作为载体体现出来的，可以通过采集：被访者日常所见的违反社会公德现象的频率；被访者最反感的违反社会公德的现象；由被访者为北京市民在维护社会公德方面评分以及被访者认为北京市的精神文明建设的水平高低等主观指标来考察北京市精神文明建设的成果。

为此，北京社会心理研究所于2004年2月进行了一次北京市城市居民对当前社会公德状况评价的调查。此次调查以我所2002~2003年的调查为基础，先将违反社会公德的不良行为排序，再选取其中最能说明问题的现象并聚类，分别为环境卫生、公交秩序、环境保护、文明礼貌等四个方面的现象。本次调查采用随机拨号的方式对分布于我市八个城区的居民进行电话访问，样本总量765。调查结果如下。

一、市民对环境卫生方面社会公德水平评价比较低

随着市民生活水平的提高，饲养宠物的家庭越来越多，由此带来的很多问题引人注意，问题之一是宠物在公共场所随地便溺后，主人不予清理。这种现象发生的频率很高，在本次调查中有54.9%的市民反映他（她）们几乎每天或者每周能够见到此种现象。由于主人不予清理，导致污物在地面上停留很长时间，很多市民反映"每天走到那儿的时候都会看到，很恶心！"

随地吐痰是中国环境卫生的顽疾，北京也未能幸免，在本次调查中有52.3%的市民几乎每天或者每周能够看到随地吐痰的现象。虽然如此，却有分别。很多市民反映，在他们所居住的小区内随地吐痰的现象很少，而小区以外的街道上随地吐痰的现象就非常普遍和严重了，在公共汽车站和火车站等人群密集的地方尤其严重。市民认为，道理很简单，没有人会在自己的家里随地吐痰，因为家是我们私人的地盘，谁都知道随地吐痰很脏，痰迹会弄脏我家的地板——家是私有的概念；小区是我们的小区，是我所居住的地方——小区是半私有的概念；而家和小区以外的街道是绝对的公有概念，是公共财产。公共财产是大家的，是你的也是我的，不是你的也不是我的。因此，很多人的行为表明：公共场所的环境卫生与我无关，缺乏主动维护公共卫生的意识与习惯。

环境卫生方面，在车站、街头散发宣传资料、广告等；乱扔杂物；打喷嚏、咳嗽时不加掩饰等，也是市民常见的现象（见表1）。

表1　　　　　　　　北京市民观察到下述现象的频率

现象	频率(%) 总是（几乎每天）	经常（每周）	偶尔（一两个月）	极少（三个月以上）	从不（一次也没有）	说不清楚
宠物在公共场所随地便溺后，主人不予清理	21	29.8	24.7	9.4	11	4.1
随地吐痰	24.7	33.9	19.9	14.4	5.5	1.7
乱扔杂物	20.5	27.6	24.1	17.3	8.6	2
打喷嚏、咳嗽时不加掩饰	9	19.3	23.4	27.3	13.2	7.7
在车站、街头散发宣传资料、广告等	41.4	29.2	14.9	6.1	6.1	2.2

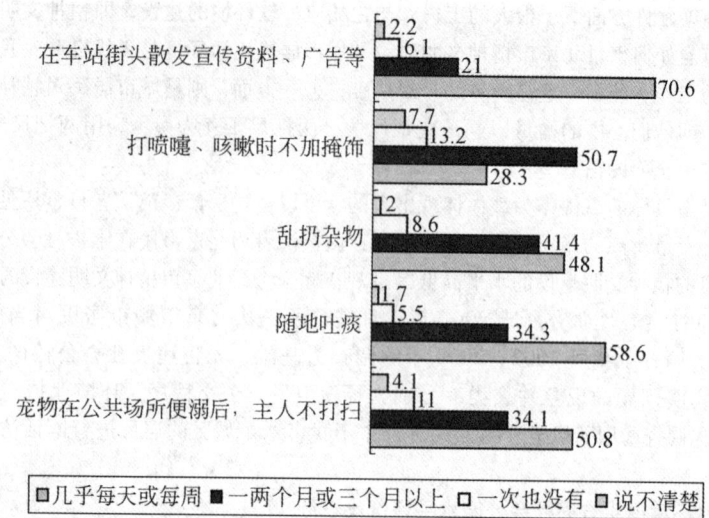

环境卫生方面各现象的市民所见频率（%）

二、市民的评价中公交秩序方面的不良现象有所改善

本次调查中66%的市民日常出行，是选择乘坐公共交通工具（包括公共汽车、地铁和城铁）。他（她）们普遍反映，乘坐公共交通时争抢、拥挤的现象虽然频繁，但与前些年相比有所改观，原因大致有三：其一，北京市的道路建设日新月异，路越修越长越修越宽了，北京市政府为市民所办60件实事多段道路改修建工程已见成效；其二，市民出行可选择的公交线路越来越多了；其三，城区主要车站设置了车站的交通协管员，疏导公共汽车进出站。

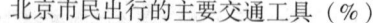

北京市民出行的主要交通工具（%）

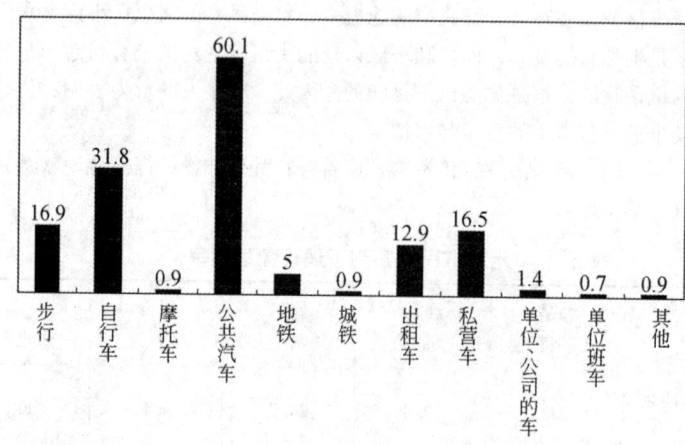

随着经济的发展，市民生活质量的提高，北京市机动车的拥有量，尤其是私家车的拥有量逐年提高，一方面说明市民代步工具的水平先进化，另一方面车辆的猛增带来了诸多问题。调查表明，在公共交通秩序方面，机动车抢道乱行的现象比较严重。另外，行人、骑车人不遵守交通信号灯的现象也比较严重。

乘车时逃票的现象虽然少见，但是，在调查中仍然听到市民反映，他（她）经常乘坐的公共汽车上有人乘车不买票。乘车时逃票不仅有悖公德，也是个人缺乏诚信的表现。

表2　　　　　　　北京市民观察到下述公交秩序方面不良现象的频率

现象 \ 频率(%)	总是（几乎每天）	经常（每周）	偶尔（一两个月）	极少（三个月以上）	从不（一次也没有）	说不清楚
乘坐公共交通时争抢、拥挤	20.9	22.5	20.8	15.9	7.3	12.5
机动车抢道乱行	23.9	23.8	19.3	14.5	8.1	10.3
行人、骑车人不遵守交通信号灯	20.8	21.2	23.9	19	10.8	4.3
乘车时逃票	0.7	1.2	10.6	23.1	39.3	25.1

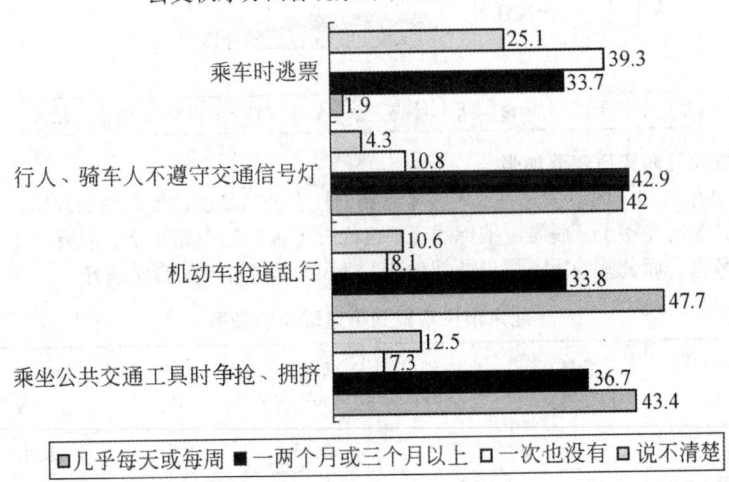

公交秩序方面各现象的市民所见频率（%）

三、应继续加强环境保护方面的监察力度

调查表明，使用超薄塑料袋和使用不可降解的一次性餐具的现象比较严重。这方面除应加强对生产环节和交易市场的监察力度，从源头加以控制以外；另一方面，还应继续加强对消费者的宣传和教育工作。

调查数据还表明，垃圾不分类投放的现象比较严重，有66.8%的市民几乎每天都能看到此种现象。有很多市民反映，其所居住的小区根本就没有垃圾分类的设备。看来实行垃圾分类收集的居民小区的范围尚需继续扩张。

表3　　　　　　　北京市民观察到下述现象的频率

现象 \ 频率(%)	总是（几乎每天）	经常（每周）	偶尔（一两个月）	极少（三个月以上）	从不（一次也没有）	说不清楚
使用不可降解的一次性餐具	20.9	27.7	20.4	15.9	7.7	7.3
使用超薄塑料袋	53.3	24.8	9.7	6.4	4.2	1.6
践踏草坪、攀摘花木	9.7	13.9	23.8	29.3	19.1	4.3
垃圾不分类投放	50.7	16.1	7.2	6.3	10.7	9
路边烧烤羊肉串等	19.3	15.7	15.8	21.4	25.9	1.8

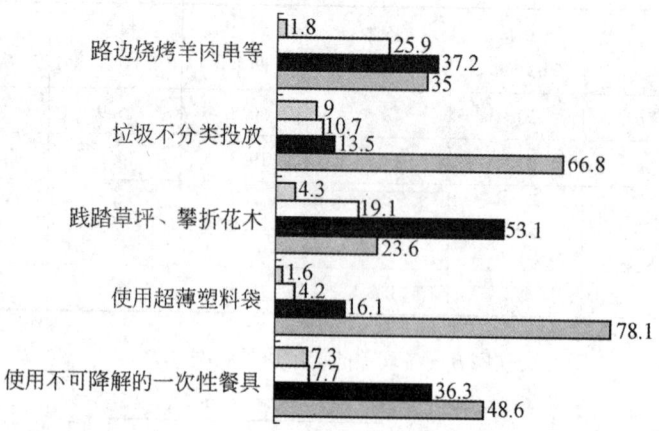

环境保护方面各现象的市民所见频率（%）

四、市民的文明礼貌素质还要加强

在本次调查中有42.3%的市民总是或者经常看到异性在公共场所过度亲密的现象。

此外，在公共场所光膀子、脱鞋、抽烟的现象也比较严重，其中光膀子、脱鞋的季节性比较强，夏天发生的频率比较高。而公共场所不可以抽烟对许多烟民而言，并不能自觉遵守。

表4　　　　　　　　　　北京市民观察到下述现象的频率

现象 \ 频率(%)	总是（几乎每天）	经常（每周）	偶尔（一两个月）	极少（三个月以上）	从不（一次也没有）	说不清楚
遇事围观、起哄	4.6	17.6	26.5	26.1	20.8	4.3
在公共场所光膀子、脱鞋、抽烟等	15.8	20.7	23.4	22.1	14.8	3.3
在公共场所大声喧哗	7.2	14.6	25.5	31.1	16.1	5.5
在公共场所争吵、说脏话	6.4	15.6	27.6	31.6	15.6	3.3
在公共场所异性间过度亲密	18.4	23.9	30.8	12.4	10.7	3.7

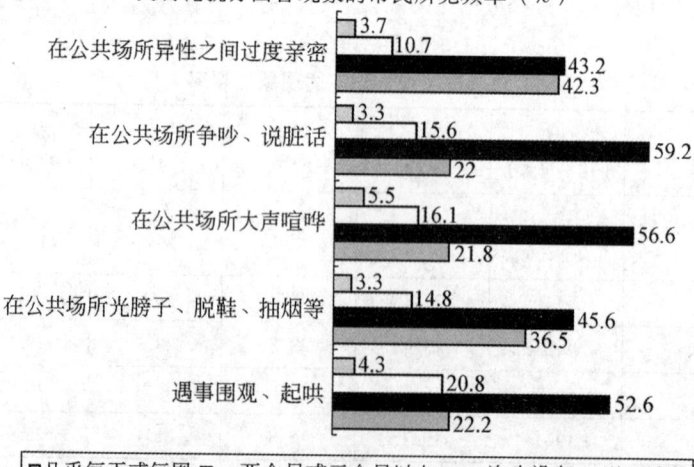

文明礼貌方面各现象的市民所见频率（%）

五、北京市民最讨厌的违反社会公德的行为排序

从总体上看，北京市民最讨厌的违反社会公德的现象占第一位的是：随地吐痰。紧随其后的不良行为，在市民的评价中占前 2～5 位的依次是：乱扔杂物；宠物在公共场所随地便溺后，主人不予清理；在公共场所争吵、说脏话；乘坐公共交通时争抢、拥挤。

市民最讨厌的违反社会公德的行为图示（%）

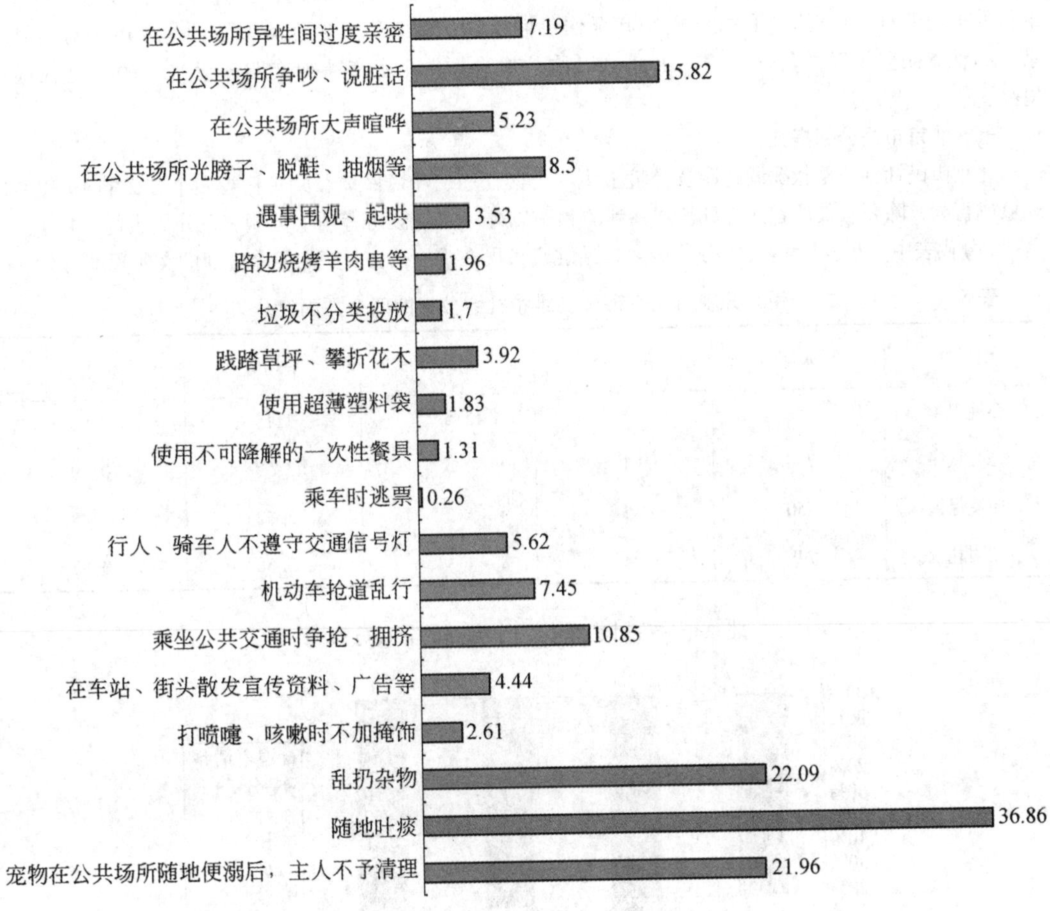

在公共场所异性间过度亲密 7.19
在公共场所争吵、说脏话 15.82
在公共场所大声喧哗 5.23
在公共场所光膀子、脱鞋、抽烟等 8.5
遇事围观、起哄 3.53
路边烧烤羊肉串等 1.96
垃圾不分类投放 1.7
践踏草坪、攀折花木 3.92
使用超薄塑料袋 1.83
使用不可降解的一次性餐具 1.31
乘车时逃票 0.26
行人、骑车人不遵守交通信号灯 5.62
机动车抢道乱行 7.45
乘坐公共交通时争抢、拥挤 10.85
在车站、街头散发宣传资料、广告等 4.44
打喷嚏、咳嗽时不加掩饰 2.61
乱扔杂物 22.09
随地吐痰 36.86
宠物在公共场所随地便溺后，主人不予清理 21.96

六、市民对北京市精神文明建设水平的评价

市民对北京市精神文明建设的评价（%）

50
40
30
20
10
0
3.3
41.4
46.5
5.5
1.6
1.7
很高
较高
一般
较低
很低
说不清

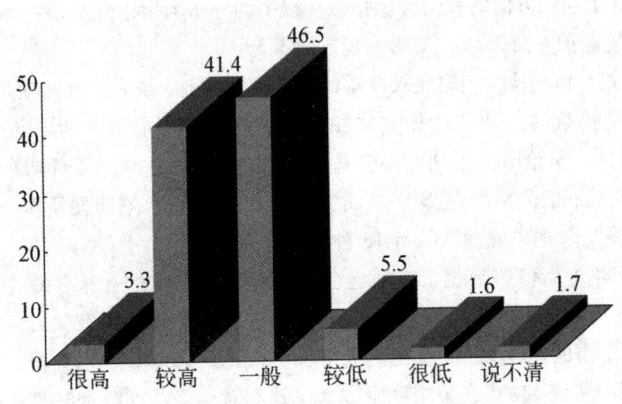

46.5%的被访者认为北京市精神文明建设的水平目前还不算高,只能称作一般;41.4%的被访者认为和国内其他地方相比,北京市的精神文明建设的水平是比较高的;有3.3%的被访者认为北京市的精神文明建设的水平已经很高了。这三部分被访者都提到北京市的精神文明建设水平逐步在提高。只有7.1%的被访者认为北京市的精神文明建设的水平较低或还很低,这部分被访者往往是将北京的状况与国外大都市的精神文明状况相比较。另有1.7%的被访者没有明确表态。

在我们的相关研究中,2001年有多达52.6%的被访者认为人们的社会公德很差和比较差,即超过半数的被访者对当时北京市的社会公德状况作负性评价;2002年减少至18.2%的北京市民对当时北京市的整体社会风气做负性评价。由此可以欣喜地看到,北京市精神文明建设水平的确是在逐步提高。

七、北京市民公德指数

北京市民社会公德状况调查涉及环境卫生、公交秩序、环境保护、文明礼貌四个方面的19种不良现象或行为,除要求被访者回答日常观察到的频率以外,还请被访者用5分制(5分代表优、4分代表良、3分代表中、2分代表差、1分代表劣)给北京市民在维护社会公德的四个方面的文明程度打分。

表5　　　　　用5分制给北京市民在维护社会公德的四个方面打分

国民性	人数	最低分	最高分	平均分	标准差
环境卫生	758	1	5	3.15	0.85
公交秩序	734	1	5	3.59	0.79
环境保护	750	1	5	3.42	0.88
文明礼貌	749	1	5	3.58	0.83

北京市民在社会公德四个方面的分数分布图

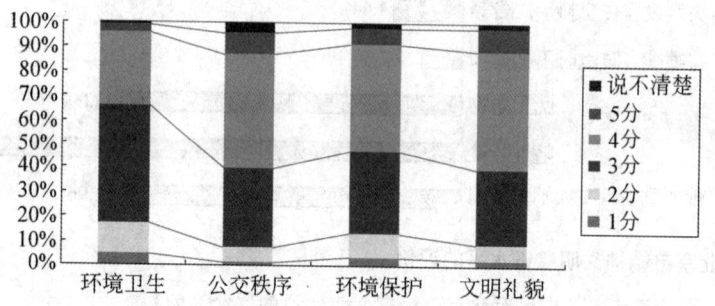

由此,北京市民在上述四方面的社会公德指数,以平均分作为指标分别是:环境卫生方面3.15;公交秩序方面3.59;环境保护方面3.42;文明礼貌方面3.58。

回顾2001年的调查,市民认为当时比较严重的社会现象的前5位中,有两项是公共环境卫生方面的问题("随地吐痰、乱扔杂物"和"任凭宠物在公共场所随地便溺"),两项是公共交通方面的问题("上公共汽车时不排队,争抢座位"和"小公共违章驾驶、违章停靠,强行超车、强拉乘客");2002年的调查中,市民反映强烈的公德问题涉及"任凭宠物在公共场所随地便溺"、"随地吐痰、乱扔杂物"、"小公共乱行乱停"、"遇事爱围观"等13种不良行为。

纵向比较,环境卫生方面仍然是北京市社会公德最薄弱的一环;随着市民的环境保护意识逐步提高,市民对北京市的环境保护相当关心,他们不仅能发现问题,也愿意同有关方面配合(如:执行垃圾分类投放),以加强北京市的环境保护;文明礼貌方面,市民认为"除个别人群素质有待提高外,北京人总的来说,在这方面还是不错的";公交秩序方面,政府对小公共的治理颇见成效,乘坐公共交通时争抢、拥挤的现象虽然频繁，但与前些年相比有所改观。市民对公交秩序方面的评价在四个方面中是最高的。

社会公德处于道德规范体系中的最低层次，它是公民的个人修养，也是社会文明进步的标志。随着社会的进步、科技的发展，社会分工的越来越精细，人与人、人与社会、人与自然间的互动日益频繁，公共生活的领域越来越扩大。因此，文明的行为方式、良好的公德意识对于维护公共利益和公共秩序，建立良好的人际关系，形成良好的人与环境的关系，促进社会的健康稳定发展具有前所未有的重要意义。

二〇〇四年三月
（摘自中国民意网）

【简析】

这是一篇社会情况调查报告，是一篇综合性的，内容涉及范围较广的调查报告，因此在文章结构方式上采取的是综合结构。

这篇调查报告最引人注目的就是综合运用了多种表达方式，大量运用了图形和图表，既有填充了原始数据的表格，也有将数据转化而成的图形，这样就使数据清晰、醒目，看起来一目了然。这就是使用计算机处理数据的最大优势，今后随着高科技的迅猛发展，使用微机处理调查结果将是很平常的事情，如何使用计算机处理数据，及如何将得到的数据运用到调查报告中，来说明文章的主旨，也应是今后应用写作教学中需要注意的一个问题。在这里我们引用这篇例文，也就是在这方面的一点探索，希望学生在以后的写作中不拘泥于文字的叙述，大胆尝试新方法、新技术，使应用文写作课也能随时代的发展而进步。

这篇文章可以看出作者作了大量的调查研究，在此基础上调动众多材料主题服务，使整篇调查报告充实、丰满，叙事、议论有据有理。

练　习

1. 调查报告与总结的异同有哪些？
2. 调查报告的作用是什么？
3. 调查报告写作要求有哪些？
4. 请将你所在班级的学生来源、消费水平、经济收入及来源作一番调查，写一份调查报告。要求：用数据说话，自拟标题，2000字左右。
5. 在校内就同学们关心的校园问题展开抽样或问卷调查，写一篇校内情况调查报告。要求同学分成若干问题小组，事先设计好调查问卷，综合运用多种调查方式，最后形成报告。

第七节　求职信与应聘信

随着我国市场经济的不断发展和完善，我国的就业方式由过去的单向选择转变为现在的双向选择。因而求职信、应聘信（以下简称"两信"）便成为大中专院校毕业生或待业人员寻找职业时向用人单位宣传自己、推销自己不可缺少的重要工具和手段。因此在求职过程中，"两信"在其中起着积极的作用，它帮助求职者与用人单位牵线搭桥、传递信息，在用人单位负责人面前为求职者建立"初感印象"。

一、求职信、应聘信的概念、特点

（一）求职信、应聘信的概念

所谓求职信是指求职人向自己所要谋求职业的单位进行自我介绍、谋求职业的书信。应聘信是指求职人根据用人单位招聘人员的条件向用人单位进行自我介绍、谋求职业的书信。

（二）求职信、应聘信的特点

要写好"两信"，首先要知道"两信"的特点。现今的就业方式是双向选择，即用人单位和求职人双方都有选择对方的权利，都要对对方进行选择。一是选择适合本单位需要的人才，一是选择符合求职人意愿的工作单位和岗位。而用人单位与求职人之间又互不相识，这一特殊关系就决定了"两信"具有以下三个特点：

（1）求职对象的针对性　这一特点包含两个方面：一是要针对用人单位的实际情况，看是否符合求职人的意愿，符合意愿的，求职人便可提笔向该用人单位写求职信或应聘信，否则，不要随便乱写，以免贻误用人单位的用人或影响用人单位负责人的工作。求职人选准用人单位是写求职信或应聘信的前提条件，求职信或应聘信是求职人对求职单位认可的体现。二是求职人要针对自己的实际情况，看是否符合用人单位的条件，符合条件的求职信或应聘信才可能起到应有的作用，否则就不要浪费自己的心思和时间了，也不要浪费用人单位负责人的时间。把握这两个方面去写求职信或应聘信，才有成功的希望。

（2）信件内容的自荐性　因为用人单位的负责人与求职人互不相识，特别是用人单位，对求职人既不认识，也不了解任何情况，因此求职人在求职信或应聘信中必须进行毛遂自荐。通过自荐，用人单位负责人才能决定对求职人是否进行面试或录用。由此可见，自荐的过程也是自我宣传、自我推销的过程。自荐要讲诚信，要客观地恰如其分地介绍自己。

（3）工作岗位的竞争性　双向选择本身就是竞争。用人单位要在众多的求职人员中选择适合本单位需要的人才，求职人要在竞争中取胜，就必须写出自己的优势。

二、求职信、应聘信的写法

"两信"一般由称谓、问候语、正文、祝颂语、附件、署名、日期、联系方式构成。

（一）称谓

称谓就是对用人单位受文者的称呼。多用体现文明的尊称、敬称，书写在信的开端。受文者一般是用人单位人事处（人事部、人事劳动处、组织部、干部处等）的负责同志，因很多求职者不知道用人单位是哪个部门负责此项工作，故可直呼其为"尊敬的××厂负责同志"或"尊敬的××公司经理先生"；如了解到用人单位是人事处负责，可直呼"尊敬的××厂人事处负责同志"；如已经知道负责人的姓名，可直呼"尊敬的×处长"或"尊敬的×××先生"、"尊敬的×××女士"等。"先生"、"女士"现被广泛用作礼貌性称谓词。称呼要在信的第一行顶格写，后面写上冒号（：）。

（二）问候

"两信"的问候是对受文者的问候，在称呼的下一行另起一段，左空2字，写上"您好"，然后写上叹号（！），以示对用人单位负责人的尊敬。

（三）正文

正文包括引言、主体、结尾三部分内容。

（1）引言　引言是"两信"的开头部分。"两信"的受文者大多公务较为繁忙，时间很宝贵，所以写"两信"应开门见山，直接写出求职、应聘的缘由，让读者立刻了解来信用意及基本情况。一般先介绍你是哪个学校哪个专业的学生，今年多大，何时入学，何时毕业，求职、应聘的原因等。文字力求简练，表意清晰明确。

（2）主体　这部分是"两信"的重点部分，应写出谋求此项工作的优势。这部分要用简练的语言写出个人背景，阐述自己的志向、兴趣、性格及适合这个职业的优势，介绍自己的学历、经验、希望和信心，写清求职、应聘的工种、职位和待遇要求等。

在信中，重点写自己的技术专长，展示自己的业绩与能力。但不渲染与所求职业无关的才能。语言要平实、诚恳，不卑不亢。

在应聘信中，求职人就招聘的有关条件陈述理由，如实回答，表明态度。用语要恳切、得体。

（3）结尾　"两信"的结尾要以诚恳的态度提出自己的愿望和要求。如"希望领导给我一次面试的机会"、"盼望答复"、"静候佳音"等。可与主体衔接在一起写，也可另起一段。

正文要层次清楚，重点突出，每个自然段首行前空两格，回行顶格写。

（四）祝颂语

祝颂语是"两信"结尾时，对受文者表示祝愿、钦敬和勉励的短语。如"此致敬礼"之类。"此致"写在正文的下一行，左空两格。"敬礼"在"此致"的下一行顶格写。如求职于财经、工商界、三资企业、民营企业等，可套用惯用语"恭祝大安"、"即颂春安"（夏天用"夏安"，秋天用"秋安"）、"顺颂商祺"、"事业昌盛"、"百事称心"等。

（五）附件

所谓附件，是指"两信"后面附有展示自己优势的相关资料。常见的附件材料有：

（1）简历表　简历表的项目有姓名、性别、籍贯（出生地）、年龄、民族、免冠照片、住址、婚姻状况、学历、学位、外语水平、特长、爱好、兴趣、工作职务（或曾任职务）、电话、邮政编码等。

（2）毕业生推荐表　毕业生推荐表由应届毕业生所在院校提供，是每位大中专毕业生找工作时不可缺少的材料，表上有毕业生各种自然情况、学习成绩及所在学院（系）和学校的推荐意见等。应客观地、实事求是地填写。

（3）有关证件的复印件　如：学历证、学位证、各种荣誉证，外语、计算机级别证，专业技术等级证、职称资格证以及能证明自己优势和才能的有关证件的复印件。

（六）署名和日期

这是"两信"的落款，求职人要工工整整地在正文的右下方写上"求职人：×××敬上"或"求职人：×××谨上"，以示礼貌和谦逊。然后在姓名的下面用汉字写上成文日期，"零"要写成"〇"，不要写成"零"或"0"。日期的右边空4字。

（七）联系方式

为了方便联系，要在日期的左下方写上通讯地址、邮政编码、联系电话。

三、撰写"两信"应注意的事项

① 要有针对性。"两信"写作是针对某一单位的某一职位专门撰写的,所有内容应当针对这一职位进行叙述,与这一职业无关的事不要写。

② 语言要简练,意尽言止,一般写 400～500 字,不要写得太长。

③ 措辞要诚恳,语句要通顺,用词要恰当,语言要得体,表达要把握分寸,要客观、正确地评价自己。

④ 字迹要工整,版面设计要精美、大方,要抓住受文者的阅读兴趣。如果字写得很好,最好是亲笔书写,因为漂亮的字体也是求职者的一个闪光点。但千万不能写错别字。打印一般用 A4 纸。

【范例一】

求 职 信

尊敬的×××电器集团劳动人事处×处长:

我是×××大学市场营销专业01级的学生,今年23岁,于2001年秋入学,修业4年,按国家规定学完了全部课程,将于2005年7月毕业。四年来,我的学业经考试,考查,全部合格,计算机过国家二级,英语过六级。我对营销专业特别喜爱,除学完学校开设的有关课程之外,我还利用寒暑假参加社会实践活动。去年寒假,我在省城商业城实习,曾独立向客户销售各类家电27种,50余件。认真做到让顾客高兴而来,满意而去。用户对我的服务非常满意,同时我的工作也受到家电部经理的好评。本人身体健康,有事业心,上进心,愿意做一个称职的,合格的"×××电器集团人"。特向您提出求职申请,请准予我为贵集团的一名家电营销人员。现附上《×××大学2005年毕业生推荐表》一份,恳切希望领导能给我一次面试的机会。

此致

敬礼

附件:《×××大学2005年毕业生推荐表》

求职人:张晓丹谨上
二〇〇五年三月六日

通讯地址:××市××路××号

邮政编码:××××××

联系电话:×××××××

Email:ZXD@163.com

【简析】

这是一封市场营销专业毕业生写的求职信。求职人能针对求职目标叙述自己的特点、基本条件、专业特长,表达自己的愿望。并附上附件供用人单位参考,联系方式提供得很具体。全文语言得体,态度诚恳,介绍得当。

【范例二】

应 聘 信

尊敬的××商场×××总经理:

我从×月×日的《沈阳晚报》上看到了贵商场招聘员工的启事。我有意应聘其中财务会计一职。

我叫张强，男，今年24岁，本市人，于20××年毕业于××××大学商学院财务电算化专业。在校时各科成绩优良。毕业后供职于××××厂销售员，由于专业不对口，所学特长无法发挥，十分羡慕那些专业对口有用武之地的人士。今见贵商场需要财务会计专业人员，我非常高兴，觉得是施展我特长的大好机会来到了。希望贵商场能给我一个面试的机会。经考核，如蒙录用，我将会竭尽全力搞好本职工作，做一个合格的××商场的"理财人"。

此致

敬礼

附件：1. ××大学毕业证

2. 会计人员上岗证

求职人　张强

二×××年×月×日

联系地址：××市××路××号

联系电话：××××××

【简析】

这是一封应聘信。是根据招聘启事而写的，首先，引据报上的招聘启事，然后表明自己的态度；第二段写出应聘的缘由；其次，具体明确的阐述应聘事宜，紧扣该公司提出自己的应聘条件和要求，理由充分，态度诚恳，语言得体。提供的附件有利于证明自己的应聘条件。

第八节　演　讲　稿

一、演讲的概念与特征

（一）演讲的概念

演讲是指在特定的时空环境中，借助有声语言、态势语言、主体形象，公开向听众传递信息，表述见解，阐明事理，抒发情感，从而达到感召听众的一种现实的社会活动。

有声语言：由语言和声音两种要素构成，以流动的声音运载思想情感，直接诉诸听众的听觉器官。

态势语言：是演讲者的姿态、动作、手势、表情，是流动着的形体，辅助有声语言，运载着思想情感，直接诉诸听众的听觉器官。

主体形象：是演讲者的形体、容貌、发型、举止、神态等。

演讲是在社会实践的直接需求下产生的，比如：人们在展开政治活动、经济活动、科学文化活动以及种种交往活动中，必然要发表见解，提出主张，抒发情感，以达到说服人、感染人、教育人、激励人的目的。

演讲活动所发挥的这种认识作用、教育作用、美感作用，是社会实践的直接需求，同时，演讲本身也是实实在在社会实践活动。

演讲必须在特定的时空环境中进行。所谓"特定的时空环境"，指的是演讲者和听众都处在一定的时间和空间环境中。

演讲离不开有声语言，演讲离不开态势语言，演讲离不开主体形象。

（二）演讲的特征

1. 理论思维的形象化

演讲的活动应该是理论思维的推演，但是，演讲的形式又可以纳入艺术的范畴，要求演讲者的表达具有形象化的艺术效果。因此，理论思维的形象化就成为演讲艺术的一个突出特征。例如：《未来的中国》中有一句话，"中国，一个巨人在那里沉睡，让她睡吧，因为她一醒来，就会撼动世界"。这是一百多年前那位曾经横扫欧洲大陆，企图称霸全球的拿破仑说的。

到了19世纪末，又有一位英国的预言家预言，说未来世界将出现三个世界性大国，这将是美国、中国、俄国。

有不少人认为，19世纪是英国人的世纪，20世纪是美国人的世纪，那么21世纪将是中国人的世纪。当代持这种看法的有代表性的一个人是美国前总统尼克松。尼克松在《觉醒中的巨人》中写道，"中国现在正在觉醒中，它可能不久就要撼动世界"。

在21世纪可能成为世界上最强大国家的那个国家，将是中国。

从内容上看，具有逻辑推演思维轨迹，极有说服力；从表达上看则富有诗意，精巧之至，具有艺术美。

绘画、音乐、影剧以及文学创作都是重艺术而轻思维，然而演讲则是思维与艺术并重，既要运用抽象思维，又要运用形象表达技巧。

2. 语言表达立体化

演讲者走上讲坛面对听众，一开口就构成一个立体的形象，构成一种视听的艺术。如果说以文字为工具的文学写作是一种平面的语言表达，那么以口语及态势语言为手段的演讲，就是一种立体的语言表达。

演讲者以声调的抑扬顿挫、态势的张弛动静以及神情的喜怒哀乐传播自己的思想感情。听众接受的语言已经不是单一的符号信息，而是有声、有形、有义的立体信息。这就是语言表达的立体化。

3. 思想观念的人格化

演讲艺术还有一个特征，那就是听众常常自然地把演讲中所宣传的思想观念和演讲者的人格融为一体。这就是思想观念人格化。如《高尔基传》中有一段高尔基谈列宁的演讲艺术的话：

我钦佩在他身上表现出来的生命力以及对一切肮脏事物的强烈仇恨。每做一件事，他总是全神贯注，对他这种炽热的青春活力，我很感兴趣，他的动作轻巧而灵活，手势简捷而有力，与他那言语不多，但思维丰富的讲演完全相吻合。

在他那蒙古型的脸上，一双锐利的眼睛在熠熠发光，表现出一个不屈不挠的战士对谎言的反对以及对生活的忠实。

有时仿佛是，他精神上有一种不可战胜的力量从他的眼睛里喷射出来，那内容丰富的话语在空中闪光。他的演说让他感到：真理是无可反驳的。

这段演讲艺术的评论显然是把演讲者的人格与他们所积极宣传的思想观念完全融合为一体了。

二、演讲的作用

（一）演讲能提高口语表达能力

演讲的语言是经过提炼的口头语言，经常进行演讲会改掉词不达意，语言啰嗦的毛病，使口语表达精炼、流利、生动、富有感染力。

（二）演讲能提高思想和文化素质

演讲即要求一个人具有高超的口语表达技巧和方法，而且更需要有较高的思想水平和各方面的知识和能力。演讲者为了一个题目，要深入生活去调查、学习、动脑、组织材料。演讲本身还要有演讲稿，写稿要收集资料，要博览群书，要掌握各方面的知识。这样必定会促进自己思想的提高，学识的丰富。

（三）演讲能提高思维能力、应变能力

演讲本身能提高人的思维能力、观察能力、应变能力、综合能力，特别是演讲过程中，可能会出现各种情况，要有临时应变能力。

如：著名相声演员马季有一次到湖北黄石市演出，在他表演前有位演员错把"黄石市"说成了"黄石县"引起了观众的哄笑，到马季登台表演时，他开口就说："今天我们有幸来到黄石省演出……"然后马季解释道："刚才我们一位演员把黄石市说成黄石县，降了一级，我在这里当然要说成省，给提上一级，这样一降一提，就平了。"几句话博得全场观众热烈的掌声和笑声。马季机智巧妙地圆了场，使演出顺利进行。

（四）演讲是事业不可缺少的组成部分

政治家就职施政、争取民众，需要演讲；思想家阐述观点、宣传真理，需要演讲；军事家发号施令、激励斗志，需要演讲；外交家对外沟通、完成使命，需要演讲；文学家感受人生、交流体会，需要演讲；艺术家创造美、歌颂美，需要演讲；科学家批判迷信、传播科学，需要演讲；法学家维护法律、伸张正义，需要演讲；教育家传播知识、推广文明，需要演讲；企业家管理经济、实施经营，需要演讲。这些名家，他们事业上的突出成就应该说得益于他们精彩的演讲。

三、演讲的类型

（一）按功能分

1. "使人知"演讲

这是一种以传达信息、阐明事理为主要功能的演讲。它的目的在于使人知道、明白而不是鼓励、激发。

如我国著名的美学家、教育家朱光潜先生所作的演讲《谈作文》就是说明性作文的典范。

在这个演讲中演讲者的立足点不是鼓励人们去作文，而是向听众介绍作文的知识，让听众了解作文常识。是从作文前的准备谈起，谈到文章的体裁，写作的方法，如何构思，选材等等，使听众明白了作文应从几方面入手，这就是"使人知"演讲的功效和目的。

"使人知"演讲是演讲的最基本的类型，演讲要"使人信""使人激"、"使人动"、"使人乐"首先就要"使人知"。

2. "使人信"演讲

这种演讲主要目的是使人信赖、相信，它是从"使人知"演讲发展而来的。

这种演讲的功能不仅仅让听众明白、知晓你所要传达的信息，而且要使听众相信、信赖从而接受你所传达的信息。

如我国早期青年运动的领导人、宣传鼓动家恽代英的著名演讲《怎样才是好人》就是一篇说服性的演讲。

说服性演讲重在说服，所以观点一定要正确、独到，论据一定要翔实、确凿，论证一定要合理、严密，语言一定要准确无误。只要做到这些才能使听众心悦诚服，信任你讲的道理。

3. "使人激"演讲

这种演讲意在使听众激动起来。在思想感情上与你产生共鸣。这种演讲不仅仅是说服听众，让听众对你产生信任感，而是让听众与你一道喜、怒、哀、乐，使他们在你的演讲中受到鼓励。让他们为你的思想和观点而欢呼雀跃，并产生与你一起行动的想法。

4. "使人动"演讲

这比"使人激"演讲进了一步，它使听众产生一种欲与演讲者一起行动的想法。

这种演讲已不满足于听众听演讲时的片刻激动，而着眼于使演讲的内容成为听众行动的动力。

激励性演讲要求演讲者感情饱满，情绪激昂。这种演讲号召力强，具有强烈的宣传鼓动力量和催人行动的力量。

5. "使人乐"演讲

这是一种以活跃气氛、调节情绪、使人快乐为主要功能的演讲。

这种演讲多出现在一些喜庆的场合。这种演讲多以笑话、幽默、调侃为材料。听者在笑声中领悟人生的真谛，得到某种启迪，听众在乐后有所知、有所感、有所思、有所动，这才是"使人乐"演讲所追求的境界。

（二）按形式分

1. 命题演讲

命题演讲是根据既定的题目或限定的主题范围，事先做了充分准备的演讲。

2. 即兴演讲

演讲者在某种特定景物或某种人、事、氛围的激发下而产生的一种临时性的演讲。

（三）按内容分

1. 政治演讲

凡是为了一定的政治目的，出于某种政治动机，就某个政治问题，以及与政治有关的问题而发表的演讲。如：外交演讲、军事演讲、政治工作报告、政治宣传演讲。

2. 生活演讲

指演讲者就社会生活中存在的各种社会问题、社会现象、社会风俗而发表的演讲，表达演讲者对这些问题的看法。如：亲情、友谊、迎送、答谢等演讲。

3. 学术演讲

指演讲者就某些系统的，专门的知识和学问而发表的演讲。如：专题讲座、学术报告、学术发言、学术评论。

4. 法庭演讲

指公诉人，辩护人，诉讼代理人在法庭上所做的演讲。如：诉讼人的公诉演讲、律师的辩护演讲。

5. 宗教演讲

指的是与一切宗教仪式，宗教宣传有关的演讲。如：布道演讲、宗教会议演讲。

四、演讲稿的写法

（一）精彩纷呈的开头

演讲的开头也称开场白，它是整个演讲的首要组成部分。中国有句古话："善于始者，成功一半"可见开头的好坏对于演讲的成功起着重要的作用。

开场白是演讲者奉献给听众的第一束鲜花，往往给人留下久久难忘的印象。一个好的开场白能迅速激起听众的浓厚兴趣和求知欲望，一下子就能够抓住听众，吸引听众，使听众愿意听下去。

为了便于大家借鉴，我们不妨走进古今中外演讲的百花园，观赏一下著名演讲家是怎样设计开场白的。

1. 故事式

通过讲一个与演讲立题有密切关系的故事作为演讲的开头，或者说，讲一个亲切感人的故事，以感人的情节来吸引听众，构成故事的开头。如：《岂能让车轮带走幸福》演讲的开头：

"在我演讲前想先给大家讲个小故事，那是发生在纽约街头的一幕：一位中国留学生与美国女友正想横穿马路，这时红灯亮了，但我们这位留学生不由分说拉起女友就往前冲。事后女友同他分手了，理由就是连交通规则都不遵守的男人，修养太差！

4年后，这位先生回国了，与其中国女友在过马路时又遇到红灯，这次，虽然50米内没有任何机动车辆。他还是等绿灯亮时才走。事后，这位女友也提出要分手，理由竟是：连红灯都不敢闯的男人算什么男子汉！

在座的各位朋友们，这令人遗憾的反差，足以反映国人交通安全意识淡薄的程度。"

2. 开宗明义式

开宗明义，直接揭示主旨，即开门见山。其特点：不拖泥带水，不转弯拐角，使听众一下就能领悟出演讲中的宗旨，引起关注。如《选择》的开头：

"人的一生每时每刻都站在一个选择点上，都面临着选择，都进行着选择。

我曾不止一次地看到，人们在饭堂的窗口前挑选；在商店的柜台边选择；在年轻的朋友中比较。

选择是人的权力和自由，但我想说的是在包罗万象，形形色色的选择中，什么对于我们人生最重要，最有价值。

毫无疑问，它应该是信仰和追求，是选择什么样的道路，成为什么样的人的问题。"

这个开头，首先开门见山，点出讲题，再用目睹的几个画面说明演讲的内容，然后阐明主旨。

这是非常典型的"开头破题，开宗明义"的方法。一下子就能唤起听众的高度注意。

3. 幽默式

幽默式是以幽默、诙谐的语言或事例作为演讲的开场白，它能使听众在轻松愉快之中很快进入接受演讲者的角色。如：美国友人安娜·路易斯·斯特朗女士在中国庆祝她的80岁大寿。周总理特意在上海展览馆大厅为她举行盛大的祝寿宴会，周总理的开场白很幽默。

"今天，我们为我们的好朋友，美国女作家，安娜·路易斯·斯特朗女士庆贺'40公岁'诞辰。

在中国，'公'字是紧跟随它的量词的两倍。40公斤等于80斤，40公岁就等于80岁。"

总理巧妙的解释在祝寿者中激起了一阵欢笑。

4. 引用式

在演讲的开头，如能准确、恰当地直接引用哲理名言，能够增加演说的理论分量，升华境界。如《未来的中国》开头一连串引用了一组名家名言，很有气势：（略）

为了说明未来中国必将崛起的论点，在开场白中借用法国统帅拿破仑的名言。英国政治家的科学预言，美国前总统尼克松的著述，极好地论证了中心论点，是极有说服力的。

这样的开头实在是精巧之至。

5. 悬念式

设置一种使听众关注的情境和氛围，造成悬念，激发听众的好奇心。如：《把艰苦奋斗的乐章奏得更响》的开头。

"珠海，这块神奇的土地；澳门，这片迷茫的海湾。在珠海与澳门的坐标交汇点上，有一个集'神奇'与'迷茫'于一身的小岛，叫大横琴岛。岛上驻守着被国防部授予荣誉称号的'南海前哨钢八连'，我就是这个连队的第13任司务长。"

这个开头所设计的情境和氛围令人神往，令人关注，使听众急切地想知道下面的演讲内容。

6. 强力式

强力式的开场白，是把那些出乎人们意料或者难以想像的惊人事例，然而却是真实的、客观存在的事例展现在听众面前，使听众感到震惊，引起关注。如《教育与民族振兴》：

"世界上有这样一个国家，它曾参与掀起一场罪恶的战争而惨遭失败。在战后的那些凄凉悲惨的日子里，铺天盖地的笼罩着它的是寂寞和黑夜。

那时它的人均国民收入每年只有200美元，它资源贫乏而又人口密集，似乎它的惟一出路只有拿起讨饭碗与打狗棍。

但就是这样一个当年被舆论一致加以嘲弄的民族，竟在大洋中的那一小群岛屿上创造了举世瞩目的经济奇迹。……日本民族振兴的秘诀在哪里？"

因为发动战争，日本民族灾难深重，这不足为奇，奇就奇在它竟然一下崛起，创造了举世瞩目的经济奇迹。这就出乎人们的意料之外，人们不得不引起深思，日本民族振兴的秘诀在哪里。这样强力式的开头能引起听众的高度重视。

7. 抒情式

古人云："贵在真，重在情"许多有经验的演讲家从来就十分注重情感在演讲中的重要作用。

为了使听众获得良好的第一印象，在演讲的开头就要从倾注情感入手，拉近距离，沟通心灵，造成和美融洽的气氛，顺利推进自己的演讲。这样能达到事半功倍的效果。如李燕杰有一次在警察学校演讲，是这样开头的：

"同志们，今天我来到警察学校，我一上台就发现一个秘密。你们想过没有，全国11亿人口，只有谁有权力在头顶的帽子上缀上我们庄严的国徽呢？你们！只有你们！人民的卫士。"

这个开头很新颖，就地取材，从眼前警校学员头顶上的帽徽做文章，使听众迅速提神，为之一震，感到亲切、自然、深深被吸引住了。三言两语就获得沟通。

8. 闲聊式

闲聊式开场白通过与主题无关的话题逐步导入演讲主题。其主要目的是在开场白阶段能迅速地与听众建立友好关系，消除隔阂。如我国著名的文论家唐弢先生在陕西某地讲学，一开始就说：

"很久不讲课了，讲话南腔北调，我是浙江人，在上海长大，到北方来做事。南方人不承认我讲的是普通话；北方人不承认我讲的是北方话。我是无家可归啊。"

听众在笑声中更加钦佩先生的为人和学识，半点不摆大学者的架子，还很幽默。

9. 设问式

胸中早有定见，话中故意设问，目的是强调下文的内容，引起听众的注意。如《应该树立正确的人生观》一连用了七个设问：

"人人都希望自己健康地活着，那么假若有人告诉你，你的生命只有一个月，你将怎样度过？

人人都渴望得到幸福，然而你是否知道'幸福'二字的真正含义？

总而言之，你知道不知道自己为什么活着，怎样更好更有意义地活着，下面我就一一回答这几个问题。"

演讲者一开始就摆出一连串的问题，诸如恋爱、婚姻、健康、幸福人生等，都是人们很关心的问题，自然期待演讲者回答。

这组设问也都是围绕主题提出的，不仅加强语言的节奏和气势，而且突出了演讲的中心论点，效果很好。又如《草·地质队员的象征》的开头：

"朋友，当你悠闲地漫步在宁静的湖畔，或者林荫小道时，你可注意到那默默无闻的小草？当你欣赏和赞叹花卉的娇艳，陶醉在蜂飞蝶舞的芳香中的时候，你是否留意那些渺小而又平凡的小草？

当你游览祖国的山河，赞美她的壮丽时，你可曾看见那点缀祖国大地的片片青翠欲滴的绿色呢？"

这个开头由三个设问句开头，都紧紧扣住讲题，点明了小草的个性和品质。

这个开头极富文采和青春气息。确属佳品。

(二) 充实饱满的主体框架

开场白之后就是演讲主体的详细展开。一般说来，演讲主体的结构模式有以下三种：递进式、排比式和对比式。

1. 递进式

递进式就是利用因果、逻辑、时间等内在联系，循序渐进展开材料，从而在演讲的最后达到演讲的情感高潮和主题高潮。优秀的演讲多采取这种结构。美国黑人运动领袖马丁·路德·金《在林肯纪念堂前的讲话》就是如此。在演讲中，他先抨击了民族压迫和民族歧视的丑恶现实，接着论述了反抗种族主义歧视的必要性和迫切性，但鉴于他对暴力对抗和流血冲突的一贯看法，他转而又呼吁非暴力抵抗，阐明了自己的立场和主张，最后，则以五句"我梦想"表达了自己以及广大黑人及少数民族对平等自由的美好明天的向往，将演讲推向高潮。

2. 排比式

排比式就是将演讲主题分为几个并列的分题，逐个展开论述。整个演讲从外观上看，好像一个巨大的展开的排比句群。排比运用得好，会形成气势如虹的演讲场面。例如：邓新在题为《假如马克思健在》的演讲中就如此表达了作为一名哲学教师的他对马克思主义的理解：

"假如马克思健在，他决不把在座的各位看成是他的信徒，他将把我们看成是东方的同志和战友……

假如马克思健在，他就要对人们说：我是人而不是神，我也有喜怒哀乐，我也有自己的爱，自己的恨……

假如马克思健在，他就会告诉我们：牢记我最喜欢的那句箴言——怀疑一切！……

假如马克思健在，他就会提醒人们：那些仅用我的语录去进行战斗的人，不是完整的马克思主义者……"

3. 对比式

对比式就是围绕演讲主题，从正反两方面组织材料进行论证。其特点是反差强烈，发人深思。如美国的原子能电力专家在原子弹爆炸引起人们对原子能发电普遍怀疑的情况下，就是运用这个最简单的对比法，最终说服了人们接受继续发展原子能电力的。人们对原子能发电的恐慌主要来自对原子能泄露可能造成的人员伤亡的不了解，而电力专家却通过数据和其他材料的对比告诉人们，原子能发电的危险实际上远远低于交通事故和火力发电对人类所造成的危害，而且，人类从原子能发电中获得的收益更是远远大于火力发电。

（三）斑斓有力的"豹尾"

古人论文素有"凤头""豹尾"之说，而对于一篇论说词，也是同样道理。所谓"豹尾"是指演讲的收尾，收束应该像虎豹之尾那样刚健有力而又斑斓多彩，给人鼓舞，耐人寻味。

结尾的好坏，对演讲的成功与否，至关重要，因为最后的字句，虽然已经停止，但仍在听众的耳中萦绕，愈久弥新。

如果说演讲的前面不错，只能说有了成功的希望，还不算作全胜的定局。相反，如果前面讲得不很理想，而在结尾上收束有力，还可能振兴全篇，发出异光。可见演讲的结尾，绝不能有半点马虎。

如何把演讲结尾搞好，下面我们就不同的方法的结尾归类，供大家品评。

1. 高潮式

高潮式的结尾，就是把高潮设计在最后，即主题思想的升华，情绪气氛的渲染都在结尾时达到最好。换句话说，在演讲结束的时候，设法最后一次拨动听众的心弦，掀起高潮。如《美是军人》的结尾：

"是呵，雕塑家奉献美，有了维纳斯；音乐家奉献美，有了《国际歌》；教师奉献美，有了满天桃李；科学家奉献美……而军人也奉献美，奉献美的生活、美的社会，奉献个人利益，奉献生命和家庭，于是军人的美便在牺牲中崇高无上，便在奉献中灿烂夺目。

军人与大山为伍，与蓝天做伴，与碧海相随；军人勇于牺牲奉献。作为军人，我们可以自豪地说：美在军营，美是军人。"

采用高潮式的方式,语言的含义一层高过一层,语言动力一句比一句强。

2. 总结式

这种结尾用极其精炼的语言,对演讲内容进行概括性总结,使听众对整个演讲明晰、明确的印象。如浩云《论男子汉》是很典型的实例,结尾是:

"所以,真正的男子汉,不仅须博大、精深,有理性,有头脑,能开创一番事业;不仅须刚毅、坚强,有无畏的精神,敢蔑视一切困难,他也须能宽容,具善意,有爱心,正所谓'无情未必真豪杰,怜子如何不丈夫'也。

但愿我们的世界,因为会有更多的男子汉的出现,而充满了男性的美,男性的力度,男性的清醒与坚定,也充满了男子汉深厚宽广的爱。"

这篇演讲词是对"现代中国需要呼唤男子汉精神"和"什么是真正的男子汉"这两个大问题分别论证。

演讲的结束语,用精美的语言概括全篇,可谓画龙点睛,形象鲜明,重点突出。

3. 余韵式

这种结尾,语尽而意不尽,余味袅袅,回味无穷。这种结尾像秋天里的晚霞一样,收得俊美漂亮,并且伴有"归舟唱晚"的悠然之声,让听众流连忘返,久久回味。如有人曾问一生为官清廉的林则徐,为什么不给子孙后代留点钱。林则徐回答:"子孙若如我,留钱做什么?子孙不如我,留钱做什么?"林则徐委婉、含蓄的回答,余韵无穷,使人在反复的回味中感受到他那清正廉洁的道德准则和人生价值观。

4. 号召式

这种结尾或提出希望、或发出号召、或展示未来,使听众产生一种蓬勃向上的力量。如《再筑一道长城》的结尾,演讲者以炽热的感情呼唤着国民意识的增强,用火一样的激情点燃众人炽热的激情,去再筑一道坚不可摧的钢铁长城。是典型的号召式。

5. 祝贺式

用祝贺式赞颂的言辞结尾。用这种方式结尾能造成欢乐愉快,热情洋溢的气氛。如:《结婚典礼上的讲话》的结尾:

"最后祝我们的种田大王,王大柱,养猪能手孔小丽婚后更上一层楼,科学种田,全面发展,把奔富发家的事业搞得更火暴。

祝你们相亲相爱,白头到老,孝敬双亲,生个胖娃,锦上添花。"

结尾弥漫着祝婚的喜庆气氛,火暴热烈,生动活泼。

6. 格言式

用名人名言,权威格言做结尾能使听众受到深刻的启迪和教育,也能增强演讲的说服力。如《时间赋》的结尾:

"列宁曾说'时间就是生命,赢得时间就赢得了一切';是的,时间是无形的,但却是有价值的:

工人们说:时间就是产品;

农民们说:时间就是粮食;

战士们说:时间就是胜利;

医生们说:时间就是生命;

教师们说:时间就是人才。

而我们却要大声说，时间就是四个现代化，时间就是光辉灿烂的未来。

朋友们，让我们珍惜时间吧！这样我们生命便不会随着新年的更替而衰老，我们将青春永驻，我们将永恒！我们的明天将会更加辉煌。"

【范例一】

演　　讲

演讲是一门语言艺术，又是一门表演艺术。演讲是一种社会活动，这是它不同于艺术家的舞台表演之处。演讲者发表演说，对听众动之以情，晓之以理，通过演讲要达到一定的实际目的——宣传听众，教育听众，组织听众，让听众跟着自己走。演讲者要想获得成功，实现自己的目的，除要写好演讲稿外，还有许多工作要做。这里我们着重谈谈演讲者的修养、素质和讲坛作风。

一、丰富的实践，渊博的学识，高尚的道德，崇高的追求

社会生活，生产实践，科学实验是演讲的内容。演讲者惟有丰富的实践经验，在生活中有真切的体验，独到的体会，细致的观察，深入的思考与剖析，才能有真知灼见，才能触发其创作的灵感，激发其创作的激情。演讲不是吟弄风花雪月的无病呻吟，也不是喊口号唱高调大放厥词的唬人骗人的把戏。演讲针对现实生活中的矛盾与变革，斗争与问题，有感而发，回答人民群众最关心的迫切问题。这就是韩愈讲的"不平则鸣"。社会生活中的各种矛盾斗争引起内心感情的激动，就是不平。哀怨悲愤、欢悦喜乐、恐惧烦忧俱是不平。这些感情激动不能自已，就要借适当形式表现出来，或诗或文，或歌或舞，而演说家则借演讲表现出来。一个远离现实生活的人，脱离人民群众的人，一个阅历简单贫乏的人，不可能深入体验生活，了解生活，自然不可能发表撼人心魄的演讲。生活是演讲的源泉。热爱生活，关心人民的命运，关心民族的发展与前途，是演讲成功的第一秘诀。

演讲者必须具有深厚的知识素养，必须具备渊博的知识。演讲题材丰富多样，听众希望受到教育与启迪，要求演讲者具有广博的知识。"知识就是力量"应是演讲者的座右铭。浅薄无知是演讲的大忌。以己之昏昏，使人之昭昭，是不可能的。演讲者应尽量学习文、史、哲、经、军、政等社会科学知识和数、理、化、生、天文、地理等自然科学知识。孜孜不倦，博览群书，知识丰富，演讲起来自会如高山流水，滔滔不绝，左右逢源。苏共著名社会活动家、文学理论家卢那察尔斯基应邀到红军学院演讲，事先并未准备讲稿，却获得巨大成功，受到热烈欢迎。秘书问他为演讲准备了多长时间，卢氏幽默地说："我准备了一生。"可见演讲者的阅历学识多么重要。古人做文章讲究"厚积薄发"；卡耐基教导学生："书本！这就是成功的秘诀。"努力用各种知识武装自己的头脑，做一个好的演讲者！

演讲者应有高尚的道德修养，崇高的理想与追求。演讲者的人格是一种无形而巨大的力量。德高望重的政治家、思想家、文学家、科学家其演讲受到热烈欢迎，除他们演讲的题材、文辞至关重要外，他们自身的形象影响也是重要因素。他们的人格、声望早赢得了听众的仰慕、信任与尊敬，其观点、主张自然容易为听众接受而产生激励作用。鲁迅先生每次演讲都是座无虚席，甚至不少听众拥挤在走道和窗户外听讲，这同先生伟大的人格是分不开的。演讲者应该成为精神文明的典范，在听众中树立起光辉的形象。

二、自信、自尊、从容、真诚

演讲者在听众面前要树起良好的形象，在登坛演讲时还必须具有优良的讲坛作风。优良的讲坛作风必能赢得听众的信赖与支持，而听众的信赖与支持是演讲成功的必要条件。优良的讲坛作风指服饰整洁、精力充沛、满怀信心、态度从容、谦逊真诚、姿态自然、语调清晰流畅。下面试分述之。

服饰整洁，着装得体，化妆适度，仪表堂堂，常能增强演讲者个人的自信与自尊，增强其获胜的信心与勇气。米开朗琪罗的父亲曾写信告诫儿子要穿着优雅高贵，以增强自信自尊。服饰之美，仪表之美，不但对演讲者个人品格与心理有重大影响，尤其对听众有直接的影响。这"第一印象"常成为听众对演讲者信任与否、有无信心的重要条件。演讲者切忌不修边幅、着装马虎、蓬头垢面，甚至满脸酒

气,会引起反感。

精力充沛,信心满怀。演讲既是学识才气的显露,也是精力体力的表演。登台演讲应保持着旺盛的精力,目光炯炯,神采奕奕,表情活跃。一个身体疲惫,无精打采,神情困顿,表情呆滞,甚至哈欠连连的人,绝不能期望他鼓起听众的热情。演讲之前务要充分休息,养精蓄锐,切不可消耗精力体力。

演讲者登上讲坛时要步履稳重有力,昂首挺胸,自然焕发出一股感人的朝气和力量。站在讲坛前面向观众,落落大方,双手自然下垂。演讲时语调自然、清晰、流畅,手势运用自然适度。演讲不是演戏,它不需要过度夸张性动作和特殊语调取得艺术效果。演讲最讲究自然的本色,独特的个性。卡耐基说:"你有独特的个人特点。身为一名演说者,这就是你最宝贵的财产。抓住它,珍惜它,发挥它。就是这点火花将使你的演说产生力量与真诚。"演讲切忌矫揉造作,装腔作势,胡乱打手势,或滥模仿名流明星大人物的动作语气。以丑为美只会成为听众的笑柄。

演讲时态度从容,此有两层含义。第一层指演讲者必须习惯于在大庭广众之中发表演说,态度从容镇静,不慌不乱,应付自如,侃侃而谈,如清泉汩汩,明晰流畅。要抛弃羞怯不安的心理解除紧张拘谨的情绪,征服对听众莫名其妙的恐惧。初学者临场经验不足,必须经过刻苦磨炼才能做到临场从容自然。英国著名社会活动家、文学家萧伯纳年轻时是伦敦最胆怯的人之一。他承认:"很少有人像我这般为着单纯的胆小而痛苦,或极度地为它感到羞耻。"经过无数失败与挫折的磨炼,他终于成为二十世纪上半叶最具自信、最出色的声势夺人的演说家之一。第二层含义是演讲者要以满腔热忱热爱听众,信任听众,以由衷的诚恳与亲切、以平等的精神对待听众。他所表现出来的是真诚与谦逊。卡耐基说"真诚是无可替代的。""谦虚可以激发信心与善意。"而真诚与谦逊正是演讲者与听众之间沟通的桥梁。演讲者是听众的良师益友,是听众的代言人与喉舌。他关怀他们的生活,关心他们的命运。他全身心投入地发表演说,表明他与听众是同呼吸共命运血肉相连志同道合的真挚朋友。这样的演说者必将赢得听众的信任与支持、热爱与拥戴。相反,演说者把自己打扮成无所不知无所不晓的高坐云端的神明,或者出口便是金科玉律的皇帝,或把自己打扮成掌握着听众生死命运的手执镣铐的法官,或干脆就是谎话连篇的骗子,听众对此类演说者只会报之以嘘声而一哄而散。

【范例二】

竞争万岁

朋友们:

有一个小故事,我们都很熟悉:一个和尚挑水吃,两个和尚抬水吃,三个和尚没水吃。按理说人多好办事,人多力量大,而为什么"和尚"多了,竟然连吃水都成了问题呢?由此想开去,人们常说顾客是上帝,可为什么我们的上帝在生活中找不到天堂?有些领导不求有功,但求无过,甚至有些领导会上喊口号,会后捞家伙,可仍然稳坐钓鱼台,为什么就没有人炒他们的鱿鱼?还有我们大学生,过了"独木桥",就进了保险箱,在鲜花和微笑的围绕中,花着父母的血汗钱,高呼60分万岁而自以为潇洒……对于这些不合格的大学生,为什么不能把他们早点淘汰?为什么那么多一看就不顺眼的事情又那么刺眼地存在着?只因为我们缺少竞争!一二一,齐步走;大锅粥,搅搅匀。这是计划经济体制的惯性和惰性,我们深受其害,我们心有不满。

在人类的一切活动中,人是主宰,人的智慧是火,而竞争是油,智慧之火加上竞争之油,就能经久不衰地熊熊燃烧。

当然,竞争是无情的。在改革开放的今天,竞争已不再是一个陌生的话题。但竞争给人们带来的思想和生活上的震荡却令人谈之色变:因为竞争,有些企业破产,有些职工失业了。1994年仅武汉市各级法院受理的企业破产案就达38起,涉及职工700人。而有些企业还在呼风唤雨:"竞争,你来得更猛烈些吧!"如上海宝钢就响亮地喊出:"铁打的营盘流水的兵","四万人的饭三万人吃","社会主义的饭碗不是好捧的"。真可谓四面楚歌,草木皆兵。

但竞争又是有情的。拿日本来说吧,第二次世界大战大败之后,日本国民收入每年人均不到200美元。仅仅过了10年,就达2400美元,雄踞世界第一,而且日本还提出要在2000年实现国民年人均收入51700美元。世界各国一致惊叹:日本富裕,世界第一。大家知道,日本是个岛国,自然收入少,人口密度大,按照有些经济发展理论来讲,它并不具备经济起飞发展的条件。但是日本这只经济的大鹏起飞了。扶摇直上,遥遥领先,奥秘何在?SONY公司董事长盛田昭夫在论述经济发展成功的原因时,最强调的就是"竞争"二字。他说:"一言以蔽之,日本企业繁荣和充满活力的源泉就是竞争。使日本企业的国际竞争力大大加强的正是日本国内的激烈竞争,这种竞争愈演愈烈,已达到登峰造极的地步。"是啊!国家之间有了竞争,国家就能繁荣和富强;企业之间有了竞争,上帝就会被请进天堂;单位内部有了竞争,滥竽充数的南郭先生们就无法混下去,磨洋工、吃闲饭、不思进取的现象就可以得到克服。即便是暂时下岗的人员,因为有了竞争,就能将他们潜在的甚至自己也没意识到的潜能逼将出来。经过磨炼的人心本身就是一种财富,最先下岗的不一定是落在最后的,重新择业的未必不如一向在岗的。旧的大厦旧的蜗居被冲毁了,新的希望新的机遇才会接踵而来。该死的不死,该活的就活不好,这真是竞争无情胜有情啊!

我们生活在高等学校,在市场经济的闹市中,似乎这里的黎明静悄悄,然而事实是太平洋里不太平,高校并非世外桃源,避暑山庄,市场经济的无形之手正构筑着我国高等教育的新格局,211工程实际上就是一次重新排队。昨天的重点,今天不一定还是重点;今天的非重点,明天有可能升为重点。重点不重点,竞争比高低,市场说了算。原来我们学校和其他许多单位一样,机构臃肿,忙闲不均,踢球扯皮,效率低下,铺张浪费,没人心疼。教师重教学、轻科研,一本书一本教案吃一辈子;干部重资力、轻政绩,能上不能下、能退不能免;学生重文凭、轻知识,反正上有国家包着,下有父母抱着……学校工作推不动,水平提不高,档次上不去,大家都不满意,怎么办?办法只有一个,引入竞争机制。去年,我们学校实行全员考核,考核结果分优秀、合格、不合格三档,考核结果与职称、分配、岗位挂钩。这里有个小插曲,学校规定:各单位必须评5%的不合格指标。有人说:大家都干得好,不合格指标能不能减少?有人说:大家同事几年甚至几十年,低头不见抬头见,评谁不合格都不合适。大家想一想,十个指头不一般齐,总有干得好和相对干得不怎么样的,没有这5%,就没有了竞争,考核也就失去了意义,有了这5%,不光对这5%是一个触动,对另外95%也是一种鞭策。结果全校评出19个不合格的,有的职称没了,有的职务免了,有的收入减了,有的岗位丢了。一石激起千层浪,大家恍然大悟,再也不能那样过,再也不能那样活。竞争就像赛场上的信号枪,枪声一响,每个人都兴奋地奔跑起来;竞争就像神奇的指挥棒,银棒一挥,有气无力的南腔北调顿时变成了整齐雄壮的大合唱。可以说,没有竞争,我们学校就不会冒出28岁的教授;没有竞争就不会有9名专科生转为本科生;没有竞争,就不会有一大批年富力强、大胆开拓的中青年骨干走上各级重要岗位;没有竞争,就不会有我们学校今天团结拼搏共创一流的精神风貌!

我们需要竞争,欢迎竞争,赞美竞争。但是,当竞争落到我们自己的头上,你、我怎么办?虚伪的人口里喊竞争心里怕竞争,自私的人让别人去竞争看着失败了就幸灾乐祸成功了就发红眼病,懦弱的人在竞争中有收获时就赞美要付出时就诅咒,这些都不应该是我们对竞争的态度。善待竞争吧!朋友,只要正确地面对竞争,勇敢地投入竞争,强者会更强,弱者也能变强。

睁眼看吧!朋友们,竞争它来了,那么生动而威仪地来了。竞争是风,疾风吹过,坚实的枝条上硕果累累,生机勃勃;竞争是雨,暴雨扫过,留下来的是岩石般的坚韧和无畏的忠诚;竞争是激越的战鼓,进取者豪情万丈,更加斗志昂扬;竞争是崎岖的山路,攀登者在一个又一个险峰上领略无限风光。竞争,我要大声地为你叫好:竞争万岁!

谢谢大家!

【简析】

竞争是一个新鲜而神圣的主题,时代需要竞争,社会欢迎竞争,人们赞美竞争。面对竞争这个理性话题,理解不同,说法不一。这篇演讲,没有滔滔不绝、故作高深的奇谈阅论,没有堆砌辞藻、故弄玄虚的咬文嚼字,有的却是典型感人的事例,要言不烦的阐释,生动恰当的比喻,一气呵成的排比与气势非凡的激问。通篇深入浅出，倾向鲜明，侃侃而谈，为听众建构了一个生机勃勃、斗志昂扬的情绪场，令听众产生强烈的心理认同，从心中迸发出"竞争万岁。"

第九节 会议记录

一、会议记录的概念、特点和种类

会议记录是在开会的过程中将会议的基本情况和会议报告、讨论发言、决议等内容如实记录下来的文书。

会议记录有两大特点：

一是真实性。会议记录是对会议情况客观、真实的记录，其内容的多寡完全取决于会议内容的多少，对参会者的发言除了那些与会议毫不相关的东拉西扯的内容外，都要作如实的记录。会议记录有会必"记"，会上的内容只要与会议主题有关，都要作尽可能完整的记录，不像会议纪要那样只是重要的会议才"纪"，只"纪"主要内容。为保证记录内容的真实性，主持人和记录人都要在会议记录的结尾处签名，以示对记录的真实性负责。

二是资料性。它属于单位内部的资料，不需要上报或下发。它是编写会议简报、撰写会议纪要的重要资料。随着时间的推移、工作的进展、重大问题的发生，人们往往要查核某次会议的情况、内容，以便再次明确认识、核实情况或追究责任，这时，原始的会议记录就显得格外重要。一些领导部门都有专门的会议记录本，并由专人负责记录，主管领导负责签阅。很多会议记录都属于保密文书，要长期存档。

根据会议的性质和领导对记录的要求，会议记录可分为三类：

（一）简要会议记录

多用于一般性会议。简明扼要地记录会议的主要内容，包括传达文件的名称、基本精神，报告的基本内容，讨论的主要问题及发言人的主要观点、意见，讨论中的分歧意见、争论焦点，会议决定或决议等。简要会议记录不管如何简要，都要如实反映会议精神和议程，对会议的决定、决议或遗留问题则必须详细记录，讨论中的发言允许摘其重点，但要按发言顺序逐人记录，不能有的人有发言记录，有的人的发言被略去不记。

（二）详细会议记录

多用于特别重要的会议。用速记的方法，尽可能全部记录会议的全过程和全部内容。有时为了保证记录的原始性，可以采取辅助措施，比如同时进行录音或另外增加记录人员，以便会议结束后，对没有记全、记清的地方进行核对整理。

（三）议程会议记录

多用于大型的重要会议、报告会等。因为这类会议上的讲话报告以及需要通过的决定、决议都是事先讨论定稿的，一般都有打印好的文字材料，记录人员只需记录会议的议程和审议、通过的情况即可，然后把有关会议材料收集起来，装订存档，以备查考。议程会议记录要特别注意将会议有关报告、讲话的题目，通过的事项以及讲话人的姓名一一记清，以便和存档材料相配套，对于审议、通过性的会议，要把审议的过程、意见以及通过的人数记录清楚。

二、会议记录的结构和写法

会议记录的结构包括标题、组织概况、主体以及结尾。

（一）标题

会议名称+文种。如"项目规划会议记录"。如果需要，还可以在前面冠以召开会议之单位的名称，如"盛唐公司项目规划会议记录"。如果单位备有专门的会议记录本，则标题只要写会议名称即可。

（二）组织概况

依次写明会议开始时间、地点、出席人姓名、缺席人姓名及原因、列席人姓名，主持人姓名、职务，记录人姓名。是否要写有关人员的单位、职务，视具体情况而定。

以上内容应在主持人宣布开会前填好。

（三）主体

记载会议具体内容和议程。这部分记载项目不固定，完全取决于会议情况。一般包括以下内容：

1. 会议中心议题、宗旨。
2. 会议议程。
3. 会议讲话。包括会议主持人讲话和领导讲话。主持人讲话又包括开场白、大会结束时的讲话以及串场讲话。主持人对领导讲话和其他人的发言所进行的画龙点睛式的点评、即兴式讲话以及重要插话等，都要分别记清楚。
4. 领导报告。其中包括传达有关文件和上级指示精神。如属传达文件，一般可只记要点，注明详见××号文件；如属传达上级指示精神，一般要详细记录，原则问题要记录准确，不得走样。
5. 会议讨论和发言。
6. 会议决定和决议。
7. 会议遗留问题。
8. 结束语。会议最后一项议程"散会"，应在主体最后一行单独成一小节写清，后面加括号写明散会时间。

（四）尾部

一般性会议可以没有尾部，重要会议必须由主持人和记录人在右下角签名以示负责，写明"主持人：（签名）"、"记录人：（签名）"。

作会议记录书写速度要快。由于一般记录者的记录速度都跟不上发言速度，记录者要抓住发言者的中心意思，其方法就是抓关键词、关键句。另外还可以使用一些自己能看得懂的缩略语，或使用空格、省略号，事后再补充完整。一般地说，游离于主题之外的、与会议内容无关的话可以不记或略记。

会议记录要及时进行整理。将缩略语还原，将空格和省略号处补充完整，将会上发言者用手势、神态表示的意思以恰如其分的语言补充表达出来。发言者使用的一般都是口头语，难免重复啰嗦、语法错误或逻辑混乱，要根据其真实意思进行删除和调整。如有必要，整理时可以增加分条列款标识。

【范例】

××橡胶厂第三季度销售情况分析会议记录

时间：2005年10月5日上午8时30分

地点：办公楼 302 会议室

出席人：销售部全体人员，各车间主任、副主任，长安市销售部负责人

主持人：方长元（销售、生产副厂长）

缺席：王志明（第三车间主任，出差）

记录：肖常贵（厂部秘书）

一、主持人讲话：第三季度销售统计数字已经出来了，我们今天召开会议分析一下销售情况，刚好长安销售部的蒋经理也回来了，请他来介绍一下销售一线的情况。

二、赵理想（销售部经理）介绍第三季度销售情况（有书面打印材料）。

三、蒋光理（长安销售部经理）发言：第三季度，我们长安销售部总销售额为 313000 元（主持人插话：他们创造了我们厂建厂以来的季度销售业绩新高，长安销售部的人员很努力，大家要好好向他们取经），与去年同期相比，销售额增加了 35%……（略）

四、讨论发言：

1. 钟至善（第二车间主任）：蒋经理介绍的长安销售部的情况给我启发很大……（略）

2. 林森（第一车间主任）：我们曾经考虑过增加 24 英寸自行车轮胎的产量，现在看来这个想法是有道理的……（略）

3. 焦隐（第一车间副主任）：去年我到海南三亚去，看到那里……（略）

五、主持人总结发言：从第三季度的销售情况可以看出，随着电动助力车需求量的急剧增加，××号轮胎正面临一个大好时机。我们对第四季度的生产计划作如下调整：

1. 第一车间增加××号轮胎的生产计划，由原来的……（略）

2. 第二车间……（略）

3. 销售部要安排专人去海南等地调查南方市场……（略）

散会（11 时 10 分）

主持人：（签名）

记录人：（签名）

【简析】

这份会议记录属于简要会议记录，按照会议过程逐项记载，会上的主要信息得以如实反映。正文中的序号为会后整理记录时所加，这样使得内容层次更加清晰。蒋光理发言时，主持人插了一段话，由于这段话属于领导对蒋光理所在部门的评价，内容较为重要，记录者也如实记录，用括号括出，以区别于发言者的发言（不重要的插话则不必记载）。整个记录结构完整，格式规范，这是该记录信息记载全面的重要保证。最后的"散会（11 时 10 分）"不可写作"散会：（11 时 10 分）"，以避免文理上的错误。

练 习

召开一次日记写作体会交流会，由老师主持，随机抽三到五名同学发言，全体同学担任记录，之后按要求整理。

第十节 传真与备忘录

一、传真的概念与写法

传真是各级机关、企事业单位与社会团体通过有线电、无线电或国际互联网络传送的一种文书。它的特点一是真实，即传送的是文书原件的真迹；二是便捷，即操作便当，传递迅速；三是可靠，即所传递的是图像信息，不会出现文字的改动和错漏。

【范例】

江天公司传真

收件人：章江 单位：恒通运输公司 抄送： 传真号：（025）8355363 发件人：林凌 日期：2005/3/3 传真号：（010）3961236 电话：（010）3961235 页数：共 1 页
主题：联系仓储运输 （√）紧急　　（　）请审阅　　（　）请批注　　（√）请答复　　（　）请传阅
恒通运输公司： 　　我公司现有150吨化肥急需运往南京，请贵公司速与我联系有关仓储运输事宜。 <div align="right">江天公司（公章） 二〇〇三年一月五日</div>

【简析】

　　这是一份传真首页，以公司名称加文种为标题，眉首部分将必要的信息交代清楚，正文用一句话说明了有关事项。

　　其实传真没有统一格式，其信纸一般都是各单位根据自己的需要制作印刷的，只要将有关项目罗列清楚以传达必要的信息即可。正文的写作也无专门要求，完全根据需要而定。

二、备忘录的概念与写法

　　备忘录是通信的简化书面形式，用于各级机关、企事业单位与社会团体内部人员之间的交流，或起提醒、备忘作用，或就某个问题提出自己的意见或看法。外资企业内部使用较多。一般是由内部文员直接送达。它比电话提醒显得正规，使对方印象深刻不易遗忘。有些单位印制了专门的备忘录用纸，或放置案头，或随身携带；其写法不拘一格，只要写清楚，能起到提醒、备忘作用即可。

　　这里所说的备忘录是写给他人看的，不包括用来提醒自己以备忘的记录；外交方面的备忘录和经济法规类文书中的备忘录如《谅解备忘录》和《合作备忘录》等也不在此列。

　　备忘录属于内部交流文书，不需要签名，也没必要写表示敬意的结束语。

【范例】

备 忘 录

> 发给：张益之（前厅经理）
> 发自：蒉林（设备处干事）
> 日期：2005年3月5日
> 主题：关于前厅电脑调试
>
> 　　明天（3月6日）上午电脑公司将派人来调试前厅的电脑，请派人配合。你们需要哪些特殊软件，请提前打电话8345676向小蒋（调试人员）说明，以便他明天一起带来。

【简析】

　　这是一份工作提醒备忘录，格式清楚，表述清晰。姓名后注明职务，使对方感到这完全是工作方面的事情，有别于私人间的交往。

第十一节 启 事

一、启事的概念与特点

　　启事是机关、团体或个人因事须向公众说明，或请求公众帮助和参与的实用性文书。

　　"启"即陈述、告知，凡有事需要公开发布的，都可用"启事"这一文种。可用来告启的内容十分广泛，最常见的有招聘启事、寻人启事、寻物（遗失）启事、招领启事、迁址启事、征稿启事、开业启事、更名启事、鸣谢启事等。很多事项都可以用启事向公众陈述，应用十分广泛。

　　但是，启事并不是"万金油"，不是遇到什么事都可以用启事。那么，在什么情况下适宜使用启事呢？一般有以下几种情况。

　　第一，当告知对象众多时。当某个信息涉及到众多的相关人员，为图简便省事，就用启事这种集约方式告知。这类启事的告知对象是明确的，或知道姓名，或知道地址，或知道属于某个单位、团体，但由于数量众多，或通讯不便，一一告知有相当的困难。在媒体上用启事告知，其信息可以迅速、广泛地传扬。例如，某学校要校庆，要让遍布各地的校友得到消息，就要到报纸上刊载启事。这类启事结束语都写有"恕不一一相告"、"敬请相互转告"等语句。企事业单位遇到告知对象众多这类情况时，如果事情重大，会用通告，如果事情细小，或者想低调处理，则用启事，例如：某汽车厂要回收某些有安全隐患的零件，虽然是个重大举措，但仍用启事，以减少负面影响。

　　第二，当寻访对象隐没时。当某个告知对象不知踪迹，隐没在茫茫人海中时，启事就可以大海捞针。寻访对象有可能是作者本来认识，现在处于音讯杳然阶段，如某些寻人启事中的对象；也有可能作者本来并不认识该对象，而现在要依据某个特征去寻找（这个特征只属于唯一的主体），如招领启事中的寻访。由于启事张贴在街头巷尾，或由广播、电视或报纸等媒体广泛传播，所散发的信息就会像鱼网一般捕捉到所要告知的对象。这类启事也许真正的告知对象只有一两个，但具有众多的疑似告知对象，这些疑似对象会主动传递信息，增强启事的传扬效果。企事业单位遇到寻访对象隐没这种情况时，一般也用启事，而不用告知对象十分明确且缺少请求性的通知、通告。

第三，当征召对象潜在时。像招聘启事、招生启事、征文启事、征婚启事等具有征召性质的启事，所告知的对象是不确定的，发布者根本就不知道他们姓甚名谁，身处何方，只要符合某些特征或条件，他们就属于征召对象或寻访对象。启事中所列写的特征和条件是比较宽泛的，不像寻访类启事那样明确，只归属于少数的隐没对象，也许有一大批人具备这征召特征和条件。之所以说他们是潜在的对象，是因为他们并不个个完全符合征召条件，最后被录用的仅是少数。这在征婚启事中表现得最为明显，该类启事诉求的对象很多，但真正要选取的只有一个。有的征婚启事末尾写道："不喜情书纷飞，单单盼您一个。"这种表述，很能说明这类启事潜在对象和实在对象之间的关系——在众多潜在对象中，挑选一个实在的对象。由于企业的征召行为多带有经营性，所以，有时这类启事会写作"广告"；由于行政机关的征召行为多带有管理性，所以有时这类启事会写作"通告"。

第四，需郑重声明事实时。有些报上刊载的启事，并没有真正的诉说对象，它的对象只是一个抽象的概念——"公众"。声明类启事大多如此。之所以要将某个信息公之于众，是因为这个事实非常重要，启事撰写者觉得必须得到社会的鉴证、验证和认可，有见证于社会、取信于社会、立誓于社会的意思。例如：断绝关系的声明，是为见证于社会；关于正宗品牌的声明，是为取信于社会；宣布缔结关系的声明，是为表述一个强烈的誓愿。这类启事单位可以写，个人也可以写，单位使用时标题多写作"声明"，个人使用时，标题大多只写写"启事"两个字。在表达上，这类启事的语辞严正坚决，显示出一种负责的态度。为增强严肃性、庄重性，一般不采用张贴的方式，而是登载在比较正规的报纸上。

第五，需深挚地表明情感时。有些启事，如鸣谢启事、致歉启事、恭贺启事、志哀启事等，它们不是表述一件事情，而是表达一种情感。这类启事大多有明确的阅读对象（而非潜在对象或隐没对象），而且有当面致意、一一致意的可能，甚至可能已经作了表白。撰写者之所以要以启事的方式公开、广泛地倾诉，目的是要加强致意的效果，让人觉得其所传达的情感更为真诚、更为深切、更为强烈。写作这类启事多出于社会交往的礼仪需要，所以，文中用词典雅，多传统的套话，例如，恭贺新婚的启事，就这样写："恭贺××先生、××小姐结秦晋之缘，共百年之好"。这类启事多刊载在比较正规的媒体上。由于公文具有严肃性，所以出于礼仪情感目的而写的文章，即使写作主体是单位，也不能冠以诸如通知、通告之类的名称，尽管刊载时一般不标明"启事"，但它们只能属于启事。

第六，需间接传递信息时。有些人发布启事，是因为不愿意与诉求对象面对面接触。他们所看中的，是启事间接传递信息的特性。间接存在两个方面：一是不面对面地直说；二是不指名道姓地直说。在这类启事中，其告知的对象多为一些泛指的"某些人"，作者估计这些人会看到启事，而且会对启事中的意思心领神会。启事中所传达的信息，大多流露出某些隐隐约约的情绪，或有所不满，或有所指责，或有所期待，或有所劝说，或有所鼓动等，说者有意，听者也有心，写启事是含而不露，只为达到心照不宣的效果。例如：郑板桥年老时，常有人到他家里讨画而不给钱，他心存不满，但又不便撕破面皮直说，只好在大厅中写启事以告诫那些"老友"："……凡送礼物食物，总不如白银为妙；公之所送，未必弟之所好也。礼物既属纠缠，赊欠尤为赖账。……仟渠话旧论交接，只当秋风过耳边。"

总括而言，启事的使用可分作两大类：一类是因阅读对象众多，隐没、潜在的性状而使用；另一类是因为要表达郑重、深挚、含蓄情感态度而使用。在具体使用过程中，有些启事会两种需要兼顾。企事业单位使用启事，与个人使用启事会有所不同，常常与通知、通告、广告相混淆,如果我们深入、全面掌握了启事的作用,并结合公文的性质、单位的职能诸因素一起分析考察,就不难在它们中间作出准确的选择。

启事的特点是:

(1)公开性。启事的目的往往是为了让公众知道,并得到支持和帮助。因此,公开发布是其基本特点,可张贴、可刊登,还可利用广播、电视、网络等媒介发布信息。

(2)内容单一性。通常一则启事只告启一件事情,内容单一,表达明确。

(3)非约束性。启事与带有告启性质的行政公文,如公告、通告等不同,它只能提请人们或关注、或参与某件事情,而不能强制人们去执行。因此,启事对公众没有约束性。

二、启事的结构与写法

启事的结构是:标题+正文+附启+署名+成文日期。

1. 标题

启事的标题有3种方式:

(1)事由+文种。这是最常见的启事标题,如"招聘启事"、"更名启事"。

(2)名称+事由+文种。如《××杂志》征稿启事。

(3)只标明文种,如"启事"。

一般说来,为了使启事一目了然,标题不提倡单用文种"启事"二字。

2. 正文

不同的告启事项,其正文的内容也会有不同,但一般来说应包含两个方面:

(1)启事的缘由。以简明的文字在开头部分交代发布启事的原因。

(2)启事的事项。这是启事的核心部分。应具体陈述启事发布者所提请公众注意和参与的具体内容和实际方式。写作时,应尽量从公众的角度考虑,使他们既能获取自己所需的信息,又便于操作。因此应该交代全面,措辞准确。

3. 附启

附启的位置在正文之下,写明单位地址、联系人、联系电话,有些还要注明有效时间等。

4. 署名

将告启者的名称署于正文右下方。

5. 日期

因为启事的告知对象其范围难以确定,一般都不写抬头。

三、注意事项

(1)标题醒目、准确。千万不能将"启事"写成"启示"。

(2)内容要交代清楚、明了,以便公众参与。

【范例一】

搬 迁 启 事

我部因房屋拆建,从本日起迁至×××街××号照常营业。

××市财政局国债服务部
××年×月×日

【范例二】
招聘启事

××集团是中外合资的大型企业，集团所属五星级长虹宾馆，设施完备，拥有一流的写字楼、客房、中西餐厅、娱乐休闲中心和综合商场。为了适应集团业务发展的需要，宾馆决定面向社会招收服务员150名（女100名，男50名）。

一、招收条件：凡本市户口，年龄在18周岁以上，22周岁以下，高中以上文化，男身高一米七零以上，女身高一米六零以上，身体健康，五官端正的男女青年，均可报名（会英语者优先）。

二、应带材料：身份证、毕业证及近期免冠照两张

三、报名时间：2004年10月3日~2004年10月8日

四、报名地点：××市宏山路10号长虹宾馆人事部

五、录取办法：面试和笔试相结合

地址：××市宏山路10号

联系人：张先生

联系电话：8234567

××集团长虹宾馆
二〇〇四年十月一日

【简析】

以上是两则叙述式的启事。【范例一】三言两语，简洁完备；而招工、招聘启事，内容可能较多，还应分项逐条叙述明确，如【范例二】。【范例二】是某五星级宾馆的一则招聘启事。开头部分对招聘单位作了简单的介绍，说明了招聘的原因，主体部分按逻辑顺序分条说明了招聘的具体事项，附启部分是地址、联系人及联系电话。结构完整，交代清楚。

【范例三】
寻子启事

当你挽妻携儿荣归故里，欢庆佳节之际，我五岁的儿子却在××车站不慎走散，时间为×年×月×日下午×时左右。我儿身高×米，着××服装，胸前挂着××玩具。如有知情者，敬请告知××车站派出所或本人，也让我们体味母子团圆之乐。

本人工作单位：×××

电话：××××××

×××
××年×月×日

【简析】

这是一则情感式的寻人（物）启事，即用自己的心情来感染吸引知情者，可谓凄凄惨惨，思子、寻子之情切切。古人说得好"感人心者，莫先乎情"，类似这样的寻人，寻物启事，有时可以起到很好的情感效应。当然，感情必须真挚，否则，画虎不成反类犬，效果会适得其反。

【范例四】
征订启事

亲爱的读者：

从9月1日起开始征订《消息报》。

遗憾的是1991年的订户将不得不增加负担，全年订费为22卢布56戈比。订费是涨了。在纸张涨价、销售劳务费提高的新形势下我们的报纸将生存下去，我们别无出路，而你们有办法。你们完全有权拒绝订阅《消息报》，将22卢布56戈比的订费用在急需的地方。

《消息报》一年的订费可以用来：在莫斯科的市场上购买924克猪肉，或在列宁格勒购买1102克牛

肉,或在车里亚宾斯克购买 1500 克蜂蜜,或在各地购买一包美国香烟,或购买一瓶好的白兰地酒(五星牌)。

这样的"或者"还可以写上许多,但任何一种"或者"只有一次享用,而您选择《消息报》——将全年享用。

事情就是这样,亲爱的读者。

【简析】

这是 1991 年 1 月苏联报刊拟大幅度提价时《消息报》的一则欲擒故纵式的征订启事,以数据对比促动读者的征订欲,构思独出心裁,令人叫绝,因为这则启事,提价后的《消息报》订数不仅没有下降,反而大大上升。

思考与练习

1. 演讲精彩纷呈的开头包括哪些?
2. 说一说演讲的类型。
3. 就当前经济与政治体制改革中的热点话题写一篇演讲稿。
4. 启事有何特点?在什么情况下使用这一文种?说明"启事"和"启示"这两个词语的区别。
5. 图书馆三楼第五阅览室 5 月 9 日晚上 9 点闭馆时,旅游系的王××同学发现邻座椅子上有一只黑色女式小包,就转交给了管理员张××老师。经王××回忆,坐在这一位置上女同学个子不高,可能是机械系或模具系学生。经查看,小包上有一周杰伦的照片挂件,内有人民币 139.3 元(其中面值 100 元的那张钞票很像是假币),还有一支外表黑色的圆珠笔。第二天,张××老师将小包交给了馆长,馆长又交给了位于 302 室的图书馆办公室。请为图书馆办公室写一则招领启事。
6. 江海机械厂是一家拥有 150 名职工的小厂。2007 年 3 月 8 日夜,财务科窗子被撬开,一台旧电脑失窃。电脑本身价值并不高,但电脑内存放着极其重要的财务数据,且没有其他备份。大家分析,该旧电脑很可能被卖到了附近的旧电器市场,工厂愿意出 2000 元找回存放数据的硬盘。请代表该厂写一则张贴在旧电器市场内的寻物启事。

第四章 经济文书

第一节 合 同

一、合同的概念与作用

（一）合同的概念

合同也称契约，泛指当事人之间明确相互权利义务关系的协议。《中华人民共和国合同法》（以下简称《合同法》）第一章第二条规定：合同是平等的自然人、法人、其他经济组织之间设立、变更、终止民事权利义务关系的协议。《合同法》中的合同专指民事合同，主要是指平等主体间关于财产关系的协议。

合同在我国起源很早。早在两千多年前的周代就已经应用了，那时称为"质要"，即作为一种券契凭证。春秋战国时期，又出现了一种称为"质剂"的凭证，它是一种长短、大小不同的木片，上面刻有文字，当它用于诸侯结盟时称为"约剂"，用于争端、诉讼的证明时称为"傅别"。东汉时，开始把凭证契约称为"契"。到唐代，开始把凭证契约称为"合同"。唐以后直到元明，"质剂"、"傅别"、"契"、"合同"一直混用。到清代只称"合同"、"文契"或"契约"。新中国成立前一般称"契约"，新中国成立以后，逐渐以"合同"一词代替"契约"。

（二）合同的作用

（1）规范作用　合同经当事人之间共同商议、认可签字后，即产生了法律效应，对各方都具有约束和规范作用。

（2）保障作用　合同内容不仅确认了各方应尽的义务，也明确了各方应有的权益，所以签订生效后能够保障当事各方的合法权益。如劳动合同既保障了劳动者的劳动权利和劳动收益，又预防和减少劳动争议的发生，保障了用人单位的权益不受侵害。

（3）凭据作用　在商业信誉出现严重危机的今天，利用合同的方式维护当事人之间的合法权益是行之有效的办法。在劳动合同中，当用人单位违反劳动合同，侵犯劳动者权益的时候，劳动者就可以以劳动合同为据，通过法律途径获得救助。在销售合同中，将经营者对商品的介绍、服务的承诺以合同的方式记录下来，当事各方以此为据，就可以减少纠纷，保障交易的顺利完成。

二、合同的种类

合同种类繁多，根据不同的标准有不同的分法：

（一）按形式分

有条款式合同、表格式合同和条款表格结合式合同。

（1）款式合同　是用文字记叙的方式，把当事人双方协商一致的内容逐条记录下来。根据交易的实际需要，按合同习惯顺序将文字要求的权利、义务关系规定下来。因其没有规定格式的限制,可以随合同的内容及双方当事人的要求随意增减,所以,常用于非常规性的业务活动合同的订立。

(2) 表格式合同　是把某项合同必不可少的相关内容分项设计、印制成一种表格形式,在双方当事人签订合同时,只需把达成的该项协议逐项填写到表格上即可。常规性的业务活动常常采用表格式合同。

(3) 条款和表格结合式　是将某项合同中具有共同性的内容用表格形式规定下来,对于某些非常规性的部分则根据双方当事人的协商意见,用条款格式规定下来。这种条款和表格结合的形式,比表格式具有灵活性,可以让合同签订人有更多的选择余地。

(二) 按内容分

(1) 买卖合同　指出卖人转移标的物所有权于买受人,买受人支付价款的合同。买卖合同的最大特征是一方转移标的物及所有权,另一方支付价款。买卖合同是最基本、最常见的合同类型,也是适用最广、使用最普遍的合同。买卖合同种类中主要有工矿产品买卖合同和农副产品买卖合同。

(2) 供用电(水、气、热力)合同　指供电(水、气、热力)方向用电(水、气、热力)方供应电(水、气、热力),用电(水、气、热力)方支付价款的合同。这是一种特殊的买卖合同,因而有着特殊的订立和履行要求。

(3) 赠与合同　指赠与人将自己的财产无偿给予受赠人,受赠人表示接受赠与的合同。赠与合同是无偿、单方合同,其最大特征是无偿给予。法律也允许附义务的赠与。

(4) 借款合同　指借款人向贷款人借款,到期返还借款并支付利息的合同。借款合同的标的是货币,借款利率由法律规定,借款合同是有偿合同,借款分为向金融机构借款和自然人之间的借款。

(5) 租赁合同　指出租人将租赁物交付承租人使用、收益,承租人支付租金的合同。租赁合同和借用合同一样,内容是转移标的物的使用权。租期六个月以上的合同应当采用书面形式。租期最长不得超过二十年。

(6) 融资租赁合同　指出租人根据承租人对出卖人、租赁物的选择,向出卖人购买租赁物,提供给承租人使用,承租人支付租金的合同。融资租赁合同实际上是买卖、租赁合同的结合。出租人也是买受人,买卖的标的也是租赁的标的,但出租人作为买受人则无权选择出卖人和购买的标的,而由承租人选择。融资租赁合同关系复杂,应当采用书面形式。

(7) 承揽合同　指承揽人按照定做人的要求完成工作,交付工作成果,定做人给付报酬的合同。承揽合同的标的是完成一定的工作和交付工作成果,另一方给付报酬。承揽包括加工、定做、修理、复制、测试、检验等工作。

(8) 建设工程合同　指承包人进行工程建设,发包人支付价款的合同。建设工程合同的标的是特定的工程项目,它关系到广大人民的生命财产安全,因而对合同的订立和履行法律都作了严格的规定。建设工程合同包括工程勘察、设计、施工合同。

(9) 运输合同　承运人将旅客或者货物从起运地点运输到约定地点,旅客、托运人或者收货人支付票款或者运输费用的合同。运输合同分为客运合同、货运合同和多式联运合同,还可分为公路、水运、铁路、航空运输合同。各类合同有各自不同的要求。

(10) 技术合同　指当事人就技术开发、转让、咨询或者服务订立的确立相互之间权利和义务的合同。订立技术合同应有利于科学的进步，加速科学技术成果的转化、应用和推广。技术合同的标的是科技成果，订立和履行具有特殊性。技术合同分为技术开发合同、技术成果转让合同、技术咨询合同和技术服务合同。各类合同有各自不同的要求。

（11）保管合同　指保管人保管寄存人交付的保管物，并到期返还该物的合同。保管可以有偿，也可以无偿。保管合同自保管物交付时起成立。保管人应当妥善保管被保管物，不得使用或者许可第三人使用保管物（当事人另有约定的除外）。有偿保管的寄存人应依照约定交付保管费用。

（12）仓储合同　指保管人储存存货人交付的仓储物，存货人支付仓储费用的合同。仓储合同自成立时生效。仓储合同是有偿合同。保管人应妥善保管仓储物并认真履行入库、出库手续。存货人依照约定支付保管费用。

（13）委托合同　指委托人和受托人约定，由受托人处理委托人事务的合同。委托合同与委托授权不同，委托合同是双方当事人的合意，委托授权是委托人单方的法律行为。委托合同是典型的劳务合同，委托事项就是劳务，受托人一般要亲自处理委托事务。

（14）行纪合同　指行纪人以自己的名义为委托人从事贸易活动，委托人支付报酬的合同。行纪合同与委托合同不同，行纪人是以自己的名义，进行的是特定的贸易活动，委托合同中受托人是以委托人的名义，委托事项也比较广泛。行纪合同是有偿合同。行纪人占有委托物的，应当妥善保管，行纪人应当依照合同的约定从事贸易活动。委托人应当按照约定支付报酬。

（15）居间合同　居间合同是居间人向委托人报告订立合同的机会或者提供订立合同的媒介服务，委托人支付报酬的合同。居间合同与委托合同、行纪合同不同，居间人仅仅在委托人与第三人之间起媒介作用和促成双方合同的成立，而不直接办理委托人和第三人之间的事务。委托人应依照约定支付报酬和居间活动所需要的费用。居间人应当就有关订立合同的事项向委托人如实报告并努力促成双方合同的成立，未促成合同成立的，不得要求支付报酬，但可以要求委托人支付从事居间活动所支出的必要费用。

按不同的划分方法，合同还可分为其他不同种类。按有效期分，可分为长期合同、中期合同、短期合同；按地域分，可分为国内合同、涉外合同；按双方权利与义务关系分，可分为双务合同（双方都享有权利并承担义务，如买卖合同）、单务合同（仅对一方发生权利、对他方只发生义务，如信贷合同）；按生效条件分，可分为诺成合同（只要当事人的意思表示一致即告成立的合同，如租赁合同）、实践合同（仅有当事人协商一致还不行，必须交付标的物合同才能成立，如借款合同、保管合同）。

三、签订合同应遵循的原则

（一）合法原则

指当事人订立、履行合同，必须符合国家法律和行政法规的规定，合同的形式和内容也必须合法。这样，合同确认的当事人权利义务，当事人才可以享受和承担。

（二）平等原则

指在合同关系中，合同当事人之间的法律地位是平等的，不允许一方将自己的意志强加给另一方。合同的当事人原有的地位有可能千差万别，可能有大小强弱之分，甚至相互间存在某种隶属关系，但是在合同关系中，当事人都是平等的，不允许以强凌弱，以大欺小。

（三）公平原则

公平原则是指合同的订立和履行以及纠纷的解决都应当公平合理，要求当事人订立合同的机会均等，要公平竞争，反对垄断。合同中所确定的权利义务要公平合理、等价有偿，在承担责任时也应公平合理。

（四）自愿原则

所谓自愿原则是指在不违反国家法律或行政法规的情况下，当事人有订立合同的自由，即跟谁签订合同，签订什么样的合同，甚至纠纷解决的方法都由当事人自愿决定。

（五）诚实信用原则

诚实信用是指双方当事人都必须真诚善意，互相协作，不允许欺诈，乘人之危或损人利己，更不允许损害社会公益。

四、合同的主要条款

合同的条款就是合同的内容，是指合同的权利义务。合同应当具备哪些条款，应根据合同的类型和性质而定。

（一）当事人的名称或者姓名和住所

当事人指具有法人资格的法人单位和具有公民资格的自然人。当事人名称是指当事人依法登记或法定公文所确定的正式称谓。姓名是指自然人在身份证或户籍登记上的现用名。当事人的住所与合同的履行和司法管辖权有密切的联系，不可忽略。

（二）标的

标的是合同权利义务指向的对象。没有标的，合同不能成立，所以标的是一切合同的必备条款。标的可以是物，如买卖合同；可以是行为，如保管合同、委托合同等；可以是工程项目，如建设工程合同；也可以是货币，如借款合同；还可以是智力成果，如技术转让合同。不管是哪一种标的，都必须具体明确。标的不明确，合同就无法执行。标的条款应写明标的物的通用名称，同时还应注意标的的合法性，国家禁止或限制流通的物品，如淫秽物品、武器弹药、毒品之类不能做标的。

（三）数量

数量条款是对合同标的量的规定，它是衡量标的的指标，是确定双方权利和义务的重要尺度，也是计算价款或酬金的依据。特别是买卖合同中数量条款是基本的条款，是合同的核心，无此条款，交易就无法进行。数量多少一般以国家规定的度、量、衡为计算单位，不能使用"箩""堆"等含糊不清的量词。对数量的基本要求是数字准确，要避免使用"大约"、"若干"、"左右"等字眼。但有些标的数量比较难做到十分精确，就要在确定具体数额的前提下规定标的数量可有一定的超欠幅度、合理的磅差、正负尾差和在途中的自然减增量。计重量的标的还必须明确是毛重还是净重。

（四）质量

质量是合同标的内在素质和外观形态相结合的综合指标。往往通过标的的名称、品种、性能、规格、样式、型号、包装等体现。确定质量条款时，有国家标准的，按国家标准执行；没有国家标准而有专业标准的，按专业标准执行；没有国家、专业标准的，按地方标准或企业标准执行，或者按协商标准执行。执行国家标准、专业标准、企业标准的在合同中必须写明执行的标准代号、编号和标准名称；执行协商标准的，除在合同中注明协商内容外，还应共同封存样品，作为验收和处理纠纷的依据。实行抽样检验质量的产品，在合同中也应写明采用什么样的方法和抽样检验的具体比例。对某些干、鲜、活产品，还应根据国家有关规定，商定检验、检疫办法。

（五）**价款或报酬**

价款或者报酬通常也称价金条款。他们都是货币的表现形式。取得标的物的一方向提供标的物的一方支付的代价叫价款。如买卖合同中的货款、财产租赁合同中的租金、借款合同中的利息等。接受劳务、工程项目成果的一方向提供劳务、完成工程项目成果的一方支付的代价叫报酬。如加工承揽合同中的加工费、建设工程合同中的工程价款、运输合同中的运费等。在确定价金时应严格按照国家有关法律和国家价格政策办理。应遵循国家物价管理规定。有国家定价的按国家定价执行，或按物价主管部门规定的价格执行。凡不属于国家定价的产品，应按当事人双方商定的价格执行。要明确价金的数额（包括单价和总价），还要明确计算标准，并规定价金支付、结算方式、开户银行及账号。

（六）**履行期限、地点和方式**

履行期限是当事人实现权利和履行义务的起止时间，是确定合同是否按期履行或延期履行的客观标准，也是确定应否承担违约责任的依据，它对当事人双方都有约束力。确定合同的履行期限应视具体情况而定，例如，在买卖合同中供方的交货日期、需方支付货款的日期都要明确规定，需要分期分批履行的也要规定具体日期；在建设工程合同中，则要明确规定开工、竣工日期、验收日期、支付酬金日期等；仓储合同则要规定入库、出库的具体日期、支付保管费的日期等。

履行地点是合同履行的空间范围，即当事人履行义务和接受履行义务的地方。如买卖合同中的交货地，仓储合同中货物存储地点等。由于履行地点直接关系到义务和费用，因此必须在合同中具体写明并严格履行。如交货地点"上海"，则不够具体明确，可以是上海火车站，也可以是上海码头，也可以是上海机场，这样往往会引起纠纷。

履行方式是当事人履行义务的方式，包括交付方式、验收方式和价款结算方式。不同种类的合同，因内容不同，其履行方式也有所不同。如买卖合同中，交付标的物是分期分批，还是一次性交付；是由卖方送达，还是由买方自提，或代办托运。在履行结算义务时，是转账还是现金支付；是分期付款，还是一次性付清等。在我国，结算的方式一般用人民币计算和支付，且通过银行转账或票据结算。

对履行期限、地点和方式做出明确规定，便于合同的履行，同时也是确定所有权、风险转移及判断是否违约的时间和空间界限。

（七）**违约责任**

指当事人违反合同义务所应承担的法律后果，是促使当事人履行债务，使非违约方免受损失或损失得以补偿的法律措施。合同应明确致损的计算方法、赔偿范围及赔偿限额等。同时还可规定免责条件，但违反法律规定的免责条款无效，如规定免除因违反合同基本义务的责任，免除侵权责任等。对违约责任的追究，可以用支付违约金、支付赔偿金、继续履行合同等方式解决。

(八) 解决争议的方法

当事人可在合同中约定解决争议的方法，如是否提交仲裁，由哪个仲裁机构仲裁等。如因违约产生争议，可根据《合同法》第128条的规定解决。"当事人可以通过协商或者调解解决合同争议。当事人不愿和解、调解或者和解、调解不成的，可以根据仲裁协议向仲裁机构申请仲裁……当事人没有订立仲裁协议或者仲裁协议无效的，可以向人民法院起诉。当事人应当履行发生法律效力的判决、仲裁裁决、调解书；拒不履行的，对方可以请求人民法院执行。"

应当指出，《合同法》规定合同条款是一般性条款，并非每个合同都必须具备上述全部条款。合同缺乏其中一个或若干条款，但通过《合同法》补缺性规则能补充当事人之意且无损于公平，合同仍可成立。如违约责任，解决争议的方法甚至价格等。

五、合同的写法

不论是条款式合同，还是表格式合同，其写作格式均由首部、正文、尾部三部分组成。

（一）首部　合同的首部一般应写明下列内容

（1）标题　即合同的名称。可以直接将合同的种类作为合同标题，如"买卖合同"、"借款合同"；也可将合同内容与合同种类结合起来作为标题，如"苹果买卖合同"、"电脑租赁合同"；还可以将合同执行时间与合同种类结合起来作为标题，如"2003年第四季度电脑购销合同"；还可以把签约单位名称加入标题中，如"柳州铁路局货物运输合同"。标题在合同文本中应写在合同首页上方居中的位置，字体要稍大。

（2）合同编号　位置在标题之下，主要是便于归档查阅。

（3）订约日期　即签订合同的日期，有的合同将订约日期放在尾部署名的下方。

（4）订约地点　即当事人双方签订合同的地点。

（5）当事人的名称和地址　在合同标题左下方，分行并列写明签订合同当事人的单位名称及法定代表人或自然人姓名，并在名称或姓名前面注明谁是甲方，谁是乙方。也可在名称或姓名的后面用括号注明甲方和乙方。在合同标题的右下方，分行并列写明该合同的编号、签订地点及时间。

（二）正文

（1）引言　也称序言，主要写双方签订合同的目的、依据、范围和经过。如"根据我国《合同法》的有关规定，本着互利原则，经双方协商一致，签订本合同。"或"为了……目的，根据《合同法》的规定，经双方充分协商，签订以下条款，以便共同遵守。"引言体现了合同是遵照法定程序并具有法律效用的，是正文的有机组成部分。一般来讲，条款式合同都应有引言部分，表格式合同有的没有引言部分。

（2）合同条款　该部分是合同的主要内容，是合同的重点，是双方行使权力、享受义务的依据，按照《合同法》的规定，合同应具备以下主要条款：标的、数量和质量条款；价格或酬金条款；当事人的权利与义务条款；履行的期限、地点和方式条款；违约责任和争议的解决方法条款；免责条款，主要写明由于不可抗拒的力量造成合同不能履行或不能完全履行时，当事人的免责事项。此外，只要是双方议定的必要的事项，都可以作为主要条款写进合同。这部分内容的写作，要求表意清楚、全面、具体、准确，符合法规。

（三）尾部
① 合同的有效期限。
② 合同的正本、副本的份数，及其保管。
③ 双方当事人的有关情况。主要包括：第一，双方当事人签名、盖章。单位合同要签明双方单位全称、法人代表姓名，加盖公章或合同专用章，还要有双方代表人签字。第二，双方单位住址、电话号码、电报挂号、传真号码、邮政编码等。第三，双方开户银行、银行开户名、账号。
④ 签订合同的日期和地点（有的放在首部）。
⑤ 附则：有的合同列有"附则"，将有关表格、图纸及其他需要注明的有关事项附于合同后面。
⑥ 有关机构鉴证或公证。如果请有关机构鉴证或公证，鉴（公）证机构可在双方当事人情况栏后签署有关意见，并有经办人签名，鉴（公）证机构盖章。

六、撰写合同应注意的事项

（一）签订合同必须合法

（1）签订合同的内容必须合法　签订合同必须符合国家现行的法律、法令和政策，不能与之相抵触，否则为无效合同。任何违反国家法律、法令和政策的行为，都会给国家和人民利益造成损失，签订合同也不例外。例如买卖合同中的标的物必须是国家允许流通的物品，如果标的物是毒品、文物、武器等，不仅合同不能成立，而且还要受到法律的惩处。

（2）签订合同的主体必须合法　即合同当事人双方必须具有法人资格，或属于自然人，合同内容不得超越法规允许的范围。如果当事人不具备法人资格或不是自然人，签订的合同则无效。如某厂三车间与某厂供销科签订的合同、某人患精神病期间签订的合同均应视为无效合同，因为"三车间"、"供销科"不具备法人资格，精神病患者不是自然人。

（3）签订合同的基本程序要合法　合同的签订、变更和解除，都有严格的法律程序。有的合同的签订要依法进行公证；有的合同的签订要经过审批或备案。当事人在订立合同过程中，故意隐瞒与订立合同有关的重要事实或者提供虚假情况，违背诚实信用原则给对方造成损失的，应承担赔偿责任。

（二）签订合同要深思熟虑，条款齐全

签订合同要严肃认真，稍有疏忽，将会给自己或单位带来经济损失。签订合同前应注意审查对方的法人地位、经营范围、技术能力、生产状况以及履行合同的能力。订立合同应力求做到合同具备严密性、可行性和合法性。特别是构成合同的主要条款必须齐全。主要条款有遗漏的合同，在履行合同时，很容易发生纠纷。如一份进口锦纶长丝合同，由于遗漏订立技术指标，到货检验时发现强力指标太低，无法出证索赔，进货单位只能是哑巴吃黄连，有苦说不出。

（三）内容要具体，语言表达要准确

合同一经签订，对双方都具有法律效力，为保证合同的严肃性，在签订合同时，合同的内容要具体明确，语言表达要准确周密。如有一合同的违约责任这样写："如违反合同就追究违约责任。"如何"追究"，追究"谁"的责任，"责任"有多大，都不具体，不明确，一旦发生经济纠纷，违约金额就无法确定。又如"定金"与"订金"读音相同，只有一字之差，但在合同中的作用却大不一样。"定金"是合同担保的一种形式。当事人可以依照《中华人民共和国担保法》约定一方向对方给付定金作为债权的担保。债务人履行债务后，定金应当抵作价款或者收回。给付定金的一方不履行约定债务的，无权要求返还定金；收受定金的一方不履行约定债务的，应当双倍返还定金。而"订金"，又称预付款，它虽然也是在订立合同时规定由一方预先给付另一方一定数额的货币，在合同履行后，订金作为价款的一部分。但订金没有担保作用，在合同不履行时，不产生定金的法律后果，它仅仅对一方当事人按时履行合同义务起一定的资助作用，在合同履行后，它本身即成为应支付的价金的组成部分；若未履行合同，订金应如数退还。

此外，合同的文字抄写也要注意端正清晰，标点使用要正确规范，防止发生差错，引起合同纠纷，造成不应有的经济损失。

七、几种常用合同的写作

（一）买卖合同

买卖合同的主要条款有如下几项：

（1）产品名称　应写明产品的名称，注明其品牌或商标、品种、规格、型号、等级。

（2）产品数量和计量单位　应写清楚产品的数量、重量及计量单位等。

（3）产品的技术标准和质量要求　有国家或行业强制标准的，按国家或行业标准执行，没有则由当事人双方协商确定。对某些干、鲜、活产品，应根据国家有关规定，商定检验、检疫办法。若国家没有规定的，当事人双方可协商确定有关办法。如果是货样买卖，双方应将标准封存，作为验收依据。

（4）产品的包装　产品的包装标准有国家或部门标准规定的按国家或部门标准执行，没有则按双方协商的标准执行。

（5）产品的价格　应遵循国家物价管理规定。有国家定价的按国家定价执行，或按物价主管部门规定的价格执行。凡不属于国家定价的产品，应按当事人双方商定的价格执行。

（6）货款的结算　一般用人民币计算和支付，且通过银行转账或票据结算。

（7）产品交（提）货方式、时间、地点　交（提）货方式有送货、代运、自提三种，由当事人双方协商而定。交（提）货时间，凡规定由供方送货、代运的货物，其交货日期以供方发运货物时承运部门所签发的戳记日期为准，但双方另有约定的除外。凡规定由需方自提的货物，其交货日期，以供方按合同规定通知需方的提货日期为准。对于有些季节性产品、鲜活产品、易腐烂变质产品、受气候影响的产品等，交（提）货日期的提前或推迟，可在双方协商的基础上作适当变通。交（提）货地点应由双方协商而定。

（8）产品的验收　该条款主要包括质量和数量的验收；产品包装的验收；验收时间、地点、手段、标准；产品验收机构；验收中对产品质量发生争议时应提交哪个质量监督检验机构予以仲裁。

（9）对产品提出异议的时间规定　如需方在验收中发现产品不符合合同规定的要求，应在规定的时间内提出异议。

（10）违约责任　分供方和需方。供方应承担的违约责任有：若不能交货，则应向需方支付违约金；若产品质量等不符合合同规定，则应包换或包修，并承担所需费用；若因包装不合格造成标的物毁损，供方应对需方予以赔偿；若逾期交货，则应向需方支付逾期交货违约金；若送货所到地点有错，供方应将货物转运至合同规定地点，并承担其所需费用。需方应承担的违约责任有：若在合同执行期间要求退货，则应向供方支付违约金；若合同规定由需方自提的货物，未及时提取，则应向供方支付逾期提货违约金，并承担供方所支付的保管费用；若需方逾期付给供方货款，则应向供方支付逾期付款违约金；若需方将到货地点误填，或对产品所提异议有误，则应承担供方由此而造成的损失。

（11）其他条款　当事人双方若认为有必要，可通过协商一致，规定其他一些条款。

（二）租赁合同

租赁合同的主要条款：

（1）租赁物的名称、数量、用途　当事人签订租赁合同时，对租赁物的名称、数量一定要写得具体、清楚、准确，如房屋租赁合同要写明房屋的门牌号、坐落地址；机械设备租赁合同要写明商标、品种、规格、型号等。租赁物的用途是指承租人利用租赁物所要达到的目的，承租人必须按合同约定的用途使用租赁物，不能挪为他用。

（2）租赁期限

（3）租金及其支付期限和方式　租金由当事人双方协商确定，但要自愿、公平、合理。依照《合同法》第五十四条的规定，如当事人约定的租金过高致使合同显失公平的，承租人有权请求人民法院或仲裁机构变更或撤销。租金主要包括租赁物的折旧费、维修费，出租人的合理盈利等费用。租金是承租人向出租人交纳的租赁费用，一般以现金的方式支付，也可以是实物，但不能用法律禁止流通的物品来支付租金。租金的支付期限，当事人可以约定一次性支付，也可以约定分期支付，还可以预付。

（4）当事人双方的义务　出租人的义务主要有：出租人应当履行租赁物的维修义务；出租人出卖租赁物时有通知承租人的义务；出租人应当保持租赁物在租赁期间符合约定的用途等。

承租人的主要义务有：承租人应当按照约定的方法或租赁物的性质使用租赁物；承租人应当妥善保管租赁物；承租人应当按照约定的期限支付租金；承租人不经出租人同意，不得将租赁物转租给第三人；承租人应当在租赁期间届满返还租赁物给出租人等。

（5）违约责任

● 出租人的违约责任主要有：

① 出租人没有履行租赁物维修义务的，承租人可以自行维修，维修费用由出租人负担。因维修租赁物影响承租人使用的，应当相应减少租金或延长租期。

② 因第三人主张权利，致使承租人不能对租赁物使用、收益的，承租人可以要求减少租金或不支付租金。

③ 因不可归责于承租人的事由，致使租赁物部分或全部毁损、灭失的，承租人可以要求减少租金或不支付租金。因租赁物部分或全部毁损、灭失，致使不能实现合同目的的，承租人可以解除合同。

④ 租赁物危及承租人的安全或健康的，即使承租人订立合同时明知该租赁物质量不合格，承租人仍然可以随时解除合同。

⑤ 出租人不依照约定的时间和数量交付租赁物的，承租人有权请求其交付或请求其偿付违约金或赔偿损失。出租人将租赁物又出租给第三人并已交付的，承租人一般只能请求解除合同或赔偿损失。

• 承租人的违约责任主要有：

① 承租人未按照约定的方法或租赁物的性质使用租赁物，致使租赁物受到损失的，出租人可以解除合同并要求赔偿损失。但是，承租人按照约定的方法或租赁物的性质使用租赁物，致使租赁物受到损耗的，不承担损害赔偿责任。

② 承租人因保管租赁物不善造成租赁物毁损、灭失的，应当承担损害赔偿责任。

③ 承租人经出租人同意，将租赁物转租给第三人的，承租人与出租人之间的租赁合同继续有效，第三人对租赁物造成损失的，承租人应当赔偿损失。如果承租人未经出租人同意，就将租赁物转租给第三人的，出租人可以解除合同。

④ 承租人无正当理由未支付或迟延支付租金的，出租人可以要求承租人在合理期限内支付。承租人逾期不支付的，出租人可以解除合同。

（三）技术合同

技术合同的主要条款有：

（1）项目名称　即技术合同的标的，如农业技术联产承包。

（2）标的内容、范围和要求　技术合同的标的指的是科技项目及其主要经济技术指标，也就是合同的具体任务。合同中的标的要写清具体内容、范围和要求。如在技术转让合同中，这一条款一般要明确规定以下内容：转让什么权利，是制造权、使用权，还是销售权；转让的具体对象和具体要求，如型号、规格、技术指标、参数、技术先进程度等；技术资料的详细内容和具体清单、资料型号、系列、交付日期等；要使受让方掌握技术，进行技术培训和专家指导的有关事项等。

（3）履行的计划、进度、期限、地点、地域和方式　这一条款主要是写明实施标的的具体计划和步骤，以及每一阶段所要达到的目标，履行的地点和方式，这里特别要注意约定双方当事人按计划承担的相互制约的义务，以明确当事人各方的责任。

（4）技术情报和资料的保密要求　有些技术作为商品是不公开的，只有保密才不致影响或失去它的商品价值。作为技术的占有者，为了维护自己的利益，必须对信息、资料等保密。这一条款要明确承担保密义务的范围、保密的要求、保密的期限，违反保密义务的责任等。

（5）风险责任　所谓风险是指在履行合同（主要是技术开发）过程中出现的导致研究开发失败或部分失败的技术困难。这种技术困难不是人为的过错造成的，而是当事人无法预见、防止和克服的。合同中对风险责任要做出合理的约定，包括谁承担风险，或者各承担多大风险以及认定风险的标准等。

（6）技术成果的归属和收益的分成办法　技术作为商品，涉及当事人的经济利益和技术利益。合同当事人只有掌握研究开发的技术成果，并取得该项技术成果的使用权、转让权以至专利权，才能分享技术进步的利益。因此，成果的归属和分成是技术合同特殊的必要条款，当事人应当在合同中对包括著作权、专利权、商标专用权、非专利技术的使用权和转让权等归谁所有、如何使用、怎样分配等做出明确规定。

（7）验收标准和方法　这一条款是指完成合同规定任务所应达到的经济、技术指标及其鉴定方式。在委托合同和转让合同中，验收是委托方或受让方检验对方是否完成合同约定义务的一项权利。验收的标准要根据当事人各方的特定要求商定。合同中，要写明检测的标准、方法及验收的日期和次数等。

（8）价款、报酬或者使用费及其支付方式　技术成果的价款以及技术服务的报酬等由当事人约定，其支付方式可采取一次总付、分期支付、提成支付等。合同中，要明确支付的金额和期限。采取提成支付的，要约定提成的基数、百分比等。

（9）违约金或者损失赔偿的计算方法　技术合同当事人一方违反合同，给另一方造成损失，应支付违约金，或赔偿。违约金的支付标准和赔偿的计算方法，由当事人在合同中协商约定。

（10）争议的解决方法　技术合同争议的解决方法除双方当事人自己协商解决外，还可向国家规定的仲裁机构申请仲裁，未达成仲裁协议的，可以向人民法院起诉。当事人可根据自己的意愿，在合同中约定发生争议时的解决办法。

（11）名词和术语的解释　技术合同是专业性很强的合同，为避免因重要的关键词和术语发生歧义或误解引起争议，当事人可在合同中对可能发生争议的名词、术语给予双方一致的解释。

以上条款可根据技术合同的具体内容有所选择。此外，与履行合同有关的技术背景材料、可行性论证和技术评价报告、项目任务书和计划书、技术标准、技术规范、原始设计和工艺文件，以及其他技术文档，可根据当事人的约定作为合同的组成部分。

【范例文本】

工矿产品买卖合同

合同编号：_____

出卖人：_____　　签订地点：_____

买受人：_____　　签订时间：____年____月____日

第一条　标的、数量、价款及交（提）货时间

标的名称	牌号商标	规格型号	生产厂家	计量单位	数量	单价	金额	交（提）货时间及数量						
								合计						

第二条　质量标准：_____。

第三条　出卖人对质量负责的条件及期限：_____。

第四条　包装标准、包装物的供应与回收：_____。

第五条　随机的必备品、配件、工具数量及供应办法：_____。

第六条　合理损耗标准及计算方法：_____。

第七条　标的物所有权自_____时起转移，但买受人未履行支付价款义务的，标的物属于_____所有。

第八条　交（提）货方式、地点：_____。

第九条　运输方式及到达站（港）和运输费用承担：_____。

第十条　检验标准、方法、地点及期限：_____。

第十一条　成套设备的安装与调试：_____。

第十二条　结算方式、时间及地点：_____。

第十三条　担保方式（也可另立担保合同）：_____。

第十四条　本合同解除条件：_____。

第十五条　违约责任：_____。

第十六条　合同争议的解决方式：本合同在履行过程中发生争议，由双方当事人协商解决；也可由当地工商行政管理部门调解；协商或调解不成的，按下列第_____种方式解决：

（一）提交_____仲裁委员会仲裁；

（二）依法向人民法院起诉。

第十七条　本合同自_____起生效。

第十八条　其他约定事项：_____。

出卖人：	买受人：	鉴(公)证意见：
出卖人(章)：	买受人(章)：	
住所：	住所：	
法定代表人：	法定代表人：	
委托代理人：	委托代理人：	
电话：	电话：	
传真：	传真：	
开户银行：	开户银行：	
账号：	账号：	鉴(公)证机关(章)经办人：
邮政编码：	邮政编码：	年　月　日

合同的示范文本

（摘自《中华人民共和国合同示范文本》中国法制出版社）

【范例一】

鲜蛋买卖合同

供方：××养殖场（以下简称甲方）　　　　　　签订时间：200×年×月×日

需方：××鲜货公司（以下简称乙方）　　　　　　签订地点：××鲜货公司

根据国家有关法规、政策，经双方协商，特签订本合同，以共同遵守。

一、品名、计量单位、数量：

品名	计量单位	交售时间与数量											
		合计	一月	二月	三月	四月	五月	六月	七月	八月	九月	十月	十一月	十二月
鸡蛋	千克	13700	1200	1200	1200	1400	1400	800	800	800	1300	1000	1200	1400
鸭蛋	千克	5000	500	500	500	500	500	400	500	500	300	300	300	200
备注:按月交货的鸡蛋中白壳鸡蛋不得超过20%,否则拒收														

二、产品的质量与标准：甲方售给乙方的鲜蛋应符合国家的收购规格，即新鲜完整，不破损，不变质，保持其表面清洁。

三、包装要求：用硬塑箱包装，箱由甲方自备。运输结束后所用箱由乙方在十天内返还甲方，若乙方将箱损坏，按价赔偿。

四、价格及作价办法：全年实行季节差价。按有关规定，收购旺季实行最低保护价，即鸡蛋每千克三元六角，鸭蛋每千克三元八角。

五、交货地点：××养殖场发货室。

六、交货方式与运费负担：由乙方自提，运费由乙方负担。

七、验收方式与期限：乙方在提货前一天验收，一天内验收完毕。

八、货款结算方式：乙方验收后一周内通过银行转账一次付清。

九、超欠幅度：甲方在按合同规定的月交货量交售时，超欠5%以内，不作违约处理。

十、违约责任：甲方在允许的超欠幅度之上，每欠一千克鲜蛋，应补偿乙方损失四角钱。乙方违约拒收一千克鲜蛋，应补偿甲方损失六角钱。

十一、若遇不可抗拒力，不能履行合同，应及时通报对方，并以书面形式办理变更或解除合同的手续。

本合同正本二份，甲乙双方各执一份。

本合同有效期：自200×年×月×日至200×年×月×日。

供方（甲方）：××县××养殖场　　需方（乙方）：××市××鲜货公司

代表人：×××（盖章）　　　　　代表人：×××（盖章）

地址：××县××镇××路××号　　地址：××市××路××号

开户银行：××县××银行　　　　开户银行：××市工商银行

账号：××××××　　　　　　　账号：××××××

电话：×××××　　　　　　　　电话：×××××

【范例二】

房屋租赁合同

订立合同双方：

出租方：××工厂（以下简称甲方）

承租方：××百货公司（以下简称乙方）

甲乙双方根据《中华人民共和国合同法》的规定，就房屋租赁进行充分协商，签订本合同，共同遵守执行。

一、甲方将坐落在××市××大街××号的房屋2栋9间建筑面积300平方米，连同庭院租给乙方作仓库使用，租期3年，从2002年5月1日起至2005年4月30止。

二、乙方每月向甲方缴纳租金人民币三千元整，在当月15号以前交清，甲方出具收据。

三、乙方依约交付租金时，甲方无故拒收；乙方不负迟交租的责任；乙方如拖欠租金，应按中国人民银行延期付款规定向甲方偿付违约金。乙方如拖欠房租达3个月以上，甲方可从乙方履约金中扣除，并有权收回出租房屋。

四、出租房屋的房户税、土地使用费和维修费由甲方负担；管理费、水电费由乙方负担。

五、租赁期间，双方均不得借故解除合同，如甲方确需收回，必须提前3个月书面通知乙方，并补偿乙方迁址损失，补偿额为3个月的租金。如乙方确因实际情况需要退房，必须提前3个月书面通知甲方，解除合同，否则不退履约金。

六、租赁期间，乙方除在西院墙开一通车大门外，不得擅自改变房屋结构及用途，乙方因故造成房屋或设备毁坏的，应负责修复或赔偿经济损失；乙方如需装修，需先征得甲方同意，方能施工。乙方装修的装修物，迁出时可折价给甲方，亦可拆走，但应恢复原状。

七、房屋如因不可抗拒的自然灾害而导致损坏，本合同自然终止，互不承担责任。正常情况下如有倾倒危险，乙方可提请甲方修缮。甲方不修缮，乙方可退房或代为修缮，以修缮费收据抵消租金。

八、租赁期间，甲方将房屋所有权转移给第三方，不必征得乙方同意，但应通知乙方，第三方即成为本合同的当然甲方；乙方欲将房屋转让给第三方使用，必须征得甲方同意，此第三方即成为本合同的当然乙方。甲乙双方权利、义务不变。

九、租赁期满或合同解除，乙方必须按时迁出所有物资，搬迁后10日内如房屋里仍有余物，视为乙方放弃所有权，由甲方处理。如乙方逾期不搬，甲方有权向法院起诉并申请执行，甲方因此所受损失由乙方赔偿。

十、合同期满，如甲方房屋继续出租或出卖，乙方享有优先权。

十一、本合同如有未尽事宜，须经双方协商做出补充规定，补充规定与本合同具有同等效力。

关于履约金及房屋设备单据各壹份附后。

本合同一式两份，甲乙双方各执壹份。

出租单位：××工厂（盖章）　　承租单位：××百货公司（盖章）

地址：××区××大街××号　　地址：××区××街××号

电话：××××××　　　　　　电话：××××××

【范例三】

技术咨询合同书

天科合字（2002）第××号

项目名称：磷铵扩建工程对环境影响的预测与评价报告

委托方：天山化肥厂（以下简称甲方）

顾问方：天山市环境科学研究所（以下简称乙方）

中介方：天山市科技开发咨询部

合同登记机关：天山市技术市场管理办公室

合同签订日期：××××年××月××日

合同有效期限：本合同签订之日起至××××年××月××日止

一、咨询的内容、形式和要求

1. 甲方委托乙方为甲方年产3万吨磷铵及其配套的4万吨硫酸扩建工程编写对环境影响的预测与评价报告书。

2. 乙方对甲方进行现场现状调查和监测。

3. 乙方按××省建设厅。建环字（2002）第19号。关于对《天山化肥厂扩建3万吨/年磷铵工程环境影响评价大纲》的批复精神以及评价大纲要求，对工程产生的"三废"（废水、废气、废渣）及噪音对环境的影响做出科学的预测与评价，并为防治污染提出切实可行的措施与建议。

二、履行期限、地点和方式

乙方于××年10月30日完成预测与评价报告书的编写工作，并在乙方单位交付甲方。

三、委托方的协作事宜

1. 向乙方提供技术背景材料和有关技术资料。

2. 在乙方进行现场现状调查与监测时，为乙方提供食宿条件及办公地点，费用由乙方负担。

四、技术信息与资料的保密

1. 乙方对甲方磷铵扩建工程预测与评价的有关技术信息与资料，非经甲方同意不得向第三方泄露。

2. 乙方承担保密义务自合同签订之日起至合同有效期满后一年。

五、成果的验收、评价方法

预测与评价报告书编写完成后，由甲方聘请专家进行评审。评审通过后，乙方向甲方提交报告书打印稿 20 份。

六、报酬及其支付方式

甲方向乙方支付咨询报酬贰万元。合同生效后三日内，甲方向乙方预付壹万元，作为乙方前期工作的费用。报告书评审通过后三日内，甲方通过银行转账向乙方结清全部费用。

七、违约金或损失赔偿额的计算方法

1. 甲方逾期支付应付款项，每逾期壹日向乙方支付违约金壹佰元。

2. 甲方不按合同约定提供背景材料及有关技术资料等，影响乙方工作进度和质量时，所付报酬不予退回，未付报酬应如数支付。

3. 乙方超过约定期限交付预测与评价报告书，每逾期壹日向甲方支付违约金壹佰元。

4. 乙方交付的预测与评价报告书不符合合同约定的要求，应返回重新编写，所需费用由乙方自负；如延期按规定交付违约金。

八、争议的解决方法

如有争议，双方协商；协商不成时，向合同仲裁机关申请仲裁，亦可向人民法院起诉。

九、中介方的义务和责任及收取服务费的比例和支付方式

1. 负责双方的联系，并协调合同的履行。

2. 按咨询报酬总额的 5% 提取服务费，由甲方从咨询报酬总额外另行一次性以转账支票付清。

十、其他

如果预测与评价报告书未能通过专家评审，责任在甲方时，甲方应向乙方支付全部报酬；责任在乙方时，乙方应向甲方追回全部报酬并支付全部报酬总额 5% 的罚金。

技术委托方　　　　　　　　　技术受托方
负责人：刘新强（签章）　　　负责人：李树林（签章）
技术委托方　　　　　　　　　技术受托方
联系人：张　力（签章）　　　联系人：王志宏（签章）
地址：天山市新华路 38 号　　地址：天山市向阳路 3 号
电话：××××××　　　　　电话：××××××
账号：×××××××　　　　账号：×××××××开户银行：中国工商银行天山市支行
开户银行：中国人民银行天山市支行

练　习

1. 什么是合同？合同有何作用？
2. 合同有哪些主要条款？
3. 订立合同应遵循的基本原则有哪些？
4. 我国《合同法》规定了哪些合同的基本类型？
5. 写作合同应注意哪些事项？
6. 下面是一些因写作不规范、不严密而引起争议的合同条款，阅读后回答后面的问题。

（1）一份购销合同规定：××针织品厂供给××服装商场男女羊毛衫各 500 件，"分二、三两个季度发货。"合同签订后××针织品厂在 6 月份给××服装商场发货 400 件，8 月份发货 600 件。由于此时已到夏季，是羊毛衫的销售淡季，××服装商场以××针织品厂不讲信誉，两个季度没有均衡发货为由，要求退货，××纺织品厂拒绝退货。试问此条款该如何写，××服装商场才有充足理由退货？

（2）某商场（甲方）与某林场（乙方）签订了一份黑木耳购销合同，合同规定：乙方必须在××年××月××日前，"为甲方提供500公斤优质黑木耳"。合同履行中该条款引起双方争议，请分析此条款怎样规定才可避免争议？

（3）某服装店为某工厂加工劳保棉上衣，由厂方提供棉布，并协定："节约归己"，后来有节余，双方都认为应归自己。该合同应怎样规定，才可避免争议？

第二节　意向书、订货单

一、意向书的概念及结构与写法

（一）意向书的概念

意向书是当事双方或多方之间，在对某项事务正式签订条约、达成协议之前，表达初步设想的意向性文书。意向书为进一步正式签订协议奠定了基础，是"协议书"或"合同"的先导，多用于经济技术合作领域。

意向书具有协商性和灵活性的特点。意向书不像协议、合同那样，一经签约便不能随意更改，意向书比较灵活，在协商过程中，当事各方均可按各自的意图和目的提出意见，在正式签订协议、合同前亦可随时变更或补充，最终达成协议。另外，意向书只表明大致的意向，比较简略。

按照合作关系的不同，意向书可分为加工承揽意向书、建设工程承包意向书、货物运输意向书、财产保险意向书、科技合作意向书等多种。

（二）意向书的结构与写法

1. 标题一般有两种写法

（1）项目名称+文种，如《合作举办驾驶员培训班意向书》、《合资办兴隆娱乐城意向书》。

（2）直接以文种为题，即《意向书》。

2. 正文

正文的构成是：导语+主体+结尾

（1）导语

写明合作各方单位的全称，双方接触的简要情况，磋商后达成的意向性意见。然后用"本着××原则，兴建××项目"作为导语的结束。

（2）主体

分条款写明达成的意向性意见，可参照合同或协议的条款排列。

（3）结尾

写明"未尽事宜，在签订正式合同或协议书时再予以补充"一语，以便留有余地。

3. 尾部

意向书签订各方单位的名称、公章，代表人签名、日期。

【范例】

意 向 书

中国纺织品进出口公司（以下简称甲方）与法国×××服装公司（以下简称乙方）经过友好协商，双方本着平等互利的原则进行补偿贸易。现已达成初步意向，内容如下：

一、为了扩大中国丝绸服装贸易，乙方要求甲方提供稳定生产的服装工厂，为乙方生产中国丝绸服装，甲方同意在××县××乡新建一家服装工厂，生产乙方所需的以真丝为面料、不绣花的女装衬衫、男式睡衣、女式睡袍等。产量暂定为年产30万~35万件。为了确保质量，乙方希望该厂从一开始就注意质量和生产能力的逐步提高。甲方同意乙方的意见，并同意在工厂筹建结束时作具体安排。

二、乙方向甲方提供价值约××万美元的制作丝绸服装的专用设备和附属设备。

三、甲乙双方的贸易和乙方的来料加工业务，其价格、规格、交货期等均应逐项签定合同。

四、甲方根据乙方提供之服装设计原图及施工工艺要求进行加工生产，保证质量。

五、乙方应派员来××市××县××乡服装工厂进行技术辅导及质量监督。乙方人员来××市所需一切费用概由乙方自行负担。

未尽事宜，在签订正式合同或协议书时再予以补充。

甲方	乙方
中国纺织品进出口公司（公章）	法国×××服装公司（公章）
代表：××（签名）	代表：××（签名）
×年×月×日	×年×月×日

【简析】

这份合作意向书导语部分写明了合作双方当事人单位的全称和达成意向的原则，交代了达成意向书的目的。正文主体部分分条款写明了达成的意向性意见。正文结尾部分"未尽事宜，在签订正式合同或协议书时再予以补充"一语，充分体现了意向书的特点。

二、订货单的概念和订货单的设计

订货单是订购产品和货物的单据。订货单有多种样式，卖方依据所出售产品和货物的特点制作订货单，由买卖双方填写。

订货单的特点：其一是协约性，即买卖双方都应信守订货单中的各项条款；其二是严肃性，订货单具有合同的性质，买卖双方都应严肃对待，不可有欺诈行为。订货单的项目相对比较简单，如果是大宗货物交易，应该考虑签订较为详细的订货合同。

订货单结构灵活多样。商品种类繁多，订货单要根据商品情况进行设计。订货单以表格式较为常见，附之以适当的文字说明。

一般说来，订货单上都要标明以下信息：

1. 买卖双方的基本信息。如双方单位名称、电话、联系人，有的还要写清单位地址、传真号以及电子信箱等。

2. 订货信息。如商品编号、商品名称（规格）、单价、订货数量等。

3. 配送方式、配送地点等。

4. 货款支付方式、银行账号等。

5. 买方的其他要求。

6. 经办人签字、成文日期。

【范例】

丰达木材公司订货单

                   _____年_____月_____日

订货者	单位（姓名）		销货者	单 位	（公章）
	地　　址			地　　址	
	电　　话			电　　话	
	经手人签名			经手人签名	

商品名称	规　格	单　位	数　量	单　价	金　额

合　计　金　额					元
合计金额（大写）		十　万　千　百　十　元　角　分			
预付定金（大写）		十　万　千　百　十　元　角　分			
结算方式					
提（送）货方式及时间地点					
备　　注					

丰达木材公司开户银行：××××××
账　　　　　　　号：××××××

【简析】

  这是丰达木材公司的一份表格式订货单，条目清楚，款项较为齐全。标题已经标明"丰达木材公司"，在"销货者"栏目下仍然设有"单位"一栏，是因为丰达木材公司有好几个销售点。设"备注"一栏，便于补充款项罗列之不足。如有必要，还可给订货单加上编号。

练　　习

1. 写一份意向书的示范文本，要求结构齐全（具体意向内容可用省略号代替）。
2. 请为文具用品批发店制作一份订货单。

第三节　市场调查报告

一、市场调查报告的概念与作用

（一）市场调查报告的概念

市场调查报告是对市场进行深入调查研究之后，对市场调查获得的信息资料进行系统、科学和周密的整理，根据实际需要进行分析、归纳、综合后，撰写的书面报告。

市场调查有狭义和广义两种。狭义的市场调查是根据某一特定商品的需要，对与商品有关的市场情况进行的专项调查，研究消费者对该商品的意见和要求，购买习惯，欲望和动机等。广义的市场调查除了上述内容外，还包括商品销售环境、产品形象、社会需求量、价格战略、流通渠道、竞争结构等内容。

市场调查报告是调查报告的特殊形式，和一般的调查报告相比，其特点、调查方法、注意事项基本相同，只是在调查目的、种类、作用、调查范围等方面有所不同。

（二）市场调查报告的作用

（1）均衡供需　通过市场调查，可以了解供需情况，对商品供需进行预测，制定供应总量计划和品种计划，这对于合理、均衡地组织市场供应，平衡供给需求关系具有重要作用。

（2）指导生产　通过市场调查，可以了解消费者多种多样的需要，有利于企业按消费者需要，生产、研究适销对路的产品，提高产品的市场占有率，顺利完成商品从生产到消费的转移。

（3）合理定价　通过市场调查，可以了解同类产品的价格，有利于企业在保证经济效益的基础上，确定自己产品的合适价格，使产品具有较强的竞争能力。

（4）了解信息　通过市场调查，可以了解同行业的经营情况，学习先进企业的管理经验，有利于提高企业的经营管理水平，求得以最小的劳动消耗取得最大的经济效益。

二、市场调查的种类

市场调查的范围很广泛，凡是直接或间接影响市场经营销售的情报、信息，都是市场调查的内容。但由于各企业的业务性质、经营范围不同，需要寻找和解决的问题答案不同，因而调查的种类也就不同，主要有如下几种：

（一）市场环境调查

包括政治环境、经济环境、社会环境、文化环境、地理环境、交通环境等。

（二）市场基本状况调查

包括市场的规模、市场的总体需求量、市场动向、同行业间各自的新产品市场占有率、产品更新换代速度、不同商品所处市场生命周期的阶段等内容。

（三）市场商品需求状况调查

包括消费者数量及购买力、购买欲望、潜在需求量和投向、消费者的支出比重及变化趋势等等。

（四）消费者及消费行为调查

包括消费者的分布地区及经济状况、消费年龄、职业、文化程度的不同造成的消费习惯的差异，消费水平与购买心理的关系，消费者的消费动机、消费习惯、消费数量和次数、购买欲望与购买环境氛围的关系，广告对消费者的心理冲击和消费者认可广告与品牌的程度等内容。

（五）产品调查

包括产品的各种情报，如产品本身的质量和在消费者中的信誉，产品处于生命周期的何种状态，产品的商标、包装、产品的销售服务如何等。

（六）价格调查

包括商品成本、市场同类商品的价格同比和价格变动的情况，新产品定价依据的获得、老产品价格如何调整，消费者对价格及价格变动情况的反映。

（七）竞争对手调查

包括竞争对手及其产品的汇总，竞争对手产品的价格、质量、性能、销售量、市场占有率和覆盖率及变动状况，竞争对手的促销手段、广告投入等。

（八）销售情况调查

包括经销商的销售能力、促销方式、销售费用等。

三、市场调查报告的写法

市场调查报告的写作格式，同一般社会调查报告相比，亦大体相同。其结构同样包括标题、前言、主体、结尾四部分。撰写一般社会调查报告的基本原则、方法等同样适用于市场调查报告。

（一）标题

包括公文式标题、消息式标题和双标题三种。

（1）公文式标题　由调查对象、调查内容和文种构成。如《××省农业厅关于农业机械销售情况的市场调查》、《××市猪肉蔬菜产销情况的调查》。

（2）消息式标题　说明调查对象的状况、表述调查的结果，或昭示调查中形成的观点。如《进口彩电依然是销售的热点》、《国产名牌电脑畅销上海市场》。

（3）双行正副标题　由主标题和副标题组成，主标题揭示文章主旨，副标题交待调查的对象或调查范围。如《努力开发游艺市场——关于××市游艺场所发展情况的调查》、《泥巴换外汇——陶瓷品出口情况调查》。

（二）正文

（1）前言　一般介绍调查目的、调查单位、调查方法、全文的主要观点和调查的对象以及调查时间地点等。这部分是概要的说明，文字应简短。有些市场调查报告的前言只有一句话，然后就进入正文。有一篇市场调查的前言是："据电子工业部的信息，去年全国大量积压的各种非名牌电视机，今年却出现了热销形势"，第一句属于前言，写调查材料的来源，后面两句属于正文的基本情况概述。也有的调查报告不写前言，直接进入正文。

（2）主体　主体部分是市场调查报告的核心。一般由三个部分组成。

① 基本情况。交代调查对象过去现在占有市场的情况。如某类新产品生产与销售的情况，对产品与质量的调查等。这一部分经常要用数据说明。

② 分析评价与预测。这部分通常的写法是对典型事例和统计数据进行综合分析，归纳成几个要点或几个方面进行具体说明，得出调查的结论，有的调查报告在这部分还要介绍预测情况。对调查结果的评价正确与否，将直接影响到领导层的决策，关系到企业今后的经济效益和未来的发展。

③ 建议和决策。根据预测结论，顺应市场变化的趋势，抓住市场供求中的主要矛盾，提出具体的行动计划、对策和措施。有的调查报告，用调查结论代替建议，用解决问题的

途径代替决策。

(3) 结尾　有些市场调查报告在正文叙述完了以后，即告结束，没有单独的结尾。多数报告有结尾，这部分或是对全文的概括归纳；或是重申观点；或是提出希望和建议；或是根据调查提出未能解决而又需引人注意的问题。总之，可视报告的具体内容而定。

为了表示对调查内容的负责，在全文结束之后，还要写上调查人员或单位的名字，并注明完稿日期，如供发表，也可将单位和作者姓名写在标题之下。

【范例】

水家电近年来处于高速发展中　直饮机将成为市场新宠

由于我国巨大的人口基数和日益严重的水污染，我国健康饮用水的市场容量巨大。据国家权威调查机构比照欧美现状预测，21世纪中国健康饮用水产业年市场容量在500亿元人民币以上。从20世纪90年代中后期开始发展的桶装水无疑是水家电市场近年来最火暴的行业。与桶装水相配套的饮水机行业，从1998年开始也一直处于超高速发展中。

据了解，目前我国饮水机行业仍处在加速发展阶段。据有关资料显示，1998年以前我国饮水机市场多以韩国造、中国台湾产为主。随着我国饮水市场的发展，尤其是桶装水的迅速发展，带动和促进了国产饮水机迎头赶上，从而开辟了又一个崭新的产业群体。饮水机的市场上升势头强劲，规模在迅速膨胀，从1999年的600多万台上升至2000年的1000万台左右，2000年在北京、上海、广州等地，每百户家庭拥有饮水机20多台。

但是，由于桶装水的二次污染问题日益被人们重视，桶装水发展速度大大减缓，并日显颓势。相比之下，一种全新的产业——直饮机正日益显示出其无穷的市场潜力，开始进入消费市场。这种采用宇航RO膜技术的自来水终端过滤设备，针对桶装水的诸般缺憾，以全新的"饮用水终端净化"为理念的产品，将深度改善中国城镇居民的饮水习惯。

据专家分析，这种刚入市的直饮机以其高新科技的功能，给国内水家电市场开创了崭新的商机。桶装水最大的问题就是容易产生二次污染，而据专家介绍，作为市政自来水终端的过滤设备，只要把这种直饮机安装在任一水龙头上，通过尖端的宇航膜水处理技术，可使自来水获得高纯度净化。现在，直饮机在美国、日本等发达国家家庭的普及率已高达70%以上。从趋势上看，在今后相当长的时间里，直饮机必将作为一种新的饮水方式为越来越多的家庭、团体所接受，从而成为中国饮水市场的新力量。

2002年7月至8月，北京21世纪福来传播机构在全国20个大中城市就水家电市场作了一次大规模的市场调研，调查家庭样本为6730个。调查显示：

一、市场期待更好的水家电产品

根据本次调查报告显示，我国水家电市场的前景喜人。由于我国城镇居民对饮用水的健康安全日益看重，所以，各种水家电的销售一直呈直线上升趋势。截止到今年6月，总销量比去年同期上升了10个百分点。消费者最为看重水质。

在进行"购买水家电时你考虑的主要因素是什么"的多项选择调查中，调查结果显示：认为要保证水质安全的占80%；认为饮水机器必须要安全的占31%；认为水质要健康的占30%；考虑饮水机价格的占48%；看重售后服务的占45%；考虑其他因素占15%。这充分说明，在水质恶化的大环境下，广大消费者最为看重的是水质的安全问题。

调查中发现，我国城镇居民对健康饮水话题已经有相当高的认知。有35%的消费者知道桶装水存在二次污染问题，有17%的消费者知道桶装水的桶可能有问题。通过近年来各大传媒的曝光后，已经有72%的消费者担心桶装水品质不可靠，希望有更好、更新的科技和产品出现，能真正有效保障水质，解决健康饮水问题。

二、消费者选购直饮机看什么

根据有关专家介绍，从国际上的技术发展成熟程度来看，直饮机最有可能成为让消费者真正放心的家用饮水设备。特别是目前国内采用 RO 膜技术的直饮机，由于其 RO 膜孔径只有一微米的万分之一，一切细菌、病毒、重金属离子等有害物质均被排斥于膜外，所制净水甘醇甜美，可以实现自来水生饮，其逆渗透技术又避免了饮水中的二次污染问题。由此可见，直饮机的市场成长空间很大。

本次调查发现，直饮机概念已走进千家万户，消费者对直饮机的需求呈上升趋势。在对直饮机认知度的调查中发现，知道直饮机的消费者已经有 75%，不知道的消费者只占 25%。了解直饮机的消费者都给予直饮机很高的评价，其中有购买欲望的消费者占 30%，认为可买可不买的消费者占 47%，表示不买的消费者为 23%，可见直饮机生逢其时，得到消费者的广泛关注。

调查显示，在充斥各种技术特点的直饮机中，还没有哪家品牌的产品成为水家电市场中的领导品牌。虽然广东、江浙及山东等传统家电企业都在谋求在这个行业中做大，但由于市场因素，还未能形成割据之势。

三、最看重品牌技术实力

调查显示，消费者在购买直饮机时最看中技术实力、知名度大小，各占 20%；其次是价格占 18%；以下依次为服务占 17%、口碑占 15%；其他因素占 10%。这说明，高科技特点的产品在进入市场时，影响消费者选择购买往往是企业的技术背景和企业实力，这也给目前水家电市场林林总总的直饮机企业提了个醒，概念再好，也要凭真本事说话。据了解，直饮机获得有关国家级认证是证明其技术实力的重要依据，相关的认证如国家卫生部的卫生许可认证、中国电工长城认证、国家知识产权局的认证以及设计专利等。

调查中发现，在市场诸多品牌中，与美国阳光环境有限责任公司合作的江苏凤凰制水公司，享有较高的知名度。据了解，该企业已与美国阳光集团合资建设 RO 膜生产工厂，是国内掌握核心技术而且规模最大的直饮机生产企业之一。

当然，消费者在选择直饮机时还看重另外三个因素，那就是：直饮机的使用寿命长短、有什么款式和机型、维修方便与否，上述三个因素的重要程度分别占到 52%、25% 和 23%。

四、直饮机定价：1000～2000 元最受欢迎

价格无疑是消费者选购产品时最敏感的因素之一，再好的机器，如果不能以消费者能接受的价格面世，恐怕也走不了多远。对于这种号称有宇航高科技的直饮机，我国消费者能接受多高的价格呢？

本次调查的数据显示，能接受价位在 500 元以下直饮机的消费者占 15%，接受价位在 500～1000 元的消费者占 24%，接受价位在 1000～2000 元的消费者占 37%，接受价位 2001～3000 元的占 15%，接受价位在 3000 元以上的消费者占 9%。从调查的结果中看出，价位在 1000～2000 元的直饮机最能为消费者所接受。而价位在 3000 元以上的直饮机，就有些曲高和寡。而且，超低价位的产品也不为消费者所信任。

据本次对直饮机使用人群的调查显示，购买直饮机的，一般家庭使用的占 55%，办公场合使用的占 45%，两种需求都十分广阔，因此有理由看好直饮机的应用前景。

从消费者心理看，直饮机能让用户直接看到水的制造过程，放心可靠；从价格上考虑，直饮机的使用成本总体上也比桶装饮水机便宜。一份桶装水饮水机和直饮机的比较消费调查表明：购买直饮机是水家电设备中非常不错的选择。以一家 3 人为例，一桶饮用水可以喝 4 天，一个月就得喝 7 桶水，按一桶水最低价 10 元算，一个月花在喝水的钱就得 70 元，整年下来花在喝水的钱就有近 900 元。再以 100 人的单位为例，一天至少喝掉 3 桶水，一个月就喝掉 90 桶水，一桶水按最低 10 元算，一个月购买水的钱就是 900 元，整年下来就是上万余元，这笔花在买水的钱，几乎可以购买到 4 台直饮机。

五、市场前景：一片光明

国外统计资料表明，在欧美发达国家的家庭和办公场所，使用 RO 膜高科技制水终端设备的直饮机

已超过70%。由于这种直饮机能直接与市政自来水相连接,通过尖端的宇航水处理技术,可使自来水获得高纯度净化,可以方便地获得更纯净、更健康的饮用水,因此这种直饮机在这些国家的水家电市场上一直处于领导地位。

在我国,水家电市场的出现是近几年来的事。国内水家电市场上销售的家用饮水设备产品较为单一,家用饮水设备以桶装水的饮水机为主流。针对桶装水的诸般缺憾,一批直饮机生产企业已杀入净水市场,倡导全新的"饮用水终端净化"理念,意欲掀起新一轮的饮水革命。实际上,国外的直饮机品牌已经登陆国内,但因为其高昂的价格和低调的市场营销策略一直未能得到普及,而诸如江苏凤凰集团与掌握着"复合逆渗透膜"这一核心宇航技术又拥有世界一流水专家的美国阳光环境技术公司的合作,使人们看到产业资本正在集中力量撕开市场。

由于不存在机器本身使用过程的污染,也不存在使用水桶造成的二次污染,所以直饮机受到越来越多消费者的喜爱。目前,国内一些有眼光的房地产开发商已开始选择直饮机,其楼盘从一开始就在房间中安装了直饮机系统,让业主能直接使用更纯净、更健康的饮用水,由此使它成为目前北京、上海和广州等地最受瞩目的地产概念。

(摘录《经营报》2002年第5期 有改动、删节)

练 习

1. 市场调查报告与一般调查报告有何区别?
2. 到附近农贸市场进行观察、调查,并写出一篇市场经营策略的调查报告。

第四节 经济活动分析报告

一、经济活动分析报告的概念、特点与作用

(一)经济活动分析报告的概念

经济活动分析报告,是经济主管部门和企业单位,根据计划指标、会计核算、统计资料和调查研究所掌握的情况,对本部门或本单位的经济活动情况进行分析评价后所写的书面材料。

经济活动分析报告和市场调查报告相比,有如下区别:第一,它可以用第一人称写作;第二,它用来分析和说明问题的材料多是各种经济数据;第三,分析和说明问题时重点是在分析经济情况产生的原因,而且一般都要提出解决问题的对策;第四,有较强的议论性。

(二)经济活动分析报告的特点

(1)时效性 经济活动分析报告的时效性和经济活动本身的特点是一致的。写经济活动分析报告要迅速及时,再透彻、全面的经济活动分析报告,一旦过了时,只是一纸空文,毫无价值。时效性具有一定的相对性,它既体现在制定计划之前,也体现在计划执行之中和计划完成之后,如果不掌握时机,不是针对每一阶段的特点和情况进行分析,那么,分析也就失去了意义,不会具有任何实用价值。

(2)真实性 真实性是经济活动分析报告赖以存在的生命基础。撰写经济活动分析报告必须尊重事实,实事求是,既不夸大、缩小事实,也不能回避矛盾,更不能虚构、编

造事实。如果分析报告中引用的材料不真实，数字不准确，不仅会给企业的生产经营造成无法弥补的损失，而且会给政府职能部门的决策带来无法估计的损害。

（3）指导性　经济活动分析报告的指导性体现在三个方面。第一，它能及时地对经济活动状况做出评价，使报告的使用者能够根据报告揭示的问题采取措施，及时调整薄弱环节，改进工作，提高效益。第二，经济活动分析报告能为企业的经营发展指出明确的方向，为企业制定新的计划提供真实可靠的依据。第三，经济活动分析报告是连接政府职能部门的信息纽带，充分保证政府职能部门对企业的指导，同时，企业在政府职能部门的指导下，也有助于提高自身的经营管理水平，增强企业的活力。

（4）灵活性　经济活动分析报告，可以不受时间、形式的限制。就时间而言，可以进行定期分析，也可以进行不定期分析；就形式而言，分析既可以由专业人员做，也可以由非专业人员完成，既可以事前分析，也可以事后分析，既可以进行综合分析，也可以做专题分析；就篇幅而言，既可以写成大型分析报告，也可以写成简要分析说明；就写作方法而言，既可以以数据为主，主要运用财务原理说明问题，也可以以文字叙述为主，着重因果关系的分析，或数据文字相结合，边分析，边用数字说明。

（三）**经济活动分析报告的作用**

经济活动分析报告是企业对自身生产、流通、服务状况的一种必要审视，是认识经济规律的重要手段。它在经济工作中的作用，主要有以下几方面。

（1）宏观调控作用　随着我国经济逐渐步入市场经济的轨道，市场杠杆的调节作用越来越有力，但同时，宏观的经济调控仍然必不可少。各个企业要制定本企业的生产经营计划，都要从宏观上把握经济脉搏，制定符合经济规律的计划。经济活动分析报告能及时提供现实的经济情况及问题，帮助经济计划的制定者从实际出发，权衡当前与长远、局部与整体、需要与可能的利弊得失，发挥宏观的调控作用。

（2）检查监督作用　任何经济计划在执行和完成过程中，都可能出现一些矛盾或误差，影响计划的实现和完成。经济活动分析报告有利于了解计划是否符合实际经济活动的规律；考察计划是否正确反映了社会的实际需要；掌握计划执行的进度与结果；检查计划在执行过程中对国家方针、政策的贯彻情况；监督计划的落实情况。一旦发现问题就可以及时调整，以保证计划的顺利执行和完成。

（3）经营管理作用　经济活动是一个复杂的系统工程，从采购原料、安排生产、落实运输、完成销售，到安排扩大再生产，每个环节都需要处理大量的信息和事务，都需要进行经营和管理，也都需要经常进行经济活动分析。经济活动分析报告提供的信息、情况，发现的问题，提出的改进措施，都是经营管理者及时做出生产调整、市场决策、资金运作的依据。它对提高经营管理的质量起着积极的作用，促使经营管理逐步科学化，从而促进企业更自觉地按照经济规律办事，不断改善经营管理，增强竞争能力。

（4）监理职能作用　经济活动分析报告对政府有关部门发挥监理职能也有着重要作用。在经济活动中，财政、审计、银行是管理国民经济的重要部门，国民经济的各个部门、各个企业都与它们有密切关系。在经济活动中，财政、审计、银行部门经常对企业开展经济活动分析并撰写出分析报告，这样做，一方面，政府有关部门是对企业实施监理职能的具体表现；另一方面，也是帮助企业遵守国家的政策、法令和财经纪律，改善经营管理，促进和监督其生产更好地运行的有效方法。

二、经济活动分析报告的种类

按不同的分类方法,可以将经济活动分析报告分为不同的种类,按经济部门划分,有工业、农业、商业、交通运输等等;按时期划分,有定期和不定期分析;按参加人员分,有内部分析和外部分析等;通常按写作目的、内容和分析的程度,可划分为以下三种。

（一）**综合分析报告**

综合分析报告又叫全面分析报告,它是针对某一单位或某一部门在一定时期内的经济活动,根据各项主要经济指标,进行全面、系统的分析研究之后写成的报告。它可以抓住工作中的关键问题来考核经济活动的结果,并从中找出加强管理的措施办法。此类报告多在年度、季度末结合报表进行编写,其特点是涉及面广,内容全面。

（二）**简要分析报告**

这种分析报告一般是围绕几个计划、财务指标或抓一两个重点问题进行分析后写成的报告。目的在于及时观察经济活动的趋势和工作改进的程度,着重分析主要指标执行动向、完成程度及原因等。此类报告也多在年度、季度、月末结合报表进行编写,其特点是内容集中、篇幅短小。它和综合分析报告统称定期经济活动分析报告。

（三）**专题分析报告**

专题分析报告一般是根据当前的中心工作,或是对某些重大经济措施和业务上的重大变化以及工作中的薄弱环节和关键问题等进行专项分析后,所写出的分析报告。如成本分析、费用分析、产品质量分析、资金分析等。其特点是内容单一、问题集中,利用资料较广泛、分析较深透、又不受时间限制,形式也比较灵活,是不定期的分析报告,在实际工作中使用较多。

三、经济活动分析报告的写作要求

（一）**充分占有材料,恰当使用材料**

材料是判断情况、分析原因、总结经验教训、提出改进意见和措施的依据。因此,分析报告的写作,首先要充分占有材料,既要掌握技术经济指标资料,又要了解经营过程中的实际情况。

技术经济指标资料指计划、统计、会计和业务核算资料。它们来自计划、报表、凭证、账面及其书面材料。如企业产、供、销活动、经营管理、技术改造、思想政治工作等情况,它们存在于现实的经营管理活动中。所以,在动笔写作分析报告之前,除了要搜集书面材料外,还要深入调查,努力了解经营管理活动中的实际情况。占有材料要注意全面、真实,既有能反映事情广度的数据,又有具体、典型的事实。占有材料时应该尽可能地"多",使用材料时,则要努力做到"精"。

（二）**分析要实事求是、抓住本质**

分析经济活动,为的是改善经营管理,提高经济效益,而经济活动是异常复杂的,所以进行分析时,一定要有科学态度,要坚持实事求是的原则和一分为二的观点,切忌堆砌数字、罗列现象。一定要抓住重点、把握关键。通过对数据、事实的认真分析,弄清事实发展变化的真实原因,这样才有可能总结出有益的经验教训,才可能提出解决问题的意见和办法。否则,数据列得再多,事实摆得再多,也于事无补。

（三）数字、概念应该前后一致

经济活动分析报告是提供给领导作为决策依据的，材料和观点都要有科学性。科学性的重要条件之一，就是数据、概念要准确，要前后统一。如果前后矛盾、不一致，会使人无法做出判断，当然也无法据以决策，提出改进经营管理的意见。

四、经济活动分析报告的写法

经济活动分析报告的结构，通常由标题、正文、落款等三部分组成。

（一）标题

经济活动分析报告的标题，常见的有两种形式：

（1）公文式标题 由单位、时间、分析范围（地区或单位）、分析的具体对象、文种等组成，如《茂林贸易公司2002年第一季度成本分析报告》。常用于上级主管部门对下属单位、下属单位对上级主管部门或单位内部的分析报告。这类标题也可根据实际省略其中一两项内容。如《2001年下半年度财务情况分析报告》，标题中省略了单位；《×××市轻纺局对第一棉纺厂综合效益的分析报告》，标题省略了时间。

（2）文章式标题 用一句话概括揭示主要内容、主要问题或主要观点。如《非生产性资金大量增加不容忽视》。可用于向上级有关部门作专题汇报，也可以面向本行业或消费者。这类标题可以有几种变型，有的用设问句式强调重点，如《第三季度债券市场为何如此火暴？》；有的用文章结尾的建议或意见作标题，如《关于开放私人轿车市场的建议》。

（3）正副双标题 在概括重点的同时注明分析的范围、对象。如《扩大购销财源茂，加强管理效益高——东海农业生产资料经营成果浅析》。

（二）正文

正文一般由前言、主体、结尾三部分组成。

（1）前言 又称引言、导语。主要概述写作目的，该单位的基本情况，分析研究的背景、分析所调查到的主要材料和数据或有关指标等。这是进行分析的依据，是展开分析的铺垫。

（2）主体 这是分析报告的主要部分，需要根据分析报告的写作目的和分析方法的不同，恰当安排内容。主体包括基本经济情况和理论分析两部分，有的还要提出改进的措施和建议。

① 基本经济情况。明确相关的经济形势，介绍经济活动的基本状况，总述完成经济指标的实际情况。如综合分析某个企业，要列入全员劳动生产数量和比率、总产量、总产值、质量情况、销售收入、利润、成本及资金等各项指标的实际完成数，与计划指标相比的百分数之比，同上期指标百分数之比等数据。使人对调查分析的对象和内容有个总体印象。

② 理论分析。就是以党和政府的有关方针政策为依据，用社会主义市场经济理论和辩证唯物论的观点，对经济活动中的一些现象进行情况分析和原因分析，并对其做出正确的科学的评价和结论，以此指导新的经济活动。

在分析过程中，要检验各项数据指标的真实性、有效性、要判断这些数据的价值和含义，即是成绩还是不足，是成功还是失败，是经验还是教训；在反映计划指标执行状况的同时，还要看企业管理的水平、运行机制、发展潜力、员工队伍建设等情况。分析过程也是一个说理的过程，是对论点的论述过程。因此要围绕中心展开分析，而不是简单地罗列数据。更重要的是要分析产生那些情况的原因所在，找出其主客观原因，将分析上升到理论高度。

③ 提出建议。有的分析报告，作为理论分析的继续，还要提出改进的措施和建议。如果分析以总结成绩为主，就要提出进一步发展和完善的方法；如果分析着重指出问题和原因，就要有改进这些问题的具体措施。以达到将这些建议和措施切实地落实到今后的经济活动中去，提高企业经济效益和社会效益的目的。

(3) 结尾　经济活动分析报告的结尾不是必须有的，如无必要，可以省略。也有的将主体中"今后的意见和建议"视为报告的结尾部分。若需要，可在结尾处说明或强调某个观点、看法，也可写上一些展望未来，表达信心的话。

五、经济活动分析的方法

运用经济学的方法对经济活动进行分析，是得出可靠结论的基础。选择什么样的分析方式和分析方法，取决于已掌握的资料内容和性质，也取决于分析的对象和目标。

（一）对比分析法

对比分析法也称比较分析法。这是一种以定量的方式来提示矛盾、寻找差异的方法。这种方法是将同一经济活动中，两组或多组具有可比性（诸如时间、内容、条件、项目、标准等大致相同或相近）的数据资料放在同一基础上进行对比，用以考查相互间的差异并揭示出来，再找出形成其差异的原因，对比分析法又分以下几种：

(1) 比计划　就是把本期完成的实际指标和计划指标相比较，找出两者的差距，说明计划执行的情况，进而确定分析的主要方面，弄清原因，总结经营管理的经验和教训，以达到改进方法、挖掘潜力、更好地完成计划的目的。

(2) 比历史　就是以本期完成的实际指标与上期或上一年同期的实际指标相比较，与历史上本单位或本企业最高的水平相比较，借以反映经济活动的发展趋势，研究经济活动中各种因素的发展变化，以便采取相应的措施，提高经营管理水平。

(3) 比先进　就是以本部门的实际指标与主客观条件大致相同、已成为先进的兄弟单位的实际指标相比较，找出差距，找出本单位在执行方针、政策和经营管理中的存在问题和薄弱环节，学习先进经验，促进自己向先进转化。

（二）因素分析法

因素分析法是把对比所确定的差异数值作为分析的对象，并进一步找出产生差异的各种因素及其影响程度的一种分析方法。运用这种方法，可以具体分析影响一项指标完成或没有完成的因素，找到产生问题的原因。如果说对比法是着重于数字、情况的比较，以明确差距、发现特点的话，那么因素分析法则着重于事实的说明、特点的剖析，以达到分清责任、弄清原因的目的。只有分清了责任、弄清了原因，才能有效地改进工作，提高经营管理水平，增加经济效益。

（三）动态分析法

在不同时期的经济活动中，将同类指标的实际数值进行比较，求出比率，进而分析该项指标增减和发展情况，这种方法叫动态分析法。进行动态分析，需要一定量的历史资料积累，将这些资料依时间顺序排列，组成动态数列。数列中的指标数第一个为最初水平数据，最后一个为最新水平数据，每个数值均叫发展量，这个数列反映的是经济活动某个项目在不同时期的规模水平。

除了以上几种方法外,还有预测分析法、平衡分析法、时间分析法、指数分析法、差额分析法、线性分析法、相关分析法等,分别从不同的角度进行经济活动分析。在一篇经济活动分析报告中可以采用某种分析方法,也可同时采用几种分析方法。

【范例】

越南机电产品需求空间大

作为近邻,中国与越南经贸互补性强,目前,中国从越南进口四大类100多种商品,中国向越南出口五大类200多种商品,中国在越南的投资也有发展,投资总额约2000万美元,中国已成为越南的第五大贸易伙伴。

据中国机电产品进出口商会提供的信息显示,目前越南机电产品市场潜力较大,其经济发展所需的纺织机械、建材机械、矿山机械、轻工机械,特别是特种机床、精密机床。在这方面中国产品具有性能价格比的优势。此外,作为一个农业国,越南需要大量的农业机械,而越南的农机产品产量不足、种类简单、品质有待提高,售价比较中国的农机产品昂贵(多数中国农机产品的售价比越制产品便宜过半)。越南每年需要5~6万台小型发动机,但越南仅能满足1.6~1.7万台,此外,越南每年还需进口约4万辆拖拉机、15万台水泵,以及数量颇多的脱谷机、收割机、烘干机等。现中国农机产品在越南市场独占鳌头,甚至由越南转销到老挝、柬埔寨。随着越南人民生活水平的提高,对家电的需求也日益增长。我国TCL等集团已在越南投资生产彩电,销势较好,包括彩电、录放机、VCD等在内的中国家电制品也进入了越南胡志明市的大型商场内。值得注意的是,吹风机、果汁机、电熨斗等小家电的销量目前在越南正在上升,而现在尚未有任何越资或外资业者生产。

越南市场有待中国企业进一步开拓,但中国机电产品进出口商会的有关专家指出,开发越南市场必须注意:要做长期占有市场的准备,积极做好品牌宣传,提高产品质量,重视售后服务,要认真调研市场,及时掌握越南政策情况、市场供求变化和在越营销特点(比如,近些年来越南的陶瓷建材和电风扇生产发展过快,供过于求,越南政府已开始控制进口和生产);应利用越南优惠的投资政策到越南投资办厂,加上当地土地和劳动力成本低,通过投资设厂,投资上不仅可以盈利,还可以带动设备、零配件、半成品及技术工人的对越输出。

(选自《企业管理信息》2002年第2期)

练　　习

一、阅读下面经济活动分析报告

××厂19××年1~3季度三项经济指标完成情况分析报告

(一) 19××年1~9月份三项指标完成情况

利润完成情况分析

(1) 我厂公司下达1~9月份利润计划100万元,实际完成102.1万元,超额2.1万元。但与去年同期对比利润减少21.7万元。

(2) 1~9月份利润比去年同期减少原因,主要是产值、产量、销售都比去年同期下降。产值今年1~9月份681万元,去年同期743万元,减少62万元,如按销售利润率20%计算,利润要减少12万元以上,如按时间来分析,铜铝车间利润从去年的72.2万元下降到今年的42.2万元(均指1~9月份),减少30万元,下降最多。下降原因是铝铸件产量从去年1~9月份的304吨，下降到今年同期197.5吨，减少107吨，由于产量减少，成本升高，影响利润达20多万元；铜铸件产量虽未减少，但由于电解铜成本提高，也影响利润5万多元。

（3）企业管理费，今年1~9月份支付33.7万元，去年同期26.9万元，增加6.8万元。其中增加最多的是运输费增加1.5万元，修理费增加3.1万元，其他开支也有少量增加。

（二）成本降低率完成情况分析

今年可比产品成本降低率计划1%，实际降低率是1.66%，超过原计划0.66，分析降低原因如下：锻工车间进行了煤气改造，1~9月份每吨锻件节约煤气82.617立方米。铸工车间三季度节约焦炭7.1吨。铸钢车间不锈钢产量有所增加，材料单耗有所下降。铜铝车间三季度节约铜5.3吨，节约铝2.8吨。

（三）资金完成情况分析

1. 流动资金平均余额，公司核定为90万元，我厂1~9月份为88.8万元，减少1.2万元。每百元占用流动资金，公司核定为12元，我厂1~9月份实际数是9.78元，下降2.22元。周数天数，公司下达38天，我厂实际也是38天，完成了指标。

2. 以上三项资金考核指标与去年同期相比都略有上升，主要原因是产值，销售额都比去年同期下降60多万元。其中定额流动资金平均余额比去年同期上升2.9万元，主要是成品资金上升较多。今年9月底成品资金余额是26.9万元，比计划20万元上升6.9万元。

（四）几点意见

根据以上经济活动分析，我们提出以下几点意见：

1. 今年四季度完成40万元利润指标，平均每月达到13万元以上，按照四季度销售计划220万元计算，平均销售利润率要达到20%以上，一方面要抓好增产计划；另一方面要做好节支工作，否则，要完成利润指标是很困难的。

2. 要做好成品发运工作，加速资金周转。我厂今年成品资金上升较多。一方面是受生产安排影响；另一方面是成品发运工作做得不细致。因此要进一步加强销售工作领导，抓好成品发运工作，以加速资金的周转。

3. 必须抓好重点车间生产进度的安排。铜铝车间铝铸件利润是全厂利润指标完成的关键。希望厂部、车间在劳动力安排、材料供应、工艺技术质量等方面都给予优先照顾，以保证生产任务超额完成。

4. 必须大力压缩企业管理费的支出。公司下达我厂车间经费企业管理费是53万元，1~9月份实际支付37万元，比去年同期增加6.8万元。四季度要控制使用，不让它突破指标。希望车间要做好消耗材料和物料领用的控制，节约各项费用支出，以增加利润，保证三项财务指标的完成。

二、根据这篇经济活动分析报告，请回答以下问题

1. 这篇经济活动分析报告正文的中间部分具体写了哪几个方面的内容？分析了哪些指标的完成情况？

2. 这篇报告运用了哪几种分析方法？各举例说明。

3. 从指标完成情况表来看，成本降低率完成得较好，造成成本降低的主要因素有哪些？

4. 报告结尾写了些什么？

第五节 经济预测报告

一、经济预测报告的概念和作用

（一）经济预测报告的概念

经济预测报告是在市场调查的基础上，运用预测的理论、方法和手段，对客观经济过程及未来变动趋势所进行的分析、测算和判断后，反映经济预测的分析研究过程及其成果的应用文。

经济预测报告与市场调查报告有如下区别：第一，写作目的不同。写作市场调查报告的目的是为了指导当前工作；而经济预测报告是为了推断未来的发展趋势和结果。第二，调查方法不同。市场调查报告主要通过开调查会、访问、问卷等调查方法去获得写作材料，而经济预测虽然也要运用一般的调查方法，但主要是通过会计核算、统计报表的查阅，获取写作需要的大量数据。

（二）经济预测报告的作用

经济预测报告是重要的经济信息来源，在企业管理中有着重要的作用。

1. 预测作用

经济预测报告是企业控制管理流程、增强竞争能力的重要依据。企业通过前导预测或追踪预测可以捕捉到大量的信息，如市场需求、销售情况、商品质量、花色品种、价格水平、商品信誉、售后服务等，可以指导商品的流向，保证自己的产品在市场上做到"人无我有，人有我多，人多我好，人好我转"，从而提高企业的竞争能力。

2. 调整作用

通过市场预测，可以预测市场主要商品需求的变化趋势，为国家制定或调整产品生产的指导性计划和指令性计划提供依据，为企业开拓市场扩大经营提供信息。就企业而言，其发展与生存的关键在于不断地提高市场占有率，为此，必须对市场发展趋势，市场潜在购买力，消费者心理倾向，同行业其他企业经营情况等外部环境和内部环境做周密的分析预测，为企业各项活动和决策的调整提供依据，为企业发展自己把握机会。

3. 指导作用

经济预测可以最大限度地摸清消费者、用户对商品具体需求的趋向以及竞争对手的供货状况。对生产企业来说，市场预测是改进新产品、按需生产，增强产品竞争能力的有效工具。它对企业的产品发展，甚至对企业本身的发展都有实际的指导作用。市场预测分析是企业管理的重要职能，是提高企业经营管理水平的重要条件和手段。在预测分析的基础上，企业的生产经营活动摆脱了盲目性、随意性，在预测分析指导下，生产经营活动尽可能有序、合理地进行，这样就有可能取得最佳的经济效益。

二、经济预测报告的特点和分类

（一）经济预测报告的特点

1. 科学性

预测报告必须具有充分的客观依据，能够揭示经济活动的客观规律，反映未来的发展趋势。这就要求在预测过程中要认真进行调查研究，充分搜集各种真实可靠的数据资料，运用适宜的科学预测方法，找出预测对象的客观运动规律，以得出符合实际的结论，不得带有个人的好恶和偏见。

2. 针对性

经济活动范围很广，每一次预测，只能对某类（种）产品或某类经济活动的某种前景作出科学预计，不可能面面俱到，囊括所有方面。这就要求在预测时，必须准确确定预测目标，选定预测对象，采用适合的预测方法，才能得出有针对性的预测结论。

3. 预见性

即预测结果必须反映预测对象的客观运动规律和未来发展趋势。这就要求充分运用以往的事实材料，采用正确的预测方法，对预测对象的未来发展趋势和状况做出科学的分析和表述，并尽量将预测事件的不确定性极小化，使预测结果和实际之间的偏差达到最小。

（二）经济预测报告的分类

经济活动预测报告根据预测的目的和特征的差别，可以分为许多种类。

按预测的对象范围不同，可分为宏观经济活动预测报告和微观经济活动预测报告。

按预测方法的不同，可分为定性经济活动预测报告和定量经济活动预测报告。

按预测的时期的长短不同，可分为长期、中期、短期经济活动预测报告。

企业常用的预测报告多从内容划分，主要可分为以下几种：

（1）**市场预测报告**　即预测企业产品市场需求量的报告。它是企业制定产销计划和进行经营决策的重要依据。

（2）**销售预测报告**　即预测企业产品市场销售情况（市场销售量、市场占有率、产品竞争力等）的报告。它是企业改善经营管理、扩大销售量、增强竞争意识的重要依据资料。

（3）**生产预测报告**　即预测企业生产能力，预测改建、扩建后的生产效益，以及各种产品年产值等项内容的报告。它是企业制定生产计划的依据。

（4）**资源预测报告**　即预测企业生产所需要原料、能源来源和供应保证程度的报告。它是企业制定生产计划和物资供应计划的重要依据。

（5）**成本预测报告**　即预测企业产品在一定时期内的成本水平的报告。它是企业有计划地降低成本、加强经济核算、确定市场价格、争取获得更大经济效益的重要依据。

三、经济活动预测的方法

对于搜集来的经过分析整理的资料，还必须用各种预测方法进行计算和预测。我国企业常用的预测方法有下面几种：

（一）**定性预测法**

又称经验判断法。它是一种凭借预测者所掌握的科学知识、从事专业工作的实践经验与分析推断能力，在掌握资料的基础上进行直观判断的预测方法。定性预测的形式有两种：一种叫专家预测法，一般通过问卷征询、采访和专家会议等形式进行；一种叫调查预测法，主要通过市场调查、产品试销、用户座谈等形式进行。

（二）定量预测法

它是根据历史的和现实的生产销售等经济资料，选择能反映预测对象同有关经济因素（变量）之间的相互关系的数学模型，进行计算处理，模拟预测对象发展规律的定量预测方法。其具体预测方法主要包括时间序列预测法、相关分析预测法、定比预测法、经济计量分析预测法等四种方法。

（三）综合预测法

即把定性、定量预测方法综合起来加以使用的预测方法。因为定性法缺少量的说明，定量法缺少质的说明，所以两者的结合使用，就能较为准确的预测出某项预测对象的未来发展结果。

四、经济预测报告的写作格式

经济活动预测报告的结构，通常由标题、正文、落款等三部分组成。

（一）标题

经济活动预测报告的标题，常见的有两种形式：

1. 公文式标题

由预测时限、预测范围（地区或单位）、预测目标和文种组成。如《2001年全国家用电器市场预测》；这类标题也可根据实际省略其中一两项内容。如《家用编织机市场预测》、《全国钢门钢窗产销趋势预测》。

2. 消息式标题

这类标题，类似于只有正题的消息。标题中没有"预测"两字，却有预测的意思。如《饮食工业发展概况及趋势》、《国际市场商品包装发展趋势》。

标题可以简明扼要，多种多样，但是任何经济活动预测报告的标题都不能缺少预测目标。它是预测的基本点，也是经济活动预测报告标题的必备条件。

（二）正文

正文一般由前言、主体、结尾三部分组成。

（1）前言　这部分内容应简明扼要地介绍预测的时间、地点、范围、对象、目的，说明预测的主旨和采用的方法，也可介绍全文的主要内容。这是进行分析的依据，是展开分析的铺垫。

（2）主体　这是分析报告的主要部分。包括基本情况、预测、建议三部分。

① 基本情况。主要运用资料和数据，对市场营销的活动历史和现状作简要的回顾和说明。事物的发展变化一般都是在原有的基础上进行的，是有规律的，可以预测的。所以预测报告一般都有介绍预测对象过去和现在状况的部分。介绍主要用叙述的方法，也常常结合运用恰当的数字、图表来帮助说明。情况的介绍要根据预测对象的特点，从预测分析的需要出发，做到客观、全面、准确，而又有重点。这就要注意资料的典型性。

② 预测。这是预测报告的核心部分。它是在深入分析预测对象过去和现在情况的基础上，形成的对预测对象未来前景的估计。预测应该准确，应该符合实际，道出规律。因为它对未来的经济活动计划，措施安排，企业的经济效益的增减，影响极大。

③ 提出建议。建议部分是市场预测报告的目的。这是根据对预测对象未来前景的估计而提出的应变措施。它是预测报告写作现实意义的集中体现。建议应该具体、实在、可

行,真正能为解决未来发展趋势中出现的问题,指明方向,提供办法。

正文三项内容的结构安排,有的是先写情况,再写预测,建议只写一两句;有的则平列三个部分,有情况说明,有预测分析,又有建议;也有些预测报告只写预测部分内容,其余部分不写。到底采用什么结构方式为好,要根据写作目的和实际需要确定。

(3) 结尾　经济活动预测报告同其他类似报告的结尾相同。如无必要,可以省略。也有的将主体中"今后的意见和建议"视为报告的结尾部分。若需要,可在结尾处说明或强调某个观点、看法,也可写上一些展望未来,表达信心的话。

【范例】

出口将使包装市场进一步扩大
环保、国际标准、设计、品牌将决定企业未来的竞争力

近些年来,经济的发展带来各类商品包装用量的急剧增加,使得包装行业得以飞速发展。据了解,我国包装工业仅用20年的时间,就走完了发达国家近40年的发展路程。最近的统计数据表明,到2001年,包装工业总产值已达2376亿元,在国民经济40个行业中从第40几位上升到现在的第15位。

包装业:好大一片天

在经过20多年的发展后,我国包装行业发生了巨大的变化,全国有县以上的包装企业近2万家,从业人员250多万人。包装业发展的20多年来,包装工业总产值由1981年的72亿元,上升到2000年的2200多亿元,年递增18.6%。

包装市场的繁荣一方面缘自国内市场对包装产品的巨大需求,另一方面是由于出口产品大幅增加的拉动。目前,我国的包装企业直接为3万亿元的国内商品和1200多亿美元的出口商品提供配套包装服务。随着中国进入WTO,中国产品的出口将随之增加。据初步预算,我国主要出口产品,如服装纺织品、机械制造类产品、农产品等都将有较大幅度增长,每年可望出口额增加80亿~100亿美元。产品出口增加的结果,必将带动相应产品包装的大幅增长,而要满足数量如此巨大的商品包装需求,无论从包装制品的数量、花色品种,还是质量要求看,都必将形成一个发展潜力无穷的现代包装制品需方大市场。

尽管如此,我国包装业的规模却与发达国家相差甚远。据统计,全球近年包装材料与容器的消费市场规模已在6000亿美元左右,美国该数据超过了1200亿美元,领先于其他国家。如按人均包装消费金额看,美国达463美元(低于日本人均617美元的水平),远远高于中国。

有关专家认为,目前中国包装行业总体水平与一些发达国家相比落后许多年,但这一差距也显示出中国包装行业生长的潜力。同时,可以肯定,随着经济高速发展所形成的对大量包装制品的需求,为生产这些包装制品产生的对包装原辅材料和对有关加工技术成套设备的需求将会很大。

加入世贸组织考验中国企业

据了解,由于对中国包装市场前景的充分看好,使得外国包装巨头纷至沓来。目前,世界著名跨国包装企业如瑞典的利乐公司、美国的国际纸业、OI公司、澳大利亚的ACI公司、法国的圣戈班公司等都纷纷来华投资办厂,他们带来了先进的技术和设备,带来了先进的管理模式和经营理念,培养了一批工程技术人员和技术工人,这在一定程度上加快了我国包装工业与国际包装界接轨的步伐,但同时也使国内同行面临更大的竞争压力。

据业内人士介绍,由于中国加入世贸组织,会使包装行业的竞争更为激烈。因为随着关税的逐步降低,国外的许多产品将大量涌入我国。国外产品的冲击,不但使产品的内在品质上会产生大的竞争,而且产品包装装潢上的竞争也会更加激烈。像工艺品、旅游品、礼品及出口产品,其包装装潢就显得更加重要。

我国包装行业经过20年的努力虽然有了很大发展,但从综合水平看,特别是现代包装基础工业水平、高新科技含量方面仍比世界先进国家有较大差距。具体表现为中、高档现代包装材料的开发研制,

花色品种、数量及产品质量水平，特别是在特种、专用功能包装材料的开发及其有关生产、成型加工技术成套设备的开发研制水平上，差距仍然相当明显。据国家商检局、国家经贸委等八大部委统计，1998～2000年每年因包装不善导致70多亿美元的经济损失。

正因为差距的存在和外国企业加入竞争，才使国内包装企业开始以联合的方式来应对竞争。不久前，原中国包装进出口总公司并入中国包装总公司，组成业界最大的包装旗舰——新的中国包装总公司，这个新闻由于涉及业内最大的一次联合重组而备受各方关注。据中国包装总公司总经理助理王建英先生介绍，之所以强强合作，就是为了整合资源，优势互补，以打破现有包装业的分散性、封闭性和区域性。据悉，合并后的中国包装总公司的综合实力将大大增加，将在整体信息服务功能上有大的提升，将有着包括包装政策、信息、人才、媒体、认证、检测、设计、制定标准及网络等方面的结合功能，这将保证该企业有能力为各种产品的包装提供完整的解决方案。

未来包装产品趋势

未来包装行业将表现出以下的发展趋势：

1. 环保将成为包装业永恒的主题

首先，环保将会是该行业的主旋律。在当今全球环保大潮的冲击下，重视环境性能，发展绿色包装已是世界包装变革的必然趋势。调查表明，绿色包装正在影响甚至左右着人们的消费倾向，环保成为企业树立声誉和提高产品知名度的一个重要的战略要素。中国出口商品包装研究所常务副所长李建华先生曾指出，"谁拥有易于回收的包装，谁就可能抢占市场，谁的包装上没有回收标志/包装环保标志，谁就难以进入世界市场。"

据了解，今后，国际贸易中保护主义将更多地运用高技术交流标准措施抵制外国商品的进口，而国际贸易中目前盛行的"绿色壁垒"就是一些发达国家为达到保护本国市场的目的，制定出非常苛刻的环保技术标准，以使其他国家的商品无法进入这些国家的市场。中国包装总公司总经理助理王建英先生说："加入世贸组织后，我国产品出口会面临更严重的非关税壁垒，而其中'绿色壁垒'又是摆在中国包装业面前的一大难题。"

当前，绿色包装成为发达国家企业的一种极为重要的营销工具和手段。比如，为促进食品包装的生态环保化，发达国家不惜运用高新技术为本国食品行业的绿色包装开创一个新天地，同时，世界各国都把减量、复用回收、可降解作为生态环保包装的目标和手段。在日本，除番茄、草莓和桃子等瓜果外，绝大多数的蔬菜水果不作销售包装，而采用包装的也只用具有特殊功能的保鲜纸来防止水分渗透。复用回收表现在，一方面积极研制新的可重复使用的新型包装材料，另一方面在包装设计上力求选用单一种类包装材料，不使用异种或复合材料，减少群体包装材料之间的结合，或改进包装设计技术，以便消费者能轻易按环保要求拆卸包装并分别投放处理，有利于包装废品回收的分离作业。

2. 向国际标准看齐

除了包装上的"绿色壁垒"，我国产品在出口中遇到的包装上的非关税壁垒还包括包装标准与国际标准的差距。目前，我国包装企业与世界巨头的差距的突出表现是标准上的差距。而中国产品要实现产品国际化，一个重要途径就是要积极引进国际标准，来规范企业的生产行为。不少世界知名企业的产品一直位居全球各国企业前列，一个重要的原因，就是他们的产品普遍引入了国际标准，事实上，有不少产品的国际标准，就是这些企业创造的。这使消费者无疑把这些产品当作是最好的产品来看待。

从某种意义上，谁掌握了标准，谁就掌握了市场。因而，采用包装国际标准提高产品质量是增强包装企业产品国际市场竞争力的潜力所在。

以设计提高竞争力

随着世界经济迅速发展和人们生活水平不断提高，以及人们思想观念和审美情趣的转变，包装设计对于产品销售的意义越来越大。由于当今发达国家商品包装的设计都充分体现了美观、实用、环保等"以人为本"的设计理念，因而其产品往往容易在市场促销。比如美国几乎所有企业都致力于从包装材料、设备、销售等方面寻求对全球市场具有特色的有利包装。相比之下，国内企业的包装设计却十分脆弱。许多企业产品包装的外观设计，甚至包装的结构、材料的设计都要拿到国外去做。这无疑给包装企业留下一个极大的市场空白。

靠品牌赢取市场

树立企业形象、塑造企业品牌对企业的意义已人所共知。人们普遍认识到，在企业经营中，品牌这种无形资本的经营比资本经营境界更高。当前，消费者品牌意识日益增强，在发达资本主义国家，企业无形资产占资产比重已达50%~70%，有的甚至达到3~5倍。据了解，不久前中国包装进出口总公司并入中国包装总公司的重组行为，有一个重要的目标就是打造行业中的旗舰品牌。据悉，下一步该公司将通过不断进行包装产品的创新，及不断完善企业的服务功能来塑造过硬品牌，以应对加入世贸组织的挑战。

（选自《经营报》2002年8月23日）

练　习

根据经济预测报告的结构要求，将下列文章改写成一篇经济预测报告。

满足邮人需求　刺激邮市复苏

减量增枚　成效显著

1991年，各地邮价狂升，引发了自集邮活动恢复以来的第二次"邮潮"，并带动了众多与集邮无涉人士加入了集邮队伍，形成了一次集邮人数的大扩容，导致新邮供应紧张。于是邮电部从次年起实施新邮印量的扩张，到1993年夏，邮票的印量比1991年翻了一番，虽然从根本上解决了求大于供的矛盾，但因扩张过度及估计不足，出现新邮供大于求的问题，新邮在市场上跌破面值。

从1994年开始，邮电部实施了一个"减少枚印量，增加套枚数"的计划，从实际情况看该计划取得了令人信服的成功，具体表现为：

一、地方题材邮票的开发功不可没。为了实施增加套数的计划，邮电部充分调动地方的积极性，以三年为一个周期，让各省市选送一个选题，由此保证了原来选题不足，无法增套及平衡地方要求发行邮票的难题，为减量增枚打下了基础。事实上各地对此十分重视，调集精兵强将花力气拿出好的选题作品，从1995年佳邮评选入围的数量看，地方题材三者居二，就说明了此计划的成功。

二、枚印量减少，总印量上升。枚印量的减少势必影响全年总印量的下降，并最终影响到收入。解决这个问题的途径有两个：增加面值或增加品种。增加面值肯定会遭到邮人的批评，而通过增加套数和枚数（即品种）便成了解决的捷径。从1995年和1996年发行新邮枚数的量就能看出，总印量在这两年中不仅没有下降，反而上升了不少，加上平均面值的上扬，邮电部在整个计划中，确保了总收入的逐年递增。

三、新邮供求趋于平衡带动了邮市的复苏。随着新邮平均枚印量的逐年递减，到去年为止，枚印量水平已与1992年相差无几，但这五年中集邮人数还是在增长，新邮的供求关系已基本平衡，因此从1995年开始邮市即进入复苏阶段，以整个1996年的情况看，邮市已彻底摆脱了邮票大扩容所造成的低迷影响，正走向又一次的繁荣。可以肯定地说邮电部三年来实施的减量增枚战略大获成功，并将引发自1985年和1991年之后的第三次"大邮潮",集邮队伍的再次扩容已迫在眉睫。如果今年的新邮发行量维持在1996年的水平,那么形成"买票难"的局面又将重现。

由于1996年12月1日开始调升通信邮资,加上今年发行新邮的枚数仍将维持去年水平,因此邮电部从新邮中的收入也将翻番,是否会再次形成增量局面以满足购邮者需要及平抑邮市的过度投机,是今明两年一个值得投资人士关注的问题。

第六节　招标书与投标书

一、招标书与投标书的概念和作用

（一）关于招标与投标

招标和投标是英语 Invitation to tender 和 Tender 的意译,是英国在1782年最早采用的一种购买形式,后来为许多国家所采用,广泛地使用于货物、工程与服务等经济活动之中,形成一种现代贸易活动形式,国际组织又出台一些文件,对这种贸易活动加以规范。我国随着改革开放的深入,1980年10月国务院在《关于开展和保护社会主义竞争的暂行规定》中指出:"对于一切适宜于承包的建设项目和经营项目可以实行招标、投标的办法。"武汉等地率先在工业企业中实行招标投标的办法,很快普及到全国各地的建设项目和经营项目中,在企业内部有的也通过招标与投标的办法实行承包经营管理,取得很好的经营效果。国家的有关部门也出台一些规章来规范招标投标的活动,例如城乡建设环境保护部的《建设安装工程招标投标实行办法》等,随着招标投标工作的日益发展,第九届全国人民代表大会常务委员会第十一次会议于1999年8月30日通过了《中华人民共和国招标投标法》（以下简称《招标投标法》）,同日以中华人民共和国主席令公布,并自2000年1月1日起施行。这对进一步规范和促进我国的招标投标活动起到重要和良好的作用。

（二）招标书与投标书的概念

招标与投标已成为我国现代企业惯用的一种竞争形式。

1. 招标与招标书

招标人为进行工程项目建设,经营大宗商品或发包某项业务,寻找和选择理想的贸易伙伴,将自己的要求和条件公开告示,招徕合乎条件的承包商参与竞争,选择其中价格和条件最优者为中标者,订立合同进行交易的行为,这种竞争形式叫"招标"。在招标时,招标人为邀请有关符合条件的单位投标,将业务项目、项目标准、要求和条件等写成书面文字的一种文书,叫"招标书"（或在招标时所公布的文书）。招标书又叫招标公告、招标通告、招标启事。按照《招标投标法》规定如果采用公开招标方式,招标人应当发布招标公告,招标公告通常利用大众传媒工具,如报纸信息网络等来传播。如果采用邀请招标方式,招标人应当向三个以上具备承担招标项目能力、资信良好的特定的法人或其他组织发出招标邀请书。

2. 投标与投标书

在承包经营、租赁经营或购买过程中,个人、集体或企业法人,根据招标要求和条件,填写有关单位制作的投标申请书或制订承包、租赁方案,投寄给招标单位,也就是投标人对招标的响应,竞争做承包者的行为叫"投标"。投寄时寄给招标单位的申请书或投标文书叫"投标书"。投标书是投标人按照招标书提出的条件和要求，向招标人提出某项承包业务项目的愿望时使用的文书。

3. 对招标人与投标人的要求

招标人是指依法提出招标项目进行招标的法人或其他组织。招标人应当有进行招标项目的相当资金或资金来源已经落实。投标人是指响应投标，参与投标竞争的法人或其他组织。依法招标的科研项目允许个人参与，就是说个人也可以是科研项目的投标人。投标人应当具有承担招标项目的能力，投标人也应具备国家或招标文件对投标人资格条件的有关规定。

（三）招标投标应遵循的原则

根据《招标投标法》第五条规定："招标投标活动应遵循公开、公平、公正和诚实信用的原则。"

（1）公开原则　公开原则要求招标的整个过程是公开的，发布招标公告，招标人的名称、地址、招标项目的性质、数量、实施的地点和时间以及获取招标文件的办法等事项都公开披露，公开开标，公开中标结果。保证每一个投标者都获得同等的信息，知晓招标的一切条件和要求。

（2）公平原则　公平原则要求给予所有投标人平等的机会，保证投标人享有平等的权利并履行相应的义务。招标人不得以不合理的条件限制或排斥任何投标人，不得对投标人实施歧视行为，保证竞争是公平的。

（3）公正原则　公正原则要求严格按照公开的招标条件和标准来对待每一个投标的人。特别要求评审委员会必须遵循招标文件规定的方法和标准进行评标，要求评审委员会成员应当客观、公正地履行职务，遵守职业道德，对所提出的评审意见承担个人责任。

（4）诚实信用原则　诚实信用原则要求招标人与投标人都应以善意诚实的态度来行使权力和履行义务，维护双方的利益平衡。诚实信用原则还要求当事人不得通过自身的活动而损害第三人和社会利益。为此，《招标投标法》规定不得串通投标、泄露标底、骗取中标、转包合同等诸多条款，要求招标人和投标人共同遵守，否则要给予惩罚。

（四）招标书与投标书的作用

招标与投标是贸易成交的结束方式，也是一种现代化的管理手段。用招标投标来成交，有利于打破垄断，打破条块割裂，开展公平竞争。招标单位可以降低成本提高建设工程或采购等项目的质量，缩短工程期或交货期，获得较好的服务条件，有利于提高经济效益。对投标单位来说，公平平等的竞争，为企业获得新市场提供机会和条件，能在竞争中求得生存和发展，有利于打开眼界，改进管理，进行技术改造，提高产品质量，加强经济核算，降低成本，提高经济效益，给企业增加活力。而招标书与投标书的作用可归纳如下：

① 具有宣传鼓动的作用。运用招标书和投标书能分别把发包方和承包方的意图通过文字表述出来，使招标与投标明朗化，起到宣传鼓动的作用。

② 具有沟通信息的作用。信息是经营活动的"指南针"。招标人与投标人既要接收信息，又要沟通信息，而招标书和投标书是沟通双方信息的"波载站"，进行联络的"桥梁"。

③ 具有约束双方言行的作用。招标书和投标书是招标投标的正式文件，既受法律保

护，又受舆论监督，具有较强的约束力。

④ 具有时效作用。招标和投标必须在招标书与投标书所限定的时间内进行，因而具有较强的时效性。超过限定时间，招标和投标就会失去效力。所以招标书和投标书一经公布，双方必须抓紧时间进行必要准备。

二、招标投标的程序和文书工作

招标投标是在法律的监督和保护下进行的，它的程序和文书工作大致如下：

（一）**招标及其文书工作**

（1）审批　招标项目按国家规定要履行审批手续的，需履行审批手续并获批准。文书应有招标项目的审批请示。

（2）确定标的　即招标项目，按规定办法测定标底，即项目的定价（在开标前，要绝对保密，不能有丝毫泄露）。

（3）确定招标的方式　根据招标的实际情况确定招标方式，招标方式有公开招标和邀请招标两种。文书工作有招标公告或邀请书。

（4）拟定招标文件　招标文件包括《招标书》（招标公告或邀请招标通知）、《投标单》、《投标企业资格审查表》、《投标须知》、《招标章程》、《招标项目说明书》（其中包括招标项目的要求）、《项目勘察、设计资料和设计说明书》、《合同格式》等。

招标文件的拟定是招标工作中极其重要的方面。因为文件贯彻招标的政策、规章、程序，是竞争投标的基础和保证，是招标项目的质量技术规范的准则。文件的分量和复杂性取决于招标项目的规模和性质。规模越大项目越复杂文件就越多，反之简易。

（5）发布招标公告　招标准备工作经审查批准后，依法必须发布招标公告或发出招标邀请书。

（6）提供招标文件并审查投标人的资格　招标人应向投标人提供招标文件，并可对潜在投标人进行资格审查。

（7）澄清或修改招标文件　招标人对已发出的招标文件如要进行必要的澄清或修改的，应当在要求提交投标文件截止时间至少15日前，向所有招标文件收受人发出澄清或修改通知书，该程序是招标文件的重要组成部分。

（8）依法组建评标委员会　评标委员会由招标人的代表和有关技术、经济等方面的专家组成，成员为5人以上的单数，专家成员不少于2/3。成员名单要保密。

（二）**投标及其文书工作**

（1）作出投标决策　要根据市场调查、招标文件和自身具备的条件作出投标与否的决策，以免浪费时间和财力或错失投标机会。

（2）编制投标文件　投标文件应当对招标文件提出的实质性要求和条件作出响应。即对招标文件中有关招标项目的价格、项目计划、技术规范、合同的主要条款等作出响应。

（3）寄送投标文件　在要求提交投标文件的截止时间前，投标人应将投标文件盖章、密封、送达投标地点。

（4）补充、修改或者撤回已经提交的投标文件　投标人在要求提交投标文件的截止时间前，可以补充、修改或撤回已经提交的投标文件，并书面通知招标人。补充、修改的内容为投标文件的组成部分。文书工作有投标补充、修改或者撤回书。

（三）开评、评标、中标及其文书工作

（1）开标与评标　按招标书规定的时间地点并在公证机关的公证员及有关领导、投标企业代表的共同参与监督下，公开开标，并作登记。评选小组以标底为依据评标，选出若干个预选中标单位。公证员宣读公证书，确认预选中标户。

（2）中标与签订合同　中标人确定后，招标人应向中标人发出中标通知书，并同时将中标结果通知所有未中标的投标人。中标通知书具有法律效力，一经发出，双方都必须严格遵守。与中标户签订合同。文书工作主要撰写合同有关条款。

三、招标书与投标书的种类

招标书与投标书的种类，可以根据不同的标准划分成不同的类型。

（一）招标书的种类

（1）按性质、内容来划分　有大宗商品交易招标书、选聘企业经营者招标书、企业承包招标书、企业租赁招标书。

（2）按时间划分　有长期招标书、短期招标书。

（3）按范围划分　有企业系统内部招标、面向全社会招标。

（4）按区域划分　有本地招标，外埠招标；国内招标、国外招标。

（二）投标书的种类

（1）按形式划分　有企业投标书、全员投标书、合伙投标书、个人投标书。

（2）按性质、内容来划分　有大宗商品交易投标书、聘任企业经营者投标书、承包企业投标书、租赁企业投标书。

（3）按时间划分　有长期投标书、短期投标书。

（4）按范围划分　有企业系统内部投标、面向全社会的外部投标。

（5）按区域划分　有本地投标，外埠投标；国内投标、国外投标。

四、招标书与投标书的写作要求

（一）说明的事项要明确、具体

招标书与投标书是一次性的经济活动，没有重复磋商、讨价还价的过程，因此，凡属应该向对方说明的事项，都必须一次性地写清楚，不得含糊或遗漏。

（二）内容应重点突出，要求应恰当合理

招标书应重点将应标事项写清楚，与此无关的内容一概不写。招标书所提出的各项要求应从实际出发，互惠互利，各得其所，以确保整个招标活动顺利进行。

（三）文字表达要讲究

招标书与投标书都要求行文简洁，语言准确，不得有歧义。用语要讲究礼貌、谦让、尊重对方。

（四）要符合法律、政策

招标书与投标书的观点、措施、经营范围、方式、分配、奖励等要严格以现行法律、政策为依据。

五、招标书的内容与写法

（一）招标书的内容

总的来说，招标书的内容主要是招标人、招标项目的介绍和招标的有关事宜。一般要求内容集中突出，文字精确简练。

① 招标人的名称和地址。

② 招标项目的概况，包括项目的名称，如基础建设、公用事业的项目名称，或者资金来源的名称，或者是采购招标，或者勘察设计等服务性的招标。招标项目的数量指招标项目，如设备供应量、土建工程量等的数量。招标项目的实施地点，是指材料设备的供应地点、土建工程的建设地点或者服务项目的提供地点。招标项目的实施时间，是指交货期、或施工期、或者服务项目的提供时间等。

③ 招标的时间、地点、方式与方法。

如获取招标文件的办法一般是指发售招标文件的地址、负责人的姓名、收费的标准、邮购地址、费用负担、招标人或代理机构的开户银行及其账号等。

④ 开标的时间、地点、方式以及评标的依据。

（二）招标书的写法

招标书的结构通常是由标题、正文、签署三个部分组成。

（1）标题　招标书的标题有三种写法。

① 公文式标题。写明招标单位、事由、文种。如《长江三峡水利枢纽工程梯调中心改建装修设计和施工招标公告》、《沈阳市百货公司中山路广场租赁招标启事》。

② 省略事由。只写招标单位和文种。如《××市建筑工程招标公告》、《××单位招标启事》。

③ 只写文种。《招标公告》、《招标启事》。

标题下还可写清招标书的编号，以便查找和归档。

（2）正文　正文可以采用表格式和条文式，写清招标书的法定内容。内容较简单常用文章式，内容较繁复常用条文式。

① 开头语。开头语是为了引起正文，也可作阅读者是否阅读完正文的参考。一定要写清招标的项目名称、目的、依据。拟写开头语要简短、精要。如："为了提高建筑安装工程的建设速度，提高经济效益，经上级部门批准，我单位对××建筑安装的全部工程进行公开招标。"

② 主体。写清招标的具体内容，如标的、条件、要求等。可分条列项写，也可采用表格式。要求层次清楚，表达明确，能给人以清晰的印象。

③ 结尾。写明投标的起止时间、联系人姓名、详细地址、电话号码等，以便投标者联系。

（3）签署　在正文的右下方写明招标单位名称及日期。

最后还说明的一点是，复杂和大型的招标项目，除公告式的招标书外，还提供更详细的招标文件，如项目的内容、数量、工期一览表、设计、勘测资料及有关的说明书等，通常是发售的。

六、投标书的内容与写法

投标人要向招标人送达投标文件。投标文件要根据招标文件来填写，量的多少与招标文件密切相关。投标文件一般以投标书的形式来体现，所以投标书也叫标函。常见的投标书的主要内容一般采用表格式，投标人只要按表格内容的要求填写即可。

（一）投标书的内容

总的看来，投标书的内容主要是承包招标项目的价格（标价）、保证和条件等，其内容包括三个方面：

（1）项目的价格及保证条件

① 标函内容，即承包招标的内容、有关的项目名称、地点、包干形式、数量等。

② 标价，完成招标项目总金额，每单位的金额，以及完成项的分解金额。

③ 保证完成的工期（交货期），具体时间和总计天数。

④ 质量保证，可达到的等级和保证质量的有效措施。

⑤ 拟派出的项目负责人和主要技术人员的简历、业绩，拟用于完成招标项目的机械设备等（此内容限于建设施工的招标项目）。

⑥ 其他，如服务条件等。

（2）投标单位的自我介绍

① 企业的名称、地址、性质（国营或集体）、级别。

② 企业的历史，曾经营或建筑过的重大项目。

③ 企业的技术力量，工程技术人员、技工的人数。

④ 企业的设备状况。

（3）投标态度　主要是承诺内容。

（二）投标书的写法

投标书的主要部分常常采取表格式，所以又称投标单或标单。投标单一般是作为招标文件由招标单位拟制的。投标单位只要按表格填写即可。

投标书的结构通常是由标题、送往单位、正文、签署、附件等部分组成。

（1）标题　通常由工程项目和投标书组成。如，《××建筑工程投标书》、《××商品标函》。也可直接写"投标书"或"投标单"。

（2）送往单位　投标书作为函，必须有受文单位，俗称"抬头"，要顶格写。标函的抬头应是招标单位或招标办公室。

（3）正文　正文由开头语、主体、结尾三部分组成。

① 开头语。开头语是投标书的前言。一般要用高度概括的语言，简明扼要的阐述投标的目的或依据。

② 主体。除投标表和企业介绍表格列入的内容外，还可写投标的态度，表明对标函不悔改的承诺。这是投标书的重心部分，要条理清晰、周密考虑、精心拟写。

③ 结尾。结尾要简洁有力鼓舞人心具有较强的号召力，激发大家的热情和干劲，使大家认为只有你投标才能完成任务，产生信任感。

（4）署名和日期　写明投标单位的名称、负责人、联系人、地址、电话号码并且要盖公章和私人印章等。在署名的下一行写明公历年月日。

（5）附件 如担保单位的担保书，正文主体的必要表格等。

【范例文本】

建筑安装工程投标书（标函）

_____（建筑单位或招标办公室）

在研究了_____建筑安装工程的招标条件和勘查、设计、施工图纸，以及参观了建筑安装工地以后，经我们认真研究核算，愿意承担上述全部工程的施工任务。我们的投标书（标函）内容如下：

标函内容	工程名称				建筑地点		
	建筑面积				建筑层数		
	结构形式				设计单位		
	工程内容						
	包干形式						
标价	总造价				每 m² 造价		
	其中	直接费		其中	直接费		
		间接费			间接费		
		材料差价			材料差价		
		其他			其他		
工期	开工日期		竣工日期		合计天数		
	形象进度						
质量	达到等级		保证质量主要措施				
施工方法及选用施工机械							
拟派出的项目负责人和工程师及其简历							
企业名称							
地址					所有制类别		
审定企业施工级别					平均人数		
企业简历包括成立年限							
技术力量	工程师以上人数	助工人数	技术员人数	五级以上人数	平均技术等级		
装备情况施工机械							
营业执照	批准机关						
	执照号码						

我们特此同意,在本投标书发出以后的_____天之内,我们都将受本投标书的约束,我们愿在这一时期(即从_____年_____月_____日起至_____年_____月_____日止)的任何时候接受贵单位的中标通知。一旦我们的投标被接纳,我们将与贵单位共同协调,按招标书所列条款的内容正式签署_____建筑安装工程施工合同,并切实按照合同的要求进行施工,保证按质、按量、按时完成。

我们承诺,本投标书一经寄出,不得以任何理由更改,中标后不得拒绝签订施工合同和施工;一旦本投标书中标,在签订正式合同之前,本投标书连同贵单位的中标通知,将构成我们与贵单位之间有法律约束力的协议文件。

投标书发出日期:　　　年　　月　　日　　时

投标单位:(公章)

企业负责人:(签字盖章)

联系人:(签字盖章)

电话:

地址:

投标单样式:

投　标　单

招标书编号:____号　投标企业:(章)　填写日期:___年___月___日

可供零部件名称	可达质量标准	标价(元/个)	月可供应	交货地点	服务条件
补充说明					

【范例】

长江三峡水利枢纽工程梯调中心改建装修设计和施工招标公告
招标编号:TGT—TGP/GJ200112D

一、长江三峡水利枢纽工程是长江上一个具有防洪、发电、航运多开发目标的大型水利水电工程,有关梯级水库调度系统需要在2002年6月投入运行,梯级电力调度系统需要在2003年3月投入运行。为满足工程建筑需要,受中国长江三峡工程开发总公司(以下简称发包人)的委托,三峡国际招标有限责任公司(以下简称招标人)本次将就三峡水利枢纽工程梯调中心的改建装修设计、施工及其相关服务进行国内公开招标。

二、发包人拟采用国家投入的资本金及自筹资金,用于本合同项下的支付。

三、招标范围

招标人邀请合格的投标人对本招标项目进行密封投标。招标范围如下:

三峡梯级调度中心的布置与此相配套的工业电视、照明和计算机网络系统结构化布线、供电、暖通、消防、防雷接地、安全保卫等设施的布置、安装、装修设计和施工。

四、投标人资质和条件

(1)具有独立法人资格的国内装修装饰施工企业;且……

(2)具有建设部颁发的建筑装修设计乙级单位和/或建筑工程总承包乙级资格和/或建筑装饰装修工程施工二级企业资质证书,并具有实施所投标项目的技术能力、施工经验、施工装备、技术人员和技术工人力量、质量保证能力和资信;且……

(3) 对施工的所有阶段是根据 ISO 9000 系列标准采取了质量保证和质量控制措施，确保设计施工的正确性；并……

(4) 财务状况良好，近 5 年内所承建的工程无重大质量事故；且……

(5) 近 5 年内在国家重点工程中承建过类似工程项目。

五、投标人须知

1. 投标人不能作为其他投标人的分包人同时参加投标。

2. 有意向的投标人请于北京时间 2001 年 5 月 18 日 8 时 30 分至 11 时 30 分和 15 时至 17 时 30 分在下述地址购买招标文件，本招标文件每套售价 3000 元人民币，以同样价格多购不限，售后不退。

3. 所有投标文件应于 2001 年 7 月 2 日 15 时之前在下述地址交给招标人，晚于此投标截止时间送达的投标书将被视为无效而拒收。

4. 投标人在送达投标文件的同时应附上一份符合招标文件规定格式的投标保函，投标保证金的金额为 10 万元人民币。未附投标保函的投标文件将被拒绝。

5. 招标人将于 2001 年 7 月 2 日 15 时整在湖北省宜昌市建设路 1 号中国长江三峡工程开发总公司办公大楼举行公开开标。开标过程将得到公证机关的公证，届时各投标人应派代表出席。

联系人：李毅军　　　　电话：0717-6762597

地址：中国长江三峡工程开发总公司办公大楼（湖北省宜昌市西坝建设路 1 号）

邮政编码：443002　　　传真：0717-6755229

【简析】

这份招标书的结构由标题、开头语、正文、签署四部分组成。标题《长江三峡水利枢纽工程梯调中心改建装修设计和施工招标公告》，是由招标单位、事由和文种构成，使人对招标的内容一目了然。开头语，先阐明长江三峡水利枢纽工程的重要性，较强地吸引了读者的兴趣；之后"为满足……进行国内公开招标。"又说明了招标的目的，简明扼要。从第二条到第五条是招标书的正文。采用分条叙写的方法，具体、明确、层次清楚、考虑周密，给人以清晰的印象。最后所列的招标单位、地址、联系人等属于签署部分。

练　　习

一、填空

1. 《中华人民共和国招标投标法》（2000 年 1 月 1 日起施行）规定招标投标活动应遵循着＿＿＿＿、＿＿＿＿、＿＿＿＿等原则。

2. 投标是投标人对招标的＿＿＿＿＿＿＿＿的行为。

3. 招标投标方式的积极意义，在于通过＿＿＿＿、＿＿＿＿、＿＿＿＿竞争，打破暗箱操作，有利于提高质量和经济效益。

4. 招标人对已发出的招标文件进行必要的修改，应在投标截止期至少＿＿＿＿天前，书面通知所有招标文件收受人。

5. 招标书又称为＿＿＿＿、＿＿＿＿等，因为它常用大众＿＿＿＿如报刊来传播，一般要求＿＿＿＿，＿＿＿＿。

二、多项选择

1. 《中华人民共和国招标投标法》（2000 年 1 月 1 日起施行）规定招标投标应遵循诚实信用与（　）等原则。

　　A. 公开　　B. 公平　　C. 公正　　D. 平等

2. 招标准备工作中最重要的一项是（　　）。
　A. 设立招标机构　　B. 编制招标文件
　C. 发布招标信息　　D. 出售招标文件
3. 招标、投标方式适宜并较多运用于（　　）。
　A. 建设工程　　B. 国际贸易　　C. 垄断行业　　D. 大宗采买
4. 有效投标书必须递交指定的接收地点和（　　）。
　A. 密封　　B. 按时　　C. 盖印　　D. 专送
5. 招标和投标是在法律的监督和保护下进行的，其程序和文书工作大致有如下五个阶段，这五个阶段的正确顺序是（　　）。
①准备阶段　②投标阶段　③招标阶段
④中标和签订合同阶段　⑤开标阶段
　A. ①②③④⑤　　　　B. ①③②④⑤
　C. ③①②⑤④　　　　D. ①③②⑤④

三、判断

1. 对于一切承包的建设项目和经营项目，都可以采用招标投标的办法来进行。（　　）
2. 采用招标投标的好处，对于投标单位来说，可以降低成本，提高工程建造或商品项目的质量，缩短工程期和交货期，获得较好的服务条件，能更好的提高经济效益。（　　）
3. 邀请招标是直接特邀某一个符合条件者来承担招标项目。（　　）
4. 招标的准备工作主要是文书的准备，因为文书贯彻招标的规章程序，是竞争投标的基础和保证，是招标项目的质量技术规范的准则。（　　）
5. 投标书一旦投出，哪怕是投标截止日期前，都是不可以补充或修改所寄出的投标书。（　　）

四、简答

1. 什么是招标、投标？采用招标、投标方式有什么意义？
2. 招标书投标书应该包括哪些主要内容？
3. 招标公告和邀请招标通知有什么区别？
4. 为什么说投标书既是对招标方的承诺又是对招标方的要约？

五、下面是一例不符合现行法规的招标书，请根据《招标投标法》的有关规定，予以改写。

××市交通局金河大桥建造工程招标启事

　　为了确保我市公路建造质量并按期完工交付使用，特邀请符合桥梁施工规定的合格的投标者，对金河大桥的建造工程进行竞争性投标。
　　所有参加投标的同志，请2000年4月2日、4月16日到金河大桥建造工程指挥部报名。
　　地址：金河大桥桥头
　　电话：20748
　　联系人：关旺、果青

六、根据下面提供的装修工程招标内容，拟写一份投标书。

装修工程招标

海南万国贸易中心（现名海南商品贸易展示中心），地址海口机场入口处，占地1900m^2，建筑面积7100m^2，全玻璃幕墙结构。这是一个高档次、功能齐全、海南省惟一的集展示、销售、服务为一体的商贸口岸。是海南省外引内联，吸引外资的重要窗口。参加投标的单位必须是具有相当技术力量，承担过高级宾馆或建筑物装修的大中企业。

凡愿投标以上工程的单位，请在3月4日前带法人委托书、营业执照副本、施工履历资料到海口市龙舌湖椰林水庄高级商务公馆B$_2$座报名。

招标单位：海口能源有限公司
联系人：叶楚方　张曼香
2001年2月20日

第七节　商　业　广　告

一、广告的概念、特征与作用

（一）广告的概念

所谓广告，就是广告主所使用的一种大众传播手段，它以劝说的方式向目标市场推销商品、劳务、观念或广告主自身的形象。广告一般分为两类，一类以推销商品、劳务为广告内容，其目的是劝说顾客购买商品、接受劳务，这一类是商业广告，也叫商品广告。另一类是以推销、介绍广告主的观念、形象为广告内容，其目的是增进公众对组织的了解，扩大组织的知名度、提高组织的美誉度，从而使组织的活动能得到公众的信任与支持，为推销商品而"鸣锣开道"、"铺路架桥"，这一类广告就是公共关系广告，简称公关广告。

（二）广告的特征

1. 传播性

广告的传播性首先体现在它是通过报纸、杂志、广播、电视、招贴、路牌等众多媒介公开而广泛地向人们介绍商品、传递信息的。而这些媒介都能够以最广的接触面去接近群众，所以广告传播的面积也必然是最广大的。广告是直接为推销商品服务的，只有传播得广泛，才能最大限度地销售商品。我们从某些商品在进行广告宣传前后销售额的明显变化中，可以看到传播性所起的作用。例如：杭州有家叫胡庆余堂的古老药店，试制成功一种新药品——"复方抗结核片"，经过5年临床观察，确认对肺结核病疗效显著，但并不为人所知，结果药卖不出去，积压了4万瓶之多找不到销路。后来，这家药店在中央人民广播电台做介绍"复方抗结核片"的广告。结果，仅仅两个月内，就收到来自全国29个省市自治区要求订货的信。不仅原来的存货全部售光了，还打开了新的销路。通过各种宣传媒介把自己产品的功能、特点、用途、用法等介绍给广大群众，让其了解自己的产品，产生购买欲，这正是广告的重要目的之一。

2. 真实性

真实性是广告生存的基础。国务院颁布的《广告管理暂行规定条例》明文规定："广告内容必须真实、清晰、明白、实事求是，不得以任何形式弄虚作假，蒙蔽或者欺骗用户和消费者。"因此，广告必须真实可靠，不得含有虚假的内容，不得欺骗和误导消费者，如果广告弄虚作假，浮夸失实，不仅不能起到介绍、推销商品的作用，反而会失去商品原本应有的市场，并受到法律法规的处罚。做广告必须如实介绍商品的特点、功能、性状，对消费者高度负责，否则只会丧失产品的信誉，丧失广告主及媒介单位的信誉。讲究诚信在现代商业活动中愈发显得重要。

3. 简明性

简洁明快是广告的重要特点。在有限的时间、空间内，广告要取得最佳传播效果，必须通俗易懂，突出重点，以少胜多。人们在阅看广告时并无确定目的，只是在无意中形成记忆。据广告心理学家的调查结果表明，少于六个字的广告消费者的记忆力为34%，而多于六个字记忆力仅有13%。因此，广告语言必须凝练简洁，惟有凝练简洁才能使人在特定的时间内把信息输入头脑，留下深刻印象。

4. 艺术性

广告是一门科学，也是一门艺术。好的广告在真实地介绍产品的基础上，还要采用多种艺术表现形式，如：运用描写、抒情、音乐、美术、幽默、对比等手法。让观众喜闻乐见，印象深刻。好的广告会让消费者在美的享受中轻松地接受其产品。例如：维他奶的广告语："饮维他奶，更高、更强、更健美。"为维他奶确立了一个"健康饮料"的形象。使广大的消费者确实将维他奶当作一种早餐饮品，或运动后的体力补充饮料。为了更好确定维他奶的新形象，其广告策划为：一群活泼的青年男女，一边喝着维他奶，一边踏歌而行，广告歌词"今天心情好，轻松又开朗，哪像汽水那样简单……"生活气息浓，很对青年人的胃口，曲子写得也流畅、优美，很容易传唱。镜头着重刻画人物的真挚、热情、健康、爽朗、一派喜气洋洋的青春气息，深得观众好感。很有艺术特点。

（三）广告的作用

广告最大的作用就在于广而告之，能在同一时间内向众多的目标顾客传递信息，因而，作为一种强有力的促销手段，广告被众多企业广泛运用。此外，广告在其信息公开性较强的表现力等方面，也具有其他促销方式难以比拟的优势，具体来说广告有如下作用：

1. 显露作用

企业通过现代化的传播技术及多种媒体，迅速传播商业信息，可以通过广告，将企业名称，历史以及商品的品牌、成分、结构、性能、用途、规格、质量、价格等信息向顾客广泛传播，消费者可以从中择其所需，择其所好，生产者也可以通过广告了解商品的需求和流向，用以指导生产。广告能使商品流通范围扩大，速度加快，对繁荣经济、活跃市场有着不容忽视的重要作用。使顾客及时方便地找到自己所需要购买的商品或服务，这样，由于广告的显露作用，使生产者，经营者，消费者都从中受益。

2. 认知作用

广告媒体传播面广而及时，深入社会各个角落传递到千家万户，顾客通过广告可以了解企业的商品信息，了解购买地点，手段以及各种服务项目的情况。

3. 激发作用

广告的表现力强，具有刺激购买的作用。企业可以通过真实、新颖、生动、形象的广告，吸引顾客的注意，引发消费者浓厚的兴趣，使其对企业和产品产生兴趣，或改变原先的偏见和消极态度,从而激发需求,实现购买行为。

4. 引导作用

通常情况下,企业是根据消费者的需求去生产产品,但消费者的需求是受其消费观念指导的。广告内容所体现的价值追求,会对消费者构成心理暗示和意念引导,使消费者在潜移默化中接受商品广告所宣传的观念,改变自己的消费习惯。企业为不断开发的新产品所作的广告,往往是通过改变消费者观念,引导其消费的。

广告引导功能表现三个方面:

① 广告能使新产品,新式样,新的消费意识迅速流行,形成消费时尚;
② 广告能使消费者在众多商品中选择、比较;
③ 可以引导消费走向文明。

5. 艺术与教育作用

出色的广告本身是很好的艺术作品,它不仅可以美化生活,还能带给消费者美的享受,健康广告有利于培养文明,道德的消费观念和消费行为。

二、广告的种类

(一) 根据广告的具体内容划分

(1) 产品广告　指直接向消费者推销产品服务的广告形式。产品广告的内容一般包括:产品的功能、产品的质量、产品的价格、产品的利益。通过对这些"点"的诉求,唤起消费者的购买欲望,进而达到促销的目的。例如:赵本山为"北极绒"保暖内衣做的广告:"……地球人都知道"。幽默的广告语、再加幽默的情节,收到了很好效果。

(2) 形象广告　也叫公共关系广告。形象广告是向消费者介绍组织的观念,宣传组织的形象,以引起公众的注意、兴趣、信赖、好感的一类广告。例如:海王集团的形象广告:一个动画人物在路上行走,遇到西瓜皮、汽车尾气、恶犬、陷阱,"你能走过几关,城市是我家,安全、文明靠大家"。哈药六厂的形象广告:彼此关爱,世界才会更美,帮助残疾人……

(二) 根据广告的表现形式划分

1. 理性诉求广告

以强调产品本身的利益或特点,使消费者了解事实的广告。例如:爱迪生运动鞋的广告:穿一双不好的鞋子,在一条平坦的路上跑,结果感觉上还是等于在一条坏路上跑,穿一双爱迪生的鞋子,在一条破路上跑,结果就等于在一条平坦的路上跑。

理性诉求广告在药品行业中使用较多,如电视媒体上出现频率较高的有严迪、维宏养怡胃动力、吴太口腔溃疡灵等等,都采用的理性诉求方式。

2. 情感性诉求广告

通过人情味的故事情节,或形象的塑造等手段,传达广告的信息。以影响消费者的情感和态度,从而达到推销产品的目的。例如:雕牌洗衣粉的广告画面:"妈妈"下岗后去人才市场找工作回来(今天又没找到工作),无可奈何地在一片"招聘广告"前往家走。家中5岁的女儿,体谅妈妈的"难处",在家中替妈妈将衣服洗了。"妈妈说了,雕牌洗衣粉,只要一点点,就能洗好多好多的衣服。"然后,在一张稿纸上写道并配画外音:"妈妈,我能帮您干活了。"画外音:"雕牌洗衣粉,浙江纳爱斯。"这就是一篇相当不错的情感诉求广告。

（三）根据不同的传播媒介划分

1. 报纸广告

报纸广告以报纸为传播媒介，以文字为主、辅之以适当的图片和图表。报纸的种类繁多，而且报纸的发行量大，影响范围广，因此，报纸对广告而言是一种方便、快捷的传播方式。

2. 杂志广告

杂志与报纸相比较，在保存价值上占据主导优势。因此，刊登在杂志上的广告寿命会更长一些。另外，采用先进的印刷技术和优良的纸张，配以精美的照片，可以使杂志广告更加艳丽夺目。

3. 广播广告

广播广告以无线电为传播媒介，向公众报道商品、劳务等信息。广播广告迅速及时，覆盖面广，费用较少。在制作时，应尽量提高音响的艺术性，增添趣味性，做到以声感人。

4. 电视广告

电视广告是通过电视综合运用文字、配音、音乐、表演等多种表现方式来传递商品、劳务信息。报纸、杂志、广播、电视一般被称为广告的四大媒介。随着电视普及率的提高，电视广告的地位也越来越高，在传播媒介中的比重已跃居第一。

5. 直接邮递广告

把商品的功能、特性、使用等方面的内容印制成广告，直接投递到各家各户。这种宣传方式最大的特点就是针对性强，费用低廉。

6. 橱窗广告

橱窗广告是经过精心构思，将实物或模型陈列在橱窗内，以优美的造型吸引观众，达到介绍、宣传的目的。这种以商品陈列为宣传方式的广告越来越被人们所重视。

7. 灯光广告

灯光广告通常用灯箱和霓虹灯制作，颜色绚丽多彩，引人注目。它在宣传商品的同时，也显示了都市的繁华，起到了美化市容的作用。

8. 街车广告

街车广告主要是直接喷绘或张贴于电车、公共汽车、地铁等公共交通工具上。这类广告的影响面较大。

9. 路牌广告

路牌广告形式各异：有的是广告牌，有的是招贴，有的是采用高新技术用大屏幕显示广告内容，以吸引顾客的注意力。

10. 互联网广告

互联网是新兴的广告媒体，也是一种极富生命力的广告媒体，发展势头良好。在互联网站点上发布各种商业广告，制作简单，费用低廉，不受时空限制，可以24小时不间断地把各种信息传播到世界各地。

现代商业广告借助的媒体越来越多，还有电影广告、包装广告、礼品广告、墙壁广告、气球广告、服装广告、模特广告等等。

三、广告的写法

广告的写法一般含标题、正文、结尾三部分。

（一）标题

广告的标题是广告的主旨，被喻为广告的灵魂，广告的标题集中体现广告的内容。标题要求鲜明、具体、生动、形象、新颖、引人注目。只有这样的标题才能引起消费者的注意和兴趣，打动消费者的心。如"骏马"牌无塔送水器广告的标题是"立解高楼用水之难，请用骏马牌无塔送水器"。这对饱尝缺水之苦的高层楼房住户，无疑是具有吸引力的。

广告的标题分直接标题、间接标题和复合标题。

1. 直接标题

直接将商品的名称、用途、特点等重要情况清楚明白地介绍给消费者，消费者根据自己的需要进行购买。例如："香雪面粉厂香雪牌面粉""济南柴油机厂190型柴油机""天津羽绒服厂、石家庄华联商厦、石家庄百货大楼联合举办优质产品暖冬牌羽绒服展销"。

2. 间接标题

用委婉迂回的手段表达广告的内容，这种标题具有很强的吸引力，能激起消费者的求知欲和兴趣，从而去阅读广告的正文。如"发光的不全是金子"。（美国银器广告）"福如东海常流水，寿比南山不老松。"（上海中药三厂出品名牌补膏为您服务）

3. 复合标题

把直接标题和间接标题结合起来，互为弥补，使广告既清楚明白，又新颖风趣，能增强吸引力。如："出差旅行的必备食品，统一牌方便面"前一句是间接标题，后一句是直接标题。

怎样才能使标题做到鲜明、具体、生动、形象、新颖呢？下面介绍几种标题的写法：

（1）疑问句式标题 标题提问，正文回答。如上海川沙浦东金属构件厂的钢门窗的广告标题是"您知道吗？新楼大厦拔地而起，需要多少钢门钢窗……"。加拿大航空公司登在我国报纸上的大幅广告标题是：何必团团转？（选乘加航前往加拿大最上算）。

（2）祈使句式标题 用请求、希望一类的诚意语气，请求，希望顾客购买某一商品，如"为了使您的牙齿洁白光亮，请君使用'效力多'牙膏。"又如，某一销售茶叶的广告标题是："您工作累吗？请喝杯茶，醒醒脑，提提神吧！"祈使句式的标题能使顾客感到亲切和诚恳。

（3）运用比喻的修饰手法做广告的标题 用人们熟悉而形象的事物来比喻某种商品，以此打动顾客之心。如东莞表带厂"丽人"牌表带，广告的标题是"花美需要绿叶配，表好必配'丽人'带"。用绿叶配红花的喻体来和好表配"丽人"表带的本体打比方，使顾客深知"丽人"表带的妙用。

（4）赞叹句式标题 即由广告作者用赞叹的语气直接赞誉商品。如日本丰田汽车广告的标题就采用这种形式，"有山必有路，有路必有'丰田'车"。这样的赞叹之词虽然带有夸张意味，却充满产品行销世界的自豪感，使顾客产生一种信赖之情。

（5）陈述句式标题 目前我国商品广告还有很大一部分是用商品名称来作标题的。这种标题直截了当，使人一看就知道是什么。还有以厂商名称为标题的。这种商品广告的标题，一般是厂商名气大，声誉高，可以增加顾客对商品的信任感。不管以商品名称还是以厂商名称来作标题，都是采用直接陈述的形式，标题实际上就是陈述句。

（二）正文

正文是广告的重要部分，是提供商品信息的细节部分，也是标题的具体化，一般应具体地写明：商品名称、用途、规格、特点、产地、性能、价格、出售方式、出售时间、地点、接洽办法等，这些内容亦可酌情灵活运用。商品广告的目的是引起消费者对商品的兴趣，使之产生购买欲望。

要使商品广告收到良好效果，可采用以下几种写法：

（1）直陈法　直接介绍商品情况，这种方法自然、朴实、清楚、明白，能使消费者对商品产生信任感，增强广告宣传效果。如广西永福制药厂的广告："永福县是名贵特产罗汉果之乡，罗汉果味甜、性凉，具有清热润肺、止咳、化痰、生津止渴、润肠通便、益肝、健脾以及促进胃肠机能，降低血压等功效。"

（2）人物对话法　通过人物之间的相互问答来介绍商品、情况，这种方法平易近人，形式活泼，解说明白，给人一种亲切感，使人在不知不觉中接受了宣传内容。如航天果茶广告。孩子："妈妈，我要喝饮料。"妈妈："哎，这个给你，这个给你。"爸爸："这是什么饮料，这么好喝。"妈妈："这是航天果茶。"孩子："喝了还想喝，喝了忘不掉。"

（3）证书引证法　利用曾获得的荣誉称号，通过专家鉴定以及名人见证来强调商品质量的可靠。如上海手表厂"钻石"牌手表广告："我厂生产的'钻石'牌手表，在全国手表质量评比中10次名列第一。荣获轻工业联合会、上海优质名牌产品证书。"

（4）幽默法　用风趣幽默的语言在谈笑风生中宣传商品，这种方法引人入胜，使人经久不忘。如伦敦地铁广告："如果您无票乘车，那么，请在伦敦治安法院下车。"

（5）新闻报道法　用类似新闻报道的形式来宣传新产品。这种方法向消费者提供最新事实，提供新鲜的、大家有兴趣的、想了解的东西。如第十三届大连服装节广告："万众瞩目的第十三届大连国际服装节将于9月15日20时在大连市人民体育场隆重开幕。本届服装节历时10天，于24日闭幕。"

（三）广告的结尾

结尾也叫落款，一般要写明单位名称、地址、电话、电传、电挂、银行账号等。

四、广 告 策 略

广告的目的是要受众接受广告主传播的信息，要消费者接受广告所推介的产品。以引起注意，强化记忆。

（一）引人注意，容易记忆

心理学研究结果告诉我们，引起广告受众注意是广告成功的第一步。也就是说只有注意了，才能记忆；只有注意才能产生印象；只有注意，才能产生兴趣……

事实上，消费者对广告信息的记忆是无意识的，没有几个这样的消费者，当他们准备购买电视机时，就特意收集电视机的广告，然后到商场中去指名购买。而实际上大多数是在准备购买电视机以前在记忆中已经存储了很多关于电视机的信息，而这些信息有的能回忆起来，有的就根本回忆不起来。毫无疑问，能够回忆起来的信息，对广告人来说才是有效的信息传递。当然也只有在信息传递的当初"引起了强烈的注意"的信息，才能实现广告信息传递的第一步的成功。

广告人为了引起受众的注意，经常采取奇异、怪诞的画面（电视广告）或在内容之外配以各种能引起视觉冲击效果的画面（文字广告），其用意就是引起受众的注意。

例如易服芬的广告：两只被煮红的螃蟹见面问候："怎么了"？"被人给煮了。"画外音："感冒退烧，我有绝招，来点易服芬吧"。当用易服芬给被煮红的螃蟹浇上后，螃蟹又恢复了原来的颜色，又活了。这个幽默、夸张的创意，引起受众注意是恰到好处的。

再说说目前的洗发用品的广告，都是美女或俊男"飘柔"、"时尚"的发丝在舞、在变。舞来舞去，变来变去，受众现在只知道洗头发不用洗衣粉，也不用香皂，要用洗发精、洗发露。而到底哪个品牌更突出，更适合自己，是自己所需，根本说不出来。这些广告的作用只是创造并维持着"洗发水"市场。当今的"补钙"市场上的广告也有点类似状况。各种补钙品，没有品牌的个性突出。仅对市场的启动与维持起到了作用，究竟是"巨能钙"好、"超微钙"好、"离子钙"好还是乳酸钙好，消费者无从判断。有个厂家干脆来一个"盖中钙"，把他们全部给"盖"了。

注意和记忆往往是联系在一起的，能引起注意的广告，也就容易记忆了。为了能使受众记忆这则广告，需要考虑广告出现（播出）的频率和密度。"初一一次、十五一次"的播放广告，其效果等于只播一次。因为初一播的那次早已被受众所淡忘了。所以在确定广告播出频率与密度时，要考虑集中出现，强势攻击的策略。如有的广告创意很简单，就一句话，但连续播放5次，现在有连续播出8次的，这都是为了强化记忆。

（二）弱化受众的逆反心理

先看一个案例："美媛春"是一种女性口服液。90年代中期，广州黑马广告公司代理该产品广告业务。其广告策略分为四个步骤实施：

第一步：1994年9月4日、5日两天，分别在《羊城晚报》第三、五、十版，《广州日报》第七、十四、十六版上依次刊出"美"、"媛"、"春"三个字。其版面设计很简练、醒目。"美"字约占1/3版面，并指出这是一个有奖的字。随之是商标、文案。文案也只有一句话："美媛春"是一个少女，活泼天真、美丽动人，她从大海那边来……。右下角注明："详情见大后天报。"其他两字，设计相同，只是文案有别。"媛"字的文案是："美媛春"是一个姑娘、婀娜多姿、楚楚动人，她从大地那边来……。"春"字的文案是："美媛春"是一个少妇，风姿绰约、神韵动人，她从天而降……。

这则广告的设计，把品牌拟人化，并巧妙地涵盖了市场。这则悬念广告没有商业气息，于平淡之处渗透了"美媛春"的品牌信息。

第二步：三天后，在上述两家报纸登寻人启事："美媛春"寻找"美""媛""春"。即凡在广州地区12周岁以上的女性，姓名中含有"美"、"媛"、"春"任何一字者，奖价值50元的礼品，含两个字者奖价值100元礼品，含三字者，更有一份惊喜。

紧接着，进行有关"美媛春"产品的理性诉求，介绍产品的功能、机理、成分、价格，进行女性知识保健连载等。

第三步：11月4日《羊城晚报》刊发了"特别寻人启事"，寻找服用过"美媛春"一疗程（六盒），又自我感觉漂亮的成年女性，附照片，简历，一经选用，即付稿酬200元。此活动持续了4个月，一边"寻人"，一边穿插理性诉求，一边阐发关于"美丽"的概念。

第二年3月8日，广告活动达到高潮，3月6日登出广告："美媛春"95"三八"妇科专家义诊，34名教授、医师、博士于广州佛山共四个点开展义诊。3月8日、3月30日刊出"美人榜"，使整个活动又推向高潮。

第四步：以杨钰莹为产品形象代言人，在电视上做广告，从三十年代的装束一直"演"到现代的装束。同时报纸上登有杨钰莹的照片，同时开展"美媛春"有奖知识问答。

此案例的特点是广告与"活动"相互配合，互相借力，前后步骤清晰，层次分明，它不同于单一的广告。事实上在今天信息泛滥的市场上，仅靠单一广告，就能打开市场，几乎是不可能的。从某个方面来说，广告本身确实给受众造成一种逆反心理，这是广告人必须考虑的问题。此案例中将广告与系列活动紧密地配合起来，融会贯通，相互借力，就使单纯广告所造成的逆反情绪被弱化了。当然就弱化受众的逆反心理这一问题，还可以采用其他委婉、含蓄的表现方式，如：不是招聘的"招聘"，并非真的征集的"征集"等等。

（三）针对需要，投其所好

消费者购买产品，无非是满足两个方面的需要；其一是产品的使用价值（功能）的需要，其二是一种心理需要。

满足功能需要，说起来简单，但实际运作时也会不得要领。手机的功能就是沟通、联络；自行车的功能就是交通工具。然而这些市场上司空见惯的产品，消费者非常的了解，作为广告创作就不应该谈其功能，就应在满足消费者心理需要上做文章。事实上，对于新研发，刚投放市场的产品，这时的广告创作才集中在产品的功能上做文章。

事实上，消费者在市场中可以找到的能满足他们"主要功能"之需求的产品有很多，这时，产品的主要功能就不适宜做广告诉求的主题，而要在次要功能上做文章。或者干脆创造策划一种"功能"，让消费者认识到：购买该产品除了其主要功能外，还有另外的用途呢！例如：保健品脑白金的功能是改善睡眠，但若脑白金的广告将"改善睡眠"作为广告的诉求点，其市场情况肯定不如目前市场上的销售业绩。实际上脑白金利用广告宣传，创造出了一个附加的功能——礼品。脑白金是传递感情，沟通友谊，表达孝心的"中介物"。正是由于脑白金的这一广告定位及策划，使得产品销售火爆。

在广告创作中，直接针对消费者的心理需要，往往成功率较高。我们再看一个案例：日本"喜美"牌三门车刚投放市场时，将广告定位于时尚。因在当时的市场环境中，没有三个门的轿车，"喜美"这个三门车投放市场，人们有一种新鲜、新奇的感觉，加之该车的时尚造型，所以市场很快启动起来。但好景不长，市场维持一段时间，销量急跌。根据市场调查，消费者普遍感觉三门车少了一个门，所以很不方便，影响了该车的销售。对此，广告创意重新调整，以三门车的安全性作为诉求点。直接针对三口之家的消费者，有孩子坐在右边，而右边没有门，所以不容易产生意外。由于及时地调整了广告策略，满足消费者的安全需要（心理需要），所以"喜美"三门车的市场又重新启动了。

需要有的时候也是创造的，上面的案例说的是直接了解了消费者的需要后，将自己的产品说成是"正是你需要的"。在复杂的市场中，有时消费者的需要是广告运动创造的。例如目前的"补钙"市场。有"超微钙"、"乳酸钙"、"盖中钙"、"巨能钙"……等多个品牌。高频率，长时间的广告轰击下，在反复的"腰酸缺钙、背痛缺钙、腿抽筋缺钙、出虚汗缺钙"、"婴儿刚出生缺钙"、"中年人劳累缺钙"、"老年人骨松缺钙"的缺钙教育下,真的使人们形成了一个普遍印象:我们都缺钙,我们都需要补钙。这就是创造市场的一个成功的案例。

(四)纵向做透,横向做广

纵向做透是指广告在运作时间上的连续性及长度的适宜性。横向做广,指同时使用两种或多种诉求点的广告在同时期内播放,将两者结合起来构成广告运动的一个战役。广告战役是一个系统工程。消费者对广告的消化和记忆是一个反复刺激,多次积累的过程。不同的广告诉求可以使不同的消费者产生共鸣。假若仅使用一种广告,采用一个诉求点,这样往往会丢掉一部分消费者。所以为了保证最大限度地吸引消费者,最大范围的影响消费者,最大"成功率"的抓住消费者,在广告运作上,要纵向做透,横向做广。

哈药六厂的"护彤"广告战役,就是三则广告同时播放。

其一:理性诉求:"护彤,专治儿童感冒、中西药结合、剂量小、退热快、不含PPA、不含咖啡因"。"护彤,哈药六厂"。

其二:"孩子感冒发烧,当妈妈最揪心了,自从有了护彤啊,我就放心了,它对孩子感冒引起的头疼、咽喉疼、咳嗽有很好的疗效"。"护彤,哈药六厂"。

其三:"护彤,含有牛黄,它专治儿童感冒引起的头疼、发烧、连我们单位有孩子的同事,都说护彤好使"。"护彤,哈药六厂"。

从广告原理上来说,每则广告只能有一个诉求点,"护彤"的广告策略,采取的是"要做就做深、做透"的手法。创作多则广告,在同一时期进行分别的诉求,既有纯理性的功能介绍,又使用"证言广告"的手法宣传,同时又有家庭生活场景的对话渲染气氛,可谓"多管齐下"制造"气氛"。

由上面介绍的广告的四个常用的策略不难看出,"投公众之所好"、"整体统一"、"于无声处"等原理,在广告中都有相应的应用。

【范例一】

浓情魅力非凡品质

拥有一百二十年历史的立邦漆,始终以创造人类与自然的和谐为己任,一贯积极倡导环境保护,不断美化和保护着人们的生活。在技术上,立邦漆更是以卓越的防腐、耐候及环保性能傲视群雄。立邦漆的产品系列广泛,包括建筑用漆、汽车漆、汽车表面处理剂、大型结构物件的重防腐漆、海事用漆、家电用漆和电脑部件用漆等。1992年,立邦漆来到中国,成功地领导了内外墙乳胶漆的消费潮流。

立邦漆经国家环境分析测试中心检测:不含氯化物、铅、汞等重金属,对人体无害,立邦漆经中国预防医学科学院环境卫生监测所测试证实,属实际无毒级。

【简析】

这则广告,首先表明了其"以创造人类与自然的和谐","倡导环保为己任"的高贵品质;接着说明介绍了其广泛的产品系列;最后,又对产品的安全性作出权威论证。层次清晰、语言精练,其广告语——"浓情魅力、非凡品质",在突出主旨的同时,又起到了以情动人的诉求效果。

【范例二】

比萨塔会倒吗?

闻名遐迩的意大利比萨塔建立于1350年,建成初期它就开始倾斜。于是,600多年来不断有人在问：它会倒吗？它什么时候倒？它怎么还不倒？

上海申花燃气热水器诞生至今，已赢得上海燃气热水器第一品牌的荣誉。尽管，不断有人在问：它外观轻巧吗？它性能可靠吗？它能装在浴室里吗？……然而，在这些疑问声中，去年申花热水器已制造并出售了100000台。

比萨塔会倒吗？比萨塔没有倒！

比萨塔终究会倒。正如任何产品都要经历进入期，生长期，成熟期和衰退期，申花热水器也不例外，它终有一天会被更先进的产品所取代，但在今后相当长一段时间还不会。

100000台申花热水器堆垒起来的塔正巍然屹立着。

【简析】

这则广告，其构思、写法别具一格。它把申花燃气热水器至今居高不下的销售量比作至今屹立不倒的比萨斜塔，说明尽管商品有它的衰退期，尽管比萨斜塔总有一天要倒掉，但至少当前和今后一段时期，比萨料塔还不会倒。上海申花燃气热水器同样也不会衰退。其构思精巧新颖而生动，既说明问题，又能起到吸引消费的作用。

练 习

1. 什么是广告？
2. 广告的标题形式有哪几种？
3. 为你要在学校设计一句广告语，要求朗朗上口，给人以深刻印象。

第八节　商品说明书

一、商品说明书的概念、特点与作用

（一）商品说明书的概念

商品说明书是关于各种商品的操作使用技术的说明，或是对文化读物、电影戏剧等精神商品进行介绍的文字材料。

商品说明书，也叫"产品说明书"或"使用说明书"。它是向消费者介绍商品的名称、商标、性质、结构、性能、用途等特征和使用、保养、维修方法等知识及必要的操作技能的文字材料。

说明书原局限于商品介绍，常作为一种附属物在有限的范围内使用。后来，随着科学技术的发展、生活的需要，才从过去简单的、原始的解释附录中脱离出来，独立成篇，成为人们日常生活中一种常用的文体。

（二）商品说明书的特点

1. 功能突出实用性

商品说明书的全部目的在于使商品为人所用。比如高压锅、健身器、洗衣机等的说明书，目的是使用户能正确使用产品，不致因使用失当而损害产品，甚至发生意外。新产品的说明书，除对产品性能、特点、功用做必要说明外，尤其要对其使用方法做清楚、准确的介绍，甚而用图解加以说明。否则，顾客购物后不会使用，或使用不当，就会降低商品的实用价值。

2. 内容讲究科学性

任何一种受消费者欢迎的产品，都是科学研究与生产实践的结晶。说明书要对产品做恰如其分的介绍，将有关的特征、事理、知识或要领讲解清楚，内容表述要抓住产品的本质属性，符合产品的实际情况，让消费者从中获得切实有益的科学知识和操作技能。因而商品说明书必须写得准确、科学。关于商品概念、性能、特点、用途、使用方法、维护保养等，要实事求是，力求精确无误地表达出来。

3. 顺序体现条理性

所谓条理清楚就是要根据事物本身的规律和人们对商品的认识规律，去寻求最好的表达顺序。不同的产品有着不同的属性、特征和作用，因此，写作时要根据商品的特性，依循一定的程序，有所选择地、有条有理地依次分列清楚，让消费者逐一了解和掌握商品使用和保管的有关事项，从而在使用上准确有序。

4. 说明图文并茂性

为了加强说明的形象，产生直观效果，有的说明书常常在使用说明性文字的同时，配以适当的图表、绘画或照片。这样，既给人以形象直观的说明。又可以装饰、美化说明书，令人感觉明了、简练。

（三）商品说明书的作用

1. 介绍、说明产品各方面的知识

说明书的主要目的，就是通过对产品或某种事物的介绍，让读者或用户及时地了解该产品。掌握商品或服务项目的特点、用途等，促成读者合理的、正确的消费行为，避免因选择不当、使用不当等造成不必要的损失。商品说明书以"说明"作为自己的写作特征，以指导消费者正确地使用商品来体现自身的实用价值，这点在产品说明书中尤为突出。

一份客观、明晰的商品说明书，可以使顾客了解和掌握商品的特征和本质，指导他们的消费行为，促成消费者对商品的购买。

2. 说明书兼有广告的宣传效果

我们知道，广告和说明书是两种不同的应用性说明文。但随着社会日新月异的发展，不少的新产品走进了千家万户，说明书随商品走入千家万户，四面八方。人们依照说明书了解、掌握、使用某种新产品，在使用过程中，不仅通过说明书掌握了新的知识，而且也通过说明书了解新产品的优点及先进之处，无形之中，说明书起了广告的作用，即促销商品，另外内容比广告更具体、客观、周到。它既可以同产品或服务一起走入千家万户，也可以机动灵活地分发赠送，让读者清楚地了解该产品的突出特色，产生购买欲望。因此，商品说明书对于企业推广产品或服务，扩大品牌知名度也具有重要作用。此外，商品说明书还常常为社会提供某种科技资料和产品情报，供科研部门、科技人员在新产品的设计、选型和试制新产品时，扩大视野，开拓思路，让新产品日臻合理。

3. 科普作用

随着经济的繁荣和科技的发展，各种新产品、新技术、新服务项目层出不穷。要提高人民的生活质量，享受科学技术的成果，就要尊重知识，尊重科学，不断地学习知识，学习科学。商品说明书在传播时代信息、普及科学文化知识方面正发挥着越来越重要的作用。它是社会再生产过程从生产到交换、分配、消费四个环节中，完成交换和消费这两个环节的重要手段。它可以帮助顾客了解商品，使顾客懂得商品的使用方法、保养方法，也是消费者保护自身利益的需要。对消费者来说，要想获得更多更新的商品知识，消费更好更有价值的商品，也需要借助于说明书。

二、商品说明书的种类

说明书的种类较多，一般是按所要说明的事物来分类，常见的有产品说明书、维修使用说明书、影剧说明书、书刊说明书、装配说明书，名胜古迹说明书等。按不同的分类标准可分为：

- 根据其内容的不同，分为使用说明书、安装说明书、工程设计说明书等。
- 根据商品种类的不同，分为工业品说明书、农产品说明书、科技产品说明书等。
- 根据表达形式的不同，分为条款式说明书、文字图表说明书等。
- 根据说明对象的繁简不同，分为详细（复杂）说明书、简要说明书。
- 根据使用语种的不同，分为中文说明书、外文说明书、中外文对照说明书等。

三、商品说明书的内容

说明书的内容包括性质说明和指导说明，一般要说明产品的性能、用途和使用方法，有的还要说明产品的原理、型号、特点、保管（保养）、排障、维修及有关注意事项和保养办法。普通生活用品说明书写得简明，而专业商品说明书则写得详尽、复杂些，并有图表数据。简单的就印在商品包装上，文字也不多。稍多一些就用稍大的纸张印出来，如中成药说明书、食品说明书等。复杂的就装订成册，详细说明商品的性能、构造、安装、保养、维修等，并有附图。如电冰箱，电视机、洗衣机等家用电器及大型生产用品说明书等。

由于商品繁多，各具特色，用户对商品知识的需求各异，因此不同商品需要说明的内容也不尽相同。一般而言，可根据实际需要对以下各项有选择或有侧重地进行说明：

① 商品概况：包括商品名称、规格、成分、产地等。

② 性质、性能、特点。

③ 使用方法：有的配合插图说明各部件名称，操作方法及使用注意事项。

④ 保养与维修：配合图表，说明保养、排除一般故障和具体维修方法。

⑤ 商品成套明细：只有成套商品才列此项，主要说明成套商品的名称和数量。

⑥ 附属备件及工具。

⑦ 附"用户意见书"或"系列商品订货单"。

此外，还有厂家地址，电话号码，邮政编码等。

一般来说，下列商品需要具备较完整详尽的说明：操作和保养维修较为复杂的商品，如家用电器、机械设备、车辆等；结构精巧，需要消费者装配、拆卸或有易损部件的，要作指导说明才能使用；新产品、进口产品、老产品有重大改革的，消费者使用不熟悉，且构造独特的；在使用和保养等方面有特殊要求的，如药品、化妆品、饮料等；事关生命安全和财产安危的，如药品、化工制品、农药等。

科技产品说明书习惯上包括九项内容：封面、目录、概述、主要技术指标、工作原理、使用方法、维护与修理、零件表、原理图等。

四、商品说明书的写法

不同商品其特点各不相同。因此,说明书要根据各类商品的不同特性,有所侧重地选择不同的说明项目,而不要面面俱到。

(1) 标题　标题写在第一行正中,写明商品的名称,如"21 金维他片";完整的标题由商品的商标、型号、货名、生产厂家加上文种,如"箭飞 TU6 助动自行车使用说明书"、"三角牌 sn 型保温式自动电饭锅说明书"。有的省略文种或某个部分,如"东梅牌鱼肝油精丸"。

标题一般印在封面上。封面除一般的"说明书"字样和厂名外,有的还印有商标、规格型号、商品标准名称和图样,如要增强观众的印象,引人注目,还可配有商品彩照、图样,表格。标题应简单明白,直观,引人注目。

(2) 目录　内容较复杂的商品说明书,一般都配有目录,以方便用户查阅说明书的内容。

(3) 前言　前言的形式有的采用书信式,而更多的是采用概述式的短文。

(4) 正文　正文是说明书的主体部分,一般是对商品的性能、规格,使用和注意事项进行具体的说明介绍。一般有以下一些内容:

① 引言概述。主要介绍生产厂家的历史、现有规模、技术水平、产品质量、办厂宗旨、经营状况等方面的情况,也可以概述产品的名称、特点、设计原理、适应范围等情况。

② 技术指标。详细说明商品的性能、特点、规格、成分、型号等,一般要用数据明确标出。

③ 结构特征。借助示意图对产品作解释说明,具体说明各部分的特征。

④ 使用方法及注意事项。按照操作的程序逐一列出使用方法,以便使用户正确地使用。还应说明在使用过程中应注意的问题,如有效期、温度、贮藏方法等。

⑤ 配套产品。凡与该产品配套使用的其他产品,均应将名称、规格、数量等逐一列出。

⑥ 保养方法。具体说明保养与维修的方法,对一般常见的故障成因及处理方法应作特别说明。

⑦ 责任保证。说明商品的维修、退换等售后服务的具体事项。

(5) 结尾　写明生产单位或销售单位的邮政编码、地址、电话、电报挂号、开户银行、联系方式及写作日期等应该让消费者了解掌握的内容。

五、商品说明书的写作要求

1. 要突出商品个性

商品说明书要强调该商品的独特之处,使它和其他商品区别开来。说明它"不同凡响"的实用价值。这个特点既要从商品本身的"实际"中选择,同时,也应兼顾消费者的心理需求,突出重点。产品说明书具有实用性特点,要突出如何使用等重点内容。尤其是对用户最关心与有疑虑的问题作简明的重点说明。如对电气产品,说明的重点是安全性能和安全使用方法;药品的说明,重点是使用注意事项。

2. 要实事求是

产品说明书具有科学性特点，必须以客观的态度，真实地反映产品的使用价值，不允许夸大其词，弄虚作假，歪曲产品真实情况，以取信于消费者。

3. 语言要求

（1）力求准确、通俗、简明　商品说明书使用的概念要准确。交代程序步骤准确，不要滥用科学术语、行话和艰深难懂的话，文字干净利落。商品知识往往具有较强的专业性，而消费者的文化层次差异很大。说明书写得深入浅出，有助于读者理解、消化。商品的种类不计其数，商品的用途千差万别，对每种商品，要选择最恰当的词语，准确地加以说明，如果有错误的话，不仅无助于消费者，还会产生误导。

（2）要区别于广告和商品信息的表述　商品说明书不仅要介绍商品的优点和作用，还要说明其性质与成分，使用范围与限制，工作原理，有无副作用等与使用有关的内容。有关的"行销海内外，深受消费者青睐"可以做广告语，但放入说明书中显然不合适。

（3）说明用语要规范化、统一化　我国幅员辽阔，语言变化极大，对同一个意思的表示用词上有明显差异；另外，在表示方式上，既可以用符号，也可以用文字。但是要尽量使用规范化的词语，避免因理解不同而产生麻烦。对于那些专业符号，尽可能辅以文字注解，不要莫名其妙地采用外文词汇，甚至见不到一个汉字。

4. 要文图并重，形象直观地说明

图片可以增加直观感，可以表现文字无法说清的内容，还可以纠正文字冗长呆板的毛病。所以写作说明书有时要图表文字并重，使其更形象，更简洁，更醒目，以方便消费者的理解和使用。

六、商品说明书和其他文种的区别

（一）商品说明书与商品介绍的区别

商品说明书和商品介绍同属说明文种范畴，写作时要求以实事求是的态度介绍商品、宣传商品。但两者又有十分明显的区别，主要体现在以下方面：

（1）写作的角度不同　商品说明书是站在当事人立场上写作，而商品介绍是站在第三者的立场上说话。

（2）语言的特色不同　商品介绍在说明商品时，可根据需要，增加适量的可读性内容，运用一些文艺笔法，如穿插一些故事，或运用描写笔法，使文章更具吸引力；而说明书只能用简洁的文字，说明产品的制成方法、特点、优点，用平实的文笔宣传产品。

（3）文体详略不同　商品介绍对涉及有关的人物和事件、历史背景等，写得较具体；而商品说明书只一笔带过。

（二）商品说明书与广告的区别

商品说明书是一种以说明为主要表达方式，对商品的性能、构造、功能、使用、保养方法等进行说明和介绍的应用文体。商品说明书与商业广告相近，反映的对象大都是商品，两者都要说明商品的名称、特性和有关的商品知识，目的都是为了推销商品、指导消费、提高经济效益，具有宣传、告知作用。在写作上都要求真实、准确、通俗。但它们是两个不同的文体，两者的区别主要表现在以下几个方面：

（1）侧重点不同　商品说明书一般对商品的性能、规格、成分、特点、用途、使用和保养事项等做比较全面的综合性的说明。目的侧重于说明商品。而广告的目的在于推销商品，写作时常侧重一个方面，或突出其质量上乘，或突出其设计先进，或突出其经久实用。总而言之，广告就是要突出其与众不同之点，它的写作原则是：弃同求异。

（2）表现手法不同　广告一般需付费并通过一定媒体介绍商品；商品说明书一般则由企业独立撰写印制，常随商品赠送，有时也作为宣传资料发放。

（3）艺术性不同　商品说明书以文字说明为主，语言平易朴实，清楚明白，客观实在。而广告手法丰富多样，生动活泼，强调创意新颖，讲究巧妙的构思，如使用比喻等各种修辞方式，并配以图画、音乐等文艺形式以渲染气氛，吸引消费者。

（4）影响力不同　商品说明书一般附在商品上或随商品流通，消费者一般在选购商品前后才阅读。而广告则可通过电视、电影、广播、报纸、杂志、日历、路牌等各种各样的媒介传播，影响千家万户。

（5）新闻性不同　广告有新闻性，如报道某段时间进行商品展销，某新建公司开业，某段时间商品降价"存货不多，欲购从速"等，无不与时间有关。而商品说明书则具有永久性，一般不会轻易改变。

【范例一】

感冒清热颗粒（冲剂）
（含糖型）使用说明书

［药品名称］感冒清热颗粒

［汉语拼音］Ganmao Qing Re Ke Li

［药物组成］荆芥穗、薄荷、防风、柴胡、紫苏叶、葛根、桔梗、白芷、芦根；辅料为：糖粉，糊精。

［性状］本品为棕黄色的颗粒，味甜，微苦。

［作用类别］本品为感冒类非处方药药品。

［功能与主治］疏风散寒，解表清热。用于风寒感冒，恶寒身痛，鼻流清涕，咳嗽咽干。

［用法用量］开水冲服，一次1袋，一日2次。

［注意事项］

1. 忌烟、酒及辛辣、生冷、油腻食物。
2. 不宜在服药期间同时服用滋补性中成药。
3. 风热感冒者不适用，其表现为发热重，微恶风，头痛发热、鼻流浊涕、咽喉红肿，热痛，咳吐黄痰。
4. 有高血压、心脏病、肝病、糖尿病、肾病等慢性疾病者，孕妇或正在接受其他治疗的患者，均应在医师指导下服用。
5. 按照用法用量服用，小儿、年老体虚者应在医师指导下服用。
6. 服药三天后症状无改善，或出现发热咳嗽加重，并有其他严重症状如胸闷、心悸等时应去医院就诊。
7. 药品性状发生改变时禁止服用。
8. 儿童必须在成人的监护下使用。
9. 请将此药品放在儿童不能接触的地方。
10. 如正在服用其他药品，使用本品前请咨询医师或药师。

［贮藏条件］密封

［规格］每袋装 12 包

［包装］每盒 10 袋

［批准文号］ZZ-0372-京卫药准字（1996）第 130020 号

［企业负责期］见包装

［生产日期］见包装

［生产单位］北京北卫药业有限责任公司

地址：北京市宣武区南横西街 94 号

电话：010-63539472

传真：010-63539472

邮政编码：100053

如有问题可与生产企业直接联系

【范例二】

热力牌电热杯使用说明

我厂电热杯生产历史悠久，式样新颖，美观大方，质量优良，安全可靠，经济实惠。

该杯可煮沸各种食物，立等可取。特别适用于热牛奶，烧开水，泡饭等。

一、本电热杯电源电压为 220V 交流，消耗电力 300W。

二、使用时首先将电源线座一端插入杯子插座处，再插上电源插头，用完后先拔掉插头，以免触电。

三、电热杯容量 1000g，使用时不要灌得太满，以免煮沸时溢出杯外。

四、煮沸饮料倒出后，杯中应加入少量冷水（因杯底余热较高），否则会影响杯子寿命。

五、请勿随意打开底部加热部件，以免损坏。

六、自售出之日起，一年内，如因材料或制造工艺不当而损坏，本厂负责退换，或免费修理。但不包括使用不当而损坏。

七、本产品经中国家用电器工业标准化质量测试中心站鉴定合格。

编号：92-1-HC-78

欢迎您提供宝贵意见。

我厂宗旨：质量第一 用户至上 销往全球 永久服务

本厂地址：中国云南昆明市××路××号

电话：××××电报：×××

思考与练习

1. 商品说明书的概念是什么？
2. 商品说明书与广告有什么异同？用什么加以区别？
3. 根据商品说明书的写作要求，谈谈商品说明书有哪些特点？
4. 商品说明书的标题形式有哪几种？
5. 说明书在写作上有哪些要求？
6. 试分析下面一段文字，判断其是商品说明书还是广告，说明理由。

DLL-5 型小型冰淇淋机。

DLL-5型小型冰淇淋机采用进口压缩机组，性能可靠，动力小，有220V照明电源即可使用。采用风冷式，不用冷却水，体积小，重量轻，整机35kg，移动方便，操作简单，每小时能生产冰淇淋5kg，经济效益高。每台售价1800元，投资少，见效快，3个月可收回全部投资。适用于厂矿、机关、学校、宾馆、饭店、食品冷饮店等。产品实行三包，保修半年，代办托运，并免费提供配方。

洛阳市大华机器厂研制

厂址：龙路（安乐窝）38号　电话：3820-635068　电挂：6869

账号：4706057 开户行：西关分理处

7. 请根据下面的材料，写一份条理清晰的药品使用说明书。

辽宁省本溪第三制药厂生产的"气滞胃痛颗粒"系疏肝理脾、行气止痛之剂，主要成分为柴胡、枳壳、甘草、香附等。具有舒肝行气，和胃止痛之功能，多用于治疗胃痛、腹痛、肋痛、胃肠痉挛等诸种病症。西医诊断之慢性胃炎、胃神经官能症、消化性溃疡、慢性无黄疸性肝炎等，服用本品一般3~10分钟内即可止痛或缓解剧痛。建议连续服用5盒以上。开水冲服，一次5克，一日3次。孕妇慎用。贮藏时注意密闭、防潮。该药品的批准文号是2Z-5014-辽卫药准字（1998）第0065号。厂家电话：0414-5896562，邮政编码：117019。

8. 找一份商品说明书，分析它的结构和语言，肯定写得好的地方，指出不足之处。

9. 下面是一则商业广告，请将其改写为商品说明书。

不锈钢内胆微波炉全面上市

双重优惠大展销

东芝生产技术

日本名牌部件

＊荣获95 全国金桥奖第一名

＊荣获96 首选品牌排名第一

＊荣获95 实际购买品牌排名第一

＊荣获95 心目中理想品牌排名第一

＊荣获95 中国保护消费者基金会信得过产品

＊荣获95 微波炉中华精品称号

第五章　礼仪文书

礼仪是礼节和仪式的总称。我国是文明古国礼仪之邦，人们的社会交往活动和思想感情的交流，有许多都是通过一定的礼仪形式和一定的文化活动方式来进行的。礼仪文书是为礼仪目的或在礼仪场合使用的文书。其写作的成果直接作用于各种社交场合，是一种交际文书。

礼仪文书的特点是：具有约定俗成的写作格式；讲究礼貌用语，具有礼仪性；情感表达较为丰富，具有情感性。

礼仪文书的种类很多，机关、团体、人民群众在节日和红白喜事中使用的请柬、邀请信、感谢信、欢迎词、欢送词、答谢词、贺信、贺电、祝词以及唁电、悼词、祭文、讣告等都属于礼仪文书。

第一节　礼仪文书概述

我国是历史悠久的文明古国，几千年来创造了灿烂的文化，形成了高尚的道德水准和完整的礼仪规范。

礼仪作为在人类历史发展中逐渐形成并积淀下来的一种文化，始终以某种精神的约束力支配着每个人，所以我国自古被世人称为"文明古国，礼仪之邦"。

礼仪不仅可以有效地展现一个人的教养、风度和魅力，还体现出一个人对社会的认知水准、学识水平、修养和价值。

所以说，礼仪是非常重要的，正如古人云："不学礼，无以立"，人们越发意识到礼仪在生活、工作和生意场上的重要作用。重新进行了文化审视和理性思考，汲取了西方文明的优秀成果，使东西方文化和东西方礼仪有机的交融，逐步地完善和发展。

一、礼仪的概念

礼仪的含义很广，在中国古代社会，礼仪既包含一般行为规范，又涵盖政治法律制度。近代以来，礼仪的范畴逐步缩小，礼仪与政治体制，法律典章，伦理道德逐步分离。到了现代，礼仪独立起来，明确起来，礼仪只有礼节和仪式的意思了。

那么什么叫礼仪呢？概括地说，"礼"即礼貌、礼节，"仪"即仪表、仪态、仪式、仪容。礼仪，就是人们在社会的各种具体交往中，为了互相尊重，在仪表、仪态、仪式、仪容、言谈举止等方面约定俗成的共同认可的规范和程序。

更通俗一点讲，礼仪，即以礼待人，用你喜欢别人对待你的方式去对待别人。

礼貌——是指人们在交往中相互表示敬重和友好的行为规范，它是通过言谈、表情、姿态等形式来表示对他人的敬重。如，使用礼貌用语，对他人态度和蔼，彬彬有礼，尊重他人。

礼节——是指人们在日常生活中，在各种交际场合相互表示问候、致意、致谢、慰问等方面的惯用形式。如，握手、打招呼、鞠躬等。礼节是礼貌的具体表现，是礼貌本质的外化。

仪表——指人的外表、姿态、服饰、个人卫生等内容。端庄的仪表既是对他人的一种尊重，也是自尊、自重、自爱的一种表现。

仪式——是一种比较正规、隆重的礼仪形式。人们在社会交往过程中或是组织在开展各项专题活动中常常要举办各种仪式。如，结婚仪式、欢迎仪式、开幕仪式、剪彩仪式等。

二、礼仪的起源和发展

礼仪是由习俗演变而来的，可以说有人类必有俗，有俗必有礼，有礼必有治。

人类形成群体生活后，经过长期的共同生活，逐渐形成了共同生活的习惯，这种习惯就是风俗，也就是习俗，这种习俗经长期使用并统一规范，就变成了礼。比如，起初人们都赤身裸体，后来为了保暖及遮羞以衣蔽体，后来人人都这样做，自然而然形成了习俗。后来随着文明的发展，对衣服有了不同的要求，男女穿着不同，各种场合穿着不同，这就成为礼俗。

中国是具有悠久历史的文明古国，各方面的礼仪规范可谓源远流长，很早以前就有《周礼》、《仪礼》、《礼记》等礼仪专著，合称为"三礼"。

孔夫子是我国历史上第一位礼仪学专家，他在《论语》中说到："质胜文则野，文胜质则史。文质彬彬，然后君子"。是说，只注重品格质朴而不注重礼节礼仪，就会显得粗野，而只注重礼节礼仪而不注重品格质朴，就会显得虚伪浮华，只有礼节礼仪与质朴品格相结合，才能成为真正有教养的人。

《礼记》是我国一部重要的礼仪学古典专著，曾告诫人们在人际交往的时候应该"不失足于人，不失色于人，不失口于人，""言语之美，穆穆皇皇"。意思是说："在人际交往中，不要在行动上出格，不要在态度上失态，不要在语言上失礼，""说话的时候要用谦恭、文雅、和气的语言。"

荀子说："人无礼则不生，事无礼则不成，国无礼则不宁。"

新中国成立以后，特别是改革开放以来，人们对礼仪重新进行了文化审视和理性思考，汲取了西方文明的优秀成果，使东西方文化和东西方礼仪有机的交融，逐步地完善和发展。

三、礼仪的特征

（一）共同性

礼仪是一定社会，处于一定关系中的人们共同认可的行为规范。国内是这样，国外也是如此，人们尽管分散居住在五大洲、四大洋的各个角落，但是许多礼仪却是世界通用的。

（二）变化性

礼仪是为维系人际关系而产生的，它必须随着人际关系和各种社会关系的发展而发展。一般来说，在非正式场合，有些礼仪不必拘于约定俗成的规范。

（三）互动性

礼仪在实践中是一种情感互动过程，礼仪是人与人之间尊重互换，情感互动的过程。

（四）规范性

礼仪是一种程序，有规范的"套路"，礼仪的规范性，是指人们在交际场合待人接物时必须遵守的行为规范。这种规范性，约束着人们在一切交际场合的言谈、话语、行为、举止，使之合乎礼仪。如，中国世界贸易组织首席谈判代表龙永图曾讲了一个耐人寻味的故事：一次在瑞士，龙永图与几个朋友去公园散步，上厕所时，听到隔壁的卫生间里"砰砰"地响，他有点纳闷。出来之后，一位女士很着急地问他有没有看到她的孩子，她的小孩进厕所十多分钟了，还没有出来，她又不能进去找。龙永图想起了隔壁厕所门里的响声，便进去打开厕所门，看到一个七八岁的小孩正在修抽水马桶，怎么弄都抽不出水来，急得他满头大汗。这个小孩觉得他上完厕所不冲水是违背规范的。

这位儿童自觉遵守礼仪规范的精神是很值得我们学习的。礼仪是约定俗成的一种自尊、敬人的惯用形式，任何人要想在交际场合表现得合乎礼仪，彬彬有礼，都必须对礼仪无条件地加以遵守。

第二节 祝辞、贺信、贺电、请柬、邀请信、感谢信

一、祝辞的概念、写法及范例分析

（一）祝辞的概念

祝辞也称祝词。是在喜庆的仪式上所说的表示祝贺的话。它常见于各种庆典、寿辰或节日祝贺等。

（二）祝辞的分类

祝辞可祝事业、祝节日、祝婚、祝寿、祝酒等。祝辞由于祝贺的内容不同，写法也不尽相同。

（1）祝事业　这类祝辞常常用在重大会议开幕、工厂开工、商店开业、工程竣工、展览剪彩以及纪念活动等，以表示祝贺者对此事的热烈祝贺。祝愿此事顺利进行，早日取得成功。同时颂扬取得的成果与成绩，以及意义和作用。它要求感情真挚，饱满热烈，用词准确，切合实际。

（2）祝酒　宴会、酒会，举杯祝愿，常常用祝酒辞。党和国家领导人在喜庆佳节或迎接外宾时，举行隆重盛大的宴会；单位之间送往迎来，举行正式的宴会、酒会；人们在逢年过节或遇有喜事开怀畅饮，举行小型宴会、酒会等都要用祝酒辞。通过祝词传达祝酒者美好的祝愿，并把自己对客人的欢迎和感谢之情热情洋溢地表达出来。它要求用词热情洋溢、充满激情、富有哲理和情趣，表达温文尔雅，恰到好处。

（3）祝寿　祝寿一般是对长辈诞辰表示祝颂。祝寿辞的内容，大多是对祝寿对象表示良好的祝愿，希望他们健康长寿，并要叙述和赞颂被祝寿者的经历、品格、取得的成绩，以及作出的贡献。它要求语言平易、自然，不要过分雕饰，也不要搬弄套话。

（4）祝婚　祝婚一般是祝愿新郎新娘婚后幸福美满，赞颂新郎新娘的容貌、道德、才华，颂扬他们的结合等。

（三）祝辞的写法

祝辞一般由标题、称呼、正文、结束语、落款五部分组成：

（1）标题　标题的写法有两种：一种是在第一行的正中只写上"祝辞"二字；另一种写"×××给××的祝辞"或"×××在×××会议上的祝辞"，表明祝辞是什么人致的，他是什么职务，在什么场合上的祝辞。

（2）称呼　在标题下第二行顶格写被祝贺者的称呼，称呼后面加冒号，表示下面有话要说，要注意称呼的先后顺序和亲切感。

（3）正文　下一行空两格写正文。这部分是祝辞的主体内容，包括下面几层意思：向受祝贺的单位或个人致意、祝贺、感谢或问候；叙述前一时期或过去一年中所取得的成就，并作出相应的评价，进一步表示祝贺；简述在新的一年里或今后一段时间所面临的任

务；写表示祝愿、希望、祝贺之语，除希望外还可以表示自己的决心。

（4）祝颂语　正文结束后写一句礼节性的结束语，如"预祝大会圆满成功"、"为各位来宾和朋友们的健康干杯"等。

（5）落款　在正文右下方署上祝贺的机关名称或祝贺者的姓名，在其下一行写上发祝辞的年月日。

【范例一】

×× 市长在×××× 市一次晚宴上的祝辞

女士们，先生们：

中国人宴会上的习惯是先致词后吃饭，这样做的好处是把该办的事办完，沉住气、不慌不忙地吃，而欧洲人是吃起来以后再讲话，这也有好处，不会饿肚子。今天我是入乡随俗——吃饱了再说。

今天，我很高兴在这里见到了许多老朋友，又结识了许多新朋友，并且一起庆祝我们的签字仪式。刚才，×××和我谈到，在德国结婚遇到下雨预示着会有好兆头。那么×××市长 2000 年访问 ×× 时适逢下雨；今天我们签字，雨婆婆又再度光临；如果说协议标志着一种结合的话，这雨将是我们两市的好兆头！

在此，我再一次邀请××××人访问××。希望大家认识中国、了解中国。在许多人眼里，中国是一个神秘的国度。我相信，凡是和我们接触过的人都会感受到：中国人是多么的生动。

最后，让我端起这金色的葡萄酒，在席勒的故乡，用他的著名诗歌《欢乐颂》里一段话，为我们已经签订的盟约干杯！"巩固这个神圣的团体，凭着这金色的美酒起誓：对于盟约要矢志不移，凭星空的审判者起誓。"

××××年×月×日

【简析】

这是一篇即席祝辞。本文短小精悍，文字简要，朴实而风趣，特别是能够结合两国两地的风俗习惯发表即席祝辞，令人感到亲切。其内容结构符合祝辞格式。

【范例二】

庆贺朱总司令六十大寿的祝辞

亲爱的总司令朱德同志：

你的六十大寿，是全党的喜事，是中国人民的光荣！

我能回到延安亲自向你祝贺，使我万分高兴。我愿代表那些反动统治区千千万万见不到你的同志、朋友和人民向你祝寿，这对我更是无上荣幸。

亲爱的总司令，你几十年的奋斗，已使举世人民公认你是中华民族的救星，劳动群众的先驱，人民军队的创造者和领导者。

亲爱的总司令，你为党为人民真是忠贞不贰，你在革命过程中，经历了艰难曲折，千辛万苦，但你永远高举着革命的火炬，照耀着光明的前途，使千千万万的人民，能够跟随着你充满信心向前迈进！

在我们相识的二十五年当中，你是那样的平易近人，但又永远坚定不移，这正是你的伟大！对人民你是那样亲切关怀，对敌人你又是那样憎恶仇恨，这更是你的伟大。

全党中你首先和毛泽东同志合作，创造了中国人民的军队，建立了人民革命的根据地，为中国革命写下了新的纪录。在毛泽东同志旗帜下，你不愧为他的亲密战友，你称得起人民领袖之一！

亲爱的总司令，你的革命历史，已成为二十世纪中国革命的里程碑。辛亥革命、云南起义、北伐战争、南昌起义、土地革命、抗日战争、大生产运动，一直到现在的自卫战争，你是无役不与。你现在六十岁了，仍然这样健壮，相信你会领导中国人民达到民族解放的最后胜利，亲眼看到独裁者的失败，反动力量的灭亡!

你的强健身体,你的快乐精神,象征着中国人民的必然兴旺。

人民祝你长寿

全党祝您永康!

周恩来
1946 年 11 月 30 日

【简析】

这是周恩来同志 1946 年庆贺朱德同志 60 大寿时的祝辞,虽时隔五十余个春秋,但今天读起来仍觉得十分亲切。这是因为本文感情真挚,用词准确,切合实际,内容与形式达到和谐的统一。

【范例三】

婚礼上的祝辞

各位嘉宾:

你们好!

春来了,一对春天的使者踏着婚礼进行曲正含情脉脉侍立在大家面前。先生是柳村,身长一米七二有余,比堂堂五尺男儿还高。现拼搏、闯荡于祖国的深圳特区;小姐是唐泽湘,不是西施,但胜似浙江浣纱女,正攻读于中南工业大学工商管理系劳模班。今天,就是他们各牵红线的一头走到了一起,开始了"二人转"。

造物主作美,赐给他们男才女貌,并恩恩爱爱,还有一个象征着他们的爱情不怕任何考验的风雨天。来宾们虔诚,个个默默祝福。老一辈在祈祷:柳村、泽湘互敬互爱,白头偕老;中年人在期盼:小夫妻要勇闯、苦学,明天挑起大梁;同龄人齐祝愿:阿哥、阿妹永远幸福、美满、甜蜜。我刚才也接到南海打来的热线电话,大慈大悲的观世音菩萨正护送一个白白胖胖、人见人爱的娃娃,乘坐 666(顺、顺、顺)次特别快车赶来长沙,将于十二月十八日八时八分到达。

沉浸在无限喜悦和幸福中的小两口为答谢各位的盛情祝贺和上苍的保佑,特精心挑选在预示好兆头的"金童"大酒店备席;但宴席档次欠高,招待也许不周,谨请大家多多见谅,多多包涵。下面是这对有情人将向你们深深地三鞠躬,以表衷心感谢。

为谢天地、谢祖国、谢父母的造就和栽培大恩,一鞠躬;为谢亲朋、谢同事、谢同学的赏光和深情厚意,二鞠躬;现在夫妻双手相牵,两心相对,海誓山盟,三鞠躬。

【简析】

婚礼上的致辞,生动活泼,热情洋溢,寓理于趣,给活动增添欢乐热闹的气氛。这篇祝辞巧引吉利数字吉利语,使气氛始终热烈、愉快、昂扬。如:"他们各牵红线的一头走到了一起,开始了'二人转'。""大慈大悲的观世音菩萨正护送一个白白胖胖、人见人爱的娃娃,乘坐 666(顺、顺、顺)次特别快车赶来长沙,将于十二月十八日八时八分到达。"最后的鞠躬礼更是将气氛推向高峰。

二、贺信的概念、写法及范例分析

(一)贺信的概念

贺信是表示庆贺的书信的总称。有喜事就要庆贺,如会议隆重开幕,科研取得成果,重大比赛获得冠军,庆贺节日、生日等,都可以写信祝贺道喜。

贺信有的是以个人名义写的,有的是以单位的名义写的,有的是同级单位之间或上级机关给下级单位写的,总之它是以组织或个人名义向集体单位或个人表示祝贺的书信。

贺信的内容可根据祝贺对象的不同而各异。

祝贺会议的贺信。应写明祝贺的对象、取得的成绩、希望等内容;祝贺新年的贺信,内容可长，可短。简短的如"新年愉快，万事如意"，内容较长的可交代祝贺的对象，赞颂一年来取得的成绩，和祝愿今后取得更大的成绩；祝贺校庆的贺信，要写明祝贺的事由，对学校取得的成绩以予评价、赞扬，对学校的今后提出希望。还有许多喜庆之事应用贺信来祝贺，不一一列举。

（二）祝贺信的写法

贺信的基本格式由以下几部分组成：

（1）标题　在第一行的正中写"贺信"二字，有些贺信的标题同时也写明发信单位或会议名称。如：×××给×××的贺信。

（2）称呼　第二行顶格写被祝贺的单位名称，或被祝贺者个人的名字。要写全称。

（3）正文　正文一般要写明三层意思：

① 概括写明祝贺的事由，热烈地赞颂对方所取得的成就及其重要的意义。

② 分析对方取得成绩的原因，给予适当的评价。

③ 进一步表示热情的赞扬和热烈的恭贺，殷切的期望和双方共同的理想。

（4）结语　正文结束后另起行以简略的礼仪性语言结束。如："谨寄数语，聊表祝贺与希望，""谨以至诚，祝贺你们"等。

（5）署名、日期写在正文右下方，各占一行。

（三）撰写贺信应注意的事项

① 内容要实事求是，颂扬和祝贺要恰如其分。

② 语言要简练概括，篇幅不宜太长，力求短小精悍。

③ 感情要热烈真挚，发自内心。

④ 文辞要优美。

【范例】

团中央致北京市第十次团代会的贺信

共青团北京市委员会：

值此共青团北京市第十次代表大会召开之际，共青团中央谨向大会致以热烈的祝贺，并通过你们向勤奋工作在北京市两个文明建设各条战线上的广大团员青年，向为共青团事业辛勤耕耘的北京市各级团干部，致以诚挚的问候和良好的祝愿！

几年来，在中共北京市委和市政府的领导下，北京市各级团组织紧密围绕全市中心工作，带领广大团员青年努力学习邓小平建设有中国特色社会主义理论，深入开展爱国主义、社会主义和集体主义教育，结合首都特点，发挥自身优势，创造性地组织实施团中央统一部署的跨世纪青年文明工程、跨世纪青年人才工程和服务万村行动，努力加强团的自身建设，取得了优异成绩，有效地服务了首都的两个文明建设，服务了首都的政治稳定和社会安定，服务了首都青少年的思想道德建设。特别是北京市各级团组织通过建功与育人相结合、继承与创新相结合，积极组织青年志愿者为七运会、远南残疾人运动会和世妇会开展服务，努力建设"一助一"、"服务基地"、"爱心社"等青年志愿服务体系，组织大学生志愿讲解员，实施外来务工经商青年培训工程，发挥青年突击队在城乡建设和重点工程中的突击作用，使青年在实践中增长了才干，受到了教育，坚定了理想和信念，为改革开放和社会主义现代化建设做出了应有的贡献。

希望北京市共青团组织在市委、市政府的领导下，继续坚持不懈地用邓小平建设有中国特色社会主义理论和爱国主义构筑当代青年的精神支柱，教育青年坚持党的基本路线一百年不动摇，更加紧密地团结在以江泽民同志为核心的党中央周围，坚定不移地走建设有中国特色社会主义道路，脚踏实地立足本职岗位，艰苦创业，建功成才。要继续强化服务大局、服务社会、服务青年的意识，结合首都实际情况，进一步深化跨世纪青年文明工程，跨世纪青年人才工程和服务万村行动，为全团创造出更多的好经验，为首都的社会主义精神文明建设和物质文明建设做出新的贡献。

预祝大会圆满成功！

共青团中央
1997 年 5 月 4 日

三、贺电的概念、写法及范例分析

贺电是表示祝贺赞颂的电报。它和祝词贺信一样，旨在庆贺重要会议、事业成就、庆贺喜庆节日、开业庆典、结婚、祝寿等，以表达发报人的良好祝愿。

贺电与贺信、祝词的写法大体相同，只是内容要求更精练，因用电波传递。

它要求篇幅短小，文字明快，语言精练，迅速及时，有极强的时效性。在贺电中对所贺之事应于恰当的评价。

【范例】

贺　　电

沈阳市外商投资企业协会：

值沈阳市举行"首届沈阳外商投资企业员工田径运动会"之际，中国外商投资企业协会谨对大会致以热烈的祝贺。

促进企业文化建设，弘扬企业精神，加强中外企业人士和员工之间的友谊，这对于进一步宣传我国改革开放政策及良好的投资环境，为办好现有外商投资企业，无疑将产生积极的推动作用，对你们的工作我们表示衷心的感谢。

预祝大会取得圆满成功。

中国外商投资企业协会
2004 年 5 月 18 日

四、请柬的概念、写法及范例分析

（一）请柬的概念

请柬也称请帖，邀请书。它是单位团体或个人邀请有关人员出席隆重的会议、典礼，参加某些活动时发出的礼仪书信。发请柬为了表示郑重其事，有时也为了用作某种入场或报到的凭证。

随着礼仪活动越来越频繁，请柬的使用也越来越广泛。一些开幕式，落成典礼、纪念活动、节日联欢、各种宴请等重要活动都要使用请柬。鉴定会、联谊会、结婚典礼等重要会议和庄重场合也要使用请柬。

（二）请柬的写法

请柬一般由以下几部分组成：

（1）标题　第一行中间位置标明"请柬"字样。有的把"请柬"二字标于封面上，封面经过艺术加工，美观精致，庄重大方，给人以美感。

（2）称呼　第三行顶格写被邀请者名称。单位名称或姓名之后要有职务、职称等称谓，或用"同志""先生"等。对妇女也可根据具体情况用"女士"或"小姐"。

（3）正文　第四行空两格写正文，交代会议及活动的内容、性质、时间、地点。

（4）邀请语　文末多用"敬请光临"、"恭候光临"等礼貌用语。

（5）落款　最后签署发柬单位的名称或个人的姓名，也可两者都用，位置在正文的右下方。日期，另起行在署名下标明年月日。

（三）撰写请柬应注意的问题

（1）请柬比较庄重，要求纸面美观悦目，书写整洁。

（2）措辞要典雅得体，一般要使用"敬请"、"恭候"、"光临"、"莅临"、"谨启"等文言词语。语言乏味，则让人看了不舒服。如将"敬备菲酌"、"略备薄酒"写成"请你吃饭"之类的白话，便会大煞风景。此外请柬语气还要带有希望、请求之意，以表诚心。

（3）请柬字数较少，因此要适当放大文字，并注意文字排版和整个文面的合理性。

（4）要注意时间、地点、人名的准确无误，发送时间要恰当，太早容易遗忘，太晚难免贻误时间。

（5）如果直接到商店购买印制好的请柬，则要注意其中的内容是否切合你的需要，还要注意不要随便购买印有现成诗歌的请柬，因为大部分印制请柬上的诗歌都有拼凑痕迹且品位不高，这样的请柬一旦送到文化底蕴较深者的手中，则会贻笑大方，反而有损于请柬的典雅性和庄重性。

【范例一】

请　柬

××先生（小姐）：

　　本饭店筹备就绪，定于 2004 年 6 月 5 日 9 时正式开张营业，敬请光临并为剪彩，本饭店同仁将感到不胜荣幸。

××饭店总经理（签字）
二〇〇四年六月一日

【范例二】

（此页空白，『请柬』二字印在反面）	请　柬	××先生（小姐）： 　　在各方面的关怀和支持下，本厂生产的××牌电视机在 2003 年全国质量评比中荣获金奖，谨定于 2004 年 6 月 10 日 10 时在凤凰饭店举行庆祝会，敬请光临指导！ <div align="right">××电视机厂 二〇〇四年六月四日</div>

【范例三】

```
谨定于二〇〇六年六月十日九
时在福海大饭店举行盛唐传扬公司
成立开业典礼，敬请
×××先生  莅临指导！

       盛唐传扬公司总经理×××
              ×年×月×日
```

```
（此页空白，「请束」二字印在反面）

         请  束
```

【简析】

【范例一】是制作较为简单的请束，文种和正文安排在一页。【范例二】是制作较为考究的请束，文种专设一页，正文写在另一页上。【范例三】是竖式排版的请束（上两例属横式请束），文字按旧例从右到左排列。与前两例不同之处还在于此处将对方的称谓安排在文中而非开头。为表示尊敬，对方称谓"×××先生"另起一行顶格写，当然，也可以直接写在"敬请"之后。

为使大家对请束拟写的常见错误有更加深刻的印象，下面以几则问题较为明显的请束为例作一评析。

例1（请束内页正文）：

```
  谨订于二〇〇六年五月七日（农历四月初十日）星期日，举行新人章燎先生和赵米兰小姐的结婚
典礼；在这美丽又兴奋的日子，诚挚地邀请您来为我们见证，并分享我们的喜悦！
     恭请  姑父  姑母  琳妹
阖第光临
                                                        章燎   赵米兰   敬邀
     席设：_____×××××
     时间： ×月 × 日 × 时 × 分
```

例2（请束内页正文）：

```
送呈                  谨订于                  敬备喜宴          恭请                席设：    时间：
                                             为                                      ×         ×
×××先生全家         ×年×月×日           章燎                ×××先生全家       ×         ×
                                             赵米兰小姐                                ×         ×
台启                   举行结婚典礼           先生                                      ×         ×
                                                                                      ×         ×
                                                             光临                      ×         ×
                                                                       章燎  赵米兰 敬邀
```

例3：

请　柬

小张：

　　你想欢庆一年的收获吗？你想尽享新年的欢乐吗？我们将于2006年12月23日晚上7点在市文化宫礼堂举行迎新年暨新产品发布联欢晚会，请届时参加。

××公司
二〇〇六年十一月十八日

以上三则请柬至少存在以下问题：

第一，庄重性不够。庄重典雅是请柬最大的特点，否则，就不是真正意义上的请柬。例3中的称呼"小张"应改为对对方姓名的全称，并且在其后加"先生"二字以示敬重，不管作者与对方关系是否密切都应如此。正文开头使用了两个很整齐的疑问句，使得整个请柬类似于文艺性的海报，看似生动，实际上是将请柬的庄重典雅"降格"了，可将这两句删去。"我们将于"可改为"兹定于"，以增强请柬的庄重典雅特点。"请届时参加"，语气过于生硬，像是上级下发的通知，应改为"敬请光临"或"敬请莅临指导"等。例1也有庄重性不够的问题："在这美丽又兴奋的日子"一句很不得体。例1和例2缺少成文日期也有损于请柬的庄重性。

第二，人称出现混乱。范例一和范例二都是商店出售的请柬，这在填写时就有很多限制，不小心就会出现人称混乱。例1既然是"邀请您来"，之后又变成了"姑父、姑母、琳妹"三人。章燎和赵米兰是请柬的签署人和发送者，而正文中又直呼"新人章燎先生和赵米兰小姐"（面对接受请柬的尊贵客人自称"先生"、"小姐"也不够谦虚），宜将"举行新人章燎先生和赵米兰小姐的结婚典礼"一句直接缩写成"举行结婚典礼"。例2也应作如此修改。例2"送呈……台启"中宜填写"×××先生"而不应填写"×××先生全家"，收信只需一个。如果准备邀请其全家，则在"恭请"后填写"×××先生全家"即可；如果只邀请×××先生一人，则"恭请"后不必再填任何内容。

第三，时间标注重复。例1和例2都出现了两个时间，大可不必，除非婚礼的时间、地点与喜宴的时间、地点不同。

第四，"定""订"不分。例1和例2中"谨订于"应改为"谨定于"："定"是商定、决定的意思，而"订"是经过研究商讨而立下（条约、契约、计划、章程等）之意。"定""订"不分的错误请柬中出现十分频繁。同时还要注意，"敬请莅临指导"不可写成"敬请前来莅临指导"，因"莅临"就是"前来"的典雅说法。

五、邀请信的概念和写法

（一）邀请信的概念

邀请信是各级机关、企事业单位与社会团体举办重要活动、召开重要大会，邀请上级领导、协作单位和有关人士参加所用的信函。邀请信与请柬有相似之处，但使用范围比请柬更广泛，信息容量更大，一些重大的商业活动经常以邀请信形式邀请社会各界人士参加。有时，这样的邀请信其标题也可写作"关于××××的通知"或"关于××××的邀请函"。

（二）邀请信的写法

（1）标题　事由＋文种，或会议名称＋文种；有些邀请信只标"邀请信"三字。

（2）称谓　在邀请信的开头顶格书写被邀请者的姓名或单位名称。个人姓名后应加职务、职称或"同志"、"先生"、"女士"等相应的称谓以示尊重。

（3）信首问候语　如果邀请信是寄给个人的，一般要写问候语"您好"等。问候语要单独成一小节。如果是寄给单位的，则可省去问候语。

（4）主体　说明邀请的原因和活动的内容，介绍活动安排的细节，并提出邀请。

（5）信末问候语　在正文下一行左空两格书写问候语。

（6）落款和成文日期　在邀请信末尾右下方适当位置写上邀请单位名称或个人姓名。落款下面签上年、月、日。

邀请信语气要诚恳热情，使对方感受到邀请者的诚意而愉快地接受邀请。文字简洁明了，写清楚活动的时间、地点、内容。如有其他要求，也可提出，供被邀请者事先考虑准备。

（三）邀请信与请柬的区别

邀请信与请柬都是邀请某人、某单位前来参加某项活动。区别在于：邀请信是邀请对方前来参加某项实质性的活动。所谓实质性，不同于例行的礼仪活动，而是指有具体的内容、事项，如学术讨论会、成果鉴定会、展销订货会等。这些活动往往时间较长、项目较多、程序较为复杂，因此，需要用邀请信来详细说明，不这样不足以打动说服对方前来参加。而纯粹礼仪性的、例行性的活动，则不适宜用邀请信，发一请柬即可。另外，为了表示邀请的诚意，也为了使对方能对活动有一个了解，邀请信往往还要介绍活动本身的作用、意义，而请柬只需用一句话点明会议的内容或名称。

【范例一】

2001年中国国际人才交流暨项目洽谈会邀请信

各专家组织、培训机构：

　　由中国国家外国专家局主办，××省人民政府协办，中国国际人才交流协会、××省外国专家局承办的"2001年中国国际人才交流暨项目洽谈会"将于今年11月6日至9日在中国××市国际展览中心举行。

　　随着中国经济建设的发展和加入世界贸易组织的临近，中国市场拥有十分旺盛的国际人才交流需求。国家外国专家局作为中国聘请外国专家和出国培训归口管理的政府部门，举办此次大会旨在加强全国各省市有聘请外国专家和出国培训需求的单位，与国际上具有一定实力的专家组织、培训机构的交流，就2002年及今后聘请专家、出国培训项目进行洽谈，促进中国与世界各国在经济、技术和社会发展等各个领域的合作。

　　此次洽谈会是国家外国专家局在以往举办"聘请外国专家暨国际人才交流项目洽谈会"、"外国文教专家项目洽谈会"、"国（境）外培训渠道建设工作会议"的基础上，首次召开的综合性国际人才交流大会。

　　洽谈会得到中国有关部委、各省、市、自治区的大力支持，洽谈项目涉及农业、工业、软件与集成电路、医疗卫生、教育、金融、证券、保险、旅游等多个专业领域。国内有关部委、各省、区、市外专局（引智办）、国际人才交流协会及企事业单位代表1000多人将参加会议。

　　为方便展示贵组织的优势，洽谈会将提供展位和洽谈间；大会组委会竭诚欢迎国外各专家组织、培训机构参加此次会议，与中国各有关部门和企事业单位不断拓展交流合作领域，并就国际人才交流与国际人力资源发展提出意见和建议。

　　有关报名注册等事宜会议组委会秘书处将与你们联系。

　　联系人分别为：

经济技术专家事务，×××，电话：010-××××××
　　教科文卫专家事务，×××，电话：010-××××××
　　出国培训事务，×××，电话：010-××××，传真：010-××××××
　　中国国际人才交流协会会议秘书组：×××、×××，电话：010-××××××
　　专此奉达，并颂秋祺

中国国际人才交流协会副主席兼秘书长　×××
二○○一年九月十六日

【简析】

　　这是一封商业邀请信，标题是"会议名称+文种"，正文较为详尽地说明了邀请的原因和活动的内容，介绍了活动安排的细节，语言诚恳而热情。

　　因受文单位广泛，信息含量较大，故不采用"请柬"形式。

【范例二】

关于召开××××学术研讨会的邀请信

×××同志：

　　您好！

　　××学科自20世纪80年代初期在我国兴起以来，在社会生活中已显示出日益重要的作用。为对本学科的发展进行研究与探讨，我们决定于五月下旬在×××召开××学术研讨会。本会将邀请知名专家学者及从事本学科研究、教学的同志欢聚一堂，各抒己见，共商大计。

　　现将与会有关事项敬告如下：

　　（略）

　　海内存知己，天涯若比邻。大家虽然相隔千山万水，但是心是连在一起的，天南海北，难得一聚，欢迎您的光临！

　　此致

敬礼！

×××编辑部
1988年5月1日

【简析】

　　这是以"邀请信"取代惯用"通知"的案例。此信开宗明义，说明举会缘由，突出这是一次"共商××学科'大计'"的学术聚会。信末，引用古诗"海内存知己，天涯若比邻"，殷切地表达了会议主办者广交海内同志的愿望，文情并茂。

　　使用礼貌用语"您好"、"欢迎您的光临"、"敬告如下"等，体现了邀请信讲究礼仪的特点。

六、感谢信的概念和写法

（一）感谢信的概念

　　感谢信是单位或个人为感谢对方的关心、帮助或支持而写的一种专用书信。

　　这种信函的写作者一般是受助者本身或受助一方的代表。其写作目的是肯定对方的事迹和风格，表示不忘对方的关爱和帮助，表达自己的感激慰问之情。此外，感谢信还有表扬、表彰的作用。

　　感谢信可以张贴在对方工作和生活的公共场所，也可以直接寄给对方的单位领导，如影响较大的还可以交给报社刊登或电台广播，以起到应有的宣传、感召作用。

　　感谢信通常以第一人称叙述。

（二）感谢信的写法

（1）标题　感谢信的标题比较灵活，可直接以文种"感谢信"三字作标题；也可用公文式标题，即发文机关＋事由＋文种；还可用双标题，即正标题加副标题，先用一个能概括主题或概括对方精神的正标题，然后另起一行加破折号以"给×××的感谢信"作为副标题。

（2）称谓　标题下空一行顶格书写，后面加冒号。对方名称前可以加上修饰语，如"尊敬的"等。

（3）正文　简要回顾对方的事迹——说明对方帮助的意义：包括对受助者的直接意义和对方行为的社会意义——向对方表示赞美和学习——表示感谢。

一般说来，写作正文时不宜一开始便表示感谢，因为除被感谢的对象外，感谢信的其他读者对事情并不了解，开始便表示感谢容易让人感到空泛；作为感谢信，结尾一般都要表示感谢，若开头便先表示感谢，则结尾的感谢会显得有些重复。有的作者甚至试图一开始就用"首先感谢您（你们）×月×日……"一句就把事实叙述清楚，这样势必造成后文无从下笔难以展开的局面。

正文结尾是致敬语，表示祝愿、敬意，方式可灵活多样。

在感谢信中，叙述事情务必真实、具体，不要遗漏关键性的细节，也不可任意夸大或缩小事实。要把被感谢的人物、事件准确、精当地叙述清楚，使对方能够回忆起来，组织上也能具体地了解是什么人、在什么时间、什么地点做了什么好事，有什么好的影响。叙述事实时，还要防止陷于对事件的详尽描述而不能自拔。

感谢信、贺信、慰问信、公开信等都属于专用书信，常常采用夹叙夹议的表达手法。如果只写事实不谈看法，读者往往只知其一不知其二；如果只发议论不叙事实，又会使读者丈二和尚摸不着头脑。当然，对对方的议论评价必须恰如其分，对事实的社会意义不可随意夸大。

感谢信以200～300字为宜，篇幅不宜太长。

【范例一】

感　谢　信

××出租汽车公司：

5月3日下午，我公司经理万明光乘坐贵公司"京A8688"号出租汽车时，不慎将皮包丢失。包内有人民币8万余元、身份证一个、护照一本、空白支票三张及各种票据若干张。在我们焦急万分之时，贵公司司机马志伟同志主动将拾到的皮包送至我公司，使我公司避免了一次重大损失。为此，我们再三表示感谢并拿出1万元作为酬谢，马志伟同志说："这是我应当做的。"坚决不肯接受。马志伟同志这种拾金不昧的高尚品德，体现了社会主义社会良好的道德风尚，对我们全体工作人员是一次很好的教育。在此特致函贵公司，深表谢意，并建议对马志伟同志的高尚行为予以表扬。

此致

敬礼！

××公司
二〇〇五年五月六日

【简析】

这是一篇以单位名义对拾金不昧行为表示感谢的感谢信，格式规范。开头首先简要地叙述了事情经过，然后强调这一行为对失物一方的重要意义及其社会意义，最后向拾金不昧者及其所在单位表示真挚的赞美和感谢。

全文采用夹叙夹议的表达方式，既叙述了事实又挖掘出了事件所蕴含的社会意义。

"建议对马志伟同志的高尚行为予以表扬"，"建议"一词用得十分恰当。

【范例二】

感 谢 信

××部队全体指战员：

　　我县今年遇到了特大洪水灾害。在万分紧急的情况下，你部全体干部、战士发扬了无私无畏的战斗精神，同我县全体人民并肩战斗，赢得了抗洪斗争的胜利。你们这种全心全意为人民服务的精神是值得我们学习的。为此，特向你们表示衷心的感谢！

　　我们决心在党中央的领导下，努力搞好工农业生产，以实际行动报答你们的关怀，为早日实现祖国的四个现代化而努力。

　　此致

敬礼

××省××县人民政府
××××年×月×日

【简析】

　　这是一封县人民政府写给部队的感谢信，正文先叙述对方事迹，再阐述对方的行为对全县人民的意义，然后表示感谢。最后表决心既是作为县人民政府大灾之后应有的态度，也是对方事迹鼓舞的结果，这一内容使得感谢信的主题得以升华。

　　当然，作为县人民政府对部队指战员抗洪救灾浴血奋战行动的感谢，本文未免显得过于简单，可以对指战员感人行动进行适当描述，增加一些充满激情的语言，全文篇幅也可适当增加。

第三节　欢迎词、欢送词、答谢词

一、欢迎词的概念写法及范例分析

（一）欢迎词的概念

欢迎词系指在接待或招待客人的正式场合中，主人发表的表示欢迎之意的致词。

外宾来访、领导视察、同仁参观、新生入学、新教师入校等都要表示热烈的欢迎和美好的祝愿。

（二）欢迎词的写法

欢迎词的一般格式和写法如下。

（1）标题　第一行正中写标题，字体略大，可写"欢迎词"三个字或"×××在欢迎×××会上的讲话"。

（2）称呼　第二行顶格写称呼，称呼要讲究礼仪，姓名要写全，要用尊称，可根据主客之间关系的疏密在姓名前面加表示亲切的修饰的词语，如尊敬的、敬爱的、亲爱的，要因人而异。

（3）正文　正文要表示三层意思：

① 开头要对客人表示热烈的欢迎，诚挚的问候和致意。

② 阐述来访的意义，赞颂客人各方面取得的成就，也可回顾双方之间的交往与友谊，赞扬双方之间友好的合作。

③ 最后表示良好的祝愿或希望。

（4）结尾　再一次的对客人表示热烈的欢迎和良好的祝愿。

（5）署名、日期　正文右下方署名，如标题有名称，可不署名，署名下一行标明日期。

欢迎词要求：热情洋溢，真诚感人，语言简洁，礼貌适度。

【范例】

欢　迎　词

各位来宾、各位朋友：

"春来谁做韶华主，总领群英是牡丹"。在春风送暖，百花吐艳时节，古都洛阳迎来了第九届牡丹花会。热情好客的古都人民，诚挚地欢迎外国朋友、港澳台同胞和来自祖国各地的客人光临洛阳！

花，是社会文明的标志，也是一个地方繁荣昌盛的象征。自古以来，我国人民就有养花、种花的优良传统。特别是党的十一届三中全会以来，随着人民生活水平的提高，养花、护花、赏花更是蔚成风气，已成为人们生活的有机组成部分。我市自1983年举办首届牡丹花会以来，吸引了众多的国际友人和国内游客，起到了以花为"媒"广交朋友、宣传洛阳、发展经济、促进两个文明建设的作用。今年花会，我市将举办中国盆景插花根艺石玩展、洛阳首届民俗文化庙会、洛阳牡丹花会灯会、洛阳牡丹书市等丰富多彩的文化生活，给广大游客提供了进一步了解洛阳的好机会。中国第一古刹白马寺、我国三大石刻艺术宝库之一的龙门石窟、我国三大关帝庙之一的关林、洛阳古墓博物馆等旅游景点面貌一新，盛装欢迎中外宾客。在花会期间举办的1991年洛阳经济技术洽谈会、物资交易会、商品订货会、全国名优产品展销会、学术研讨会等，是开展经济协作、技术开发、贸易往来、加强横向联系、学术交流的良机，对促进洛阳经济的发展将起到重要作用。

年年岁岁花相似，岁岁年年"会"不同。愿洛阳牡丹花会在中外友人的关注和全市人民的共同努力下，越办越好！

祝各位来宾在洛阳期间精神愉快，身体健康！

××××年×月×日

【简析】

这是一篇欢迎词，是对前来参加花会的国内外宾朋表达欢迎之意的致词。其正文含三层意思：一、表示欢迎；二、阐明花会的目的、作用；三、良好的祝愿。第二层是主体。全文内容结构符合欢迎词要求。

二、欢送词的概念、写法及范例分析

欢送词系指向客人告别的正式场合中主人发表的表示送别之情的致词。会议闭幕、学生毕业、客人结束访问等，都要表示热烈的欢送。

欢送词的格式和写法一般同欢迎词，只是正文部分的内容有所区别，应对客人表示热烈的欢送并对客人在这一阶段取得的成绩予以肯定，给予适当的评价。最后结束语要以生动感人的语言对客人表示希望和勉励，并显示出依依惜别的感情。

【范例】

欢　送　词

尊敬的××博士，尊敬的朋友们、同志们：

××博士结束了在我校为期三年的执教生活，近日就要回国了。今天我们备此薄餐，为××博士送行。

三年来，××博士以出众的才智和辛勤的工作，赢得了全校师生的信赖与尊敬。他所做的几次学术报告，开阔了我们的视野，推动了学校的教学改革。对此，请允许我们代表全体师生对××博士再次表示感谢！

　　在三年的教学工作和日常交往中，××博士与油脂专业的师生诚挚交流，以友相待，结下了较为深厚的友谊，我们为此而感到高兴。

　　中国有句古话："海内存知己，天涯若比邻"。千山万水无阻于我们友谊的发展，隔不断彼此之间的联系。我们期望××博士在适当的时候再回来做客，讲学。

　　××博士将踏上回程的时候，请带上我们全体师生的深情厚谊，也请给我们留下宝贵的意见和建议。

　　最后，祝××博士一路平安，万事如意。

×××
××××年×月×日

【简析】

　　这是一篇欢送词。本文对××博士在校任教期间所取得的成绩予以充分的肯定，并在此基础上道出了师生对××博士的依依惜别之情。这两部分内容都是一篇欢送词所必须有的。

三、答谢词的概念、写法及范例分析

　　答谢词系指在公众场合对别人的帮助或招待表示感谢时所说的话。

　　古人常言"来而不往非礼也"。单位之间、朋友之间有喜事，前来祝贺，有困难解囊帮助，有不幸探问安慰，这些都应及时致谢，此乃人之常情。

　　答谢词的格式和写法与欢迎词、欢送词基本相同，只是正文的内容有所不同，答谢词首先是对对方致以衷心的感谢，然后对对方的成就和双方的友谊表示赞颂，结尾提出自己的希望和良好的祝愿。

　　答谢词要求语言生动，感情真挚，热情、有礼貌。

【范例】

在接受救灾粮仪式上的答谢词

亲爱的××领导，远道而来的客人们：

　　今天，我们怀着无比感激、无比振奋的心情，在这里迎接××红十字会给我们县师生捐赠救灾粮的亲人。

　　今年7月以来，我县遭受了百年未遇的大旱灾。七、八、九三个月，艳阳连天，滴雨不下，池塘干涸，溪河断流，田地龟裂，禾苗枯死，真是赤地千里！虽经我们奋力抗灾，但自然灾害的肆虐，使十多万人饮水困难，30多万亩农田颗粒无收。我们县的中小学生，就有一万多名因受灾辍学，还有几万名靠同学、教师、亲属的接济度日。然而，党和政府没有忘记我们，兄弟县市的乡亲没有忘记我们。省市领导多次亲临现场，视察灾情，组织救援，市县国家干部职工争相解囊，捐粮捐钱。今天，我们又接到了你们无私捐助的大批救灾粮食。"一方有难，八方支援"，团结互助，无私奉献，这只有在今天优越的社会主义制度下，只有在我们伟大的社会主义中国才能办到！

　　谢谢你们，远方的亲人。我们全县中小学生、全县人民，一定从你们的援助中汲取力量，奋发图强，重建家园，努力学习，奋猛登攀，以崭新的成绩，来报答党和人民的关怀，报答你们的深情厚谊！

×××
××××年×月××日

【简析】

这篇答谢词集中反映了××县师生对远道送粮的××领导和同志们的感激之情。从内容上说，答谢词不但要答谢，而且还要说出答谢的原因，这是基本要求。

第四节　唁电、讣告、悼词

一、唁电的概念、写法及范例分析

（一）唁电的概念

唁电是指拍给死者家属或所在单位用以祭奠、慰问的电报。

（二）唁电的写法

1. 唁电由以下五部分组成

（1）标题　在第一行中间写"唁电"二字。

（2）称呼　在第二行顶格写收电人及职称。

（3）正文　在第三行空两格写正文。正文应分三层意思：

① 一般写得到噩耗后的悲痛心情。如：惊悉，乍闻，不胜哀悼，溘然长逝等。

② 简单追述死者业绩。

③ 对死者家属表示慰问。如节哀自珍，尚祈节哀。

（4）结尾语　在正文后写明："特此唁慰"。"特电吊唁"等。

（5）署名、日期　正文右下方写上名字，日期。

2. 唁电要求

文字简练，浸透沉痛之情，发电报要及时。

【范例】

唁　电

江泽民总书记、杨尚昆主席：

　　惊悉中国老一辈共产主义革命家、中国人民解放军缔造者之一聂荣臻同志因病逝世，谨代表朝鲜劳动党中央委员会、朝鲜民主主义人民共和国政府、朝鲜人民并以我个人的名义，向你们并通过你们向中国共产党中央委员会、中华人民共和国政府和中国人民以及故人的家属表示深切的哀悼。

　　聂荣臻同志早年就参加了中国人民革命，在党、国家和军队的领导岗位上忘我工作，为社会主义建设和人民解放军的发展壮大作出了巨大贡献。

　　聂荣臻同志虽然逝世了，但他建立的功勋将永垂千古！

金日成
1992 年 9 月 10 日

【简析】

本文的特色是高度概括。作为老一辈革命家一生的事迹是很多的，要在较短的篇幅中一一表述是不可能的，这就要求如何用准确、概括、凝练的文字表述，这是至关重要的。

二、讣告的概念、写法及范例分析

（一）讣告的概念

讣告是由死者的亲属或治丧委员会发出的一种报丧文书。

讣告有一般式、公告式两种。对人民对社会作出重大贡献的伟人、知名人士的死，一般用公告式的讣告公诸于世。公告式讣告显得隆重、端庄。通常由党和国家或一定级别的机关、团体作出决定发出。一般人逝世的时候，常用一般式讣告。

（二）讣告的写法

讣告由以下三部分内容组成。

（1）标题　第一行正中间以"讣告"或"公告"作为标题。

（2）正文　正文常用三层意思表达：

① 写清死者的姓名、身份、去世的原因，去世的日期（要写明年、月、日、时、分），去世的地点、享年多少岁。

② 简明写出死者的履历、贡献，并进行评价和哀悼。

③ 通知吊唁、举行追悼会及殡葬时间、地点。

（3）写明发讣告人或团体的名称、时间。

（三）撰写讣告应注意的问题

① 要根据死者的身份决定内容的详略，重要人物，知名人士一般要详写，普通人逝世则要略写。

② 文字要简练（许多内容可在悼词中列述）、严肃、庄重。

③ 讣告一般用白纸黑字写，在报上发表的也常常加上黑框，以示志哀。

【范例】

讣　　告

我公司财会室主任，会计师汪×同志，因患脑溢血于2000年8月6日0时5分在省人民医院逝世，终年71岁。

汪×同志1945年参加革命工作，1948年5月加入中国共产党，历任中国人民解放军班长、排长、连长、营长，1963年8月转业任我公司会计室主任，五十年来，汪×同志全心全意为人民服务，是我们党的一位优秀干部。

汪×同志追悼大会于2000年8月12日上午8时在××殡仪馆举行。

××市华兴公司
××××年×月×日

三、悼词的概念、写法及范例分析

（一）悼词的概念

悼词有广义和狭义之分。广义的悼词指向去世者表示哀悼、缅怀与敬意的悼念性文章。狭义的悼词专指在追悼大会上对去世者表示敬意与哀悼所宣读的文章。悼词一般都含有评价死者生平业绩、寄托哀思、化悲痛为力量等内容，对后人有激励、鞭策等积极作用。这里主要谈狭义悼词。

（二）悼词的写法

悼词一般由三部分内容组成：

（1）标题　写明"悼词"或"在××同志追悼大会上的悼词"。

（2）正文　包括以下几层意思：

① 表明以怎样的心情悼念什么人。
② 介绍死者的身份、称呼。
③ 介绍逝世的原因、时间、享年多少岁。
④ 介绍死者的籍贯、出身、何年参加工作、政治面貌、每个历史时期历任职务。
⑤ 对死者一生进行正面评价，歌颂高贵的品质和重大贡献。一生中有哪些突出表现，群众对他的赞语，组织对他的评价等，可选一两个事例来说明。
⑥ 评价死者逝世给事业或工作带来的损失，号召生者学习他的精神，化悲痛为力量，完成未竟事业。

（3）另起段写"×××同志永垂不朽"或"×××同志千古"等语。

（三）撰写悼词应注意的问题

① 评价要实事求是，不提缺点。
② 语言要庄重严肃。

【范例】

在追悼陈毅同志大会上周恩来同志的悼词

我们怀着十分悲痛的心情，悼念陈毅同志。陈毅同志是中国共产党第九届中央委员会委员、中央军委副主席、中华人民共和国国务院副总理兼外交部长、中国人民政治协商会议全国委员会副主席、国防委员会副主席。陈毅同志在病假期中，因患肠癌，治疗无效，于1972年1月6日23时55分不幸逝世，终年71岁。

陈毅同志1922年加入中国共产主义青年团，1923年加入中国共产党。1927年加入中国工农红军。红军时期历任师长、军长；江西军区司令员兼政治委员；抗日战争时期，历任新四军一支队司令员、新四军代理军长；解放战争时期，历任华中野战军司令员、华东野战军司令员、华东军区兼第三野战军司令员。全国解放后曾任上海市市长。

陈毅同志是中国共产党的优秀党员，是中国人民的忠诚战士。几十年来，陈毅同志在毛主席、党中央领导下，在长期革命战争中，在社会主义革命和社会主义建设中，坚持斗争，坚持工作，努力为人民服务。

陈毅同志的逝世，使我们失去了一位老战友，老同志，是我党我军的一大损失。我们沉痛地悼念陈毅同志，要学习陈毅同志的革命精神。化悲痛为力量，在以毛主席为首的党中央领导下，在毛主席无产阶级革命路线指引下，谦虚谨慎，戒骄戒躁，为完成国际国内新的战斗任务，争取新的更大的胜利而奋斗。

陈毅同志安息吧！

××××年×月××日

【简析】

悼词，顾名思义就是表示对死者的悼念、寄托哀思的话。其目的有二：一是表达悼念之情。二是鼓励化悲痛为力量，投身于建设事业中。基于这两点目的，这就要求作者要有真情实感，并能够用恰当的文字表述出来，而本篇在这方面堪称典范。

思考与练习

一、某中学的老师即将退休，该中学为他举行欢送酒会，请代表学校领导拟写一份欢送词、代表毕业生拟写一份祝酒词，字数各500~600字。

二、写一封祝贺祖父母（或外公外婆）寿辰的贺信，500字左右。

三、根据第三章第五节第四题所给的内容完成下列作业：

1. 请代表××应用技术学院环保协会给××学院的学生社团红楼梦读书会拟写请柬，邀请对方参加成立大会。

2. 代表××学院学生社团红楼梦读书会给××应用技术学院环保协会写一封贺信，祝贺协会的成立，300字以上。

四、指出下面这封感谢信存在的问题并进行修改：

传递爱心　温暖社会

——给××职业技术学院的一封感谢信

××职业技术学院爱心社全体同学：

你们好！

首先，我代表××社会福利院对你们利用节假日来我院为老年人服务的高尚行为表示最衷心的感谢，感谢你们为社会做出了榜样，为老年人提供了服务。

今年五·一劳动节长假期间，你们学院爱心社的十二名同学来到我们福利院传递爱心，让老年人度过了十分愉快的一天，你们的高尚行为鼓舞了我们的工作人员，也教育了社会上的那些不肖子孙，你们的行为为中国社会和全市人民树立了榜样。我们对你们提出表扬。

再次感谢你们，我们要向你们学习，争取做一名合格的公民。

此致

敬礼

××社会福利院

2007年5月11日

五、根据第二章行政公文"思考与练习"中第九题第（七）小题所给的材料，代表凤凰中学给联防队写一封感谢信，400字左右。

六、新生报到举行开学典礼，你将代表老生致词，请拟写一份欢迎词，600~800字。

七、你所在的年级要毕业了，校领导准备在毕业典礼上致词。请为校领导拟写一份欢送词，要求内容有激励作用，语言得体，600~800字。

八、你和一批品学兼优但生活困难的学生接受了某爱心基金的资助，在资助仪式上你将代表受助同学讲话，请拟写一份答谢词，600~800字。

第六章 学业文书

第一节 科技论文

一、科技论文的概念、特点和作用

（一）科技论文的概念

科技论文或称科学论文，也称自然科学学术论文，简称论文，指的是专门探讨和深入研究自然科学或专业技术领域里的各种问题并表述、论证研究成果和阐明其学术观点的论理性文章。它是在科学研究的基础上，对自然科学或专业技术领域里的某些现象或问题进行科学的分析、综合、论证或阐释，从而揭示这些现象或问题的本质及其规律性的一种议论形式。举凡主要运用概念、判断、推理、证明、反驳等逻辑思维方式来表述自然科学的原理、定律、法则和专业技术研究领域中的各种问题或创造性成果的文章，均属于科技论文的范畴。简言之，科技论文是对自然科学或专业技术领域里的研究成果所作的理论概括、分析和阐述。

科技论文是学术论文的一大类别。所谓学术论文，我国国家标准局1987年5月发布的GB 7713—87《科学技术报告、学位论文和学术论文的编写格式》中对学术论文作了如下的定义："学术论文是某一学术课题在实验性、理论性或观测性上具有新的科学研究成果或创新见解和知识的科学记录；或是某种已知原理应用实际中取得新进展的科学总结，用以提供学术会议上宣读、交流或讨论；或在学术刊物上发表；或作其他用途的书面文件。"

学术论文大体上可分为自然科学学术论文和社会科学学术论文两大类，也可细分为自然科学学术论文、工程技术科学学术论文和人文科学学术论文、社会科学学术论文、军事科学学术论文、管理科学学术论文等。很显然，科技论文指的就是自然科学学术论文和工程技术科学学术论文。

（二）科技论文的特点

科技论文除具有科技写作的一般特点外，由于它的写作目的和表达方式的特殊性，还具有以下一些独有的特点：

1. 学术性

学术性或称之为理论性，这是科技论文与其他各类议论文章的根本区别之所在。科技论文是一种学术性的论理文章，只能以自然科学或专业技术领域里的学术问题作为论题，以学术成果作为表述对象，以学术见解作为文章的核心内容，否则它就失去了科技论文的根本特质。它要求运用科学的原理和方法，对自然科学或工程技术领域中的某一问题，进行抽象、概括的论述，具体、翔实的说明，严密的论证和分析，以揭示事物的内在本质和发展变化的规律，而不是客观事物外部直观形态和过程的叙述。也就是说，科技论文侧重于理论论述，坚持摆事实、讲道理，将感性认识上升到理性认识，找出规律性的东西，得出理性的结论；而不是就事论事，只满足于一般现象的罗列、材料的堆砌。科技论文所具有的强烈的理论色彩，所能达到的理论高度和深度，往往成为衡量其学术水平的重要标志之一。科技论文不应该只是叙述同行读者所共知的知识，或叙述一般性的研究过程或繁琐的实验观察结果，而"必须经过思考的作用，将丰富的感觉材料加以去粗取精、去伪存真、由此及彼、由表及里的改造制作功夫，造成概念和理论的系统，就必由感性认识跃进到理性认识"❶，以获得规律性的认识，构成一个严谨的理论体系，具有很强的学术性。科技论文如果缺乏学术性，也就丧失了它最基本的特征。

2. 创造性

创造性或称创新性、创见性、独创性，这是衡量论文价值的根本标准。科学研究是处理已有信息、获取新的信息的一种创造性的精神劳动，需要不断开拓新的领域，探索新的方法，阐发新的理论，提出新的见解。表述研究成果的科技论文贵在创新。创新性大，学术价值就高；创新性小，学术价值就低；如果没有一点创新性，就根本没有必要写科技论文。卢嘉锡、吴阶平等37位中科院院士联名发表的《正确评价基础研究成果》一文中提出："一篇合格的研究论文都有其创新之处，在一定意义上都是首次。""对研究论文或著作的评价有质和量两方面的问题。总体来说，首先应该考虑的是质，其次才是量。沃森和克里克以在《自然》杂志上发表的一篇论文为基础，获得诺贝尔奖。类似情况在诺贝尔奖获得者中并不是个别的。桑格一生发表论文甚少，但每一篇都是分量很重的论文。他一生以蛋白质序列测定和核酸序列测定研究两次获得诺贝尔奖，对分子生物学所起巨大推动作用，已为近几十年的发展所充分肯定。而有些发表论文数以千计的科学家，尽管生前名声显赫，却没有对科学的发展留下不可磨灭的痕迹。"我们这里所强调的创新，并不要求论文提出的见解是空前绝后、绝无仅有的，也不一定限于重大的发明创造，而是指在专业研究范围内有真知灼见，有个人独到的看法，不人云亦云，不是简单重复，纯属模仿或全盘抄袭别人的工作。它或在某一专业学科领域有新的发展和突破，或在某一专业学科领域填补了空白；它可以是发前人之所未发，或扩展、深化前人之所已发；或是运用前人的理论、思想于新的领域、新的方面，作出新的解释、说明；也可以将前人的理论、思想加以引申、拓展，导出新的应用方式；或引入新的技术路线和方法，从另一角度证明前人的理论、思想；或是对某一课题从新的角度、高度，用新的方法和材料进行新的探索；或是在前人探索的基础上，透视某种现象，作出新的预测，发现新的发展轨迹；或对前人研究的不足之处进行补充和修正；或对某一见解指出其偏颇、乖谬，匡正某种迷误，打破某一禁区等，都是极有价值的。

3. 平实性

平实性或称平易性、可读性，是指科技论文的结构严谨自然、完整统一，而不求章法的奇特，出人意料。它将深奥的原理、定律、法则和深刻的思想用简明、流畅的语言表述出来，用词准确，文字通顺，合乎语法规范，叙述深入浅出，以简代繁，通俗易懂，平易近人，尽可能地将所表达的意思表达清楚，使读者易于理解。科技论文阐述的自然科学或专业技术领域里的现象和问题，往往涉及到许多专门的学问和知识，只有在平易上下工夫，才能做到不仅使本学科的专家看了就懂，而且能让具有一定科学文化知识的人阅读以

---

❶ 毛泽东：《实践论》，《毛泽东选集》第一卷，人民出版社1991年6月版，第291页。

后也有一定的理解，这才有利于科学技术知识的传播、普及和促进科学技术的发展，并转化为社会生产力。如果一篇科技论文繁琐乖僻，晦涩难懂，读者看后如坠云里雾中，不知所云，试问，这样的科技论文又怎能得到社会的承认，发挥出它应有的现实效用呢？

（三）科技论文的作用

科技论文是随着现代科学技术的发展而逐渐兴起的一种论理性实用文体，应用面极其广泛，有着巨大的社会作用。这主要表现在以下几个方面：

一是展现和保存科学技术成果，并将科学技术成果纳入人类的科学文化宝库。科技论文是探讨自然科学或专业技术领域里的现象、问题，描述科学研究成果的一种手段，是人类对自然现象认识深化的书面贮存。人类对自然现象的认识是不断深化的，而且这种深化是永无止境的，每个时代的人都要提供自己对自然现象认识深化的成果。科技论文是以书面的形式对人类认识深化的成果（即科学技术成果）的记录和总结，是一种科学文化积累。它记载着广大科技研究工作者对祖国、对人类的贡献，展现着祖国科学研究的丰硕成果和已达到的学术水平，进一步补充、丰富、扩展、增加着人类对自然现象认识深化的成果，并将这种成果永久性地保存于人类的科学文化宝库之中，成为人类共同的精神财富。在现实生活里，有些专业研究人员虽然获得了富有创造性的研究成果，却没有得到学术界的承认，在社会上没有影响，究其原因，主要是由于迟迟撰写不出相应的科技论文的缘故。我们不能说科技论文是反映研究成果的惟一手段，新闻报道、学术报告会等在一定程度上也能起到这种作用，但科技论文却是记录、总结、贮存、传播、交流研究成果的最佳手段，是确立专业研究人员学术地位的重要标志。科技论文一旦发表，不受时间和地域的限制，就可传播到世界各地，流传千秋万代，成为人类共同的精神财富。

二是开展学术交流，取得优先权，推动人类社会的进步。科技论文是传播科学技术信息，开展学术交流的有效手段。科学研究和科学实验的成果如果最后不能以论文的形式公诸于世，那么，一切观点和见解，一切创造和发明，都不过是研究者头脑里的思维活动或极少数人知道的某些事实罢了，不为人们所知晓，也得不到学术界的承认，当然就根本无法发挥它的社会功用。科研成果只有形成为学术论文，才能进行学术交流，并通过交流和传播，活跃学术思想，促进自然科学和工程技术领域各专业、学科的建设、发展和繁荣，促进科研成果的广泛应用，推动人类社会的进步；才能用以指导社会实践，为党和政府制定政策和决策提供依据；才能引导人们重视学术研究，培养人们爱科学、学科学、用科学的良好社会风气，开阔科学视野，提高全民族的科学文化素质，提高社会主义物质文明和精神文明的水平；才能将科研成果转化为社会生产力，加速四化建设的进程，为实现跨世纪的宏伟目标作出积极的贡献。

当前，现代科学技术的发展正处于激烈的竞争状态中。同一项研究课题，往往有许多人、许多科研机构、许多国家在进行研究，谁最先研究成功，并以科技论文的形式公诸于世，这项成果就归属于谁，谁就占有优先权。如果谁剽窃或无偿占用了这项成果，就侵犯了知识产权，他就要受到法律的制裁。有的专业技术人员在某一领域有所发现或发明，却未能及时写成论文公诸于世，而后来别人有了同样的发现或发明，当即写成论文发表了，为社会所承认，这项荣誉就归属于他。这方面的教训是很多的。因此，将科学研究、科学实验的成果及时写成论文发表，取得优先权，得到国内外的公认，这不仅关系到研究者本人的荣誉，同时也关系到集体和国家的荣誉，切切不可掉以轻心！

三是科技论文是考核科技工作者业务能力的重要依据，是发现和培养人才的有效途径。就科学研究本身而言，撰写科技论文是它的重要组成部分，是最后和必不可少的一个环节，也是科研工作最后完成的标志。当科研工作告一段落后，就要对已掌握的材料进行梳理，通过分析、综合、判断、归纳、演绎和推理，形成论点，并采用适当的结构形式将这些材料有机地组合在一起，撰写成科技论文。论文撰写的过程同时又是检验科研成果的过程。如发现某些材料和论据的不足，就得进行新的研究、实验和工程技术设计，收集新的材料，方能使研究成果更臻完善，还有可能在此基础上开拓新的研究方向。因此，科技论文的写作，实质上是人们形成对自然现象或工程技术问题正确认识的创造性智能活动。学术论文的写作和完成，就是这种智能活动的有形表现。科技论文是发现人才，使科技人才脱颖而出的渠道之一，科技战线上的许多杰出人才，正是通过他们的论文才被领导部门和社会所发现、认同并得到重用，从而使他们的聪明才智得到更好的发挥。科技论文还是授予学位和评定职称的主要依据，本科大学生、研究生撰写论文，是培养他们独立工作能力和创造能力的一种有效的综合训练，并据此而评定他们已达到的学术水平，授予相应的学位。各行业、部门、单位对有关专业技术人员的考核，一般也以发表科技论文的篇数、论文水平的高低以及影响与效果作为衡量的标准，通过专家考核和评审，而授予相应的技术职称。

二、科技论文的种类

科技论文可从不同角度、根据不同标准进行分类：按学科性质和功能的不同，可分为基础学科论文、技术学科论文和应用学科论文三大类；按论文内容所属学科、专业的不同，可分为数学论文、物理学论文、化学论文、天文学论文、生物学论文、农学论文、医学论文、冶金工程技术论文、机械工程技术论文、建筑工程技术论文等等；按研究和写作方法的不同，可分为理论型学术论文、实验型学术论文、观测型学术论文、阐释型学术论文、述评型学术论文、争鸣型学术论文等。如果按照写作目的和学术水平的不同，则可分成以下三类：

1. 报刊学术论文

它是自然科学和专业技术领域里的专门人员（包括从事各学科的专门研究、教学的人员和在生产第一线的科技人员）撰写的学术论文。这类论文是大量的，在社会上应用十分广泛。它要求探索自然科学和专业技术领域中的新课题，提出新见解，作出新贡献，创造新成果，促进国民经济和科学技术本身的发展。当前，科学技术领域所取得的创造性成果大部分是以科技论文的形式发表在专业报纸和专业学术期刊上。它是广大专业人员、教师和科技工作者从事科学研究取得创造性成果的体现，也是科学技术进步和发展的重要依据。这类论文对推动改革开放、促进国民经济的发展、加速社会主义现代化建设的进程有着极其重要的作用。从一个单位、部门、民族、国家发表这类论文的数量和质量，可以看出这个单位、部门、民族、国家科学技术已经达到的水平。理、工、农、医院校的大学生、研究生撰写学年论文和学位论文，就是为将来从事科学研究、写好这类论文打下良好的基础。

2. 学生论文

它是理、工、农、医院校各专业的学生根据专业培养目标，在导师指导下独立完成的一种带总结性的作业，目的在于训练学生综合运用所学本专业的基础理论、专门知识和基本技能去分析和解决实际问题的能力，提高科学思维水平，初步掌握科学研究和撰写论文的规范和方法。学生论文可分为学年论文和专科生毕业论文两种：前者是本科生在三年级或四年级（指五年制的专业）撰写的论文；后者是专科生毕业时按规定必须完成的毕业论文，经审阅和答辩通过后才允许毕业，但不授予学位。

3. 学位论文

它是理、工、农、医类高校各专业的学位申请者（包括本科生、硕士生、博士生或以同等学历申请学位者）为获得学位而提交的学术论文。

三、科技论文的规范格式

随着科学技术的飞速发展，科技论文的大量出现，人们越来越要求论文的作者以最明确、最容易理解的形式表述他的研究过程及其成果，于是就逐步形成了较为严密而又符合逻辑的惯用格式。尽管科技论文所涉及的内容各不相同，论证的方法也有差异，但由哪些部分组成，各个部分包括哪些项目，已有较为固定的规范格式。根据我国1987年5月公布的国家标准 GB 7713—1987《科学技术报告、学位论文和学术论文的编写格式》和 GB 7714—1987《文后参考文献著录规则》的规定，科技论文由前置部分、主体部分、附录部分、结尾部分及下属若干项目组成，详见下图：

```
          ┌ 封面、封二（只在必要时）
          │ 题名页（扉页）
  前      │ 序或前言（必要时）
  置      │ 摘要
  部      │ 关键词
  分      │ 目次页（必要时）
          │ 插图和附表清单（必要时）
          └ 符号、标志、缩略词、首字母缩写、单位、术语、名词等注释表（必要时）

              ┌ 引言
              │       ┌ (一) ……
              │ 正文  │ (二) ……
  主体部分    │       └ (三) ……
              │ 结论
              │ 致谢
              └ 参考文献

  附录部分    ┌ 附录 A
  （必要时）  └ 附录 B

  结尾部分    ┌ 可供参考的文献题录
  （必要时）  │ 索引
              └ 封三、封底
```

在科技论文的写作过程中，上述各个部分及所属项目无论如何取舍、合并、分开，以及各个项目的具体写法如何，都超脱不了这个标准型的基本格式。上面所列项目虽多，其中最基本的有以下10项：题名、作者及其所在单位、目录和摘要、关键词、引言、正文、结论、致谢、参考文献、附录。有人称此为科技论文的十大结构程序。现将这些项目的内容和要求分述如下：

（一）标题

标题又称题名、题目、文题，是以最恰当、最简明的词语反映科技论文中最重要的特定内容的逻辑组合。它是论文的"眉目"，是论文内容的高度概括，也是论文精髓的集中体现。要求用准确、精练的文字反映论文最重要的学术信息，使读者一读到题名，就能清楚地了解到论文的主题和中心内容。因为任何一篇论文首先映入读者眼帘的就是题名，读者看了题名之后，再根据需要和兴趣决定是否阅读全文。题录、索引等二次文献，大多只列举题名和出处，这就要求题名既能提挈全文，标明特点，又能引人注目，便于记忆。科技论文的题名应准确、贴切、醒目、简约、得体，概念清楚，观点鲜明，能恰如其分地表述论文的特定内容，反映课题研究的范围和深广度。题名切忌过于空泛和繁琐，字数不宜过长，不可用标语口号式命题，也不可用经过艺术加工的文学语言或冗赘夸大的广告式语言命题。论文题目一般是单行标题，如果内容较多，牵涉面广，也可将它分为主题名和副题名两部分加以处理，如《论代文宁定理在含受控源网络中的应用——扩展的开路电压短路法》等。

（二）作者及其所在单位

作者在自己撰写的科技论文上署名，主要有三方面的意义：一是作为拥有著作权的声明；二是表示文责自负的承诺；三是便于读者同作者联系。署名者仅限于那些参与选定研究课题和制定研究方案，直接参加全部或主要部分研究工作并作出主要贡献，以及参加论文撰写并能对内容负责的人员。仅参加部分工作的合作者，某一测试任务的承担者和接受委托进行分析检验和观察的辅助人员等，均不应署名。支持和关注这一研究课题的领导者，也不应挂名。以上人员可以在"致谢"中注明。个人的研究成果，个人署名，可用真名，也可用笔名；集体的研究成果，按对研究工作贡献的大小排列名次。作者工作单位应写全称。工作单位地址包括所在城市和邮政编码。

（三）摘要

摘要又称概要或内容提要，是对论文基本内容的浓缩，是论文内容不加注释和评论的简短陈述。正如《科技报告、学位论文和学术论文的编写格式》中所说的："摘要应具有独立性和自含性，即不阅读报告、论文的全文，就能获得必要的信息。摘要中有数据，有结论，是一篇完整的短文，可以独立使用，可以引用，可以用于工艺推广。摘要的内容应包含与报告、论文同等量的主要信息，供读者确定有无必要阅读全文，也供文摘等二次文献采用。"摘要的内容主要包括：研究本课题的前提、目的、任务、范围及其在该学科中所占的重要地位；研究对象的特征；与他人研究的主要不同点；研究的主要内容及所运用的原理、理论、手段和方式方法；主要结果和成果的意义、实践价值和应用范围；一般的结论和今后进一步深入研究的方向等。摘要的总要求是简短、精粹、完整，忠于原文，要字字推敲，做到多一字则无必要，少一字则嫌不足。有时为了国际交流，还应将中文摘要译成英文或其他文字，置于中文摘要之前，题名和作者之后。摘要以不超过正文的5%为宜，即中文摘要200~300个字，外文摘要为250个实词。如遇特殊需要，文字可以略多。

（四）关键词

关键词是为满足文献标引或检索的需要而从论文中选取的词或词组。关键词包括主题词和自由词两个部分，主题词是专门为文献的标引或检索而从自然语言的主要词汇中挑选出来并加以规范化了的词或词组，自由词则是未规范化的词或词组。每篇科技论文应专门列出，一般为 3~8 个关键词。关键词置于摘要的左下方，它不考虑语法上的结构，也不一定表达一个完整的意思，仅仅将几个关键词语简单地排列在一起。如一篇《矿山设计系统的解耦理论与方法》的科技论文，可抽出"矿山设计"、"组合或系统"、"最优化"、"设计支持系统"四个关键词，依次排列。关键词应尽量选用《汉语主题词表》或各学科权威机构制定的统一关键词表中规定的单词、词组或术语。有些论文，为了国际交流，还应标注与中文相对应的英文或其他文字的关键词。

（五）引言

引言又称前言、导言、绪论、序论、导语等。它是科技论文的起始部分，旨在向读者交待本课题研究的来龙去脉，起引出正文的作用，是必不可少的。它置于正文之前，不能脱离正文而单独存在，这与学术专著前面的序和后面的跋、后记是有区别的。引言主要包括以下内容：课题研究的情况、目的和背景；课题的性质、范围及其重要性；对本课题已有研究成果的评述；理论分析和依据；研究设想、方法和实验手段；研究成果和结论等。而一般比较简短的学术论文的引言，则不必囊括上述的所有内容，大多只在正文之前用一小段文字起着引言的效用，甚至可以不必标列"引言"这一项目。然而不管情况怎样，论文中引言的内容都是必不可少的。因为，如果没有这部分内容，不仅论文的结构残缺不全，而且其后诸项内容的开展、论证、分析就会显得突兀、生硬，所谓"来龙"不明，"去脉"也就难以辨清。引言应言简意赅，不要与摘要雷同，不要成为摘要的注释，不要取代正文推导基本公式，不要过多评价本文的学术价值或重复人云亦云的客套话。一般教科书上已有的知识和众所周知的道理，在引言中不必赘述。

（六）正文

正文又称本文，这是科技论文的主体，是全篇论文的核心所在，占论文的绝大篇幅。在正文里，作者要充分展开论题，对所研究的课题和获得的成果作详细的表述，深刻地进行理论推导和理论分析，周密地进行逻辑论证，确切地阐明自己的思想、观点、主张和见解。论文的重要学术信息及其"创新性"，在这部分里要全面、翔实地反映出来。一篇论文学术水平的高低，学术价值的大小，正文起着决定性的关键作用。因此，一定要下大力气将它写好。正文的内容主要包括：研究对象，实验和观测方法，仪器设备，材料原料，实验和观测结果，计算方法和运用的原理、定律、数据资料，经过加工整理的图表，理论分析，公式推导，形成的论点和导出的结论等。要写好正文，首先要有资料，有数据；然后要有概念、判断、推理、证明；最后要形成观点，有自己独到的见解，要用观点统帅材料，用材料阐明观点，做到观点和材料的有机统一。

科技论文无论篇幅长短，格局大小，或立论，或驳论，都要按逻辑思维规律来安排篇章结构，做到论题鲜明、论证严密、层层推进、顺理成章、首尾圆合、条分缕析，如实反映课题研究的过程、方法及其成果、意义。正文的写法有纵贯式、总分式、递进式、因果关系式等。为求眉目清楚，往往使用不同的序码，有时还要加上小标题。《科学技术报告、学位论文和学术论文的编写格式》指出："由于研究工作涉及的学科。选题、研究方法、工作进程、结果表达方式等有很大的差异，对正文内容不能作统一的规定。但是，必须实事求是，客观真切，准确完备，合乎逻辑，层次分明，简练可读。"

（七）结论

结论又称结语、结束语。它是整个课题研究的总检验、总判断、总评价，是论文正文的必然逻辑发展，是全文得出的最终的、总体的结论，也是整篇论文的归宿。结论集中地反映出作者的研究成果，表达出作者对所研究课题的总的观点和主张，是全文的精髓，是论文学术价值的体现，在全篇论文中起画龙点睛的作用。当一篇科技论文出现在读者面前时，读者考虑是否值得仔细阅读全文，往往是在阅读摘要和结论之后才作出抉择的。结论的内容包括：本课题研究的结果说明了什么问题？得出了什么规律性的东西？解决了什么理论和实际问题？对前人的研究成果经检验后作了哪些修正、补充、拓展、发展、证实或否定？本课题研究的不足之处以及课题研究的展望等。写结论时要抓住本质，揭示事物的客观发展规律及其内在联系，将感性认识升华为理性认识；要突出重点，集中表述经分析、论证、提炼、归纳后的总观点和最终的结论，不应是正文论证的各个分论点的简单凑合，也不是观测、实验、调研结果的重复；要准确、完整、明确、精练、实事求是，做到恰如其分，不言过其实；还要逻辑严密，证据充分，论证周严，环环紧扣，以理服人，有说服力。如果论文得不出明确的结论，也可以不写结论而进行讨论，在讨论中提出建议、研究设想、仪器设备改进意见以及尚待解决的问题等。

（八）致谢

致谢或称谢辞。任何一项科学研究，都不可能是在洪荒一片未开垦的处女地上独自耕耘，它总要学习、借鉴、参考前人的研究成果，并且得到组织、同行、朋友各方面的关注、支持和帮助，才能顺利进行并取得满意的结果。因此，论文作者应以简洁的文字，对该课题研究和论文撰写过程中曾给予指教、帮助审阅、修改和提供文献资料的部门、专家、学者和有关人员，表示谢意，以示尊重他人的劳动和贡献。这并非完全出于礼貌和客套，而是讲究科学道德、自尊自重自爱、加强团结协作的表现，也是搞学术研究的人在治学上必须具有的思想作风。同时，致谢所提供的信息，对读者判断论文的价值也有参考作用。致谢的言辞应恳切恰当，实事求是，不要过分谦虚，更不可"强加于人"，罗列许多学者、名流来抬高自己和论文的身价，甚至以此来掩饰论文的缺点和错误。

（九）参考文献

在科技论文篇末附上参考文献，这是传统的惯例。参考文献有两种：一种是论文中引用或参考过的文献；一种是向读者推荐可供参考的重要文献。列出参考文献的目的，既表明对他人研究成果的尊重，也表明作者所作研究工作的依据，还从一个侧面反映了本课题研究的深度和广度，便于自己今后进一步研究此课题时作必要的查考；并有利于研究相同或相似课题的同行了解此项研究前人所做的工作，从中得到启发。这样做是作者严谨治学态度的体现。按国家标准局发布的《文后参考文献著录规则》的要求，所列参考文献应按论文所引用和参考的文献资料的先后顺序，依次列出，而不应以文献资料的重要程度和是否名家来决定先后顺序。所列文献资料应是正式出版的，包括书籍、报纸、杂志、专利文献等。完整的参考文献著录必须是规范化的，即按序号、作者（译者）、题名、卷次、期次、出版年月（外文还要注明出版地点）、起讫页码等，一一列明。对于专著，应标明作者（译者）、书名、出版社的全称和版本、出版年月、页码。所列专利文献则按序号、专利申请者、专利题名、文献标志符、专利国别、专利文献种类、专利号、出版日期等，依次一一列出。

（十）附录

附录是科技论文的补充项目，并非每篇论文所必备。为了体现整篇科技论文材料上的完整性，凡写入正文可能有损于行文的条理性、逻辑性或精练性的这类材料则可写入附录。下列内容可以作为附录编于论文之后，也可以另编成册：比正文更为详尽的理论根据、研究方法和技术要点深入的叙述，建议可以阅读的参考文献、题录，对了解正文内容有用的补充学术信息等；由于篇幅过长或取材于复制品而不宜写入正文的资料；不便写入正文的罕见的珍贵材料；某些重要的原始数据、数学推导、计算程序、框图、结构图、注释、统计表、计算机打印输出件等。

以上是科技论文完整型通用的规范格式，适用于大型研究课题或篇幅长的论文。对于小的研究课题和篇幅短的论文，项目则可大大精简，或取消某些项目，或几个项目合并在一起，以缩短论文的篇幅。但不管怎样，题名、作者及其所在单位、摘要、关键词、引言、正文、结论、参考文献等几项，是必不可少的。因为科技论文的构成格式，最终应服从并服务于表述学术信息、有利于交流和传播的目的。

第二节 毕业论文

一、毕业论文的概念

毕业论文是大学生毕业前必须独立完成的总结性作业。是作者对所学专业领域内的某一课题的研究（或设计）成果，表达作者对所研究的课题的心得体会，能反映出作者的科学研究能力以及已经具有的学识水平。一般要在所在院校学科的专业教师指导下选题写作，在规定的时间内独立完成。

二、毕业论文的选题

选题，就是在对已获取的大量资料进行研究分析的基础上，提出问题，确定科学研究的方向和目标。爱因斯坦曾指出："提出一个问题往往比解决一个问题更重要。因为解决问题也许仅仅是一个数学上或实验上的技能而已。而提出新问题、新的可能性、从新的角度去看旧问题，却需要有创造性的想象力，而且标志着科学的真正进步"（《物理学的进化》上海科学技术出版社，1962年，第66页）。科技论文的选题可以确定学术研究的方向和目标；在一定程度上决定学术研究的价值和成败；有助于个人主观能动性的发挥和研究能力的提高。

（一）选题的原则

（1）**目的性原则** 选题要体现科学研究的目的。这包括两个方面：一是选题要面向社会建设的需要，尤其是工农业生产的需要，这体现它的社会意义；二是根据科学本身发展的需要，这体现它的学术意义。

（2）**可行性原则** 选题要考虑现实可能性。这包括两个方面：一是选题要在客观条件上有利展开研究；二是要考虑研究者的知识结构、学术水平、研究能力、兴趣爱好、对课题的理解程度，以及献身精神等。

（3）**合理性原则** 选题必须符合基本的科学原理和客观实际，要有理论依据和事实依据。去纠正通说的课题；破除错误的课题；澄清谬说的课题。

(4) 创新性原则　选题要有新颖性、先进性、有所发明、有所发现，其学术水平有所提高，以推动某一学科的发展。这一原则的关键在于：选择学科前沿的课题；选择填补空白的课题；选择突破禁区的课题；选择借用其他学科的新理论、新观点、新方法和新材料，解决本学科的疑难问题。

（二）选题的方法

笛卡尔说过："最有价值的知识是关于方法的知识。"在学术论文的选题上，如果方法正确，就会有事半功倍的效果；如果方法不对，就会造成人力、物力和时间上的浪费。常见的选题方法有：

(1) 从社会实践中选题　在现代化建设的实践中，有许多新情况、新问题，要注意那些为社会所关心的共同问题。特别是在自己所学习、所从事的专业中，从人们忽视的地方去研究、去探寻，得到自己需要的研究课题。

(2) 从文献资料中挖掘　就是要充分利用文献资料，在前人思想与研究成果中得到启迪，从中发现问题，寻找题目。

(3) 开发个性思维　就是要能动地开动人脑机器，积极地运用思维力和想象力开发选题。

(4) 在导师布置的若干题目中选题

三、毕业论文的选材

所谓选材，就是通过各种途径、各种方法，去积累和占有一切与课题有关的材料。包括材料的搜集、选取、整理和使用几个环节。

（一）资料的搜集

(1) 利用图书馆　到图书馆查阅图书资料。充分利用图书馆，可以搜集到丰富的资料。资料包括：经典著作、专家学术论文、统计资料和典型材料等。一般说来，资料的搜集应先宽后窄，由粗到细，由近到远，由内到外。

(2) 实地调查　就是深入社会实际生活中获得真实可靠的第一手材料。包括两个方面：一是对大自然的历史和现状进行实地考察；二是对社会某些现象进行有目的、有计划的调查研究。调查的方法可采用普遍调查、典型调查、抽样调查等。手段上一般有座谈会、访问法、问卷法等。

(3) 科学实验　就是根据选题的需要，在有利的条件下获得事实资料。实验类型主要有定量法、定性法、对照法、模拟法等实验。

(4) 科学观察　就是有目的、有计划、有选择和能动地对自然条件下所发生的某些特定过程和现象，作系统、细致的考察，以获取事实材料。在实际观察中要做到"五要"：一要全面；二要客观；三要细心；四要用心；五要记录。

（二）资料的选取和整理

1. 资料选取的标准

选取的资料要真实、新颖、充分。真实是要求资料要合乎客观事实；新颖，是要求不重复别人的或现有的资料，而是通过研究获得的新认识、新发现；充分，就是要有足够的、必不可少的、能够说明问题的资料。只有按标准去选择资料，才能保证论文的高质量。

2. 资料的整理

就是对搜集的资料进行分类、优选。一般采用观点分类法或项目分类法。观点分类法，就是围绕观点，把与这个观点有牵连的资料进行汇总，组成一个资料系列；项目分类法，就是按照资料内容的属性分项归类。优选资料，一是正确掌握标准，明确怎么选；二是考虑论文的资料需求量。资料的整理，贯穿论文写作的整个过程。

（三）拟写论文提纲

编写论文提纲，是作者从整体上编写论文的篇章结构，立足论文全篇，及时发现原有设想可能存在的疏漏之处与薄弱环节，以便及时采取补救措施。

1. 拟写提纲的步骤

首先，确定论文提纲。在执笔前把论文题目和大标题、小标题列出来，再把选用的材料加进去，形成论文的内容提纲。其次，篇幅分配。根据毕业论文内容提纲，考虑篇幅的长短，各部分大体上要写多少字。最后，拟写提纲。

① 初步确定论文的标题；
② 确定论文的中心思想，写出主题句子；
③ 确定论文的总体框架，安排有关论点的次序；
④ 确定大的层次段落，确定每个段落的主句；
⑤ 进行材料填充，每段选用哪些材料，按自己的习惯写法标示所选用材料的名称、页码、顺序；
⑥ 检查、修改提纲。

2. 拟写提纲的方法

一般采用标题法、句子法。

（1）标题法　即以简单文字标题形式把论文所要阐述的内容概括出来。标题法写作的提纲简洁、扼要，便于在短时间内记忆，但它只是一个粗略的提纲，不是论文作者则难以看懂具体内容，不利于交流。

（2）句子法　即以一个能够表达完整意思的句子形式把该部分的内容概括出来。句子法具体、明确，写出了主要段落的主句，勾勒出论文的大体结构，但费时费力。

四、毕业论文的写法

毕业论文的写作同一般学术论文大体相同。即同样要进行选题和课题研究，只不过毕业论文的选题和课题研究可以在教师指导下进行。撰写学术论文的基本原则、方法等同样适用于毕业论文。

毕业论文正文的结构是"提出论点－分析论点－归纳论点"，按照这样的整体构思展开。写作的步骤由提出论题、证明论题、归纳结论三部分组成。要注意突出论文的特点，用材料说明观点，以议论为主，摆事实讲道理，做到层次分明。

毕业论文的写作是一次对自己全面锻炼的机会，必须重视，要经过努力使自己专业达到应有的水平。

（一）绪论部分

这是毕业论文的开场白，主要说明课题研究的背景、目的、方法，以及预期达到的目标，提出论题。必要时，还需介绍研究课题的范围，概述论证方法。提出论题，是绪论的核心。提出论题就是选准自己研究的目标和对象。

（二）本论部分

这是毕业论文的主体。它要求作者对论文提出的论题从各个角度、各个方面进行分析、论证与阐释，并从这些问题的联系之中阐明观点。为此，作者应该详细介绍研究手段、调研的材料和文献资料，使论据有说服力。要注意文章中的层次性和逻辑性。初学写论文的人，最容易出现的错误有：观点和材料分离；叙述材料，就事论事；材料堆砌；论点不结合事例或科学实验等。为此，写作毕业论文时，要有步骤，有说服力地对提出的论题进行论证。

（三）结论部分

这是解决问题部分，是本论部分的必然结果。归纳结论一定要正确、肯定，并要与绪论呼应。倘若还有进一步研究与讨论的问题，在结尾处作简单的说明和交代。对给予自己帮助的同志，也要附笔感谢。

写作毕业论文，接触学术研究工作，对于大学生有特殊的意义。因此在写作中，要养成实事求是、一丝不苟、严谨的作风，善于听取意见、吸取科学精华，广泛地涉猎科学知识，提高自己的专业知识水平，使自己的学术水平不断得以提高。

第三节　毕业设计说明书

一、毕业设计和毕业设计说明书的概念与作用

（一）毕业设计和毕业设计说明书的概念

所谓毕业设计，指的是高等学校工程技术学科（简称工科）各专业的大学生、研究生选择本专业范围内的某一课题，全面运用所学专业的基础理论、专门知识和基本技能所作出的解决工程技术方面实际问题的设计。它与工矿企业现场的实际工程技术设计有所不同。现场的实际工程技术设计，一般包括编制设计任务书、初步设计和施工设计三道程序。设计任务书是初步设计的基本依据，主要是对工程或产品的设计提出基本的规格和要求。初步设计则根据设计任务书的任务和要求，进行具体的工艺设计。施工设计是在初步设计的基础上，为组织生产制造和施工提供更为翔实、具体的基本依据。毕业设计将三者合而为一，其由指导老师下达的课题任务书，相当于实际工程技术设计的设计任务书；其主要内容和要求，相当于实际工程技术设计的初步设计；其毕业设计中的专题部分，大体上类似于实际工程技术设计的施工设计部分。毕业设计强调的是学习工程设计的全过程，树立正确的设计思想，了解有关工程设计的方针、政策，学会编制技术资料，掌握设计程序及方法，培养学生独立设计的本领，使学生获得工程师的基本训练。

毕业设计，根据设计的不同对象可分为工程设计、单体设备设计和零部件设计三大类，后两类合称为产品设计。工程类设计则可分为新建、改建和扩建工程项目设计。如按设计对象的独立性，毕业设计则可分为主体设计和配套设计两大类。若按毕业设计选题的情况，则可分为假拟题目、实际课题和两者相结合的设计题三种。

所谓毕业设计说明书，指的是工程技术学科各专业大学生、研究生所写的用来阐释、论证工程技术设计过程、任务、要求及其成果的说明性文件。它是工科各专业大学生、研

究生最后的一道综合性教学环节，是完成全部学业的必修科目之一，是在大学阶段全部学习成果的总结，要求学生全面综合运用所学本专业的基础理论和专业技术知识，运用计算、绘图、实验等基本技能，解决一般性的工程技术问题，以巩固、深化和熟练掌握所学到的专业理论、知识和技能。毕业设计说明书是毕业设计成果的书面反映，是学生在毕业前夕进行的带有总结性的独立作业。它作为学生接受工程师工作基本训练的最后一个教学环节，相当于高等学校文、理科或一般性学科各专业的学位（毕业）论文。

（二）毕业设计和毕业设计说明书的作用

毕业设计说明书的功用，与学位论文是完全相同的。

① 它是对工科学生所学理论、知识和技能的最后一次检验，也是一次专向性的考核。

② 它是工科学生开展科学研究活动的重要组成部分，也是记录、总结、贮存、交流和传播学术信息的有效媒介。

③ 它是综合检查教学效果、进一步提高教学质量的重要举措。

④ 它是开发智能、培养人才的有效途径，也是授予相应学位的重要依据。

二、毕业设计说明书的分类

毕业设计说明书的类别，也和学位论文一样，可分为专科生的毕业设计说明书（不授予学位）、本科生的毕业设计说明书（相当于学士学位论文）、硕士生的毕业设计说明书（相当于硕士学位论文）和博士生的毕业设计说明书（相当于博士学位论文）四种。

三、选题、实习和分析设计任务书

（一）毕业设计说明书的选题

选题是毕业设计成败的关键，也是能否写好毕业设计说明书的关键。毕业设计说明书的选题一般有四种方式：导师给定课题、自选题、引导性命题、命题与自选题相结合。毕业设计说明书的选题，与科技论文和理、工、农、医各专业学位论文的选题有共同之处，但作为工程技术学科各专业的培养目标，又有一些自己的特点和要求。这就是：

（1）必须符合培养目标　毕业设计说明书的选题，必须符合工科各专业的培养目标和人才规格，课题选择一般不要超出所学专业的范围。

（2）要与今后从事的工作相结合　毕业设计说明书是大学生、研究生在毕业前夕进行的，有的毕业生已经联系或确定了工作单位，毕业设计说明书所选课题如与今后所从事的工作密切结合，将有利于对本职工作的熟悉和专业工作的顺利开展。

（3）要与自己的志趣相结合　这里所说的志趣，是指对某一专题中的某个方面或方向有着特别的爱好和兴趣。兴趣是最好的老师和原动力，必能形成强烈的求知欲，产生热情和干劲，从而增加了成功的可能性。

（4）要与可能性相结合　完成毕业设计，写好毕业设计说明书是需要一定的客观条件的，如参考资料和图纸，实习单位和经费，工作分量和时间等。选题应从主客观条件出发，大小合适，难易适度，才能获得理想的效果。

（5）要始终明确选题的宗旨　从事毕业设计，撰写毕业设计说明书，强调的是要熟悉设计的全过程，掌握设计的方法和技能，掌握毕业设计说明书的写作规范和基本要求，学习独立进行设计和撰写设计说明书的本领，力求使学习达到全面、综合的设计训练的目标。

（二）毕业实习

毕业实习是毕业设计任务书下达后，紧密配合设计课题而进行的实习。实习的厂矿、工地、单位，应该是对口的，以便搜集有关资料。同时，毕业实习还有利于加深感性认识，有助于结合实习进行设计。

毕业实习，对毕业设计的进行、毕业设计说明书的编写有直接的影响。为了提高实习效率，达到预期的目的，在出发前，要尽快了解国内外有关生产、建设、制造等情况，阅读必要的技术资料，并了解实习单位的情况，制定实习大纲与计划。

制订好实习计划，是顺利进行毕业实习、圆满完成实习任务的前提与保证。实习计划应该包括：实习目的与要求、实习内容、实习日记及实习报告、成绩考核、实习纪律、时间安排等。

在进入实习点后，应按照实习计划，积极主动地去观察、去调查研究，努力获得所需要的素材，逐步形成自己的设计构思。

如有条件的话，还可参观一些工厂和单位，以增长见识、扩大眼界、开阔思路、丰富素材，这有助于完成设计，提高设计水平。

（三）**分析毕业设计任务书**

对下达的毕业设计任务书，要进行认真、深入的分析，以便独立地按时高质量完成毕业设计任务书的撰写任务。

（1）要审题　即看清楚题目，明确题目所规定的取材范围和内容重点，把握题目内在的深层含意。只有题意审察正确，揣摩透彻，才能使撰写的毕业设计说明书"切题"，否则就会跑题或文不对题。

（2）要明确设计任务　具体要求设计什么内容？要进行哪些计算？需绘制哪些工程图？图幅多大？共有几张？对设计说明书有什么特殊要求？字数有无规定等，都要做到心中有数。

（3）要分析重点内容　本设计的主体部分是什么？重点设计内容是什么？难点在哪里？作了这些分析之后，就可以在有关部分投入较大气力，多学习有关知识，多收集有关资料，以便顺利地、出色地完成任务。

（4）要了解时间安排　毕业设计和毕业设计说明书的撰写必须按时完成，在任务书中，对整个设计和撰写毕业设计任务书的时间，一般都作了分段安排。对这个安排，要了解清楚，做到心中有数，订出可行计划，保证按期完成各段时间的所有任务。不然，就会影响按时答辩。

四、毕业设计说明书的规范格式

毕业设计说明书是毕业设计成果的文字表述，是毕业设计过程中最后的一个重要环节。一份完整的毕业设计说明书，一般由前导、主体、附录和结尾四大部分组成，每一部分又包括若干具体内容。如下表：

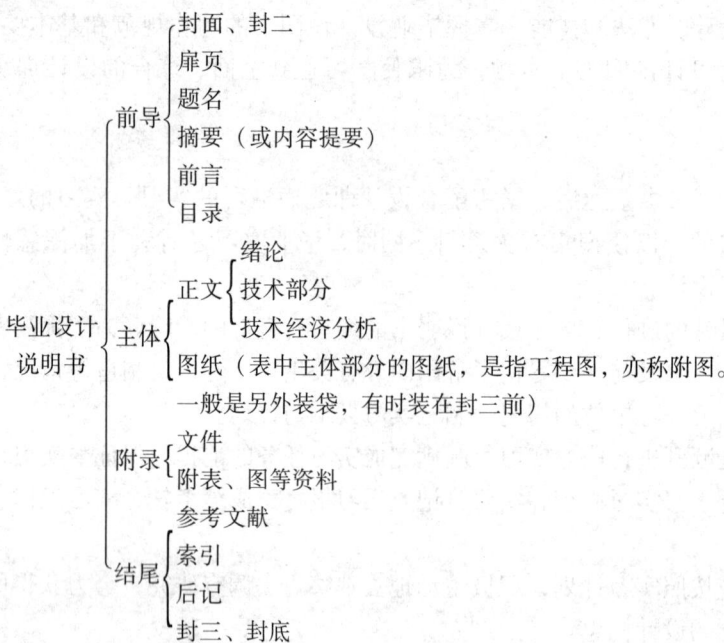

(一) 封面

封面上应有院校名称、专业班级、指导老师、评审人、设计人及年、月、日等。

(二) 题名

即毕业设计说明书的标题，多标举设计的具体内容，如《年产三万吨电锌的炼锌厂浸出、净化车间设计》等。

(三) 目录

目录又叫目次，可以反映文稿的结构和主要内容，也便于读者迅速找到本文中所需要的内容，是毕业设计说明书不可缺少的组成部分。

(四) 摘要

摘要是对毕业设计说明书的内容不加注释和评论的简述，有时称为内容提要。摘要应具有独立性和自含性，即不阅读说明书的全文就能获得必要的信息。摘要中有数据、有结论，是一篇完整的短文。

(五) 总说

这部分要对毕业设计的内容作全面的说明。一般包括设计题目及任务的简要介绍；本设计的指导思想及特点；本设计方案的先进性以及设计中采用的新技术、新工艺；本设计在国家建设中的意义及实施后的经济效益等。

(六) 正文

1. 技术部分

在毕业设计中，这部分内容是核心部分。但由于专业不同而有很大的差异。不同专业，各有侧重，各有详略。

例如：采矿专业毕业设计说明书的技术部分，主要包括如下内容：矿床地质、矿床开拓、采矿方法、矿山运输与提升、矿井通风、矿区排水与供水、矿山压缩空气设施等。它比较全面地反映了采矿专业毕业设计说明书技术部分的主要内容。

技术部分是毕业设计说明书的关键部分，因此，这部分必须层次分明，文字表述清楚简洁。

2. 经济部分

经济部分也是毕业设计说明书正文的重要组成部分。学生在进行这部分的设计计算时，必须树立经济观点，注意经济效益。在毕业设计中，这部分内容一般只作粗略的概算。经济部分主要包括：本设计全部投资总额；本设计的主要技术经济指标；建设效果分析和评价的有关基础资料等。

（七）参考文献

在说明书的最后一页应列出主要参考文献。参考文献的作者、篇目、出版社、出版时间等均应一一写清。

（八）附录

凡对设计内容有用但又不便写入正文的一些数据，要用表格形式列出，连同某些附图及有关的资料等附录于说明书后。

（九）后记

后记是毕业设计说明书末尾（多在封三前）的短文，用来说明写作目的、经过或补充个别内容。后记中常有致谢的内容，是表示对该文的形成作过贡献的组织或个人予以感谢的文字记载。语言要求要诚恳、恰当、简短。并且，要确信所有你要感谢的那些人都同意你的这种致谢形式，最好事先征得他们的同意。

在撰写毕业设计说明书时，应从实际出发，上述各项，有的可以合并，有的可以省略，不必求全求多，一切以如实、准确表述毕业设计的中心内容和主要特点为前提。

五、撰写毕业设计说明书应注意的事项

撰写毕业设计说明书，总的要求是：指导思想明确，内容正确，概念清楚，数据可靠，文字通顺，书写工整，图纸齐全整洁，符合规范。具体说来，应注意以下几点：

（一）坚持正确的政治方向

毕业设计说明书的内容，必须坚持四项基本原则，坚持为人民服务、为社会主义服务的方向，坚持深化改革、扩大开放的方针；其技术内容，必须符合国家的科学技术政策，而且与现行的法律、规程、规范不相抵触；引用的技术资料，必须确凿可靠。凡涉及到少数民族关系的内容，必须符合我国的民族政策；凡涉及到国际关系的内容，必须符合我国的外交政策；毕业设计说明书的内容以及所引用的资料，不得直接或间接泄露党和国家的机密。

（二）内容的资料要确切可靠

设计说明书是一种技术性文件，不允许有任何差错，不然，就会造成重大的损失。学生在撰写毕业设计说明书的时候，也应努力培养这种严谨、细致的工作作风，尽可能避免差错。为此，就要求做到：其一，资料可靠。设计资料是一切设计工作的基础，如果没有设计资料，设计工作就难以进行。如果资料不可靠，则有可能作出错误的决策，影响设计质量。所以，对收集到的资料要进行梳理、分析、鉴别，在设计中一定要引用正确的资料。其二，数据准确无误。计算所采用的公式，必须有科学根据。计算的数据，应精确到一定的位数。有很多计算，是需要反复验算、校核的，这些验算、校核不可省略。

（三）重点的内容要突出

撰写毕业设计说明书，一般都要参考和继承前人的成果，往往是在接受别人成果的基础上有所创新，有所改进。自己在设计中独到的地方，有特色的地方，这些内容要重点突出。一般道理要从略，主要观点要详说，做到详略得当，才能突出重点。

（四）图表要规范，尽量选用标准型号

说明书中所列表格，所绘插图以及说明书所附的工程图，都应符合规范，确切地表示出有关内容，并且，其内容和文字说明的内容必须一致，不相矛盾。图表要按章编号，并与文字说明相呼应。技术标准是对工农业产品和工程建设质量、规格及检验方法等所作的规定，是生产、建设工作中必须共同遵循的技术依据或准则。目前，我国的技术标准分国家标准、部颁标准、地方标准和企业标准四级。在设计中，首先应选用国家标准；若没有国家标准的，则选部颁标准或地方标准；如果既没有国家标准，又没有部颁标准和地方标准的，才可选用企业标准。标准化是衡量设计水平的重要标志。故在工厂、矿山设计中，应尽量选用定型设备；在机械设计中，应尽量选用标准的零部件，选用标准型号的型材，不可选用市场上没有定型的部件或材料。

思考与练习

1. 科技论文的特点是什么？
2. 科技论文的作用有哪些？
3. 科技论文的规范格式是什么？
4. "摘要"在科技论文中的作用是什么？
5. 怎样才能写好毕业论文？

第七章 新　闻

第一节 概　述

新闻是我们每天都能接触到的一种文体，也是我们每天接收外界信息的重要渠道。很难想象一旦没有了新闻，当代社会还能如此迅捷而有效地运转。因此，学习新闻知识，掌握新闻文体写作的基本技巧，对于我们在纷纭复杂的信息社会中迅速提炼有效信息，及时运用新闻手段，使自己融入社会公众信息网，确立自己的公共地位，具有必要的价值。

一、新闻的概念、特点和作用

（一）新闻的概念

新闻是新近发生、发现和正在变动着的或将要出现的重要信息的传播。这个定义具有以下几点含义：

① 它明确了新闻报道的对象和核心是"信息"。一篇新闻作品如果不反映任何信息，就不成其为新闻。新闻信息是人们众多信息需求中的重要部分。新闻报道的根本职能是传播信息，新闻报道的对象也是信息。这个信息，是客观事物（事实）发出的信息，而不是一般事物（事实）本身。客观事物（事实）是产生信息的本源，而不等于信息本身。这是从信息论角度对新闻本体的阐述。

② 这"信息"是"重要"的信息而非"一般"的信息。它是通过大众传播媒介来传递的、对大众具有一定影响的信息，而不是规模较小的、依靠民间口头传播的、不对大众产生影响的信息。

③ 这"信息"是"新的""变动着的"或"将要发生"的。事物总是处在不断的运动和变化之中，而有新变动就产生新信息，有新信息才构成新闻的本体。变动是信息之源，新闻信息总是在变动中获得的。同时，新闻要新，这首先表现在事实发生、发现或变动的时间概念上要新。在新闻事实与新闻报道之间有一个时间差，这个时间差越小，新闻就越新，越容易受到读者欢迎。甚至还有一些预告性新闻，把将要出现的信息告知公众，这更体现了当今传播科技迅猛发展的特点。

④ 新闻是一种"传播"。这不仅表示新闻是一种文体（或作品），也表示新闻是一种行为，如记者采访、制作、发表、播放新闻信息等。这有利于更加确切地界定新闻的范畴。

（二）新闻的特点

要写好新闻，必须首先了解新闻的特点。从新闻的定义可知，新闻与文学有着明显的区别：新闻着重的是发现在真实的环境中发生的真实的信息，目的是传播新闻信息，引导社会舆论。文学则着重典型环境中典型形象的塑造，目的是通过艺术手法创造文学典型，使人们通过文学欣赏获得美的熏陶。具体而言，新闻一般具有以下特点：

（1）真　真实是新闻的生命。这也是新闻区别于其他文体的最基本特征。一般文艺作品可以虚构，其强调的是"艺术的真实"，而新闻则不能造假。新闻作者一定要实事求是，尊重客观事实，坚决捍卫新闻真实，把真实看作是忠诚于读者的体现，看作是一切新闻工作的基础。

真实是新闻的力量之源。用事实说话，是我们新闻写作的优良传统，也是新闻之所以取信于民的根本原因。

新闻的真实首先要求必须真实地记录新闻信息。在新闻中涉及的人名、地名、时间、地点、数字、引语等材料必须准确无误，不能人为地夸大或缩小，更不能虚构或臆测。

新闻的真实还要求作者对事实的说明或解释应符合事实和本来面目，不能有任何曲解或掩饰，更不能有丝毫的主观臆断。

（2）新　新闻反映的信息要新，要报道最新信息，迅速及时地反映客观事实的新变动：新人、新事、新发展、新创造、新问题、新趋势。"新"是新闻价值的核心要素，是新闻报道的个性。"新"的要求一般有二：

一是内容新鲜。做到内容新鲜，关键是要挖掘事物的个性。新闻事实的个性越突出，新闻的内容就越新鲜，就越能引起读者的兴趣。要善于在共性中发现个性，在个性中总结出共性，这样才能敏锐地把握事物的"新闻点"，创作出吸引力强的新闻作品。例如：

昨天开始，到杭州第三医院看病的患者，要像到银行存款一样出示相关证件"验明正身"了。为配合医改，该院在全市率先实行实名制看病。

这则新闻首先抓住"看病实名制"这一信息，使看病这一与大众密切相关的事实有了新的内容，足以引起人们的关注。

当然，追求内容新鲜不等同于单纯猎奇。有些人为了一味追求"新闻效应"，过分看重"奇闻轶事"，甚至不惜杜撰伪造，严重影响了新闻事业的声誉。新闻的"新"必须以真实为前提。

二是形式新颖。目前，已有人将美学理论引进了新闻创作，新闻美学已逐渐确立。新闻作者如果不能以一种新颖的形式表现新闻事实，仍以僵化的模式创作新闻，那将令人望而生厌，结果必然使新闻素材白白湮没在大量信息之中，发挥不了应有的宣传效果。我们要强调创新，突破模式化，去掉八股味，摒弃"新闻腔"，写出可亲、可读、可信的新闻。

（3）快　就是说新闻报道要迅速及时。俗话说：今天的新闻是金子，昨天的新闻是银子，前天的新闻是垃圾。因此，新闻要讲求时效。快与新是相辅相成的，要新，就得快；快的目的是求新。迟了，新闻就成了旧闻，就失去了新闻价值。快与新是不可分割的。

快的实质是尽可能地缩小信息发生与传播之间的时间差，这个时差越小，新闻相对于大众而言就越新。时差等于零，同步传播（电视上称为现场直播）是新闻工作者追求的最佳境界。现在许多新闻媒体都展开了激烈的竞争，竞争的核心就是快和新。

要做到"快"，首先要有很强的时效观念。我们不能用"最近"、"近来"、"前不久"等笼统的时间概念搪塞读者，而要争取在第一时间发布新闻信息。其次，要培养良好的新闻敏感性。作为新闻作者，要有一双善于发现新闻的"眼睛"，能够从别人习以为常或不以为意的地方发现新闻，或者能够在事情刚刚露头时就很快判断出它的新闻价值，并立即捕捉它，写出新闻来。第三，要培养自己的综合素质。记者要眼快、腿快、手快，训练在任何环境下都能写稿子的本领，这样才能写出时效性强的新闻。最后，要加强社会联系，注意广泛地跟社会各界人士交朋友，多一个朋友便多一双眼睛，多一双眼睛便多一条线索，这样才能及时了解社会各行各业生发的各种信息。

（4）短 精炼简短，是新闻报道的重要特征和必然趋势。短才能快，快才能新。中外不少新闻媒体都特别强调短，如《人民日报》曾规定一般消息应该在 400～500 字左右；《解放军报》规定一般消息控制在 300～500 字，简讯不超过 150 字；法新社目前每天的发稿量为 300 万字，一般新闻稿限定在 200 字以内，重要的可达 400 字，400 字以上的稿子很少。

新闻之所以求短，是与其发布媒体的容量有限相关的。我们的新闻媒体的容量是有限的。在有限的容量里要传播尽可能多的信息，惟一的出路就是简短精粹。而且，阅读短新闻可以节省读者的时间，使读者可以用尽量少的时间阅读尽量多的信息。

新闻的"短"包括两个方面含义：一是内容精炼。写新闻要抓住最有新闻价值的信息，把最有现实意义的、针对性最强的东西反映给读者。这就要做到主题集中、材料精当，一条新闻就反映一个事件，说明一个问题，不要面面俱到，杂乱冗长。二是形式简明。新闻不同于文学，不能追求含蓄，而应结构明晰，线索单一，一事一报，善于突出新闻价值最高的事实。语言表达要简练，要善于用事实说话。列宁把消息称为"电报文体"，意思是新闻里面不能有一个多余的字。新闻语言应当是简洁而深刻，不应当是繁杂而平冗。叙述要开门见山，不要拖泥带水。

（三）新闻的作用

在现代社会，新闻的作用越来越广泛，越来越成为人们生活的必需。一般而言，新闻主要有以下几个方面的作用：

（1）沟通信息 新闻机构每时每刻都在关注着世界上各个角落发生的各种信息，并连续不断地把它们向大众传播。人们通过新闻，可以及时、快捷地了解国内外大事，在相互沟通中得到相互提高。新闻打破了人们闭目塞听、"不知秦汉"的状况，使人们在与自然的斗争中变得更为主动，更为积极。

（2）宣传政策 新闻媒介是党政机关、社会团体为了特定的目的，按照特定的宗旨创办的舆论机关，有着鲜明的立场、观点和倾向。新闻事实是客观的、没有阶级性的，而新闻报道是主观的、有阶级性的。新闻能够通过宣传方针政策，体现一定的舆论导向，以统一人们的思想，促进政策的贯彻落实。所谓舆论导向，就是通过向公众宣传一定的认识、行为方向，以协调、统一公众的行动。

（3）传播知识 新闻报道本身就是一部社会百科全书，自然科学、社会科学、思维科学无所不包。当然，新闻传播知识的职能与书本、教师讲课不一样，它是同新闻事实紧密结合在一起的。凡是人们不知道的或知之不详的新事物，对他们来说就是知识。许多新闻都能够帮助人们拓展视野，丰富知识。

（4）舆论监督 舆论监督是新闻的重要社会职能。在我们的社会主义现代化建设过程中，有许多先进人物和先进事迹，对这些人和事进行宣传，为社会树立良好的榜样，可以提高人们的思想境界，激发人们的进取热情。当然，在我们中间也不乏一些腐朽的、丑恶的、伪善的现象，对此要用新闻进行抨击、揭露，以不断净化社会舆论环境，推动社会健康地发展。如中央电视台的《焦点访谈》栏目，就是新闻媒体扬善贬恶的典范。

发挥新闻的舆论监督作用也是我们推进民主化进程的具体体现。我们的新闻记者是时代的哨兵，要敏锐地监察社会动态，全面地反映人民要求，及时地鉴别是非善恶，为充分发扬民主作出自己的贡献。

二、新闻的价值构成

既然新闻是"重要信息的传播"，那么什么样的信息才算是"重要"的呢？也就是说，如何判断新闻信息的价值大小？这也是对如何培养新闻敏感性的一个回答。一般认为，新闻的价值构成有以下几项：

（1）重要性　即具有重大意义、作用和影响的，跟广大人民群众密切相关的事情具有新闻价值。

（2）规模性　大规模的事件具有新闻价值。

（3）接近性　即新闻事件与受众的空间距离或关系越接近，新闻价值越大。人们往往对当地的、与自己工作或生活等直接有关的新闻最关心、最感兴趣。

（4）时新性　最新发生的、人们未知的新鲜事物具有新闻价值。时效性越强，新闻价值越高；对新闻事件未知的人数越多，新闻价值越高。

（5）人物显赫性　新闻事件的参与者越显赫，新闻价值越高。

（6）冲突性　冲突也能出新闻，特别是与规模性结合，越大的冲突新闻价值越高。

（7）怪事　新闻事实越奇特，越能引起人们的兴趣。

（8）人情味　富有人情味的事实也能引起受众的兴趣。悲欢离合、个人得失等事实最能激起人们的情感，都具有新闻价值。

（9）好消息与坏消息的转化　有些事件在现实意义上是坏消息，但在新闻角度而言是好消息。

构成新闻价值的因素还有很多，而且许多新闻事实需要综合多方面考虑才能迅速判断其价值所在。这就需要作者进行长期的训练，才能拥有敏锐的新闻触角，保持高度的新闻敏感性。当然，我们说某一新闻事实有了新闻价值，并不是说它就一定可以报道。前面讲过，新闻报道是有阶级性的，是有宣传纪律。新闻报道除了应该考虑其新闻价值之外，还应该考虑其宣传价值。构成宣传价值的要素是：

① 新鲜性。即新闻事实是否提出了新的思想、观点、问题或经验教训，是否具有新时代的气息或特征。

② 针对性。即是否针对现实生活中人民群众关注的热点、焦点问题；是否切中时弊，把握了社会倾向；是否贯彻执行了党和政府的方针政策。

③ 典型性。即要选择有鲜明个性、有说服力的、又有代表性的新闻事实。

④ 一致性。即新闻报道要与党和政府的方针政策及提倡的精神是一致的、统一的。

⑤ 时宜性。即新闻发布的时机应适合时势。要综合分析特定时代特定阶段的宣传重点，选择最恰当的时机传播最恰当的新闻。有的新闻事件思想性很强，也很典型，但时机不对，就起不到应有的宣传效果。

所以，我们判断一个新闻事实是否具有新闻报道的价值，必须综合考虑其新闻价值与宣传价值。新闻价值是新闻的基础，宣传价值是新闻的灵魂。两者统一起来了，新闻作品才能具有较强的新闻性和指导性，才能取得最佳的社会效果。而社会效果是新闻报道的最终目的。

第二节 消 息

消息是新闻报道中最常用的一种新闻样式，是新闻报道的主角。世界上各大通讯社每天播发上百万字的新闻报道，其中消息占半数以上。因此，学习消息的写作技能，是我们新闻写作的基本功。

一、消息的概念与特点

（一）消息的概念

消息指新闻媒体用最简练的语言对社会生活中新近发生的具有社会价值的事实进行迅速而及时的报道。是新闻传播的主体。

新近，是说新闻姓"新"，必须是新近发生的，新近发现的，新近变动着的事实。"近"是时间近，讲的是新闻的实效性，时宜性。同时还有空间近的意思，离读者越近的事，读者越关心，越感到亲切。

事实，是新闻的源泉，是物质性的客观存在，没有事实就没有新闻。但也不是所有客观存在的事实都能成为新闻。能成为新闻的事实必须有价值，有社会意义，对人民群众有启发、教育作用，有娱乐、开阔视野和陶冶情操的作用，对实际工作有指导和监督作用。

报道，即传播，这是新闻的发布手段。只有发布出去的新近发生的事实，才能成为新闻。

（二）消息的特点

消息属于新闻，它当然具有新闻的所有特点。但它又是一种独立的新闻体裁，因此也具有自己的特点，主要是：短、平、快。

（1）短 是指消息篇幅短小精悍。消息一般是一事一报，用尽量少的字把事情讲清楚即可。每篇消息一般在500字以内，短的只有一句话，最长也不过是千字文。消息是新闻体裁中篇幅最短的一种。消息的句子最短，段落也是最短的。其表达方式要更直接，要短促有力。

（2）平 是指消息语言平实、结构平稳。消息的主要功能是向受众提供最新信息，因此行文主要是叙述性的。与其他新闻样式相比，消息的结构也相对稳定，主要有倒金字塔结构、金字塔结构、双混结构、并列结构等几种。每则消息由消息来源、导语、主体、结尾、背景材料等部分构成。

（3）快 是指消息的时效性最强，传播速度最快。它是所有新闻文体中时效性最强的一种。最及时、最迅速地反映新闻信息，是消息区别于其他新闻样式的最显著特点。报界有句俗话：昨天的报纸只适合用来包鱼。就是说，消息最经不起时间的耽搁。现在一些广播电视台几乎都有"正点新闻"播出，有的甚至还经常进行现场直播，其主要目的也是为了抢时间，以求率先发布内容新鲜的独家新闻。

二、消息的种类

消息所报道的内容很广，其类型也比较多，所以写法也有所不同。这里介绍几类常见的消息。

（一）动态消息

动态消息就是迅速及时地反映正在发生或新近发生、发现和变动着的新闻事实的报道。它是消息的一种重要类型，在消息体裁中数量最多。它又可分为已经发生的、正在发生的、即将发生的事实报道。

（二）综合消息

综合消息是对有着某种共性的同类信息或对同一事物的不同角度进行归纳综合，表现同一个主题的消息报道形式。如果说动态消息是"一事一报"，综合消息就是"多事一报"。

（三）社会消息

社会消息是侧重于报道社会上或自然界中与人们生活密切相关的、能够激起读者某种感情或富有情趣的新闻事实。这类消息轻松活泼，人情味浓，可读性、娱乐性较强，所以有人把这类消息称为"8小时以外的新闻"。

（四）人物消息

人物消息就是迅速及时地反映新闻人物事迹和精神风貌的消息。一般而言，新闻的核心是"事件"，但这并不是排斥"人物"，那些为社会作出了贡献、为广大读者所普遍关心的人物也应该成为我们报道的对象。

三、消息的结构与写法

消息的结构有两层意思：一是指消息的组成结构，即消息是由哪几个部分组成的，一般分为标题、消息来源、导语、主体、结尾、背景材料等五个部分。这是消息的内部结构。二是指消息的组织结构，即组成消息的各个部分之间如何连接起来，一般有倒金字塔式、金字塔式等五种结构方式。这是消息的外部结构。

（一）消息的内部结构

1. 标题

用简洁的文字，把消息的内容高度概括起来，置于正文之前，以此吸引读者，帮助读者正确理解报道的事实。

● 消息的标题分为正题，引题，副题三种类型。

（1）正题　也叫首题、母题、主题。主题是标题的主体，它要对消息中最重要的事实和意义作出概括和说明。要求明确、简洁、突出。

（2）引题　也叫肩题、眉题。引题在主题之前，说明新闻事实发生的原因，背景，意义及周围环境、气氛等，以烘托主题。引题不能独立存在，只能与主题搭配。

（3）副题　也叫辅题、子题。副题在主题之后，它常用于补充交代消息的次重要事实，说明正题的根据、结果等要素。起着注释、补充、印证正题的作用。副题与正题搭配。

● 标题的写作形式有单行标题、双行标题和多行标题之分。

（1）单行标题　单行标题只有正题，这类标题简练、醒目。通常适用于篇幅较短的消息，尤其在简讯中使用最多。如：

例1　我金刚石薄膜技术达世界先进水平

例2　"百城万店无假货"活动展开

这种标题文字简明、确切。

（2）双行标题　又称为虚实标题，其中揭示主要事实、主要内容或结果的正题为实题，而烘托气氛、交代背景，起补充、解释主题作用的引题和副题为虚题。根据主题所在的地位，又分为"引题+主题"和"主题+副题"两种。

引题+主题：

大胆改革科研体制　加快推动科技创新（引题）
三〇二医院实施"首席专家负责制"（主题）

主题+副题：

千灯万彩迎马年（正题）
全国人民沉浸在辞旧迎新的欢乐中（副题）

双行题可以都是实题，也可以一虚一实，互为补充。实题是把消息的最主要的事实概括出来，虚题则是把消息的主题、事实的意义表达出来。

（3）多行标题　包括引题、主题、副题三部分，具有容量大的特点。

新贸易保护主义纷纷抬头　我产品出口遭遇壁垒（引题）
中国外贸实战研习"破垒"之策（主题）
当前最主要的是吃透用活世贸组织规则，切实维护我国利益（副题）

设计标题做到：具体、准确、鲜明、精练，标题要求生动、题文一致。要力求突出消息主旨，写得新颖生动，富有吸引力。

2. 电头

电头是消息突出的特征。有"讯"、"电"两种。是消息发布的单位、时间、地点等情况说明，如"本报讯"、"本台消息"、"本报杭州 6 月 6 日电"等。置于消息正文的开头，左边空 2 字书写，一般均以黑体标明。"本报讯"是该报纸的记者、通讯员所写的稿件标志，"本台消息"是指电台或电视台记者采写的消息。"电"是指通过电报、电传等形式传递的消息报道。如"新华社华盛顿×月×日电"，说明这则消息是新华社通过电报或电话等形式从华盛顿发来的。

消息来源的作用主要是：区分消息与其他文体，标明版权，标明采制单位等。同时，它还是新闻媒体的"商标"，是新闻信誉和特色的标志。

3. 导语

导语是消息的前言。接着电头书写，是消息的第一句话或第一段话。也可以由两个或两个以上的自然段落合成。导语要用最简洁、生动的语言把消息最重要的事实概括出来，置于消息的开端，吸引读者看完全篇消息。除简明消息外，其他消息都不能缺少导语。

导语的写法有很多，常见的有：

（1）叙述式　把消息中最重要、最新鲜的事实，用概括叙述的方法，简明扼要、开门见山地写在消息的开头部分，使读者一看就知道全文的内容。这是消息最常见的写作方法。如：

美联社休斯敦 1969 年 7 月 20 日电　美国星际宇航员阿姆斯特朗今天晚上格林威治时间 2 时 26 分成了第一个登上月球的人。

（2）描写式　对特定环境或时间以绘声绘色或传神的描写，通过导语的现场感、生动感、情趣感渲染气氛，引出内容，吸引或影响读者，使人有亲临其境之感。但描写应与对事实的叙述密切结合，必须以最少的字数达到传神的效果。如：

据新华社北京2月21日电　综合新华社记者发自全国各地的报道：银蛇狂舞，金马奔腾，又一个新春佳节即将来临。在马年来临的除夕之夜，神州处处张灯结彩，家家户户欢歌笑语。全国人民沉浸在辞旧迎新的欢乐中。

（2002年2月12日《沈阳日报》）

（3）设问式　提出问题，引起读者的关注和深思，然后用事实做出简要的回答。这样的导语能增强新闻的吸引力，鼓动力，说服力。如：

"改革开放，我们吸引了大量的外资，引进了先进的设备，但是，怎样使先进的设备生产出高质量的产品？怎样使大量的外资产生应有的经济效益？"

（4）评论式（结论式）　在导语中既有事实有叙述，又有对事情精辟的评论，明确、肯定消息事实的意义；或者把事情的结论写在开头，揭示出事物的意义和目的，从而引起读者重视。如：

"1998年，国际金融市场经受了近半个世纪以来最剧烈的动荡。它不仅对世界经济的发展造成严重影响，也使防范金融风险和改革金融秩序成为当今世界经济体系面临的首要任务。"

（5）引语式（引用式）　引用文件或消息中主要人物的语言，以及警句、格言，突出新闻的中心思想，给人留下强烈的印象，引起强烈的新闻效果。如：

新华社海口4月5日电　中共中央总书记、国家主席胡锦涛在出席了博鳌亚洲论坛2004年年会后，24日在海口考察工作，他强调，必须坚持以"三个代表"重要思想为指导，认真落实科学发展观，以实现好、维护好、发展好最广大人民的根本利益为一切工作的根本出发点和归宿，采取切实有效的措施，发展经济，兴琼富民。

导语是消息写作过程中的第一步，也是最重要的一步，因此要重视对导语的设计。

导语的写作原则要挖掘新闻由头，有了它，才有新鲜感。因此要把最有价值的东西突出出来；抓住特点；要简要；讲求修辞。

美国报业大王赫斯特说："如果第一句话不能打动读者，就不要写第二句了。"足见写好导语的重要。

4. 主体

主体是消息的展开部分。它在导语之后，是对导语中已经披露的消息做进一步的解释、补充和叙述。具体来说，一是解释和深化导语，使读者获得完整的新闻信息。二是补充导语没有涉及的新闻事实。把消息所报道的新闻事实交待清楚，使消息提供的信息更加完备，给读者更多的信息。

主体部分对材料的安排，可按时间顺序写出事件的发展，或按空间位置的转换组织材料，或依据事物的逻辑关系来安排层次。

5. 结尾

消息的结尾是指作者对整个报道内容的总结、概括、说明或补充，是消息的最后一句或一段话。一般指明事物发展的趋势，或对报道内容作概括式小结；有的则提出作者希望等。消息有无结尾和如何结尾，可依据内容和要求来确定。

6. 背景材料

背景材料就是用来解释消息中新闻事件的历史、环境等的附属材料。任何事物都与客观世界有着千丝万缕的联系，所以任何新闻事实的发生都离不开时间或空间的客观因素。因此，对于新闻事实如果缺乏必要的背景交代，不对其前因后果进行适当的解释说明，人们就不能全面真切地了解新闻事件的真相,就不能实现真正意义上的新闻真实。

消息中的背景材料不是它的一个独立部件,也不是一个必需的组成部分,它在消息的任一部分都可穿插。但要明确,背景材料是事实而不是议论,是新闻事实的从属部分而不是消息本体。它的作用主要有:提示新闻事实的价值;说明新闻事实产生的原因和条件;全面、准确地反映事实、深化主题;客观而巧妙地传达作者的立场观点;增强消息的趣味性和可读性。

（二）消息的外部结构

消息的外部结构就是指各种新闻材料如何组织的问题。消息的外部结构要符合事物的内部联系和发展规律,以便更好地阐明事实,表现主题,取得更好的传播效果。常用的消息结构形式有以下几种:

（1）倒金字塔结构　也叫"倒三角"、"倒宝塔"结构。这是消息写作的一种最基本的结构形式。它按照材料重要程度递减的顺序安排结构,即把最重要、最精彩、最新鲜的新闻事实放在最前面,然后依次安排次重要——稍次重要——再次重要的新闻事实。如图:

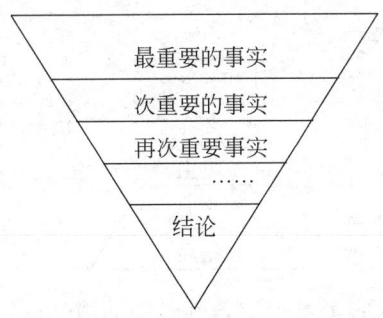

有人称这种结构形式是"标准的新闻报道形式"。采用这种结构形式的好处是:对读者来说,能够迅速掌握消息的主要内容,他只要了解前面几段就能接受最主要的新闻事实;对作者来说,这是最迅速、最有力的行文结构,可以抓紧时间抢发新闻,避免因谋篇布局而延误报道时间;对于编者来说,在编辑这类稿件时,如果版面不够,则可从后往前删,而不影响消息的主要内容,可以提高编辑速度。所以,倒金字塔结构是最有时效性的消息结构形式。

这种结构的特点是:其一,消息的段落安排打破了事件发生、发展的时间顺序,把最重要的事实放在消息的开端;其二,在导语中一般只突出一两个新闻要素;其三,在段与段之间很少过渡,具有较大的跳跃性,句与句之间也呈不连续的特点;其四,对事件过程的叙述较为简单。

（2）金字塔式结构　这种结构方式是按照事件发生发展的先后顺序来安排材料。它往往以时间为顺序来写,所以又叫编年体式结构、时间顺序式结构。它没有导语,通篇按新闻事实发生的时间顺序来写,事件的开头就是消息的开头,事件的结束就是消息的结束。它是倒金字塔结构产生以前广大记者最广泛采用的消息结构形式。今天,这种结构方式依然被新闻作者采用。

金字塔式结构的图示如下:

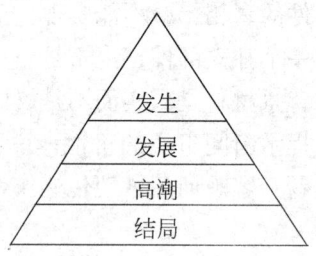

这种结构最明显的特点是结果、结论出现在消息的后面而不是开头。它可以按时间顺序写，也可按逻辑顺序写。金字塔结构多用于那些情节性较强并带有悬念因素的新闻，其优点是内容完整，可读性强。但要注意必须选取新闻事件发生过程中的若干典型时刻，不能记成时间表式的流水账。

这则消息首先把最重要的事实——杭州市区扩大这一信息报道出来，然后才详细解说杭州市区调整的具体情况，体现了先重要、后次要的"金字塔结构"。

（3）双混式结构 这种结构是将倒金字塔结构与金字塔式结构结合起来，选取两者之长，即在开头部分出示最精彩最重要的新闻事实（导语），后面则基本按照事件发生、发展的先后顺序写。其结构如图：

双混结构适合报道一些内容丰富、综合性较强的消息。导语率先突出最重要的新闻事实，接着又对复杂的新闻事实进行具体阐述。这种结构方式比较符合中国人的阅读习惯，而且使整则消息显得既内容详尽又结构紧凑。

（4）并列式结构 这种结构就是：导语将多个新闻事实的共性加以概括，然后分述各个新闻事实。而这些新闻事实之间并不存在因果、主次关系，事实的重要程度也差不多。其结构如图：

导 语			
事实一	事实二	事实三	事实四

并列式结构常用于一些公报式、经验性的消息或综合新闻。这种结构的好处是：既能通过导语概括消息的总纲，又能让读者了解多个新闻事实。但在写作时要注意不能罗列没有内在联系的新闻事实。

（5）散文式结构 也叫"自由式结构"，就是像散文那样没有固定的格式，形散而神不散。它是针对新闻报道写作中的公式化、概念化而提出的一种新的消息写作观念。以这种结构写消息，可以运用多种修辞手法和表现方式，把新闻事实描述得使人如同身临其境。散文式结构的特点是整篇消息富有变化，讲究阅读美感，读之令人感到淳朴、自然、清新、真切。

这是消息写作常用到的五种结构方式。当然，消息写作的形式不是一成不变的，也不能死搬硬套。在写作时选择什么结构，应以有利于主题和内容的表达为标准。只要是有利于表达、有利于阅读、有利于良好的传播效果，应该是不拘一格安排结构的。

第三节 通 讯

通讯是一种比消息详细并生动报道客观事物或典型人物的新闻体裁。可采用叙述、描写、议论等多种方法，常用来评价人物、事件，推广工作经验，介绍地方风貌等。

通讯也是一种新闻传播形式。所以它应该具有新闻的特点和价值要素。

但通讯又是新闻体裁中一种独立的形式，它的特殊内容决定着它的特殊形式。它有着特殊的社会功能和特殊的写作技法。

一、通讯的特点

通讯一般具有这样一些特点：

（一）**新闻性**

通讯是新闻体裁，它必须符合新闻的一切特性，因此也有人将它称作"拉长了的消息"。它也要具备新闻价值。

（二）**完整性**

通讯是消息的深入和补充。消息往往将新闻"五个W"交待清楚就可以了，对于事件的情节和细节往往不详细描述。通讯就是要弥补消息的不足，详细地展示新闻事实的具体情况。完整性包括两层意思：一是内容上翔实，二是主题上深入。

（三）**形象性**

消息一般是客观描述为主，较多用概述。而通讯除了叙述之外，还要运用描写、议论、抒情等手法，借鉴文学创作的一些构思技巧和表现手法。通讯的语言更加生动活泼，具有生活气息和文学色彩。消息写作多用逻辑思维，通讯除了逻辑思维之外，还需要运用形象思维，把新闻事实形象生动地传播给受众。当然，通讯的"形象化"是以真实为基础的，不同于文学作品中的"形象化"。真实是通讯与文学的分水岭。

（四）**时代性**

通讯既要反映所报道的人或事的个性特征，也要紧扣时代脉搏，符合时代的精神、风貌。正是由于我们着眼于时代的要求，紧跟时代的步伐，才有写不完的题材；写不完的通讯，也才有千千万万的通讯读者。

结合这些特点，我们就很容易把通讯与其他文体区分开来：通讯的完整性与形象性使它与消息相区别；通讯的新闻性使它与文学作品相区别；通讯的时代性与时间性使它与人物传记相区别；通讯的客观性使它与评论、调查报告相区别。

二、通讯的种类与写作要求

（一）**人物通讯**

人物通讯就是报道新闻人物的通讯。它要求翔实、生动地报道人物的新闻事迹，展示

其精神面貌或性格特征,给人以感染或启迪。写好人物通讯,要注意以下几个问题:

(1) 选准人物,抓准主题,写出人物的思想境界　什么样的人物才能成为通讯的写作对象?我们可以从新闻性、展开性、可读性三个方面去衡量,这三个方面结合得比较好,这个人物就具有写通讯的价值。同时,由于通讯是深度报道,要透过人物的事迹和经历反映人物的内心世界和精神风貌,所以人物通讯的主题要深刻、集中,有针对性,有时代感。人物通讯一定要使报道的人物有一定思想高度和深度,使读者通过一定的新闻事实"看"到人物的灵魂,从而获得启迪或教训。人物通讯不一定要写先进人物,反面的、落后的人物也可以成为通讯反映的对象,写这类通讯的目的在于让人们吸取教训从另一个角度促进社会健康发展。

(2) 写好人物的语言行动　人物通讯也应当是新闻事实作为主体,所以必须用情节和细节来感染人,用人物自己的语言和行动来展现其精神面貌。人物的行动是人物性格的具体体现,人物的语言是人物情感的直接表露,也是人物行动的自我注解。所以,抓住最能反映人物特点的行动和语言,读者就可以自然而然地评定人物而不需要作者的鉴定和评语。这样的人物,才是可信的、可亲的。

(3) 写出人物的个性特征　每位新闻人物都具有区别于他人的特点,人物通讯的任务就是把这些人物独具光彩的个性特质揭示出来,使一个活生生的、有血有肉的人物展现在读者面前。要摆脱"脸谱化""类型化"的不良倾向,写出人物的个性来。人物的个性往往从人物的思想、行动、语言等表现出来。在人物通讯中,我们要特别重视用矛盾冲突展现人物个性,因为人物个性最容易从矛盾冲突中显露出来。要善于发现与人物有联系的各种矛盾,并把人物置于矛盾关系之中,在矛盾中表现人物,这样人物就容易"活"起来。

(二) 事件通讯

事件通讯报道的是具有典型意义的新闻事件。它报道的题材一般分为三类:一是正面的事件,这种通讯旨在体现时代精神,歌颂良好的道德风尚,鼓舞、激励人们奋发向上、积极进取;二是反面的事件,这种通讯旨在对现实生活中出现的丑恶行为或现象进行揭露和批评,以扶正祛邪,激浊扬清,体现舆论监督功能;三是客观的事件,这类通讯一般只客观、全面地报道事件真相,给人以某种启示或感悟。

事件通讯往往具有新闻性、政治性、时效性、生动性相互融合的特点。

事件通讯的写作要求是:

1. 材料和主题要体现时代意义

一些有新闻价值的事件未必值得写成通讯,只有那些典型、生动、可读性强、有时代意义的事件才有可能写成通讯。事件越典型,其普遍意义就越大;事件越重要,其关注程度也越高。同时,同一个新闻事实在不同的环境条件下,其意义和价值是不同的。我们要将新闻事件放在当代社会这一大环境下,来鉴别、发掘、提炼它的社会价值和现实意义。这样的主题才能传达时代的声音,给人以深刻的印象。

2. 把"人"和"事"结合起来

俗语说:"事因人生,人因事显。"所以,事件通讯也要写人,人与事往往密不可分。之所以把一些新闻事实写成事件通讯,并不是这些新闻中没有人,而是因为新闻中的事件比人物更加重要、集中、吸引人。事件通讯中的人物一般比较分散,所以它不专门写一个人，而是写一些相关人物、群体人物。写人是为了写事，事件通讯中的人物必须围绕事件转，不能喧宾夺主。人物描写是零碎的、简略的、白描式的，只有事件才是详细的、完整的、有情节有细节的。当然，人物描写也不能忽视，写人物可以丰富事件的过程，使事件通讯更加生动活泼。

3. 把"情""理"和"事"结合起来

我们决定把某个事件写成通讯，一定是这个事件本身打动了我们的心灵，或者是被"情"所感动，或者是被"理"所说服。所以事件通讯的写作动机里面就包含着作者对这一事件的情感因素。同时，读者阅读事件通讯，除了了解新闻事实之外，还需要在情感上、认识上有所裨益。所以，我们写事件通讯时不能单调、枯燥地叙述，而要把自己对新闻事件的感情渗透在文字中，对事件的认识体现在文章里。这样，就能将事、理、情融合在一起，给读者以丰富的感受。当然，事件通讯中的"情"与"理"是寓于事件之中的，它还是要以写事为主，不能脱离叙事而过多地议论和抒情。

（三）工作通讯

工作通讯是报道实际工作中出现的新经验、新问题的通讯，它以提出问题、分析问题和介绍经验为主要内容，目的是指导实际工作，促进各项工作的健康发展。在目前新的形势下，各种复杂的问题和矛盾层出不穷，同时人民群众也创造了许多新经验、新办法。新的历史条件为工作通讯提供了更加广阔的天地。

1. 工作通讯与工作总结的区别

（1）在内容上，工作通讯属于新闻，强调一个"新"字，针对性和现实性较强，而工作总结比较全面，必须反映过去的工作概况并提炼一些规律性的东西。

（2）在对象上，工作通讯的传播对象是广大读者，而不只是有隶属关系的上下级之间。

（3）在写作方法上，工作通讯多以第三人称写，强调意旨集中，不求面面俱到，语言、结构都要求生动灵活，不拘一格，工作总结则多用第一人称写，行文有特定的格式。

2. 工作通讯的写作要求

（1）善于发现新问题　发现问题是为了解决问题，改进工作。工作通讯只有抓住社会前进过程中新出现的问题，或是实际工作中长期积累而未引起注意的问题，或是日常生活中迫切需要解决的问题，才能把新闻写到群众心里，引起人们的关注，才能实现自己的新闻价值。衡量一篇工作通讯好坏的标准，首先就是问题选得好不好、抓得准不准。

（2）善于提出新办法　很多工作通讯涉及经验、办法，把这些经验与办法讲清楚了，才有可能对别人起指导、借鉴作用。这就需要作者进行分析和综合，运用事实说明这些经验和办法是正确的、可行的。所以要深入剖析事物的矛盾，抓住问题各要素之间的联系，提出有针对性的解决方法。当然，我们的分析必须建立在新闻事实的基础之上，不能空发议论，硬下结论，要用事实提出问题，也要用事实说明经验。当有些问题一时难以下结论，不能提出解决办法时，可以将多方面的意见罗列出来启发人们思考，并为人们提供解决问题的参考。

（3）善于创造新形式　由于工作通讯有较强的理论色彩，因此写作时往往会出现严肃有余、活泼不足的现象。但比起人物、事件通讯来，有时它的题材却更加重要、尖锐。因此还是要扬长避短，尽可能地以灵活、多样的手法去写作。工作通讯可以有人物的行动、曲折的情节、生动的场景及有趣的知识，作者可以旁征博引、直抒己见，表现形式可以是见闻式、日记式、谈话式、故事式、访问式、书信式、小品式等。只要能把工作中的问题和经验写得让人喜欢看，并且从中得到启发或教益，无论哪种形式都是可以的。

（四）风貌通讯

风貌通讯是着重反映事物新变化、新面貌的通讯，通过记述某一地区、某条战线、某个部门的风情面貌，展示时代的变化，帮助读者开阔眼界，增长知识，获得思想的启迪和美的享受。风貌通讯是多种信息的综合，所反映的信息大多是概貌式的，所以又称概貌性通讯。它直接继承了我国传统的游记写法，有的以自然风光为主，有的以社会风貌为主，而更多的是自然风光和社会风貌的结合。常见的文种有：巡礼、散记、见闻录、纪行、旅行见闻等。

风貌通讯的写作要求是：

（1）抓住特点，着力写"变"　风貌通讯的特点就在于介绍事物的新变化、新面貌，它的根本特性是传播新闻信息。新闻性依然是风貌通讯的本质特征。所以，要善于抓住特点，抓住那些有个性、有时代气息的生动事实，写出对象的新变动、新发展、新动向，以新变化反映客观事物的新面貌。而要写出特点、写出变化，一般是离不开对比的，没有对比就体现不出变化。所以要注意运用背景材料，进行纵向的、横向的比较，使事物的变化更加突出。

（2）善于观察，突出见闻　要写出变化，首先要仔细观察。要善于调动全部的感官系统，全面地获得对象的信息，才能写出有现场感的风貌通讯。一般风貌通讯有两个特点：一是必须有作者的实地观察、真实见闻，二是必须有作者的直接感受、现场印象。因此写作时要多用现实材料，用生动而鲜明的新闻事实反映新变化、新面貌。同时，要增强"动"感，不断变换角度介绍自己的见闻，通过视觉的移动将多层次、多侧面的信息多方位地展示给读者。

（3）夹叙夹议，触景生情　在风貌通讯中，作者所描绘的一定是独特的、能够激发写作情感的风情景貌，作者对写作对象肯定是充满感情的，所以在记叙过程中往往会情不自禁地生发一些议论和抒情，显示作者的倾向和认识。作者不应只是客观存在的记录者，还应是新时代、新世纪、新生活的讴歌者。所以要把主观和客观结合起来，把记叙与议论、抒情结合起来，触景生情，情景交融，情理兼备，以深切的感受感染、启示读者。当然，风貌通讯中的感情表达一定要寓于客观事实的叙述中间，在润物无声中倾注感情，感染读者，不能一味抒情，因为风貌通讯首先还是属于新闻。

思考与练习

一、填空

1. 新闻是新近_____、_____和_____的或将要出现的重要信息的传播。
2. 新闻具有_____、_____、_____、短等四个方面的特点。
3. 判断一个新闻事实是否具有新闻报道的价值，必须综合考虑其新闻价值与_____价值。
4. 消息的主要特点是：_____、_____、_____。

5. 消息的内部结构由_____、_____、_____、_____、_____五部分组成。

6. 消息的倒金字塔结构是消息写作最_____的结构形式。它按照材料_____的顺序安排结构，即把最_____、最_____、最_____的新闻事实放在_____。

7. 通讯具有_____、_____、_____、_____等四个方面特点。

8. 按写作内容分，通讯可分为_____、_____、_____、_____等几种类型。

二、简答题

1. 简述导语的作用。
2. 如何做到新闻的"新"、"快"、"短"？
3. 简述新闻的作用。
4. 什么样的信息才能构成新闻？
5. 怎样写好人物通讯？

三、简析题

结合近日报刊的一篇消息稿件，分析其结构特点

四、写作题

根据第144页"四、写作练习"中所给的材料，按照倒金字塔结构方式，写一则300字左右的消息（供当地党委机关报发表）。

附 录

附录一 党政机关公文处理工作条例

(中办发【2012】14号,中共中央办公厅、国务院办公厅
2012年4月6日联合印发)

第一章 总 则

第一条 为了适应中国共产党机关和国家行政机关(以下简称党政机关)工作需要,推进党政机关公文处理工作科学化、制度化、规范化,制定本条例。

第二条 本条例适用于各级党政机关公文处理工作。

第三条 党政机关公文是党政机关实施领导、履行职能、处理公务的具有特定效力和规范体式的文书,是传达贯彻党和国家的方针政策,公布法规和规章,指导、布置和商洽工作,请示和答复问题,报告、通报和交流情况等的重要工具。

第四条 公文处理工作是指公文拟制、办理、管理等一系列相互关联、衔接有序的工作。

第五条 公文处理工作应当坚持实事求是、准确规范、精简高效、安全保密的原则。

第六条 各级党政机关应当高度重视公文处理工作,加强组织领导,强化队伍建设,设立文秘部门或者由专人负责公文处理工作。

第七条 各级党政机关办公厅(室)主管本机关的公文处理工作,并对下级机关的公文处理工作进行业务指导和督促检查。

第二章 公文种类

第八条 公文种类主要有:

(一)决议。适用于会议讨论通过的重大决策事项。

(二)决定。适用于对重要事项作出决策和部署、奖惩有关单位和人员、变更或者撤销下级机关不适当的决定事项。

(三)命令(令)。适用于公布行政法规和规章、宣布施行重大强制性措施、批准授予和晋升衔级、嘉奖有关单位和人员。

(四)公报。适用于公布重要决定或者重大事项。

(五)公告。适用于向国内外宣布重要事项或者法定事项。

(六)通告。适用于在一定范围内公布应当遵守或者周知的事项。

(七)意见。适用于对重要问题提出见解和处理办法。

(八)通知。适用于发布、传达要求下级机关执行和有关单位周知或者执行的事项,批转、转发公文。

(九)通报。适用于表彰先进、批评错误、传达重要精神和告知重要情况。

（十）报告。适用于向上级机关汇报工作、反映情况，回复上级机关的询问。

（十一）请示。适用于向上级机关请求指示、批准。

（十二）批复。适用于答复下级机关请示事项。

（十三）议案。适用于各级人民政府按照法律程序向同级人民代表大会或者人民代表大会常务委员会提请审议事项。

（十四）函。适用于不相隶属机关之间商洽工作、询问和答复问题、请求批准和答复审批事项。

（十五）纪要。适用于记载会议主要情况和议定事项。

第三章　公文格式

第九条　公文一般由份号、密级和保密期限、紧急程度、发文机关标志、发文字号、签发人、标题、主送机关、正文、附件说明、发文机关署名、成文日期、印章、附注、附件、抄送机关、印发机关和印发日期、页码等组成。

（一）份号。公文印制份数的顺序号。涉密公文应当标注份号。

（二）密级和保密期限。公文的秘密等级和保密的期限。涉密公文应当根据涉密程度分别标注"绝密""机密""秘密"和保密期限。

（三）紧急程度。公文送达和办理的时限要求。根据紧急程度，紧急公文应当分别标注"特急""加急"，电报应当分别标注"特提""特急""加急""平急"。

（四）发文机关标志。由发文机关全称或者规范化简称加"文件"二字组成，也可以使用发文机关全称或者规范化简称。联合行文时，发文机关标志可以并用联合发文机关名称，也可以单独用主办机关名称。

（五）发文字号。由发文机关代字、年份、发文顺序号组成。联合行文时，使用主办机关的发文字号。

（六）签发人。上行文应当标注签发人姓名。

（七）标题。由发文机关名称、事由和文种组成。

（八）主送机关。公文的主要受理机关，应当使用机关全称、规范化简称或者同类型机关统称。

（九）正文。公文的主体，用来表述公文的内容。

（十）附件说明。公文附件的顺序号和名称。

（十一）发文机关署名。署发文机关全称或者规范化简称。

（十二）成文日期。署会议通过或者发文机关负责人签发的日期。联合行文时，署最后签发机关负责人签发的日期。

（十三）印章。公文中有发文机关署名的，应当加盖发文机关印章，并与署名机关相符。有特定发文机关标志的普发性公文和电报可以不加盖印章。

（十四）附注。公文印发传达范围等需要说明的事项。

（十五）附件。公文正文的说明、补充或者参考资料。

（十六）抄送机关。除主送机关外需要执行或者知晓公文内容的其他机关，应当使用机关全称、规范化简称或者同类型机关统称。

（十七）印发机关和印发日期。公文的送印机关和送印日期。

（十八）页码。公文页数顺序号。

第十条 公文的版式按照《党政机关公文格式》国家标准执行。

第十一条 公文使用的汉字、数字、外文字符、计量单位和标点符号等，按照有关国家标准和规定执行。民族自治地方的公文，可以并用汉字和当地通用的少数民族文字。

第十二条 公文用纸幅面采用国际标准 A4 型。特殊形式的公文用纸幅面，根据实际需要确定。

第四章 行文规则

第十三条 行文应当确有必要，讲求实效，注重针对性和可操作性。

第十四条 行文关系根据隶属关系和职权范围确定。一般不得越级行文，特殊情况需要越级行文的，应当同时抄送被越过的机关。

第十五条 向上级机关行文，应当遵循以下规则：

（一）原则上主送一个上级机关，根据需要同时抄送相关上级机关和同级机关，不抄送下级机关。

（二）党委、政府的部门向上级主管部门请示、报告重大事项，应当经本级党委、政府同意或者授权；属于部门职权范围内的事项应当直接报送上级主管部门。

（三）下级机关的请示事项，如需以本机关名义向上级机关请示，应当提出倾向性意见后上报，不得原文转报上级机关。

（四）请示应当一文一事。不得在报告等非请示性公文中夹带请示事项。

（五）除上级机关负责人直接交办事项外，不得以本机关名义向上级机关负责人报送公文，不得以本机关负责人名义向上级机关报送公文。

（六）受双重领导的机关向一个上级机关行文，必要时抄送另一个上级机关。

第十六条 向下级机关行文，应当遵循以下规则：

（一）主送受理机关，根据需要抄送相关机关。重要行文应当同时抄送发文机关的直接上级机关。

（二）党委、政府的办公厅（室）根据本级党委、政府授权，可以向下级党委、政府行文，其他部门和单位不得向下级党委、政府发布指令性公文或者在公文中向下级党委、政府提出指令性要求。需经政府审批的具体事项，经政府同意后可以由政府职能部门行文，文中须注明已经政府同意。

（三）党委、政府的部门在各自职权范围内可以向下级党委、政府的相关部门行文。

（四）涉及多个部门职权范围内的事务，部门之间未协商一致的，不得向下行文；擅自行文的，上级机关应当责令其纠正或者撤销。

（五）上级机关向受双重领导的下级机关行文，必要时抄送该下级机关的另一个上级机关。

第十七条 同级党政机关、党政机关与其他同级机关必要时可以联合行文。属于党委、政府各自职权范围内的工作，不得联合行文。

党委、政府的部门依据职权可以相互行文。

部门内设机构除办公厅（室）外不得对外正式行文。

第五章 公文拟制

第十八条 公文拟制包括公文的起草、审核、签发等程序。

第十九条 公文起草应当做到：

（一）符合党的理论路线方针政策和国家法律法规，完整准确体现发文机关意图，并同现行有关公文相衔接。

（二）一切从实际出发，分析问题实事求是，所提政策措施和办法切实可行。

（三）内容简洁，主题突出，观点鲜明，结构严谨，表述准确，文字精练。

（四）文种正确，格式规范。

（五）深入调查研究，充分进行论证，广泛听取意见。

（六）公文涉及其他地区或者部门职权范围内的事项，起草单位必须征求相关地区或者部门意见，力求达成一致。

（七）机关负责人应当主持、指导重要公文起草工作。

第二十条　公文文稿签发前，应当由发文机关办公厅（室）进行审核。审核的重点是：

（一）行文理由是否充分，行文依据是否准确。

（二）内容是否符合党的理论路线方针政策和国家法律法规；是否完整准确体现发文机关意图；是否同现行有关公文相衔接；所提政策措施和办法是否切实可行。

（三）涉及有关地区或者部门职权范围内的事项是否经过充分协商并达成一致意见。

（四）文种是否正确，格式是否规范；人名、地名、时间、数字、段落顺序、引文等是否准确；文字、数字、计量单位和标点符号等用法是否规范。

（五）其他内容是否符合公文起草的有关要求。

需要发文机关审议的重要公文文稿，审议前由发文机关办公厅（室）进行初核。

第二十一条　经审核不宜发文的公文文稿，应当退回起草单位并说明理由；符合发文条件但内容需作进一步研究和修改的，由起草单位修改后重新报送。

第二十二条　公文应当经本机关负责人审批签发。重要公文和上行文由机关主要负责人签发。党委、政府的办公厅（室）根据党委、政府授权制发的公文，由受权机关主要负责人签发或者按照有关规定签发。签发人签发公文，应当签署意见、姓名和完整日期；圈阅或者签名的，视为同意。联合发文由所有联署机关的负责人会签。

第六章　公文办理

第二十三条　公文办理包括收文办理、发文办理和整理归档。

第二十四条　收文办理主要程序是：

（一）签收。对收到的公文应当逐件清点，核对无误后签字或者盖章，并注明签收时间。

（二）登记。对公文的主要信息和办理情况应当详细记载。

（三）初审。对收到的公文应当进行初审。初审的重点是：是否应当由本机关办理，是否符合行文规则，文种、格式是否符合要求，涉及其他地区或者部门职权范围内的事项是否已经协商、会签，是否符合公文起草的其他要求。经初审不符合规定的公文，应当及时退回来文单位并说明理由。

（四）承办。阅知性公文应当根据公文内容、要求和工作需要确定范围后分送。批办性公文应当提出拟办意见报本机关负责人批示或者转有关部门办理；需要两个以上部门办理的，应当明确主办部门。紧急公文应当明确办理时限。承办部门对交办的公文应当及时办理，有明确办理时限要求的应当在规定时限内办理完毕。

（五）传阅。根据领导批示和工作需要将公文及时送传阅对象阅知或者批示。办理公文传阅应当随时掌握公文去向，不得漏传、误传、延误。

（六）催办。及时了解掌握公文的办理进展情况，督促承办部门按期办结。紧急公文或者重要公文应当由专人负责催办。

（七）答复。公文的办理结果应当及时答复来文单位，并根据需要告知相关单位。

第二十五条　发文办理主要程序是：

（一）复核。已经发文机关负责人签批的公文，印发前应当对公文的审批手续、内容、文种、格式等进行复核；需作实质性修改的，应当报原签批人复审。

（二）登记。对复核后的公文，应当确定发文字号、分送范围和印制份数并详细记载。

（三）印制。公文印制必须确保质量和时效。涉密公文应当在符合保密要求的场所印制。

（四）核发。公文印制完毕，应当对公文的文字、格式和印刷质量进行检查后分发。

第二十六条　涉密公文应当通过机要交通、邮政机要通信、城市机要文件交换站或者收发件机关机要收发人员进行传递，通过密码电报或者符合国家保密规定的计算机信息系统进行传输。

第二十七条　需要归档的公文及有关材料，应当根据有关档案法律法规以及机关档案管理规定，及时收集齐全、整理归档。两个以上机关联合办理的公文，原件由主办机关归档，相关机关保存复制件。机关负责人兼任其他机关职务的，在履行所兼职务过程中形成的公文，由其兼职机关归档。

第七章　公文管理

第二十八条　各级党政机关应当建立健全本机关公文管理制度，确保管理严格规范，充分发挥公文效用。

第二十九条　党政机关公文由文秘部门或者专人统一管理。设立党委（党组）的县级以上单位应当建立机要保密室和机要阅文室，并按照有关保密规定配备工作人员和必要的安全保密设施设备。

第三十条　公文确定密级前，应当按照拟定的密级先行采取保密措施。确定密级后，应当按照所定密级严格管理。绝密级公文应当由专人管理。

公文的密级需要变更或者解除的，由原确定密级的机关或者其上级机关决定。

第三十一条　公文的印发传达范围应当按照发文机关的要求执行；需要变更的，应当经发文机关批准。

涉密公文公开发布前应当履行解密程序。公开发布的时间、形式和渠道，由发文机关确定。

经批准公开发布的公文，同发文机关正式印发的公文具有同等效力。

第三十二条　复制、汇编机密级、秘密级公文，应当符合有关规定并经本机关负责人批准。绝密级公文一般不得复制、汇编，确有工作需要的，应当经发文机关或者其上级机关批准。复制、汇编的公文视同原件管理。

复制件应当加盖复制机关戳记。翻印件应当注明翻印的机关名称、日期。汇编本的密级按照编入公文的最高密级标注。

第三十三条　公文的撤销和废止，由发文机关、上级机关或者权力机关根据职权范围和有关法律法规决定。公文被撤销的，视为自始无效；公文被废止的，视为自废止之日起失效。

第三十四条　涉密公文应当按照发文机关的要求和有关规定进行清退或者销毁。

第三十五条　不具备归档和保存价值的公文，经批准后可以销毁。销毁涉密公文必须严格按照有关规定履行审批登记手续，确保不丢失、不漏销。个人不得私自销毁、留存涉密公文。

第三十六条　机关合并时，全部公文应当随之合并管理；机关撤销时，需要归档的公文经整理后按照有关规定移交档案管理部门。

工作人员离岗离职时，所在机关应当督促其将暂存、借用的公文按照有关规定移交、清退。

第三十七条　新设立的机关应当向本级党委、政府的办公厅（室）提出发文立户申请。经审查符合条件的，列为发文单位，机关合并或者撤销时，相应进行调整。

第八章　附　　则

第三十八条　党政机关公文含电子公文。电子公文处理工作的具体办法另行制定。

第三十九条　法规、规章方面的公文，依照有关规定处理。外事方面的公文，依照外事主管部门的有关规定处理。

第四十条　其他机关和单位的公文处理工作，可以参照本条例执行。

第四十一条　本条例由中共中央办公厅、国务院办公厅负责解释。

第四十二条　本条例自2012年7月1日起施行。1996年5月3日中共中央办公厅发布的《中国共产党机关公文处理条例》和2000年8月24日国务院发布的《国家行政机关公文处理办法》停止执行。

附录二　党政机关公文格式

（国家质量监督检验检疫总局、中国国家标准化管理委员会
2012年6月29日发布，7月1日实施）

一、公文用纸幅面尺寸及版面要求

（一）幅面尺寸

公文用纸采用GB/T 148中规定的A4型纸，其成品幅面尺寸为：210mm×297mm。

（二）版面

1. 页边与版心尺寸

公文用纸天头（上白边）为37mm±1mm，公文用纸订口（左白边）为28mm±1mm，版心尺寸为156mm×225mm。

2. 字体和字号

如无特殊说明，公文格式各要素一般用3号仿宋体字。特定情况可以作适当调整。

3. 行数和字数

一般每面排22行，每行排28个字，并撑满版心。特定情况可以作适当调整。

4. 文字的颜色

如无特殊说明，公文中文字的颜色均为黑色。

二、公文格式各要素编排规则

（一）公文格式各要素的划分

版心内的公文格式各要素划分为版头、主体、版记三部分。公文首页红色分隔线以上的部分称为版头；公文首页红色分隔线（不含）以下、公文末页首条分隔线（不含）以上的部分称为主体；公文末页首条分隔线以下、末条分隔线以上的部分称为版记。

页码位于版心外。

（二）版头

1. 份号

如需标注份号，一般用6位3号阿拉伯数字，顶格编排在版心左上角第一行。

2. 密级和保密期限

如需标注密级和保密期限，一般用3号黑体字，顶格编排在版心左上角第二行；保密期限中的数字用阿拉伯数字标注。

3. 紧急程度

如需标注紧急程度，一般用3号黑体字，顶格编排在版心左上角；如需同时标注份号、密级和保密期限、紧急程度，按照份号、密级和保密期限、紧急程度的顺序自上而下分行排列。

4. 发文机关标志

由发文机关全称或者规范化简称加"文件"二字组成，党的机关也可以使用发文机关全称或者规范化简称。

发文机关标志居中排布，上边缘至版心上边缘为35mm，推荐使用小标宋体字，颜色为红色，以醒目、美观、庄重为原则。

联合行文时，如需同时标注联署发文机关名称，一般应当将主办机关名称排列在前；如有"文件"二字，应当置于发文机关名称右侧，以联署发文机关名称为准上下居中排布。

5. 发文字号

编排在发文机关标志下空二行位置，居中排布。年份、发文顺序号用阿拉伯数字标注；年份应标全称，用六角括号"〔〕"括入；发文顺序号不加"第"字，不编虚位（即1不编为01），在阿拉伯数字后加"号"字。

上行文的发文字号居左空一字编排，与最后一个签发人姓名处在同一行。

6. 签发人

由"签发人"三字加全角冒号和签发人姓名组成，居右空一字，编排在发文机关标志下空二行位置。"签发人"三字用3号仿宋体字，签发人姓名用3号楷体字。

如有多个签发人，签发人姓名按照发文机关的排列顺序从左到右、自上而下依次均匀编排，一般每行排两个姓名，回行时与上一行第一个签发人姓名对齐。

7. 版头中的分隔线

发文字号之下4mm处居中印一条与版心等宽的红色分隔线。

（三）主体

1. 标题

一般用 2 号小标宋体字，编排于红色分隔线下空二行位置，分一行或多行居中排布；回行时，要做到词意完整，排列对称，长短适宜，间距恰当，标题排列应当使用梯形或菱形。

2. 主送机关

编排于标题下空一行位置，居左顶格，回行时仍顶格，最后一个机关名称后标全角冒号。如主送机关名称过多导致公文首页不能显示正文时，应当将主送机关名称移至版记，标注方法见 7.4.2。

3. 正文

公文首页必须显示正文。一般用 3 号仿宋体字，编排于主送机关名称下一行，每个自然段左空二字，回行顶格。文中结构层次序数依次可以用"一、""（一）""1.""（1）"标注；一般第一层用黑体字、第二层用楷体字、第三层和第四层用仿宋体字标注。

4. 附件说明

如有附件，在正文下空一行左空二字编排"附件"二字，后标全角冒号和附件名称。如有多个附件，使用阿拉伯数字标注附件顺序号（如"附件：1. ×××××"）；附件名称后不加标点符号。附件名称较长需回行时，应当与上一行附件名称的首字对齐。

5. 发文机关署名、成文日期和印章

（1）加盖印章的公文

成文日期一般右空四字编排，印章用红色，不得出现空白印章。

单一机关行文时，一般在成文日期之上、以成文日期为准居中编排发文机关署名，印章端正、居中下压发文机关署名和成文日期，使发文机关署名和成文日期居印章中心偏下位置，印章顶端应当上距正文（或附件说明）一行之内。

联合行文时，一般将各发文机关署名按照发文机关顺序整齐排列在相应位置，并将印章一一对应、端正、居中下压发文机关署名，最后一个印章端正、居中下压发文机关署名和成文日期，印章之间排列整齐、互不相交或相切，每排印章两端不得超出版心，首排印章顶端应当上距正文（或附件说明）一行之内。

（2）不加盖印章的公文

单一机关行文时，在正文（或附件说明）下空一行右空二字编排发文机关署名，在发文机关署名下一行编排成文日期，首字比发文机关署名首字右移二字，如成文日期长于发文机关署名，应当使成文日期右空二字编排，并相应增加发文机关署名右空字数。

联合行文时，应当先编排主办机关署名，其余发文机关署名依次向下编排。

党的机关有特定发文机关标志的普发性公文可以不加盖印章。

（3）成文日期中的数字

用阿拉伯数字将年、月、日标全，年份应标全称，月、日不编虚位（即 1 不编为 01）。

（4）特殊情况说明

当公文排版后所剩空白处不能容下印章或签发人签名章、成文日期时，可以采取调整行距、字距的措施解决。

6. 附注

如有附注，居左空二字加圆括号编排在成文日期下一行。

7. 附件

附件应当另面编排，并在版记之前，与公文正文一起装订。"附件"二字及附件顺序号用 3 号黑体字顶格编排在版心左上角第一行。附件标题居中编排在版心第三行。附件顺序号和附件标题应当与附件说明的表述一致。附件格式要求同正文。

如附件与正文不能一起装订，应当在附件左上角第一行顶格编排公文的发文字号并在其后标注"附件"二字及附件顺序号。

（四）版记

1. 版记中的分隔线

版记中的分隔线与版心等宽，首条分隔线和末条分隔线用粗线（推荐高度为 0.35mm），中间的分隔线用细线（推荐高度为 0.25mm）。首条分隔线位于版记中第一个要素之上，末条分隔线与公文最后一面的版心下边缘重合。

2. 抄送机关

如有抄送机关，一般用 4 号仿宋体字，在印发机关和印发日期之上一行、左右各空一字编排。"抄送"二字后加全角冒号和抄送机关名称，回行时与冒号后的首字对齐，最后一个抄送机关名称后标句号。

如需把主送机关移至版记，除将"抄送"二字改为"主送"外，编排方法同抄送机关。既有主送机关又有抄送机关时，应当将主送机关置于抄送机关之上一行，之间不加分隔线。

3. 印发机关和印发日期

印发机关和印发日期一般用 4 号仿宋体字，编排在末条分隔线之上，印发机关左空一字，印发日期右空一字，用阿拉伯数字将年、月、日标全，年份应标全称，月、日不编虚位（即 1 不编为 01），后加"印发"二字。

版记中如有其他要素，应当将其与印发机关和印发日期用一条细分隔线隔开。

（五）页码

一般用 4 号半角宋体阿拉伯数字，编排在公文版心下边缘之下，数字左右各放一条一字线；一字线上距版心下边缘 7mm。单页码居右空一字，双页码居左空一字。公文的版记页前有空白页的，空白页和版记页均不编排页码。公文的附件与正文一起装订时，页码应当连续编排。

三、公文的特定格式

（一）信函格式

发文机关标志使用发文机关全称或者规范化简称，居中排布，上边缘至上页边为 30mm，推荐使用红色小标宋体字。联合行文时，使用主办机关标志。

发文机关标志下 4mm 处印一条红色双线（上粗下细），距下页边 20mm 处印一条红色双线（上细下粗），线长均为 170mm，居中排布。

如需标注份号、密级和保密期限、紧急程度，应当顶格居版心左边缘编排在第一条红色双线下，按照份号、密级和保密期限、紧急程度的顺序自上而下分行排列，第一个要素与该线的距离为 3 号汉字高度的 7/8。

发文字号顶格居版心右边缘编排在第一条红色双线下，与该线的距离为 3 号汉字高度的 7/8。

标题居中编排，与其上最后一个要素相距二行。

第二条红色双线上一行如有文字，与该线的距离为 3 号汉字高度的 7/8。

首页不显示页码。

版记不加印发机关和印发日期、分隔线，位于公文最后一面版心内最下方。

（二）命令（令）格式

发文机关标志由发文机关全称加"命令"或"令"字组成，居中排布，上边缘至版心上边缘为 20mm，推荐使用红色小标宋体字。

发文机关标志下空二行居中编排令号，令号下空二行编排正文。

单一机关制发的公文加盖签发人签名章时，在正文（或附件说明）下空二行右空四字加盖签发人签名章，签名章左空二字标注签发人职务，以签名章为准上下居中排布。在签发人签名章下空一行右空四字编排成文日期。

联合行文时，应当先编排主办机关签发人职务、签名章，其余机关签发人职务、签名章依次向下编排，与主办机关签发人职务、签名章上下对齐；每行只编排一个机关的签发人职务、签名章；签发人职务应当标注全称。

签名章一般用红色。

（三）纪要格式

纪要标志由"×××××纪要"组成，居中排布，上边缘至版心上边缘为 35mm，推荐使用红色小标宋体字。

标注出席人员名单，一般用 3 号黑体字，在正文或附件说明下空一行左空二字编排"出席"二字，后标全角冒号，冒号后用 3 号仿宋体字标注出席人单位、姓名，回行时与冒号后的首字对齐。

标注请假和列席人员名单，除依次另起一行并将"出席"二字改为"请假"或"列席"外，编排方法同出席人员名单。

纪要格式可以根据实际制定。

附录三　应用文常用特定用语简表

用语名称	作　用	常用特定用语
开端用语	主要用于文章开头，表示发语、引据	为、为了、为着、查、接、顷接、根据、遵照、依照、按照、按、鉴于、关于、兹、兹定于、令、随着、由于
称谓用语	用于表示人或对单位的称谓	第一人称：我、我单位、本人、本公司、我们 第二人称：你、你局、贵公司 第三人称：他、该公司、该项目
递送用语	用于表示文、物递送方向	上行：报、呈 平行：送 下行：发、颁发、颁布、印发、发布、下达

续表

用语名称	作 用	常用特定用语
引叙用语	用于复文引据	悉、接、顷接、据、收悉
拟办用语	用于审批拟办	拟办:责成、交办、试办、办理、执行 审批:同意、照办、批准、可行、原则同意
经办用语	用于表明进程	经、业经、已经、兹经
过渡用语	用于承上启下	鉴于、为此、对此、为使、对于、关于
期请用语	用于表示期望请求	上行:请、恳请、拟请、特请 平行:请、拟请、特请、务请、如蒙 下行:希、望、尚望、请、希于、勿误
结尾用语	用于结尾,表示收尾	上行:当否,请批示;可否,请指示;如无不当,请批转;如无不妥,请批准;特此报告;以上报告,请批转;以上报告,请审核 平行:此致敬礼;为盼;为荷;特此函达;特此证明;尚望复函 下行:为要;为宜;为妥;希遵照执行;特此通知;此复;为……而努力;祝……

参 考 文 献

1. 范淑存主编. 应用文写作训练教程. 北京:中国经济出版社,1994
2. 孙秀秋主编. 大学应用文写作. 上海:当代世界出版社,1997
3. 叶春生、陈子典主编. 公文与常用文书. 广州:中山大学出版社,1985
4. 王殿松著. 应用文写作例谈. 北京:新华出版社,1989
5. 程大荣、潘水根编著. 商务写作. 杭州:浙江大学出版社,1998
6. 赵长琦、孙秀秋编著. 实用公文大全. 北京:机械工业出版社,1990
7. 张浩主编. 办公室文秘写作大全. 北京:光明日报出版社,2003
8. 陈少夫、邱国新编著. 应用写作教程(第四版)广州:中山大学出版社,2002
9. 诸孝正、陈妙云编著. 新应用写作. 广州:广东人民出版社,2001
10. 中等专业学校语文教材编写组编. 语文(第三册)(教材及练习册)(国家八五规划教材中等专业学校各类专业通用). 北京:高等教育出版社,1997
11. 赵大鹏主编. 应用文写作. 北京:语文出版社,2002
12. 梁成林主编. 应用写作. 南宁:广西师范大学出版社,2002
13. 安徽商网(www.ah35.com)"商务秘书"专版
14. 国道数据(www.snwh.gov.cn)"公务员百科"专版
15. 中国税网(www.ctaxnews.com.cn)有关内容
16. 李锦月. 评析一则不规范的规定. 应用写作,2001(8)
17. 张德实主编. 应用写作. 北京:高等教育出版社,2001
18. 中等专业学校语文教材编写组编. 语文,第三册(国家八五规划教材中等专业学校各类专业通用). 北京:高等教育出版社,1997
19. 中等专业学校教材各类专业通用. 语文,第三册. 北京:高等教育出版社出版,1989
20. 张德实主编. 教育部高职高专规划教材——应用写作. 北京:高等教育出版社,1998
21. 江少川主编. 实用写作教程. 长沙:华中师范大学出版社,1999

22. 纪琳编著．机关应用文写作指要．北京：群众出版社，1999
23. 秦言编著．跟我学应用写作．北京：中国商业出版社，2000
24. 郑孝敏．商务应用文．大连：东北财经大学出版社，2001
25. 劳动和社会保障部、中国就业培训技术指导中心组织编写．秘书国家职业资格培训教程．北京：海潮出版社，2003
26. 郗钧衡主编．新编现代应用文写作大全．南宁：广西师范大学出版社，2003